"十三五"江苏省高等学校重点教材（编号：2019-1-059）
"十二五"江苏省高等学校重点教材（编号：2015-1-069）
华东地区优秀教材（2009）

医 事 法 学

（第6版）

主　编： 姜柏生　顾加栋
副主编： 王劲松　耿华昌　任元鹏　朱　虹

编　者（以姓氏笔画为序）
万建华（江苏卫生健康职业学院）　　王劲松（扬州大学）
火煜雯（南京医科大学）　　　　　　朱　虹（苏州大学）
任元鹏（南京医科大学）　　　　　　孙宏鹏（苏州大学）
李秀明（江苏卫生健康职业学院）　　杨海涛（徐州医科大学）
张天阳（苏州大学）　　　　　　　　姜柏生（南京医科大学）
祝　彬（南京医科大学）　　　　　　耿华昌（江苏大学）
顾加栋（南京医科大学）　　　　　　徐海荣（扬州大学）
高　燕（南京医科大学康达学院）　　曾　见（江苏大学）
曾日红（南京医科大学）

秘　书： 曹　凯　邓健雅（南京医科大学）

东南大学出版社
·南京·

图书在版编目(CIP)数据

医事法学 / 姜柏生,顾加栋主编. —6版. —南京:东南大学出版社,2022.2

ISBN 978-7-5641-9967-8

Ⅰ.医… Ⅱ.①姜… ②顾… Ⅲ.①医药卫生管理–法学–中国 Ⅳ.①D922.161

中国版本图书馆CIP数据核字(2021)第273653号

医事法学(第6版)

Yishi Faxue(Di-liu Ban)

主　编:	姜柏生　顾加栋
出版发行:	东南大学出版社
地　　址:	南京市四牌楼2号　邮编:210096
网　　址:	http://www.seupress.com
经　　销:	全国各地新华书店
印　　刷:	常州市武进第三印刷有限公司
开　　本:	787 mm×1092 mm　1/16
印　　张:	22
字　　数:	563千字
版　　次:	2022年2月第6版
印　　次:	2022年2月第1次印刷
书　　号:	ISBN 978-7-5641-9967-8
定　　价:	56.00元

本社图书若有印装质量问题,请直接与营销部联系。电话:025-83791830

第6版前言

《医事法学》(第1版)于2003年1月出版。为了适应我国医事法治建设的不断发展,第1版面世至今的十余年间,《医事法学》已经完成了四次修订,相继出版了《医事法学》(第2版)(2007年1月)、《医事法学》(第3版)(2010年8月)、《医事法学》(第4版)(2014年1月)、《医事法学》(第5版)(2017年7月)。《医事法学》(第1版)及以后四次修订的编写思路一脉相承,着重提升应有的实用性,及时吸收新的法律法规及新案例、新理论、新方法,以适应医务人员、在校医学生等读者群体的需求变化。在理论体系和框架建构上,第6版教材与第5版教材保持一致。此次修订中,编者期望本教材的使用者能够关注到医事法课程本应承载的思想政治教育功能及"健康中国""法治中国"相关政策在课程中的应有地位,第6版教材的"绪论""医事法概述"等章节对上述内容作了必要的阐述。当然,由于教材篇幅所限,有关的阐述尚不够充分。

《医事法学》(第6版)编写组成员来自南京医科大学、扬州大学、江苏大学、苏州大学、徐州医科大学、江苏卫生健康职业学院等高等院校。编写人员及任务承担如下:

南京医科大学姜柏生:绪论、第一章、附录

南京医科大学曾日红:第二章、第三章

南京医科大学祝彬:第四章

南京医科大学顾加栋:第五章

扬州大学王劲松:第六章、第八章

江苏大学耿华昌:第七章

江苏大学曾见:第九章

苏州大学朱虹:第十章

南京医科大学火煜雯:第十一章

徐州医科大学杨海涛:第十二章、第二十章

扬州大学王劲松、徐海荣:第十三章

南京医科大学康达学院高燕、南京医科大学顾加栋:第十四章、第十五章

江苏卫生健康职业学院李秀明:第十六章

苏州大学孙宏鹏、张天阳:第十七章

南京医科大学任元鹏：第十八章、第二十一章

江苏卫生健康职业学院李秀明、万建华：第十九章

全书由姜柏生初拟编写大纲，后经编委会集体讨论修改完善。全书由姜柏生、顾加栋共同统稿、定稿。

本次教材修订，获得了"十三五"江苏省高等学校重点教材立项支持（编号：2019-1-059），得到了南京医科大学和各参编单位的支持。南京医科大学研究生曹凯、邓健雅做了大量的编务工作。编写过程中，本书参考引用了近年来诸多专家学者的理论观点，在此一并致以诚挚的谢意。

由于编写人员的水平有限，本次修订可能仍有不尽完善之处，恳请专家、同行及广大读者不吝指教。

编者

2021年2月

目 录

绪　论 ··· 1

第一章　医事法概述 ·· 8
第一节　医事法的概念和调整对象 ·· 8
第二节　医事法的特征和基本原则 ·· 9
第三节　医事法的历史与发展 ·· 11
第四节　医事法的地位和作用 ·· 14

第二章　医事法律关系与医事法律责任 ··· 17
第一节　医事法律关系 ·· 17
第二节　医事法律责任 ·· 20

第三章　医事法的制定与实施 ··· 23
第一节　医事法的制定 ·· 23
第二节　医事法的实施 ·· 25
第三节　医事法的遵守 ·· 27
第四节　医事法的执行 ·· 28
第五节　医事法的适用 ·· 33
第六节　医事法律监督 ·· 34

第四章　医事司法救济 ·· 37
第一节　概　述 ·· 38
第二节　医事行政诉讼 ·· 39
第三节　医事刑事诉讼 ·· 43
第四节　医事民事诉讼 ·· 47
第五节　医事行政赔偿 ·· 50

第五章　医疗卫生与健康事业基础性法律制度 ·· 53
第一节　概　述 ·· 54
第二节　基本医疗卫生服务与健康促进 ·· 56
第三节　医疗卫生机构与医疗卫生人员相关规定 ·· 58
第四节　药品供应保障相关规定 ·· 61
第五节　资金保障相关规定 ·· 62
第六节　监督管理与行政法律责任的规定 ·· 63

第六章　医疗机构管理法律制度 ·· 66
第一节　概　述 ·· 66
第二节　医疗机构的设置管理 ·· 68
第三节　医疗机构的执业管理 ·· 70
第四节　医疗机构的监督管理与处罚 ·· 73

第七章　医师管理法律制度 ·· 76
第一节　概　述 ·· 77
第二节　医师执业资格考试制度 ·· 79
第三节　医师执业注册制度 ·· 81
第四节　医师执业规则 ·· 86
第五节　法律责任 ·· 87

第八章　护士管理法律制度 ·· 90

第一节　概　述 …………………………………………… 91
　　第二节　护士执业注册 …………………………………… 92
　　第三节　护士执业资格考试 ……………………………… 93
　　第四节　护士执业权利和义务 …………………………… 94
　　第五节　医疗卫生机构的职责 …………………………… 95
　　第六节　法律责任 ………………………………………… 96

第九章　医疗纠纷预防和处理及医疗损害责任法律制度 …… 98
　　第一节　医疗纠纷预防和处理及医疗损害责任法律
　　　　　　制度的发展历程 ………………………………… 99
　　第二节　医疗纠纷预防和处理制度 ……………………… 101
　　第三节　医疗事故处理制度 ……………………………… 103
　　第四节　医疗损害责任制度 ……………………………… 107

第十章　健康促进法律制度 ……………………………………… 112
　　第一节　母婴保健法律制度 ……………………………… 113
　　第二节　人口与计划生育法律制度 ……………………… 118

第十一章　精神卫生法律制度 …………………………………… 124
　　第一节　概　述 …………………………………………… 124
　　第二节　精神障碍患者的权利及其保护 ………………… 127
　　第三节　心理健康促进和精神障碍预防 ………………… 129
　　第四节　精神障碍的诊断和治疗 ………………………… 131
　　第五节　精神障碍的康复 ………………………………… 135
　　第六节　保障措施 ………………………………………… 136
　　第七节　法律责任 ………………………………………… 138

第十二章　血液管理法律制度 …………………………………… 140
　　第一节　概　述 …………………………………………… 140

- 第二节　无偿献血的法律规定 ·· 141
- 第三节　血站管理的法律规定 ·· 143
- 第四节　医疗机构临床用血管理 ·· 146
- 第五节　血液制品管理的法律规定 ·· 150
- 第六节　法律责任 ·· 152

第十三章　食品安全法律制度 ·· **155**
- 第一节　食品安全风险监测和评估 ·· 155
- 第二节　食品安全标准与食品生产经营 ·· 157
- 第三节　食品检验与食品进出口 ·· 164
- 第四节　食品安全事故处置与食品安全监督 ·· 165
- 第五节　法律责任 ·· 168

第十四章　健康产品管理法律制度 ·· **171**
- 第一节　药品管理法律制度 ·· 171
- 第二节　疫苗管理法律制度 ·· 184
- 第三节　医疗器械管理法律制度 ·· 191

第十五章　传染病防治法律制度 ·· **196**
- 第一节　传染病防治法律制度概述 ·· 196
- 第二节　传染病预防与控制的法律规定 ·· 199
- 第三节　传染病防治监督与法律责任 ·· 203
- 第四节　几种常见传染病防治的法律规定 ·· 206
- 第五节　国境卫生检疫法律制度 ·· 210

第十六章　职业病防治法律制度 ·· **215**
- 第一节　概　述 ·· 215
- 第二节　职业病的前期预防、防护和监督检查 ·· 218
- 第三节　劳动者的职业卫生保护权 ·· 221

第四节　职业病诊断与职业病病人待遇 ·········· 223
　　第五节　违反职业病防治法的法律责任 ·········· 226

第十七章　公共卫生监督法律制度 ·········· 230
　　第一节　公共场所卫生监督法律制度 ·········· 230
　　第二节　学校卫生监督法律制度 ·········· 235
　　第三节　生活饮用水卫生监督法律制度 ·········· 238
　　第四节　放射卫生监督法律制度 ·········· 241
　　第五节　医疗废物管理法律制度 ·········· 246

第十八章　红十字会法律制度 ·········· 250
　　第一节　概　述 ·········· 251
　　第二节　中国红十字会的性质和组织 ·········· 253
　　第三节　中国红十字会的职责和权利 ·········· 254
　　第四节　红十字标志的使用 ·········· 255
　　第五节　法律责任 ·········· 257

第十九章　中医药法律制度 ·········· 258
　　第一节　概　述 ·········· 259
　　第二节　中医药服务管理 ·········· 261
　　第三节　中药保护发展 ·········· 263
　　第四节　中医药人才培养与科学研究 ·········· 267
　　第五节　中医药传承与文化传播 ·········· 269
　　第六节　中医药发展保障措施 ·········· 270
　　第七节　法律责任 ·········· 271

第二十章　现代医学与法律 ·········· 273
　　第一节　人类辅助生殖技术与法律 ·········· 273
　　第二节　人类基因工程与法律 ·········· 278

第三节　器官移植的法律问题 ·· 282
第四节　脑死亡与法律 ··· 287
第五节　安乐死与法律 ··· 289

第二十一章　国际卫生法 ·· 292
第一节　国际卫生法概述 ·· 292
第二节　联合国与国际卫生法 ·· 294
第三节　世界卫生组织与国际卫生法 ·· 297
第四节　世界贸易组织与国际卫生法 ·· 300
第五节　国际劳工组织与国际卫生法 ·· 302

附录一 ··· 304
常用医事法律法规 ··· 304

附录二 ··· 337
常用专业词汇、词组英汉对照简表 ·· 337

绪　论

【学习目的】

理解和掌握医事法学的概念和研究对象；了解医事法学体系及其与相关学科的关系；明确学习医事法学的目的、意义和方法。

一、医事法学的概念、性质和任务

（一）医事法学的概念

医事法学是研究医事法律这一特定社会现象及其发展规律的一门法律学科。

20世纪以来，自然科学和社会科学逐渐从分化走向综合，出现两大领域汇流、不断融合渗透的历史趋势；20世纪60年代后期，传统的生物医学模式日渐式微，新的生物-心理-社会医学模式蓬勃兴起。医事法学就是在这一深刻的社会历史背景下孕育和成长起来的一门新兴的边缘交叉学科。从医学角度来看，医事法学属于理论医学的范畴；从法学角度来看，医事法学则属于法律科学中有关医药卫生问题的应用科学范畴。

需要说明的是，与医事法学相近的学科名称主要有卫生法学、医学法学、生命法学等。本书采用"医事法学"称谓，并非标新立异，而是基于目前世界各国对有关医药卫生法律事务的用语，一般均以"医事"一词概之，"医事"一词早已成了世界各国的一种约定俗成的法律专用术语。且与此相应的其他法律事务方面的用语，有"民事""刑事""海事""商事"等。所以，用"医事法学"作为学科名称，更加符合用法律术语表述法律问题的要求，也有利于与世界接轨。同时，虽然卫生法学、医学法学、生命法学与医事法学的根本目的和根本任务是一致的，但比较卫生、医学、生命与医事四者的语义，不难看出卫生、医学、生命都是作为一门相当成熟的专业学科名称来使用的，它们本身有着比较规范、明确的学科调整对象和研究范畴，其词义与医事相比，似乎显得狭隘、拘谨。而医事即医药卫生之事务本身，是一个复合性词组，含义明确、宽泛，更能反映出医事法学这一学科的深刻学术特征。换言之，医事法学包括了卫生法学或医学法学或生命法学。因此，为了这一新兴学科的学术繁荣，使用医事法学指称比卫生法学、医学法学、生命法学更为恰当。

研究医事法学，首先应该了解"医事"和"法律"的含义。

1. 什么是医事

医事一词在这里应作广义的理解,即泛指为维护和保障人体生命健康而进行的一切个人和社会活动的总和。它包含以下三个方面的内容:一是使人体在出生前后便有一个比较强健的体质;二是促使人体在生活和劳动过程中增强体质,能够避免和抵御外部环境对人体的不良影响,并保持完满的精神状态和良好的社会适应能力;三是对业已患病的人体进行治疗,使之恢复健康。《牛津辞典》为"Health"和"Medicine"下的权威定义分别是:"soundness of body or mind"和"art of restoring and preserving health",即分别为"心理与机体的圆满状态"和"恢复和保护健康的技艺"。可见,西方对医事含义的理解更为宽泛。

2. 什么是法律

法律是阶级社会特有的一种历史现象。法律的含义可以从形式与内容两个方面去理解。从形式上看,法律具有公平、正义、无私、威严等自然品性;从本质上看,法律是由一定物质生活条件决定的统治阶级意志的体现,是由国家制定或认可并由国家强制力保证实施的行为规则的总和,是确认、维护和发展对统治阶级有利的社会关系和社会统治的工具。

法律是一种特殊的社会规范,它从统治阶级的利益出发,以国家的名义规定了人们的权利和义务,明确地告诉人们,什么行为是合法的、可以做的,什么行为是非法的、禁止做的,以此来规范人们的行为,钳制被统治阶级,调整社会成员的相互关系,从而使有利于统治阶级的社会关系和社会秩序得到维护和发展,以实现统治阶级的阶级专政。

(1) 法律的特征。法律作为一种特殊的社会规范,其特征如下:

① 法律由国家制定或认可,具有国家意志性。制定或认可是统治阶级将自己的意志上升为国家意志的两种方式。制定,就是国家机关根据法定权限和程序制定规范性法律文件的活动。认可,就是统治阶级根据需要由国家机关对社会上早已存在的风俗习惯、道德规范、宗教信条等加以确认,并赋予其法律效力。

② 法律规定人们的权利和义务,具有确定性和可预测性。法律作为一种社会规范,是通过规定人们的权利和义务,以权利和义务为机制,影响人们的行为动机,指引人们的行为,调节社会关系的。这与道德和宗教有明显区别。一般来说,道德是通过规定人对人的义务来调整社会关系的,而宗教则是通过规定人对神明的义务来调整社会关系的。法律上的权利和义务规定具有确定性和可预测性的特点,它明确地告诉人们该怎样行为、不该怎样行为以及必须怎样行为;人们根据法律来预先估计自己与他人之间该怎样行为,并预见到行为的后果以及法律的态度等等。

③ 法律由国家强制力保证实施,具有国家强制性。社会规范一般都具有某种强制性,但各自强制的性质、范围、实现的程度和方式不尽相同。如道德规范是由社会舆论、人们的内心信念及习惯、传统力量加以维护,但它不具有国家强制力。所谓国家强制力,主要是指国家的军队、警察、监狱、法庭等有组织的国家暴力。法律规定人们行为所应该遵循的准则、权利和义务能否在现实中得以实施,这些必须依靠国家强制力予以保证,如果没有国家强制力作后盾,法律就是一纸空文,变得毫无意义。

(2) 法律的作用。法律是阶级社会重要的社会调整器。它的基本作用是建立、维护和发展对统治阶级有利的社会关系和社会秩序,通过对人们行为的规范来实现维护阶级统治的社会作用。就社会作用的范围或方向而言,可概括为两个基本职能:①政治职能,指统治阶级运用法律开展政治斗争,维护其政权统治的职能。②社会职能,指统治阶级基于其根本利益及维护全体社会公民的公共利益之目的,运用法律执行社会公共事务的职能。

（二）医事法学的性质和任务

对医事法学的性质可以从以下几方面来认识：从医事法学的总体职能来理解,医事法学具有阶级性；从立法的根本宗旨来看,医事法学具有社会性；从科学技术进步和调整纷繁复杂的社会关系来看,医事法学具有综合性；从医事法学是边缘学科来理解,它具有交叉性；从医学高科技发展的角度来分析,医事法学又具有发展性和时代性。因此,医事法学的任务就是将生物学、医学、药物学、卫生学等的基本理论知识和法学的基本理论知识结合起来,运用于医药卫生事业实践,用法律手段促进医药卫生事业的发展,维护和保障公民的生命和健康。

二、医事法学的研究对象

医事法学以医事法律现象及其发展规律作为研究对象,主要研究医事法的产生及其发展规律,医事法的调整对象、特征、渊源、基本原则、医事法学体系,医事法的制定和实施,医事法律关系、医事法律责任与法律救济,我国现行的各种医药卫生法律制度,国际医事立法理论和实践以及如何运用医事法学理论来解决医药卫生改革和医学高科技发展中的新问题等。

随着社会的不断进步、科学技术的飞速发展以及医药卫生管理活动内容的日益丰富,健康在人们的实际生活和生产劳动过程中的作用受到更加广泛的关注和重视。这就为全面地、系统地研究医事活动中的客观规律和一般方法提供了必要的条件和基础,从而使医事法学的研究对象不断得到充实和发展。

三、医事法学体系

由于科学技术发展日新月异,医药卫生的外延正在不断扩大,医事法的内容也在逐渐增加。目前,我国尚无一部统一的医事法典,所以医事法只是国家有关医药卫生问题的法律规范的总称。因此,要建立医事法学的体系,就必须从众多的医药卫生法律规范中归纳和总结出一般性问题而加以研究。

根据众多医事法学专家的观点,一般认为医事法学主要由以下几部分构成：

（一）绪论部分

其主要阐述医事法学的概念、性质、任务及研究对象,医事法学与相关学科的关系,学习医事法学的目的、意义和方法。

（二）总论部分

其主要阐述医事法的基本理论,包括概念、调整对象,医事法的产生和历史发展,医事法的地位和作用,医事法的特征和基本原则,医事法的表现形式,医事法律关系,医事法的制定和实施,医事法律责任与法律救济等。

（三）分论部分

其主要阐述我国现行的各种医事法律制度以及国际卫生法律制度,包括公共卫生监督与疾病防治法律制度、医政管理法律制度、医疗技术人员管理法律制度、药政管理法律制度、妇幼卫生和计划生育法律制度、中医和民族医药管理法律制度以及医学高科技发展引起的有关法律问题等。

由于医事法学是一门新兴学科，它的体系尚属初创，许多理论问题有待进一步研究和探讨，在不断总结实践经验的基础上，医事法学体系将会得到不断发展和进一步完善。

四、医事法学与相关学科的关系

（一）医事法学与法学

法学是以法和法律现象及其发展规律作为研究对象的一门社会科学。医事法学则是以医事法为研究对象的一门法学的分支学科。二者之间是一般与特殊的关系。医事法学在法学基础理论的指导下开拓和发展自己的专门研究领域，而法学则可以吸收医事法学中带有普遍意义的原则和规律来丰富自己。因而，学习和研究医事法学应该努力掌握一般法学基础理论和基本知识。

（二）医事法学与思想政治教育学

医事法学属于法学和医药卫生领域的交叉学科，它具备法律的一般价值追求，如平等、自由、公平、正义、秩序等。这些价值追求和社会主义核心价值观有契合之处。医事法学属于人文社会科学领域，与思想政治教育学同属上层建筑，塑造着人们的主观心理状态。课程思政建设的主要目的在于以"全课程育人"和"全员育人"的方式规范大学生思想道德行为，回答"培养什么人、怎样培养人、为谁培养人"的问题。对学生进行医事法学课程思政教学，能够引导学生树立正确的价值追求，提升学生的公民人格，增加学生的国家认同感、政治认同感。在医事法学课程中融入思政元素，能够提高学生的法律素养，培养规则意识，增强专业自信；在医事法学课程中融入思政元素，可深化教育的"育人"功能，实现学生从"专业成才"到"精神成人"的转变；在医事法学课程中融入思政元素，可增强学生的爱国热情，树立实现国家强大、民族振兴的人生目标。

（三）医事法学与医药卫生科学

医药卫生科学是研究人类生命过程以及防治疾病的科学。医药卫生科学属自然科学范畴，而医事法学属社会科学范畴。医事法学和医药卫生科学的共同使命都是保护人体生命和健康，从这一点来说两者之间是相通的。同时，医药卫生科学与医事法学又有着必然的联系，表现在：其一，医药卫生科学的发展使立法思想受到影响和启迪，促进了许多医事法律、法规的产生，使医事法逐步形成了自己的结构和体系，并从原有的法律体系中脱颖而出，构成一个新的法律部门。同时，医药卫生科学理论知识及其研究成果被运用到立法过程中，使医事法律的内容更具有科学性。其二，医事法律可以决定医药卫生发展的方向，为医药卫生发展创造良好的社会环境，保障国家医药卫生战略的实施，规范医药卫生机构的设置、组织原则、权限、职能和活动方式，控制现代医药卫生因无序、失控和异化而带来的社会危害等。

（四）医事法学与医学伦理学

医学伦理学是研究医学道德的一门学科。医事法律规范和医德规范都是调整医疗卫生领域中发生的社会关系的行为准则；它们的共同使命都是调整人际关系，维护社会秩序和公民的生命健康权益。两者的联系表现在：医德是卫生法的基础，卫生法体现医德的要求；医德是卫生法实施的重要精神力量，卫生法是弘扬医德的强制力保障。医药卫生技术人员在执业中，对公民的隐私权、名誉权、身体权等权益的尊重和保护，是职业道德规范的要求。卫生工作人员的职业道德规范已经越来越多地为许多医事法律规范所吸收。所以，医事法应当积极吸收医学伦理学的研究成果，丰富医事法学的研究内容，促进医事法学的发展。

然而,医事法与医德又是有区别的,表现在:

(1) 在表现形式上,医事法是由拥有立法权的国家机关依照法定程序制定的,一般都是成文的;医德是以医疗行业宣传的医德原则、医德规范、医德代表人物的方式存在的,具有一定的抽象性、模糊性。

(2) 在调整的范围上,医德调整的范围要宽于医事法,凡是医事法所禁止的行为,也是医德所谴责的行为;医德对医务人员的要求也比医事法的要求高得多,违反医德的行为不一定要受到医事法的制裁。

(3) 在实施的手段上,医事法的实施以国家强制力为后盾,通过追究法律责任来制止一切损害人体健康的行为,解决的是合法与违法、罪与非罪问题;医德主要依靠社会舆论、人们的内心信念和传统习俗来维护人体身心健康,解决的是是与非、善与恶、正当与不正当的问题。

医事法学研究在借鉴医学伦理学成果时应对医德与卫生法的上述区别保持清醒认识,不能将一些只有少数高尚医务人员才能够践行的医德制定成为医事法,也不能以医德完全替代医事法。

(五) 医事法学与卫生政策学

卫生政策学是以卫生政策的制定和贯彻落实为研究对象的一门学科。卫生政策是指党和国家在一定历史时期内,为实现一定卫生目标和任务而制定的行为准则。医事法和卫生政策都是建立在社会主义经济基础之上的上层建筑,在本质上是一致的,体现了广大人民群众的意志和利益,都具有规范性,是调整社会关系的行为准则。两者的联系主要表现在:卫生政策是医事法的灵魂和依据,医事法的制定要体现卫生政策的精神和内容;医事法是实现卫生政策的工具,是卫生政策的具体化、条文化、规范化和法律化。

(六) 医事法学与卫生事业管理学

卫生事业管理学是研究卫生事业管理工作中普遍应用的基本管理理论、知识和方法的一门学科。卫生事业管理的方法有多种,法律方法仅是其中的一种,实践表明它也是实现卫生管理高效的有效手段。所谓卫生事业管理中的法律方法,是指运用医事立法、司法和遵纪守法教育等手段,规范和监督卫生组织及其成员的行为,以使卫生事业管理目标得以顺利实现,即通常所说的卫生法治管理。坚持依法监管,属地化全行业管理。推进依法行政,规范执法。合理界定并落实政府办医职责和医疗卫生机构自主运营管理权限,明确医疗卫生监管责任。明确政府及相关部门的管理权力和职责,构建决策、执行、监督相互分工、相互制衡的权力运行机制。所有医疗卫生机构不论所有制、投资主体、隶属关系和经营性质,均由所在地政府卫生健康行政部门实行统一监管。所以,医事法律规范是卫生事业管理工作的活动准则和依据。卫生事业管理工作中的法律方法和其他方法的不同点在于它具有国家强制性。医事法学不仅应研究医事法律、法规的现状,也应研究医事法律、法规对卫生事业特别是卫生管理工作的影响,使医事法学研究服务于卫生管理。显然,医事法学也应关注卫生管理实践,积极吸收卫生管理学的新成果,丰富医事法学的研究内容。

(七) 医事法学与法医学

法医学是应用医学、生物学、化学及其他自然科学的理论和技术,研究并解决司法实践中有关人身伤亡和涉及法律的各种医学问题的学科。两者研究的内容都与医学密切相关,且都与法律密不可分,因而联系很多。两者的区别在于:

（1）研究对象不同。法医学以司法实践中有关人身伤亡和涉及法律的各种医学问题为研究对象，而医事法学则以医事法为研究对象，两者分属医学学科和法学学科。

（2）产生的依据不同。法医学是应法律的需要而产生的，其任务是运用自然科学解决司法实践中的医学问题；医事法学是应医学的需要而产生的，其任务是运用法律促进医药卫生事业的发展，保障人体生命健康。

五、学习医事法学的意义

（一）依法治国，建设社会主义法治国家的需要

建设社会主义法治国家，是建设有中国特色社会主义的一条基本方针。全国人大九届二次会议根据党中央的建议，对现行宪法加以修改，将"中华人民共和国实行依法治国，建设社会主义法治国家"作为《中华人民共和国宪法》（简称《宪法》）第五条的第一款。医药卫生事业是社会主义事业的重要组成部分，依法管理医药卫生事业是实现依法治国、建设社会主义法治国家的重要内容。2014年10月，中国共产党第十八届中央委员会第四次全体会议审议通过了《中共中央关于全面推进依法治国若干重大问题的决定》。这是中共中央首次以依法治国为主题的全会，为法治中国建设描绘了新蓝图。从依法治国到全面依法治国，意味着所有领域、所有行业都要努力开展法治建设，医事领域的科学立法、严格执法、公正司法、全民守法，是社会主义法治建设的重要内容。只有加强法治宣传教育，包括医药卫生法治教育，不断提高广大人民群众的法治观念和法律意识，才能实现依法治国、建设社会主义法治国家的目标。

（二）发展医药卫生事业的需要

我国的医药卫生事业，以为人民健康服务为中心，正在逐步适应社会主义市场经济体制，适应医学模式由生物医学模式向生物-心理-社会医学模式的转变，适应广大人民群众不断增长的多层次医药卫生需求。我国的医药卫生事业将成为重要的社会保障体系，成为人人都需要的、群众受益并承担一定社会福利职能的社会公益事业。为实现这一目标，医药卫生事业也将逐步走向法治管理的轨道。2017年10月，党的十九大报告明确提出"实施健康中国战略"，将人民健康作为民族昌盛和国家富强的重要标志，明确提出"深化医药卫生体制改革，全面建立中国特色基本医疗卫生制度、医疗保障制度和优质高效的医疗卫生服务体系，健全现代医院管理制度"。建设医事法治，是落实健康中国战略不可或缺的制度保障，也是全面依法治国的基本要求。正因为如此，对于医药卫生技术人员和医学生来说，学习医事法学可以调整知识结构，拓宽治学领域，了解与从事的工作密切相关的医事法律规范，明确自身在医药卫生工作中享有的权利和承担的义务，增强医事法律意识，正确履行岗位职责，为保护人体生命和健康、促进医药卫生事业的发展作出自己的贡献。

（三）提高医药卫生执法水平的需要

我国社会主义医药卫生事业的重要功能之一，是实施社会公共卫生监督管理。医事行政执法是政府管理全社会卫生的基本方式，是实现预防战略、保护人体生命健康的基本手段。提高医事行政执法水平，必须要有一支既有丰富的专业知识，又熟悉自己执法范围的医事法律规范，乃至了解整个医事法律体系基本情况的高素质的医事行政执法队伍。学习医事法学理论和知识，将有助于医事行政执法人员更好地做到依法行政，有法必依，执法必严，违法必究，不断提高医事行政执法水平。

（四）维护公民生命健康权利的需要

对广大公民来说，通过学习和了解医事法学基本理论、基本知识，树立医事法治观念，可以在自己的生命健康权利受到侵害时，正确运用法律武器来维护自身的合法权益。同时，对生命健康权、医药卫生行业及医药服务行为的特殊性有一个全面、科学、系统的认识，能进一步提高遵守医事法律规范的自觉性，更好地维护自身的生命健康权利。

六、学习医事法学的方法

（一）理论联系实际的方法

理论与实际相结合是马克思主义理论研究的出发点和归宿。医事法学是一门应用性的理论学科，具有很强的实践性。这里的理论，就是指医事法学的基本理论、基本知识和相关学科的知识。所谓联系实际，一是联系客观的事实、制度、现象及实际中存在的问题；二是密切结合我国医药卫生体制改革和医药卫生法治建设的实践；三是联系社会思潮、认识及流行的各种观点和见解；四是结合个人的思想实际和专业工作实际。只有广泛地联系和深入地考察生动的社会实际，才能使我们的思路开阔，避免认识僵化；同时我们也会得到对理性认识的检验，自觉提高运用理论解决实际问题的能力。

（二）历史分析的方法

法是人类社会发展到一定历史阶段的产物。它同当时的社会经济有着密切联系，受当时社会政治、文化、宗教等社会意识形态的影响。医事法律规范的确定和实施都是基于具体的历史条件和特定的历史背景的，如果脱离了时间和空间，问题就得不到正确的认识和解决。因此学习医事法学一定要坚持历史分析的方法，把法律现象及法律关系的研究同一定的社会经济关系、意识形态以及医药卫生的发展实际等联系起来，深入研究不同医事法律的产生与发展基础，探究其产生与发展的根源和条件。

（三）比较分析的方法

比较分析方法是学习医事法学的重要方法之一。比较可以分为纵向比较和横向比较两种方法。纵向比较，就是指要了解古今医事法律规范的历史演变，用批判分析的态度借鉴历史。横向比较，就是指要了解世界各国的医事法律制度和国际医事立法的情况，既要吸收国外成功经验、科学成果，又要剔除其不合国情的成分。做到有分析、有比较、有选择，从而完善和发展具有中国特色的社会主义医事法学体系。

【思考题】

1. 如何理解医事法学产生的深刻社会历史背景和现实基础？
2. 医事与法律相互之间有着什么样的关系？
3. 简述医事法和医德的联系和区别。

第一章 医事法概述

【学习目的】
理解和掌握医事法的概念和调整对象；重点掌握医事法的特征和基本原则；了解医事法的历史与发展；明确医事法的地位和作用。

第一节 医事法的概念和调整对象

一、医事法的概念

医事法是指由国家制定或认可，并由国家强制力保证实施的旨在调整保护公民生命健康活动中形成的各种社会关系的法律规范的总和。

医事法有狭义和广义两种理解。狭义的医事法，仅指由全国人民代表大会及其常务委员会所制定的各种医事法律。广义的医事法，不仅包括上述各种医事法律，而且还包括被授权的其他国家机关制定、颁布的从属于医事法律的在其所辖范围内普遍有效的医事法规和规章及其他规范性文件，如医事条例、规则、决定、标准、章程、办法等，还包括宪法和其他部门法律中有关医事的内容。本书所述医事法即属于广义的医事法。

二、医事法的调整对象

医事法的调整对象，是指各种医事法律规范所调整的社会关系。调整的具体社会关系不同，也就形成了具有不同调整范围的法律规范性文件。一般来说，医事法主要调整以下三个方面的社会关系。

（一）医事组织关系

医药卫生组织体制是经济基础的反映，必须同生产资料所有制和生产力的发展水平相适应。在医事组织活动中，重要的是用法律条文的形式将各级医药卫生行政部门和各级、各类医药卫生组织的法律地位、组织形式、隶属关系、职权范围以及权利义务等固定下来，形成合理的管理体系和制度。唯有如此，国家才能有效地对医事工作进行有序的组织和领导，医药卫生组织才有明确的行为准则。例如，制定《医疗机构管理条例》，明确这些医疗卫生机构的法律地位、职责范围、编制和工作方法等，以保证它们在法律规定的范围内从事相应的医事活动。这些医事组织关系是医事法调整的基本社会关系，是保障医疗卫生事业健康、有序的基础。

（二）医事管理关系

医事管理是国家从社会生活总体角度进行的全局性的统一管理。具体来说，它就是国家医药卫生行政机关根据国家法律规定，对医事工作进行的计划、组织、指挥、调节和监督等活动，以期达到控制和消灭疾病、提高人民健康水平，为社会主义物质文明和精神文明建设服务的目的。在医事管理活动中，国家医药卫生行政机关与其他国家机关、企事业单位、社会团体及公民形成的权利义务关系，为医事法所调整。医事法调整医事管理关系主要在于规定卫生行政机关的职责、权限以及相应程序要求，是医事管理法治化的要求与保障。它是一种纵向的行政关系，可以表现为医事行政隶属关系，如卫生行政机关和医疗机构的医政管理关系，也可以表现为医事职能管辖关系、医事管理中的行政许可关系、行政处罚关系、行政赔偿关系、行政复议关系、行政诉讼关系等。

（三）医事服务关系

医事服务关系是指医药卫生行政机关、医疗卫生组织、有关企事业单位、社会团体和公民向社会公众提供的医疗预防保健服务、医药卫生咨询、医药卫生设施服务等活动。医事服务关系是医疗卫生事业的重中之重，是医事法调整的社会关系的核心。医事服务关系是一种横向的社会关系，它表现为提供服务和接受服务的平等主体和特殊民事主体之间的权利义务关系。

第二节 医事法的特征和基本原则

一、医事法的特征

所谓法的特征，是指法不同于其他社会现象的特殊性。医事法作为我国社会主义法律体系中的一个重要组成部分，它必然具有一般法律规范所具有的基本特征，例如：是调整人的行为的社会规范，由国家制定或认可，以规定人们的权利和义务作为其主要内容，并由国家强制力保证实施等。但医事法同时又具有自身的特征，这也是医事法区别于其他法律部门的属性。一般认为，医事法的特征可以概括为以下几个方面。

（一）以保护公民生命健康权为根本宗旨

公民生命健康权是公民人格权中一项最基本的权利。医事法以保障公民生命健康权为根本宗旨，这是它区别于其他法律部门的主要标志。

（二）综合性和多样性

这是指医事法带有诸法合体，多种调节手段并用的特征。首先，医事法的渊源体系具有综合性和多样性；其次，医事法的调节手段具有综合性和多样性，既采用纵向的行政手段调整医药卫生行政管理活动中产生的社会关系，又采用横向的民事手段调整医事服务活动中的权利义务关系；最后，医事法除采用自己独有的法律措施外，还使用刑法、民法、劳动法、诉讼法等部门法的调整手段，以有效地保护公民的生命健康权。

（三）科学性和技术规范性

医事法是依据生物学、医学、卫生学、药物学等自然科学的基本原理和研究成果制定的。医事法与现代科学技术紧密结合，体现了医事法的科学性；同时，医事法保护的是公民生命健康这一特定的对象，这就必然要将大量的技术规范法律化，即医事法将直接关系到公民生命健康安全的科学工作方法、程序、操作规范、标准等确定下来，使其成为技术规范，把遵守技术规范确定为法律义务，使公民的生命健康权得到切实保障。

（四）社会共同性

健康问题已成为当今人类所面临的共同问题。全世界都在探求解决人人享有健康保健，为人们造就一个清洁、卫生、适宜的环境，预防和消灭疾病，保障人体生命健康，促进社会经济发展等问题的办法。世界卫生组织（WHO）等国际组织制定的许多国际医事协议、条例和公约，成了国际社会共同遵守的准则，从而推动了国际医事法的发展。

二、医事法的基本原则

医事法的基本原则，是指贯穿于各种医事法律规范之中，对调整保护人体生命健康而发生的各种社会关系具有普遍指导意义的准则。

（一）生命健康权保障的原则

生命健康权保障的原则是医事法的首要基本原则，要求医事法对人的生命健康权予以充分、优先的保障，该项原则集中体现了医事法的根本目的、核心理念和价值追求。现代国家中，生命健康权是受到法律保护的最重要权益，在我国宪法和其他法律塑造的权利体系中，具有最高的地位。生命健康权的主体是自然人；生命健康权既包含了已经法律化的公民基本权利，也包含了尚未被称为权利的正当利益；生命是具有神圣性的最高权益，健康是内容广泛的基本权益。

（二）预防为主的原则

维护公民的生命健康权益应当坚持预防为主的原则。预防为主的原则是我国医事工作的基本方针，也应当是我国医事法的基本原则。《中华人民共和国基本医疗卫生与健康促进法》（简称《基本医疗卫生与健康促进法》）第六条第一款规定：各级人民政府应当把人民健康放在优先发展的战略地位，将健康理念融入各项政策，坚持预防为主，完善健康促进工作体系，组织实施健康促进的规划和行动，推进全民健身，建立健康影响评估制度，将公民主要健康指标改善情况纳入政府目标责任考核。我国医事法中的《中华人民共和国传染病防治法》（简称《传染病防治法》）、《中华人民共和国国境卫生检疫法》（简称《国境卫生检疫法》）、《中华人民共和国职业病防治法》（简称《职业病防治法》）、《中华人民共和国母婴保健法》（简称《母婴保健法》）、《中华人民共和国人口与计划生育法》（简称《人口与计划生育法》）、《中华人民共和国食品安全法》（简称《食品安全法》）等也都体现了预防为主原则的要求。

（三）科技促进与伦理约束的原则

科技促进与伦理约束的原则有着医事法上良好的工具价值和独立精神价值。科技促进与伦理约束的原则实际上有两个重要面向：第一是医药卫生事业必须依靠科学技术的支撑和促进,第二是科技必须受到伦理约束和法律规制,二者相辅相成,不可偏废。这项原则中的两方面内容,其重点在于"伦理约束",即伦理和法律对科技发展的约束和规制。伦理对医药卫生科技的约束作用,较多地体现在医药卫生科技创新工作中,以中微观的视角看,主要表现为引导、评价、审查等方面。

（四）中西医协调发展的原则

这是指在对疾病的诊疗护理中,要正确处理中国传统医学和西方医学的关系,要认真学习现代医学,努力发展和提高现代医学的科学技术水平。《基本医疗卫生与健康促进法》第九条规定:国家大力发展中医药事业,坚持中西医并重、传承与创新相结合,发挥中医药在医疗卫生与健康事业中的独特作用。坚持中西医协调发展的原则还必须努力继承和发展祖国传统医药学遗产,运用现代科学技术知识和方法对其加以研究、整理、挖掘,把它提高到现代科学水平,从而使中西两个不同理论体系的医药学互相取长补短、协调发展。

（五）动员全社会参与的原则

这是指医事工作必须坚持政府领导、部门配合、社会支持、群众参与,使医药卫生事业成为全民的事业。这一原则反映了医事工作的社会性,有利于增强社会全体成员的参与意识和责任感。

（六）国家医事管理和监督的原则

这是指医药卫生行政机关或国家授权的医药卫生职能部门,对管辖范围内有关单位和个人执行国家颁布的医事法律、法规、规章和标准的情况予以监察督导和管理。国家医事监督包括医政监督、药政监督、防疫监督和其他有关医事监督。《基本医疗卫生与健康促进法》第八十六条规定:国家建立健全机构自治、行业自律、政府监管、社会监督相结合的医疗卫生综合监督管理体系。县级以上人民政府卫生健康主管部门对医疗卫生行业实行属地化、全行业监督管理。

第三节　医事法的历史与发展

一、我国的医事立法

我国古代医事法的制定和实施,散见于各种律书和古籍之中,构成了我国医事法的发展轮廓和演变轨迹。奴隶制时代的医事法是我国医事立法的启蒙时期;西周的《周礼》翔实地记载了我国最早的医事管理制度,包括司理医药的机构、病历书写和医生考核制度等;封建时代的医事法是我国医事立法逐步发展和渐趋完善时期。封建王朝尽管兴衰更替,但是都比较重视制定医事法规和建立比较完备的医事管理制度。从《秦律》《唐律》《元典章》《大明会典》到《大清律》中,可以看到医事法的规定涉及医药卫生管理机构、传染病防治、医学教育、公共卫生、医疗事故处理等方面。

太平天国的《太平条规》《刑律诸条禁》对医院制度、医疗免费、公共卫生的法制建设做了一次特殊的尝试。

中华民国时期的医事法是我国医事立法专门化、具体化时期。中华民国仿效西制设卫生部负责全国医药卫生工作,制定了卫生行政大纲和涉及卫生行政、防疫、公共卫生、医政、药政、食品卫生和医学教育等一系列法规,医事管理制度日趋完备。

新民主主义革命时期的医事法是中国共产党在革命根据地为保证革命战争的胜利、保护革命根据地人民的生命安全和健康而制定的,在中国医事法制史上揭开了崭新的一页。

中华人民共和国的成立,标志着我国的医事立法工作进入了一个新的历史时期。特别是党的十一届三中全会以来,社会主义民主和法制建设得到加强,医事立法工作有了突破性进展。1982年宪法有关国家发展医疗卫生事业,保护人民健康的规定,为新时期的医事立法指明了方向,提供了依据。随着社会主义市场经济体制的逐步形成与完善和医药卫生事业改革的不断深化,医事法制建设的重要性和迫切性日益显著,创造了医事立法工作的良好环境。医事立法进入了空前发展和繁荣的新时期。目前,我国主要的医事法律有:《食品安全法》《中华人民共和国药品管理法》(简称《药品管理法》)、《国境卫生检疫法》、《传染病防治法》、《母婴保健法》、《中华人民共和国医师法》(简称《医师法》)、《中华人民共和国献血法》(简称《献血法》)、《中华人民共和国红十字会法》(简称《红十字会法》)、《职业病防治法》、《中华人民共和国精神卫生法》(简称《精神卫生法》)、《人口与计划生育法》、《中华人民共和国中医药法》(简称《中医药法》)、《中华人民共和国疫苗管理法》(简称《疫苗管理法》)、《基本医疗卫生与健康促进法》等。2019年6月29日,第十三届全国人民代表大会党务委员会第十一次会议高票表决通过《疫苗管理法》,这是我国首次就疫苗管理进行专门立法,该法自2019年12月1日起施行。《疫苗管理法》共11章,包括总则、疫苗研制和注册、疫苗生产和批签发、疫苗流通、预防接种、异常反应监测和处理、疫苗上市后管理、保障措施、监督管理、法律责任、附则,围绕疫苗管理作出了全面系统的规定。《疫苗管理法》全面贯彻"四个最严"要求,坚持问题导向,落实疫苗管理体制改革举措,体现了全过程、全链条严格监管的理念,也较好处理了与药品管理法等相关法律的关系。2019年8月26日,新修订的《药品管理法》经第十三届全国人民代表大会党务委员会第十二次会议表决通过,自2019年12月1日起施行。这是《药品管理法》1984年颁布以来的第二次系统性、结构性重大修改,将药品领域改革成果和行之有效的做法上升为法律,为公众健康提供了更有力的法治保障。新修订的《药品管理法》全面贯彻落实党中央有关药品安全"四个最严"要求,明确了保护和促进公众健康的药品管理工作使命,确立了以人民健康为中心,坚持风险管理、全程管控、社会共治的基本原则,要求建立科学、严格的监督管理制度,全面提升药品质量,保障药品的安全、有效、可及。2019年12月28日,《基本医疗卫生与健康促进法》经第十三届全国人民代表大会党务委员会第十五次会议表决通过,并自2020年6月1日起施行。《基本医疗卫生与健康促进法》共包含10章、110条,涉及基本医疗卫生服务、医疗卫生机构、医疗卫生人员、药品供应保障、健康促进、资金保障、监督管理、法律责任等问题。《基本医疗卫生与健康促进法》是我国卫生与健康领域的第一部基础性、综合性法律,凸显"保基本、强基层、促健康"理念,对发展医疗卫生与健康事业、保障公民享有基本医疗卫生服务、提高公民健康水平、推进健康中国建设具有重要意义。主要医事法规有:《公共场所卫生管理条例》《中华人民共和国尘肺病防治条例》《放射性同位素与射线装置放射防护条例》《化妆品卫生监督条例》《学校卫生工作条例》《中华人民共和国国境卫生检疫法实施细则》《中华人民共和国传染病防治法实施办法》《艾滋病监测管理的若干规定》《食盐加碘消除碘缺乏危害管理条例》《国内交通卫生检疫条例》《医疗事故处理条例》《医疗纠纷预防和处理条例》《突发公共卫生事件应急条例》《医疗机构管理条例》《流动人口计划生育工作管理办法》《中华人民共和国红十字标志使用办法》《中华人民共和国药品管理法实施条例》《医疗用毒性药品管理办法》《麻醉药品和精神药品管理条例》《放射性药品管理办法》《药品行政保护条例》《血液制品管理条例》《医疗器械监督管理条例》《医疗废物管理条例》《乡村医生从业管理条例》《护士条例》《中华人民共和国母婴保健法实施办法》《计划生育技术服务管理条例》《血吸虫病防治条例》《艾滋病防治条例》等。此外，国家卫生健康委员会、国家市场监督管理总局、国家药品监督管理局、国家中医药管理局等国家行政机关也制定发布了大量规章。譬如，2018年7月，国家卫生健康委员会和国家中医药管理局组织制定了《互联网诊疗管理办法（试行）》《互联网医院管理办法（试行）》《远程医疗服务管理规范（试行）》。各省、自治区、直辖市也结合实际制定了一大批地方性医事法规或规章。上述规范性文件初步形成了具有中国特色的社会主义医事法律体系。

二、外国的医事立法

医事法的历史是一部知识的历史。在世界各国的法律中，早就有与医药卫生有关的法律规范。从古埃及颁布的关于掩埋尸体、排水、处罚违纪医生以及严禁弃婴的规定，到古印度的《摩奴法典》以及古巴比伦的《汉谟拉比法典》，都涉及公共卫生、医事赔偿制度等医事规范和当时社会的卫生法治思想。古罗马的《十二铜表法》《阿基拉法》等的产生，反映了奴隶制时代的医药卫生法律体系已经开始萌芽。

近代西方国家医事立法的发展，与资本主义社会经济发展和科学技术的进步有着密切关系。英国于1601年制定的《伊丽莎白济贫法》是最早的现代资产阶级医事立法，影响久远。英国于1848年又制定了《公共卫生法》，1859年公布了《药品食品法》，1878年颁布了《全国检疫法》，以后又逐步制定了《助产士法》《妇幼保健法》等。

日本从1874年开始建立医事制度，制定了《医务工作条例》，1925年颁布《药剂师法》，1933年颁布《医师法》，1942年颁布了著名的《国民医疗法》，1948年制定了《药事法》等。

美国纽约市于1866年通过了《都会保健法案》，1878年美国颁布了《全国检疫法》，1902年美国制定了有关生物制品的法规，1906年颁布了《纯净食品与药物法》，1914年制定了《联邦麻醉剂法令》等。

20世纪60年代后期，医事立法得到了迅速发展。世界上许多国家都把医事立法作为贯彻实施国家提出的医药卫生方针政策，实现医药卫生领域重大战略目标的主要手段。虽然各国政治、经济、历史、文化传统有所差异，但它们都根据各自国家不同时期的任务和存在的医事问题，加强了医事立法。其主要内容涉及公共卫生、疾病防治、医政管理、药政管理、医疗保健、健康教育、精神卫生等诸多方面。

三、国际卫生法

国际卫生法是调整国家（包括类似国家的政治实体以及由国家组成的国际组织）之间在保护人体生命健康活动中所产生的各种关系的有拘束力的原则、规则和规章、制度的总称。国际卫生法的特点是：其法律关系主体是国家或国际组织；制定者是国家或国家集团，一般不需要特别的立法机构和专设的部门；其实施和监督除依靠国家外，有时也依靠临时的国际专业小组或委员会，却无需采取暴力等手段强制推行。

世界卫生组织（WHO）1948年成立后，积极地在国与国之间进行了医学和医药卫生立法的交流协作，其各专家委员会与特设小组把制定国际医药卫生公约、协约、规则，食品、生物制品、药品的国际标准，以及诊疗方法的国际通用规范和原则，作为其主要工作内容。随着高新医学技术的不断出现和医药卫生经济的发展、生死观念和文化的变化，越来越多的特殊法律问题需要认真对待，需要在国际上寻找共同的理解和认知。世界卫生组织除进行较广泛深入的医事法理学研究和向发展中国家提供医事立法咨询外，还制定了一系列单行国际医药卫生法规和与医药卫生相关产品的国际标准，订立了多项有价值的国际公约、条约和世界性医学原则。其中主要有：《国际卫生条例》（1969年）、《药品生产质量管理规范》（GMP）、《放射防护基本安全标准》、《一九六一年麻醉品单一公约》、《一九七一年精神药物公约》、《残疾人权利宣言》（1975年）、《环境与发展宣言》（1992年）等。

一些涉及医药卫生领域的国际性学会和其他非政府组织对国际医事立法十分关注。成立于1947年的世界医学会（WMA），在1948年制定了著名的以医学道德规范为核心的《日内瓦宣言》，随之该医学会又制定了一系列世界性医学原则，主要包括：有关人体实验原则的《赫尔辛基宣言》（1964年）、《护士伦理学国际法》、有关死亡确定问题的《悉尼宣言》（1968年）、有关医学流产处理原则的《奥斯陆宣言》（1970年）、有关犯人人道待遇问题的《东京宣言》、有关精神病患者准则的《夏威夷宣言》《献血与输血的道德规范》（1981年）以及《世界人类基因组与人权宣言》（1997年）等。以上这些具有国际法性质的宣言和文件，虽然发端于医学伦理学思想和人类共同的道德追求，但更多地体现了各国医学界对于这些领域和课题在后医学时代的认识中、在医学道德应用的实践中所表现出的一种新的科学和医事法律文化精神。

第四节　医事法的地位和作用

一、医事法的地位

医事法的地位是指医事法在我国法律体系中的地位。所谓法律体系，是指由各法律部门组成的一国现行法律有机联系的统一整体。法律体系的建设是通过立法活动和法规整理、编纂和法律解释等多方面的活动来实现的，因而是不断变化和发展的。一个国家的法律体系可以划分为若干个法律部门。法律部门一般是以法律所调整的对象即一定的社会关系为依据来划分的。我国的法律体系一般认为除了包括刑法、民法、行政法、诉讼法等传统法律部门外，还包括环境保护法、知识产权法、医事法、人权法等新兴的法律部门或法律学科。由于医事法调整对象的特殊性和调整内容的系统性，以及我国医事法治建设的发展，医事法已逐渐成为我国社会主义法律体系的重要组成部分，成为一个新兴的、独立的法律部门，并在经济社会发展中起着十分重要的作用。

二、医事法的作用

（一）贯彻党的医药卫生政策，维护社会医药卫生秩序

国家对社会的管理方式是多种多样的，首先是制定国家政策，其中包括制定医药卫生政策，用以规范各级政府的医事工作和人们的医事行为。但是，仅仅有医事政策是不够的，因为医事政策并不具备法律规范的属性，还需要通过医事立法，使党和国家的医药卫生政策具体化、法律化，成为具有相对稳定性、明确规范性和国家强制性的法律条文。医药卫生行政部门和司法机关可以根据医事法律规范的规定，坚持依法行政，切实保护公民和社会组织的合法权益，从"人治"走向"法治"；公民和社会组织也可以对照医事法律规范的规定，判断和约束自己的医事行为，自觉改变不良卫生习惯和行为方式，使党和国家的医事政策通过法律这一强制措施得以落实；同时，对一切危害公共卫生和人体健康的行为，也有了明确的界定与裁量标准，并能依法对其施以应有的惩处。

（二）增强医事法治观念，保护公民身心健康

保护公民身心健康是医事法的基本原则。随着我国现代化建设的日益发展，也出现了一些严重威胁我国公民健康的问题，如工业"三废"、化学农药、环境污染、食品污染、假劣药品等，严重危害了人体健康和生命安全。因此，医药卫生行政管理中，要通过医事法治的宣传教育，增强医事法治观念，使国家机关、企事业单位、社会团体、医疗卫生机构和公民明确各自在医事活动中的权利和义务，努力改善和提高卫生条件，同时，对违反医事法治的行为进行制裁，从而起到保护公民身心健康的作用。

（三）促进经济发展，推动医学科学的进步

医事法保护人体的生命健康，也就是保护生产力，对经济建设发挥了巨大的推动和促进作用。医学的存在是医事立法的基础，医事法的制定与实施是保证和促进医学发展的重要手段。我国颁布了许多医事法律、法规和规章，使医疗卫生事业从行政管理上升为法律管理，从一般技术规范和医德规范提高到法律规范，为医学科学的进步和发展起着强有力的法律保障作用。随着新的科学技术不断应用到医学领域中，当代医学科学也向医事立法提出了一系列新的课题。例如，人工授精、试管婴儿、安乐死、脑死亡、人体器官与组织的移植、克隆技术等问题，都需要法律作出明文规定，用法律手段加以调整。只有通过医事立法，才可确保医学科学新技术、新成果受人类依法控制，不被滥用，以造福人类。

（四）促进国际医事交流和合作

随着世界经济发展和对外开放扩大，我国与国外的友好往来日益增多，涉及的医药卫生事务更加宽泛和复杂。为了预防传染病在国际间传播，维护我国主权，保障彼此间权利和义务，我国颁布了《中华人民共和国国境卫生检疫法实施细则》(简称《国境卫生检疫法实施细则》)、《艾滋病监测管理的若干规定》、《外国医师来华短期行医暂行管理办法》等一系列涉外的医事法律、法规和规章。为了推动世界医药卫生事业的发展，我国政府正式承认《国际卫生条例》，参加缔结了《一九六一年麻醉品单一公约》和《一九七一年精神药物公约》等。在医事立法上，我国还注意与有关的国际条例、协约、公约相协调，既维护国家主权，保护人体生命健康，又履行国际间的义务，促进国际间医事交流与合作。

【思考题】
1. 医事法的特征和基本原则是什么?
2. 如何构建和完善我国医事法律体系?
3. 举例说明医事法的社会作用和意义。

第二章　医事法律关系与医事法律责任

【学习目的】

理解医事法律关系的概念与构成要素；掌握医事法律关系主体、内容和客体三个构成要素；理解权利、义务、责任相互间的关系。

【案情导引】

2006年4月22日和4月24日，广东省某医院住院的重症肝炎病人中先后出现2例急性肾功能衰竭症状，至4月29日、30日又出现多例相同病症病人。对此，该院及时组织肝肾疾病专家会诊，分析原因。5月3日，广东省药监局报告，发现部分患者使用齐齐哈尔B制药公司生产的"亮菌甲素注射液"后，出现严重不良反应。国家药监局立即责成黑龙江省药监局暂停了该企业"亮菌甲素注射液"的生产，封存了库存药品并派出调查组分赴黑龙江、广东等地进行调查。5月15日，国家食品药品监督管理局通报了事件查处的进展情况：B制药公司违反有关规定，购入的药用辅料"丙二醇"实际为"二甘醇"，将"二甘醇"辅料用于"亮菌甲素注射液"生产，导致多人肾功能急性衰竭。

问题：
1. 分析本案中的医事法律关系。
2. 本次事件可能涉及哪几类法律责任？

第一节　医事法律关系

一、医事法律关系的概述

（一）概念

医事法律关系，是医事法所构建的或调整的国家机关、企事业单位和其他社会团体之间、各自内部机构之间，以及它们与公民之间，在医药卫生管理监督和医药卫生预防保健服务过程中所形成的以权利义务为内容的社会关系。

（二）主要特征

医事法律关系的主要特征：

1. 以医事法规为基础。各种医事法律关系都由医事法律规范事先加以设定，并以相应的医事法律规范的存在为前提。

2. 动态复杂性。医事法律关系是一种纵横交错的法律关系，其内容具有多样性、复杂性和可变性。纵向关系是指医事行政管理关系，如医疗许可制度中医疗行政机关与申请者之间的关系；横向关系是指在提供医药卫生服务与商品的过程中发生的民事法律关系，如医院与患者之间的关系。

3. 主体特殊性。医事法作为专业性很强的部门法，决定了医事法律关系主体的特殊身份，即一方通常是从事医药卫生工作的组织或个人。

二、医事法律关系的构成要素

从逻辑上说，医事法律关系由该法律关系的主体、客体和内容构成，三者缺一不可。

（一）医事法律关系的主体

医事法律关系的主体是指在医事法律关系中享有权利和承担义务的个人或组织，其中，权利的享有者为权利人，义务的承担者为义务人。主体是医事法律关系产生的先决条件，是客体的占有者、使用者和行为的实践者。没有主体及其活动，也就不能产生医事法律关系。在我国，医事法律关系的主体主要包括国家医药卫生行政机关、医疗卫生单位、企事业单位、社会团体和自然人。

1. 国家医药卫生行政机关。其通过制定颁布各种医事政策、法规，采用行政手段、法律手段，行使领导、管理、组织医事工作等职权。国家医药卫生行政机关在国家医事工作中的地位和作用，决定了其同其他主体之间主要是一种命令与服从的管理关系。

2. 医疗卫生单位。其包括医疗机构、医学院校、药检所、妇幼保健院（所）等机构。

3. 企事业单位。其主要是指与医事工作有关的食品和药品生产、经营企业及医药研究单位等。

4. 社会团体。其可分为医药卫生社会团体和一般社会团体。医药卫生社会团体如中国红十字会、中华医学会等，它们在医事法律关系中的地位和作用类似于医药卫生事业单位，为社会提供医事咨询和医疗预防保健服务工作。

5. 自然人。个人是医事法律关系中最基本的主体，包括中国公民、外国公民、无国籍人。个人作为医事法律关系的主体有两种情况：一种是以特殊身份成为医事法律关系的主体，如医疗机构内部工作人员管理关系中的医疗机构工作人员；另一种是以普通公民身份参加医事法律关系成为主体，如医疗服务关系中的病人。对于依法个体行医的公民，其地位和作用类似于医院，与病人发生医事服务关系，同时接受当地医药卫生行政机关和其他主管机关的管理和监督。

（二）医事法律关系的客体

医事法律关系的客体，是医事法律关系主体的意志及行为所指向、影响和作用的客观对象。对于主体而言，客体往往具有客观性、可控性、有用性。客体主要包括：

1. 生命健康。世界卫生组织（WHO）把健康定义为"健康不仅是没有疾病和症状，而且是一种个体在身体上、心理上和社会适应性的完好状态"。保护公民的生命健康权,是我国社会主义民主和法制的根本原则之一。我国的医事法律、法规明确地规定了公民的生命健康是医事法律关系的重要保护客体。

2. 行为。一般情形下,作为法律关系客体的行为,是指相关主体为达到一定目的而进行的活动,如在医疗服务关系中的医疗服务行为。行为有作为和不作为两种形式:前者是指积极实施的活动,如医疗活动中的治疗手术;后者是指对一定活动的限制,如不伤害。

3. 物。其主要包括进行各种医疗和医事管理工作过程中使用的、能满足人民群众对医疗保健需要的、通常以一定物理形态存在的生产资料和生活资料,如药品、医疗器具等。

4. 精神产品。其主要是指主体从事智力活动所取得的信息、知识或其他智力成果,如医药卫生科学技术发明、学术著作等。

(三)医事法律关系的内容

医事法律关系的内容,是指医事法律关系的主体依法所享有的权利和承担的义务。一般而言,权利与义务是相对应的概念,二者是一对矛盾体,互相依存,互为前提。有权利,才有义务;在有义务的情形下,必定有某种权利存在。

1. 权利。这里的"权利",是医事法律规范对相关主体所赋予的实现己方意志的可能性。它表现为权利人可依据己方意志作出或不作出某种行为,或要求对方依法作出或不作出某种行为。

2. 义务。这里的"义务",是医事法律规范对相关主体所规定的必须履行的责任,或必须承担的不利或负担。它表现为,义务人必须依法按照权利人的要求作出或不作出一定的行为,以实现对方的权利。当义务人拒不履行义务或不依法履行义务时,权利人可以依法请求医药卫生行政部门或司法机关给予法律保护,要求依法追究对方的行政责任、民事责任或刑事责任。

三、医事法律关系的产生、变更和消灭

医事法律关系有一个产生、变更和消灭的过程。产生,是指相关主体间权利义务关系从无到有的过程;变更,是指关系主体、客体或权利义务发生了变化;消灭,是指主体间权利义务关系完全终止。

医事法律关系的产生、变更和消灭,均以相应的医事法律规范的存在为前提,并以一定法律事实的产生为直接原因。法律规范为人们的行为设定了一定的模式,使法律关系当事人享有权利和承担义务具有可能性。但该可能性,并不能必然引起法律关系的产生、变更和消灭。只有同时具备一定的法律事实,法律上所规定的权利义务关系才能体现为实际的权利义务关系。为此,现实生活中,医事法律关系变动得以实现,除了法律规范的变化,主要由一定法律事实推动。而根据是否以主观意志为转移,法律事实可分为法律事件和法律行为。

1. 法律事件。其是指与当事人主观意志无关的事实。一般分为两类:一类是自然事件,如病人因非医疗因素死亡而终止医患法律关系,作为医事行政相对人的企事业单位因强烈地震、严重洪灾等自然灾害而被迫停业;另一类是社会事件,即来自当事人主观意志之外的诸如医药卫生政策的重大调整、医事法律的重大修改、地方政府医事行政措施的颁布实施等。

2. 法律行为。其是指受当事人主观意志支配的作为或不作为,即当事人的主观因素是

引发此种事实的原因。根据行为与法律规定要求是否一致,法律行为可分为合法行为和违法行为。合法行为,是指医事法律关系主体实施符合医事法律规范、为我国法律所确认并保护、能够产生行为人预期后果的行为。违法行为,是指医事法律关系主体违反医事法律规定、造成社会危害并产生法律责任的有过错的行为,如制售假药、劣药,用甲醇兑制白酒等。

第二节 医事法律责任

一、医事法律责任的概念

医事法律责任是指对违反医事法律规范的行为主体,进行否定性评价以及科以其所应承担的带有强制性的不利法律后果,如金钱赔偿、支付罚款、被判有期徒刑等。法律责任承担着社会评价的功能,并对因违法或违约行为而发生的损害进行补救、矫正,以恢复应有的秩序。责任是对义务的督促,最终是为了确保权利的实现。

二、医事法律责任的种类

根据违反医事法律规范和法律责任的性质以及承担法律责任的方式不同,可将医事法律责任分为民事责任、行政责任、刑事责任三种。

（一）民事责任

医事民事责任,是指行为主体因违反医事法律规范而侵害了公民、法人和其他组织的民事权益,所应承担的以财产为主的法律责任。承担民事责任的形式主要有:停止侵害、排除妨碍、消除危险、返还财产、恢复原状、赔偿损失、支付违约金、消除影响、恢复名誉、赔礼道歉等。构成医事侵权民事责任必须具备以下要件：

1. 损害事实。即指受害人的财产权或人身权受到侵害的事实,不仅包括物质上的损失,还包括精神上的损害,如身体损害或财产损失等。

2. 违法行为。即指行为人违反医事法律规范的客观行为,包括作为和不作为两种方式。前者如医务人员使用假冒伪劣药品致人伤残等；后者如医务人员借故推诿病人,贻误抢救时机等。

3. 违法行为与损害事实之间存在因果关系。因果关系,一般是指引起与被引起关系。如果违反医事法律规范行为与受害人的损害事实之间没有因果关系,则不管其他条件是否具备,行为人都不承担侵权责任。

4. 主观过错。即行为人实施违法行为或违约行为时的主观心理状态,包括故意和过失两种形式。故意是指明知自己的行为会发生危害社会的结果,希望或放任这种结果发生的心理状态；过失是指应当预见自己的行为可能会损害他人、危害社会,因疏忽大意而没有预见,或已预见却轻信能避免,以致发生危害结果的心理状态。

（二）行政责任

医事行政责任是指行为主体实施违反医事行政法律规范行为,而尚未构成犯罪所应承担的法律后果。根据我国现行的医事法律规定,追究行政责任的形式主要有行政处罚和行政处分两种。

医事行政处罚,是指医药卫生行政机关或法律、法规授权组织,在职权范围内依法对违反医事行政管理秩序的行政相对人(公民、法人或其他组织)所给予的行政制裁。行政处罚的种类主要有申诫罚、财产罚、行为罚和人身自由罚,其常用形式有:警告、罚款、没收违法所得、没收非法财物、责令停产停业、暂扣或吊销有关许可证等。一种违法行为适用何种处罚形式,由医事法律规范严格规定,任何人不许超越。行政处分,是由有管辖权的国家机关或其他组织依照行政隶属关系,对于违反医事法律规范的国家公务员或所属人员所实施的惩罚措施,其具体形式主要有:警告、记过、记大过、降级、降职、撤职、留用察看和开除等。

行政处罚与行政处分虽然都属于行政责任,但它们有明显区别。①主体不同:行政处罚由专门机关实施;处分由所属机关或有权机关决定。②性质不同:处分是外部行为,主要针对行政相对人的违法行为;处分属内部行为,主要针对相关工作人员的失职行为。③法律救济不同:对处罚不服可以提请行政复议或行政诉讼,对处分不服只适用内部申诉途径。

医事行政责任的构成要件:

1. 行为人违反医事法律规范所确定的义务。医事法律义务包括法律规定的不得做出一定行为或应当做出一定行为。行为人以积极的方式实施了医事法律规范所禁止做出的作为,即违法的作为。如生产经营者生产经营《食品安全法》中禁止生产经营的有毒有害食品。行为人消极地不履行医事法律规范所规定的义务,即违法的不作为。如医疗保健机构、卫生防疫机构发现传染病时,不按《传染病防治法》规定采取控制措施。

2. 行为人主观上存在过错。行为人的过错分为两种:一是明知故犯,故意违反医事法律规范,如出入境人员故意逃避卫生检疫。二是疏忽大意或过于自信而造成的过错,如医疗事故。无论哪种过错,都应承担相应的法律责任,但在程度上会有所区别。

3. 违法行为造成损害后果。危害公共卫生和人体健康的行为,在违法情节上有轻重之分,在损害后果上有大小之别。在对违法行为追究行政法律责任时,必须依据医事法律规范的明文规定办理。如不能对显著轻微、危害程度不大的行为进行处罚,也不能将情节恶劣、危害后果严重并已经触犯刑律的犯罪行为按行政违法处理。

(三)刑事责任

医事刑事责任,是指行为主体实施了犯罪行为,严重侵犯了医药卫生管理秩序及公民的人身健康权,依刑法应当承担的法律后果。犯罪行为是医患关系违法性最严重的行为,所以由此产生的法律责任也最严重。根据我国刑法规定,刑罚分为主刑和附加刑。主刑包括管制、拘役、有期徒刑、无期徒刑、死刑;附加刑,可与主刑同时适用,也可独立适用,包括罚金、剥夺政治权利、没收财产。我国刑法对违反医事法行为的刑事责任做了明确规定,相关罪名有20余个,如危害公共卫生安全罪,妨害传染病防治与检疫罪,传染病菌种、毒种扩散罪,非法组织卖血罪,强迫卖血罪,非法采集、供应血液罪,生产、销售假药罪,组织出卖人体器官罪,医疗事故罪,非法行医罪等。构成违反医事法的刑事责任,必须以刑法的明文规定及医事刑事犯罪为前提。依据刑法理论,构成犯罪必须具备以下四个要件:

1. 犯罪客体。其是指我国刑法所保护的、为犯罪行为所侵犯的社会关系,包括社会管理关系中的公共卫生关系和公民生命健康权利等。

2. 犯罪的客观方面。其是指犯罪活动的客观外在表现,包括危害行为,危害结果,危害行为与结果之间的因果关系,实施危害行为的时间、地点、方法等方面。

3. 犯罪主体。其是指实施犯罪行为并承担刑事责任的人。刑法理论上将主体分为一般主体和特殊主体两类。一般主体仅要求行为人达到刑事责任年龄,具有刑事责任能力。特殊主体还需具有特定身份,如医疗事故罪的主体需要具备医生执业资格。

4. 犯罪的主观方面。其是指犯罪主体对自己实施的犯罪行为引起的危害结果所持的心理态度。它由故意或过失、犯罪的目的和动机等几个因素组成。

【思考题】
1. 理解医事法律关系的构成要素。
2. 理解医事侵权民事责任的构成要件。
3. 理解医事法律关系、医事违法、医事法律责任三者之间的联系和区别。

第三章 医事法的制定与实施

【学习目的】

理解医事法制定的概念;了解立法机关及其职权、医事法的立法程序;熟悉医事法实施的概念、医事法适用范围及相关法律解释;掌握医事法实施的基本形式,即医事法的遵守、医事法的执行、医事法的适用和医事法律监督等。

【案情导引】

某市卫生局接到患者李某投诉,称其3月份曾在该市妇幼医院进行体检。主治医师孙某怀疑李某感染了艾滋病病毒,并在未确诊的情况下向李某的工作单位通报了此事,致使单位许多人误认为李某是艾滋病患者,给其造成了极大的精神压力和生活压力,且导致了家庭的破裂。卫生局对此高度重视,进行了认真的调查,认为李某反映的情况属实,拟给予医师孙某吊销执业证书的行政处罚。

问题:

1. 卫生局对孙某进行该类行政处罚可否适用简易程序?
2. 医师孙某可否申请听证?
3. 吊销执业证书的行政处罚做出后,如孙某不服该行政处罚决定,如何救济自己的权利?

第一节 医事法的制定

一、医事法制定的概念

医事法的制定,又称医事立法,是指一定的国家机关依照法定权限和法定程序认可、创制、修改或废止医事法律和其他医事规范性法律文件的一种专门性活动。

医事立法在法理上存在广、狭义两种理解。狭义的医事立法仅指最高国家权力机关依照法定权限和法定程序制定、修改或废止医事法律的特定活动；在我国专指全国人民代表大会及其常务委员会依法定权限和法定程序制定、修改或废止医事法律的活动。广义的医事立法是指有关国家机关依照法定权限和法定程序制定、修改、废止各种具有不同法律效力的规范性文件的活动，既包括国家权力机关制定或修改、废止的医事法律活动，也包括国家行政机关、地方权力机关等制定或终改医事法规、规章和其他规范性文件的活动。

二、医事法的立法机关及职权

我国的立法机关及其权限由宪法、立法法及其他相关立法制度严格规定。

1. 全国人民代表大会和全国人民代表大会常务委员会行使国家立法权。全国人大修改宪法，制定和修改刑事、民事、国家机构的和其他的基本法律。全国人民代表大会常务委员会有权制定和修改除应当由人大制定的法律以外的其他法律；在全国人民代表大会闭会期间，对全国人民代表大会制定的法律进行部分补充和修改，但是不得同该法律的基本原则相抵触。

2. 国务院根据宪法和法律，规定行政措施，制定行政法规，发布决定性的命令，改变或者撤销各部、各委员会发布的不适当的命令、指示和规章，改变或者撤销地方各级卫生行政机关发布的不适当的决定和命令。

3. 国务院各部、委员会根据法律和国务院的行政法规、决定、命令，在本部门的权限内，发布命令、指示和规章。

4. 中央军事委员会及其所属部门。中央军事委员会根据宪法和法律，制定军事法规，发布决定和命令。中央军事委员会所属部门，可根据法律和中央军事委员会的军事法规、决定、命令，在其权限范围内发布决定、命令和军事规章。

5. 省、自治区、直辖市或设区的市人大及其常委会是地方性医事法规的制定机关，在不与宪法、法律、行政法规相抵触的前提下，制定和公布地方性医事法规。民族自治地方的人民代表大会有权依照当地的政治、经济和文化特点，制定有关医药卫生方面的自治条例和单行条例。

6. 省、自治区、直辖市或设区的市人民政府，依照卫生法律、卫生行政法规，制定相关卫生规章。县级以上人民政府的卫生部门，可以发布命令与决定。

三、医事法的立法程序

医事法立法程序，与一般立法程序一样，是指有权的国家机关在认可、创制、修改和废止法律和规范性法律文件的过程中所须遵循的法定步骤和方法。其基本步骤为：

1. 提出法案，即由有立法提案权的机关、组织和人员，依据法定程序向有权立法的机关提出关于制定、认可、变动规范性法律文件的提议的专门活动。

2. 审议法案，即在由法案到法的阶段，由有权主体对法案运用审议权，对法律草案进行正式的审查和讨论。

3. 法律草案的通过，即有权的机关和人员通过一定的方式对法案作出的最终的、具有决定意义的裁决。一般而言，法案只有获得法定多数表决者的赞同，才能获得通过而成为法。

4. 公布法，亦称法的颁布，是指由有权机关或人员，在特定时间内，采用特定方式，将法公之于众。

第二节 医事法的实施

一、医事法实施的概念

法的生命在于它在社会生活中的具体实施,立法者制定法定法的目的,就是要使法律规范层面的权利义务在社会生活中得到实施。医事法的实施是指通过一定的方式使医事法律规范在社会实际生活中贯彻与实现,是医事法的要求向现实转化的过程。其实施形式,主要包括医事法的遵守、医事法的执行、医事法的适用和医事法律监督四个方面。

二、医事法实施的效力范围

医事法之所以存在和发生作用,就在于它对人们的行为具有约束力,其通过效力来调整人们的相互关系,控制和维护社会秩序。法的效力,从某种意义上是法的生命,但其有一定范围要求。医事法实施的前提,是明确医事法的效力范围即医事法的生效范围和适用范围,意指医事法对什么人、在什么时间和什么空间有效。具体讲,其包括医事法的时间效力、空间效力、对象效力。

（一）医事法的时间效力

医事法的时间效力是指法生效的时间范围,包括效力起始时间和终止时间,以及该法律对其颁布以前的事件和行为是否有效,即法的溯及力问题。

1. 医事法的生效。我国医事法开始生效的时间有以下三种情况：①在法律、法规和规章的条文中明确规定其颁布后的某一具体时间生效。其目的是为法律的具体操作提供一个准备时间。我国现行的医事法律大多属此类情况。②在法律、法规和规章的条文中明确规定自公布之日起生效。③在法律、法规和规章的条文中没有规定生效时间,则均以颁布之日为生效之时,如1990年11月20日,原卫生部发布的《冷饮食品卫生管理办法》等。

2. 医事法的失效,即医事法的废止。我国医事法的失效有以下五种情况：①新法颁布施行后,相应的旧法即自行失效。②新法取代旧法,在新法条文中明确宣布旧法废止。③立法机关通过发布专门的决议、通令等,对某些适用期已过以及同现行政策不符的医事法律、法规、规章明令废止。④法律本身规定的有效期届满。⑤法律已完成其历史任务而自行失效。

3. 医事法的溯及力。医事法的溯及力即指某一法律规范对它生效以前的事件和行为可否适用的问题,如果适用,该法律规范就具有溯及力,反之就没有溯及力。我国医事法原则上没有溯及力,即采取法不溯及既往的原则；但为了更好地保护公民、法人和其他组织的权利和利益而作的特别规定除外,如刑法适用采用的是从旧兼从轻原则。

（二）医事法的空间效力

医事法的空间效力是指医事法生效的地域范围,它根据立法机关的不同而有区别。

1. 在主权管辖的全部范围内生效。全国人民代表大会及其常务委员会制定的医事法律、国务院制定的医事法规、国家卫健委等国务院部委制定的卫生规章,除有特别规定外,适用于我国全部领域,包括领土、领海、领空以及延伸意义上的部分,如我国驻外使、领馆,航行或停泊于境外的我国船舶和飞机。

2. 在特定的区域范围内生效。①地方性医事法规和规章,只在发布机关管辖的行政区域内生效;②某些法规和规章虽由国家发布,但仅针对特定区域发布,仅在某特定区域范围内生效;③有些法律或法律条款具有域外效力,其是在互相尊重国家主权和领土完整的国际法原则基础上为维护国家核心利益和公民权益而创立的,如刑法明确规定某些犯罪可由我国追究其刑事责任。

(三)医事法的对象效力

医事法的对象效力是指医事法律、法规、规章适用于哪些人,或者说对哪些人有效的问题。这里的人包括自然人和法所拟制的人——法人和其他组织。我国医事法对人的效力,有三种情况:

1. 对医事法律规范空间效力范围内的所有人均有效,包括中国公民、外国人和无国籍人。

2. 对空间效力范围内某种具有特定职能的公民、法人和组织有效。如《医师法》《医疗机构管理条例》分别适用于医师和医疗机构。

3. 对空间效力范围内的某些人适用或不适用,由医事法律、法规、规章明文规定。如《国境卫生检疫法》第二十五条规定:"……居住在两国边境接壤地区的居民在边境指定地区的临时往来,双方的交通工具和人员的入境、出境检疫,依照双方协议办理。"再如刑法规定:对有豁免权和外交特权的外国人犯罪,需要追究刑事责任的,应通过外交途径解决;对于外国人在中国领域外对中华人民共和国和中国公民的犯罪行为,依我国法律最低判处有期徒刑三年以上者,可直接适用中国刑法,但按犯罪地国家的法律如果不受处罚的除外。

三、医事法实施中的法律解释

医事法的解释,是指对医事法律的内容、含义、概念、术语等所作的必要的说明。立法之法难免存在诸如法律漏洞、用语模糊以及法律规范与案件事实的脱节等问题,让医事法实施前或实施中的法律解释成为必然。按照法律解释的主体和效力不同,可以将医事法的解释分为正式解释和非正式解释。

(一)正式解释

正式解释也称法定解释、有权解释。它是指特定的国家机关依据宪法和法律所赋予的职权,对医事法有关的法律条文所进行的解释,包括立法、司法和行政解释三种。

1. 立法解释。即指依法有权制定医事法律、法规和规章的立法机关,对有关医事法律、法规和规章条文所作的进一步解释。立法解释常见的有三种形式:①将解释的内容作为本医事法律条文的一部分,如《中华人民共和国食品卫生法》(简称《食品卫生法》)第五十四条对食品所作的解释;②通过颁布专门的解释性文件对某一医事法规作出的补充规定,常见的补充规定等;③通过医事法草案说明报告解释医事法。

2. 司法解释。即指司法机关依法对医事法适用工作中的问题如何具体应用法律所作的解释,常见的有审判解释、检察解释。我国1981年公布的《全国人民代表大会常务委员会关于加强法律解释工作的决议》规定:凡属于法院审判工作中具体应用法律、法令的问题,由最高人民法院进行解释;凡属于检察院检察工作中具体应用法律、法令的问题,由最高人民检察院进行解释；最高人民法院和最高人民检察院的解释如果有原则性的分歧,报请全国人民代表大会常务委员会解释或决定。

3. 行政解释。即指国家行政机关在依法行使职权时,对有关法律、法规如何具体应用问题所作的解释。一般有两种情况：①国务院及其所属卫生行政部门对不属于审判和检察工作中的其他法律问题如何具体应用的问题所作的解释；②省、自治区、直辖市人民政府卫生行政主管部门对地方性规范如何具体应用的问题所作的解释,这种解释仅在所辖区域内生效。

（二）非正式解释

非正式解释也称无权解释、无效解释或非官方解释,是指社会团体或公民按照个人的理解和认识,对医事法所作的解释,可分为学理性解释和任意解释。

1. 学理性解释。即指在教学、科研以及法制宣传活动中对法律规范所作的解释。这种解释在法律上没有约束力,不能直接作为法律适用的根据。但是它对正确理解和适用法律,推动法学发展,有着十分重要的意义。

2. 任意解释。即指一般公民、当事人、辩护人、代理人对法律所作的理解和说明。它对执法机关正确适用法律规范、防止工作中出现偏差,具有一定的参考价值。

第三节　医事法的遵守

一、医事法遵守的概念

医事法的遵守是指一切国家机关、政党、社会团体、企事业单位以及全体公民服从法律,依法办事,将医事法律规范中规定的权利和义务,转化为社会生活中的权利和义务。它是医事法得以实施的重要方式。守法的内容和范围极其广泛,不仅包括遵守广义上的医事法律,而且包括遵守在医事法适用过程中有关国家机关依法作出的、具有法律效力的决定书,如人民法院的判决书、调解书,卫生行政部门的卫生许可证、医事行政处罚决定书等非规范性文件。但医事法的遵守在具体的要求上是有区别的：①宪法中的医药卫生条款、医事法律、卫生行政法规、卫生行政规章等,除了法有明文规定外,要求普遍遵守；②某些特定性规章、地方性法规只在特定区域被要求遵守。

二、医事法遵守的内容

医事法的遵守,不仅包括守法主体依法承担和履行医事义务或职责,更包括守法主体依法享有权利、行使权利。

1. 医事法的遵守包括社会主体依照医事法律规定履行义务的活动。在法学理论中,义务的履行与权利的享有互为因果,没有无权利的义务,也没有无义务的权利。无论是对医方还是对患方而言,守法才能使己方处于主动地位,不仅能为自己赢得利益,还能避免不必要的困扰与惩罚。与其相对的是违法,例如,医疗方在医疗活动中未履行告知义务、病历书写不规范、擅自离岗、不当公开患者个人隐私等。

2. 医事法的遵守包括社会主体依照医事法律规定实现自身权益的活动。在诊疗活动中,并非所有组织和个人都能够做到遵守法律,这使得人们在权利的实现过程中不得不面临障碍。为此,需要运用法律来保障自己的合法权益,如"起诉""应诉""反诉"等。医患双方维护好各自的合法权益,也是督促相对方履行义务的一种重要方式。重视运用法律武器来维权,克服花钱买平安或忍气吞声的思想,牢固树立风险和证据意识,适时掌握"法、理、情"原则。当然,在此过程中要防止权利滥用,即医患双方在权利行使过程中不要故意超越权利界限损害对方的合法权益,否则也会被要求承担由此而带来的法律责任。例如,医疗方过度检查、患方医闹等社会问题。

第四节 医事法的执行

一、医事法执行的概念

医事法执行是指国家医药卫生行政机关、法律法规授权的组织和受委托的组织及其工作人员,依照医事法律、法规和规章规定的职权和程序,贯彻实施法律、实现国家医药卫生管理的活动。需要说明的是,医事法执行在法理上有广义和狭义两种理解。广义的医事法执行是指国家机关和法律、法规授权的社会组织依照法定的职权和程序,行使国家权力,将医药卫生法律规范创造性地运用于具体人或组织,解决具体问题的一种专门活动,包括医药卫生执法活动和司法机关依法处理有关医药卫生违法和犯罪案件的司法活动。狭义的医事行政执法,包括医药卫生行政部门,法律法规授权的组织、受委托的组织,及其工作人员在行使医药卫生行政管理权的过程中,依照法定职权和程序,贯彻实施医事法的活动。本节所讲的执法,是指狭义上的执法。

二、医事法执行的特征

(一)合法性

医事行政执法必须是合法的行为,具体要求包括主体合法、内容合法、程序合法。主体合法是指医事行政执法的主体必须是医事法律、法规规定的机关或授权的组织。内容合法要求医事行政执法必须符合医事法律规范的规定。程序合法是指医事行政执法必须严格遵守和执行法律程序。

(二)主动性

医事行政执法一般都以执法主体的单方意思表示即可成立,不需得到相对人的同意,也不以相对人的意志为转移。主动执法,才能确保医事法律规范的目的得以实现。

(三)国家强制性

医事行政执法是代表国家管理医药卫生事务,体现国家意志。具有国家强制性,是医事行政执法的根本保证。

(四)执法行为必然产生一定的法律后果

医事行政执法行为往往涉及确定特定人某种权利和义务,剥夺、限制其某种权利,拒绝或拖延其要求行政执法主体履行某种法定职责等,因此必然会直接或间接地产生相关的权利义务关系,及相应的、现实的法律后果。

三、医事法执行的主体

医事法执行的主体是指依法享有国家医药卫生行政执法权力,以自己的名义实施医药卫生行政执法活动并独立承担由此引起的法律责任的组织。

根据执法主体资格取得的法律依据不同,医药卫生行政执法主体可以分为职权性执法主体和授权性执法主体两种。职权性执法主体是指根据宪法和行政组织法的规定,在机关依法成立时就拥有相应行政职权并同时获得行政主体资格的行政组织。职权性执法主体只能是国家行政机关,包括各级人民政府及其职能部门以及县级以上地方政府的派出机关。授权性执法主体是指根据宪法和行政组织法以外的单行法律、法规的授权规定而获得行政执法资格的组织。我国医药卫生行政执法主体主要有卫生行政机关、食品药品监督管理机关、国境卫生检疫机关、法律法规授权的卫生执法组织等。

四、医事法执行的内容

医事行政执法的内容是指医事行政执法主体依法办事,直接影响或直接涉及个人、组织的权利义务。它大致可分为两类:一是行政执法主体依法作出决定,采取措施,直接影响个人、组织的权利义务;二是通过各种形式,对个人、组织是否依法正当行使权利和履行义务的情况进行监督检查。其主要形式有以下几种。

(一)医事行政处理决定

医事行政处理决定是医事行政执法主体依法针对特定对象所做的具体的、单方面的、能直接引起法律关系产生的决定,是医事行政执法主体运用较广泛的一种执法手段。其表现形式主要有:

1. 命令。即指医事行政执法主体依法要求相对人进行一定的作为或不作为的意思表现行为。如命令食品生产经营者进行体检等。

2. 批准。即指医事行政执法机关对个人、组织的申请予以同意的行政处理决定。如卫生行政机关对医疗机构申请开业的批准、卫生行政机关对执业医师申请注册的准予决定等。

3. 拒绝。即指卫生行政机关对个人、组织的申请不予同意的决定。如卫生行政机关对不符合条件的医师不予注册的决定等。

(二)医事行政许可

医事行政许可,是指卫生行政机关根据公民、法人或者其他组织的申请,经依法审查,准予其从事特定活动的行为。这是卫生行政机关的主要执法活动之一,如医疗机构设置许可、食品药品生产经营许可、食品生产经营卫生许可等。

医事行政许可具有以下法律特征:①医事行政许可是一种行政赋权行为;②医事行政许可以一般禁止为前提条件;③医事行政许可的内容是直接赋予相对人从事某种特定活动的权利和资格;④医事行政许可是依据相对人的申请而作出的行为。

为了规范行政许可的设定和实施,保护公民、法人和其他组织的合法权益,维护公共利益和社会秩序,保障和监督行政机关有效实施行政管理,2003年8月27日第十届全国人民代表大会常务委员会第四次会议通过了《中华人民共和国行政许可法》(简称《行政许可

法》),自2004年7月1日起施行。根据《行政许可法》规定,下列事项可以设定行政许可:

① 直接涉及国家安全、公共安全、经济宏观调控、生态环境保护以及直接关系人身健康、生命财产安全等特定活动,需要按照法定条件予以批准的事项。

② 有限自然资源开发利用、公共资源配置以及直接关系公共利益的特定行业的市场准入等,需要赋予特定权利的事项。

③ 提供公众服务并且直接关系公共利益的职业、行业,需要确定具备特殊信誉、特殊条件或者特殊技能等资格、资质的事项。

④ 直接关系公共安全、人身健康、生命财产安全的重要设备、设施、产品、物品,需要按照技术标准、技术规范,通过检验、检测、检疫等方式进行审定的事项。

⑤ 企业或者其他组织的设立等,需要确定主体资格的事项。

⑥ 法律、行政法规规定可以设定行政许可的其他事项。

医事行政许可也要遵守上述规定,凡是依法需要赋予相对方特定权利或者认定其特定资格的事项,依法设定医事行政许可。

医事行政许可的实施机关有:①卫生行政机关;②法律、法规授权机关;③受卫生行政机关委托的行政机关。

医事行政许可的实施程序一般是:申请、受理、审查、听证、决定。

行政机关作出准予行政许可的决定,需要颁发行政许可证件的,应当向申请人颁发加盖本行政机关印章的下列许可证件:①许可证、执照或者其他许可证书;②资格证、资质证或者其他合格证书;③行政机关的批准文件或者证明文件;④法律、法规规定的其他行政许可证件。

(三) 医事行政监督检查

医事行政监督检查是指医事行政执法主体为实现行政管理职能,对个人、组织是否遵守医事法律规范和具体医事行政处理决定所进行的监督检查。其主要包括预防性监督(设计审查、施工监督、竣工验收等)和经常性医事监督(查阅证照、察看卫生状况、操作情况、个人卫生状况、询问、采样等)两类,也可分为定期医事监督检查和不定期医事监督检查。

(四) 医事行政强制措施

医事行政强制措施是医事行政执法主体为了预防、制止危害社会行为的产生而对相对人采取的限制行为或处置财产的行动。行政强制措施必须由法律、法规严格限定,当危害得到制止或消除后,医事行政强制措施必须立即停止。如医事行政执法主体认为某食品可能导致食物中毒,即可依据食品卫生法对该食品予以临时封存。经检验,对属于可能导致食物中毒或被污染的食品,予以销毁,对不能导致食物中毒或未被污染的食品,予以解封。

医事行政强制措施按照不同的对象,可以分为限制人身自由行政强制措施和对财产予以查封、扣押、冻结等行政强制措施。按照不同的性质,可以分为行政处置和行政强制执行。行政处置是在紧急情况下采取的强制措施,如强制隔离;行政强制执行是在行政相对人拒不履行义务时采取的强制措施,如强行划拨。

(五) 医事行政处罚

医事行政处罚是医事行政执法主体依法惩戒违反医事行政管理秩序的个人、组织的一种行政法律制裁。在医事法律责任一节中已经阐述过行政处罚的概念、法律特征、种类以及与行政处分的区别,现仅就医事行政处罚的其他有关问题作一简要介绍。

1. 法律依据

为了规范行政处罚的设立和实施,保障和监督行政机关有效实施行政管理,维护公共利益和社会秩序,保护公民、法人或者其他组织的合法权益,1996年3月17日第八届全国人民代表大会第四次会议通过了《中华人民共和国行政处罚法》。为了保障卫生行政机关正确行使行政处罚职权,根据行政处罚法和有关医事法律、法规规定,1997年6月19日卫生部发布了《卫生行政处罚程序》;2003年4月28日国家食品药品监督管理局发布了《药品监督行政处罚程序规定》等。

2. 基本原则

医事行政处罚应当坚持以下基本原则:事实清楚、证据确凿原则;适用法律正确原则;先调查取证后裁决原则;合法适当、公正公开原则;处罚与教育相结合原则。

3. 处罚程序

医事行政处罚程序是指行政机关作出行政处罚的方式、步骤以及实现这些方式、步骤的时间和顺序的行为过程。处罚程序包括一般程序、简易程序、听证程序。

(1) 一般程序,也称普通程序,是指医事行政部门实施行政处罚的基本工作程序。其包括受理与立案;调查取证;告知处罚事实、理由、依据和有关权利;听取陈述、申辩和举行听证;作出处罚决定;送达处罚决定书六个步骤。

(2) 简易程序,其适用于违法事实确凿并有法定依据,即对公民处以50元以下、对法人或其他组织处以1 000元以下罚款或者警告的行政处罚的,可以当场作出行政处罚决定的情形。

(3) 听证程序,是指医事行政机关在作出行政处罚决定前,由该机关中相对独立的机构和工作人员主持,该机关调查取证人员和行为人作为双方当事人参加,对案件有关问题进行质证、辩论,听取意见、获取证据,进一步查明事实的法定程序。听证程序是行政处罚法规定的一种特殊的行政处罚程序。听证程序只适用于责令停产停业、吊销许可证或执照、较大数额罚款等较重的行政处罚。医事行政处罚主体在作出以上较重的行政处罚前应当告知当事人有要求听证的权利,并按规定程序组织听证。

(六) 医事行政复议

医事行政复议是公民、法人或其他组织不服医药卫生行政机关的具体行政行为,依照法定的条件和程序,向上级医药卫生行政机关或法定的其他机关提出申诉,受理机关依法对引起争议的具体行政行为进行审查并作出裁决的一种法律制度。医事行政复议虽不是司法救济手段,却是一项非常重要的医事行政救济制度,是解决行政争议的重要途径。

1. 医事行政复议的基本原则

医事行政复议的目的是保护公民、法人和其他组织的合法权益,纠正、防止违法或不当的行政行为。因此,医事行政复议应遵循合法原则、公正与公开原则、及时便民原则、不调解原则。

2. 医事行政复议的受案范围

依照《中华人民共和国行政复议法》(简称《行政复议法》)的规定,医事行政复议的受案范围应包括以下行政案件:①对医药卫生行政机关作出的行政处罚不服的;②对医药卫生行政机关采取的有关强制性措施决定不服的;③认为医药卫生行政机关侵犯其合法经营自主权的;④认为符合条件申请有关卫生许可证,卫生行政部门拒绝颁发或不予答复的;

⑤要求医药卫生行政机关履行其他法定职责拒不答复的;⑥认为医药卫生行政机关违法要求履行义务的;⑦认为医药卫生行政机关侵害其财产权、人身权的;⑧其他可以申请医事行政复议的具体行政行为。

《行政复议法》对行政复议的排除范围作出了规定:①不服行政处分及其他人事处理决定的;②不服行政机关对民事纠纷作出的调解和其他处理的。

3. 医事行政复议的管辖

医事行政复议的管辖是指不同层次的医药卫生行政机关之间,在受理卫生行政争议案件方面的分工和权限,是医事行政复议受案范围的具体化。主要内容有:①对县级以上医药卫生行政机关具体行政行为不服的,申请人可以向该医药卫生行政机关的本级人民政府申请行政复议,也可以向上一级医药卫生行政机关申请行政复议;②对医药卫生行政机关依法设立的派出机构依照法律、法规或者规章规定,以自己的名义作出的具体行政行为不服的,向设立该派出机构的医药卫生行政机关或者该机关的本级人民政府申请行政复议;③对法律、法规授权的组织的具体医药卫生行政行为不服的,可向直接管理该组织的医药卫生行政机关申请行政复议;④对两个医药卫生行政机关或医药卫生行政机关与其他行政机关共同作出的行政行为不服的,向其共同上一级行政机关申请行政复议。

4. 医事行政复议的机构

医事行政复议机关是依法承担并履行医事行政复议职责的行政机关。医事行政复议机关中负责法制工作的机构具体办理行政复议事项,履行相应职责。

5. 医事行政复议的参与人

医事行政复议参与人包括:①申请人,即认为具体医药卫生行政行为直接侵犯了其合法权益的公民、法人或其他组织;②被申请人,即作出引起申请人不服的具体行政行为的医药卫生行政机关或法律、法规授权的组织;③第三人,即与被申请复议的具体行政行为有利害关系,为维护自己的合法权益,经复议机关同意参加复议的公民、法人或其他组织。

6. 医事行政复议的期限

医事行政复议期限也就是时效问题。公民、法人或者其他组织认为医药卫生行政机关的具体行政行为侵犯其合法权益的,可以自知道该具体行政行为之日起60日内提出行政复议申请,但是法律规定的申请期限超过60日的除外。因不可抗力或者其他正当理由耽误法定申请期限的,申请期限自障碍消除之日起继续计算。

7. 医事行政复议的受理

行政复议机关收到行政复议申请后,应当在5日内进行审查,对不符合本法规定的行政复议申请,决定不予受理,并书面告知申请人;对符合本法规定,但是不属于本机关受理的行政复议申请,应当告知申请人向有关行政复议机关提出。医事行政复议期间不停止具体行政行为的执行,但是有下列情况之一的可以停止执行:①被申请人认为需要停止执行的;②复议机关认为需要停止执行的;③申请人申请停止执行,复议机关认为其申请要求合理,决定停止执行的;④法律规定停止执行的。

8. 医事行政复议决定

医事行政复议机关以事实为依据,以法律为准绳,对行政争议得出结论,作出书面处理,即为复议决定。复议决定书一经送达,即具有法律效力。复议决定存在以下几种情形:①具体行政行为认定事实清楚、证据确凿、适用依据正确、程序合法、内容适当的,决定维持。②被申请人不履行法定职责的,决定其在一定期限内履行。③具体行政行为有下列情形之一的,决定撤消、变更或者确认该具体行政行为违法;决定撤消或者确定该具体行政行为违法的,可以责令被申请人在一定期限内重新作出具体行政行为。这些情形是:主要事实不清、证据不足的;适用依据错误的;违反法定程序的;超越或者滥用职权的;具体行政行为明显不当的。医事行政复议机关责令被申请人重新作出具体行政行为的,被申请人不得以同一的事实和理由作出与原具体行政行为相同或基本相同的具体行政行为。

当事人对行政复议决定不服,可以依照行政诉讼法的规定向人民法院提起行政诉讼。如申请人在法定期间不提起诉讼,又不履行行政复议决定,医药卫生行政机关可以向人民法院申请强制执行。

第五节　医事法的适用

一、医事法适用的概念

医事法的适用,是指国家适用法律机构根据法定职权和法定程序,具体应用医事法处理案件的专门活动。国家适用法律机构,通常叫司法机构。在中国法律制度框架下,检察机构和审判机构都属于司法机构。检察机构司法活动的最终目的是确保法律的准确执行和适用。审判机构的审判活动,是最为标准的适用法律活动,活动要求依据医事法律,公正办理医事诉讼案件,维护医事法律的严肃性和权威性。其包括医事民事诉讼、医事刑事诉讼、医事行政诉讼。

医事法的适用,是医事法实施的最终环节。通常情况下,医事法律制定出来之后,含义明确,而且不论是社会一般个人或者一般组织,还是国家行政机构或者公职人员,都能够自觉依照医事法律行使权利、权力,履行法定义务、职责,则医事法的适用不会出现。医事法的适用的原因,要么是出现了不遵守医事法的情形,要么是出现了执法不公正情形,需要诉请法律适用机构强制裁决、强制执行;要么是人们对权利、权力、义务、职责的认识存在分歧,需要法律适用机构作出决定,然后强制执行。

二、医事法适用的特征

1. 专属性。司法权专属于人民法院和人民检察院,其他任何国家机关、社会组织和个人都不能行使此权力。

2. 程序性。程序性,是司法最重要、最显著的特点之一。目前我国存在刑事诉讼、民事诉讼和行政诉讼这三大类法定诉讼程序,是保证司法公正的重要条件。

3. 专业性。司法是司法机关运用法律处理案件的专门活动,需要专业的判断,这就要求司法人员必须具有精深的法律专业知识和丰富的经验,因此,司法具有很强的专业性。

4. 权威性。司法是国家司法机关以国家强制力为后盾,以国家的名义处理案件的专门活动,因此,它所作出的裁决具有很大的权威性。

三、医事法适用的原则

1. 司法法治原则。在我国,这条原则具体地体现为"以事实为根据,以法律为准绳"的原则。以事实为根据,就是司法机关对案件作出处理决定,只能以被合法证据证明了的事实和依法推定的事实作为适用法律的依据。以法律为准绳,就是指司法机关在司法时,按照法定权限和法定程序,在查明事实的基础上,依据法律的有关规定,作出公正裁决。以事实为根据,以法律为准绳,是一个有机的整体,必须在司法中全面贯彻执行。

2. 司法平等原则。该原则是指各级国家司法机关及其司法人员在处理案件、行使司法权时,对于任何公民,不论其民族、种族、性别、职业、宗教信仰、教育程度、财产状况、居住期限等有何差别,也不论其出身、政治历史、社会地位和政治地位有何不同,在适用法律上一律平等,不允许有任何的特殊和差别。

3. 司法权独立行使的原则。我国宪法规定:人民法院、人民检察院依照法律规定独立行使审判权、检察权,不受任何行政机关、社会团体和个人的干涉。当然,司法权同其他任何权力一样,都要接受监督和制约。在当今中国,司法权不仅要接受党的领导和监督、国家权力机关的监督,还要接受行政机关、企事业单位、社会团体、民主党派和人民群众的监督以及社会舆论的监督,司法机关上下级之间以及同级之间也存在监督和约束。通过这些多样的监督形式和监督机制,防止司法权的滥用。

4. 司法公正的原则。司法公正是社会正义的重要组成部分,它包括实体公正和程序公正。实体公正主要是指司法裁判的结果公正,当事人的权益得到了充分的保障,违法犯罪者受到了应有的惩罚和制裁。程序公正主要是指司法过程的公正,司法程序具有正当性,当事人在司法过程中受到公平的对待。

第六节 医事法律监督

一、医事法律监督的概念

医事法律监督在广义上是指国家机关、政党、企事业单位、社会团体和公民个人等依照法律规定和法定程序,对医事法在社会中的实施情况所进行的监察与督促。在狭义上则是指具有法定监督权的国家机关依照法定职权和法定程序对医事法的实施情况所实行的监察与督促,尤其是指医事行政法制监督。医事法的执行,具有单方主动性,必须防止权力滥用;同时,若执法活动缺乏效率,社会管理就会出现混乱状态。为此,医事行政法制监督对于依法治国,完善医事法制,促进医事法的实施,保护公民、法人和其他组织的合法权益具有重大的意义。

二、医事法律监督的内容

医事法律监督的内容,就是法律监督主体之间以及监督主体与被监督者之间的权利和义务。其主要包括:①对各级国家权力机关所制定的医事法律、法规的合法性和合理性进行监督；②对各级卫生行政机关、授权机构、受托组织及其工作人员实施医事法的具体行为的合法性和适当性进行监督；③对其他社会主体的守法行为进行监督。

三、医事法律监督的体系

（一）权力部门的法律监督

权力部门监督是指各级人民代表大会及其常务委员会对医事行政执法主体及其工作人员在医事法的适用过程中是否依法办事进行的监督。根据宪法和有关法律的规定，权力监督的方式和主要内容有：

（1）卫生行政法规、规章、规定、命令等有无同宪法和法律相抵触的情况；

（2）在医事行政管理活动中，是否做到有法可依、有法必依、执法必严、违法必究；

（3）对经选举产生的或任命的卫生行政机关的领导人的违法行为进行调查、处理；

（4）组织医事行政执法大检查，听取卫生行政部门卫生监督情况的报告；

（5）对群众普遍关心和反映强烈的卫生问题及申诉和检举的卫生监督人员存在的问题，督促卫生行政机关采取措施，予以纠正和解决。

（二）行政部门的法律监督

行政监督是卫生行政机关内部所进行的有关卫生行政法律、法规执行情况的法律监督，包括各级行政机关上下级之间、同级之间在行政执法活动中所进行的相互监督。行政复议制度的实施、卫生行政机关的严格卫生执法和医事行政处罚监督制度都是非常重要的行政法制监督。

（三）司法部门的法律监督

司法监督是指国家司法机关依照法定程序，对卫生行政机关及其工作人员是否在执法中违法进行的监督。其包括人民检察院的检察监督权和人民法院的国家审判权，通过审理卫生行政案件，对医事行政执法行为的合法性进行审查、评价、判决等来对卫生行政机关实施监督。

（四）监察部门的法律监督

国家监察委员会由全国人民代表大会产生，负责全国监察工作。监察委员会依照法律规定独立行使监察权，不受行政机关、社会团体和个人的干涉。各级监察委员会是行使国家监察职能的专责机关，依照《中华人民共和国监察法》对所有行使公权力的公职人员进行监察，调查职务违法和职务犯罪，开展廉政建设和反腐败工作，维护宪法和法律的尊严。

（五）其他社会主体的法律监督

其他社会主体对医事法律监督，包括政党监督、社会团体监督、舆论监督、企事业单位及公民监督等。

1. 共产党的法律监督。党对医事行政法制监督主要体现在组织、纪律上的监督。

2. 社会团体的法律监督。社会团体主要指政协、民主党派、工会、共青团、妇联、学术团体等。它们的法律监督主要是通过两种方式得以实现的：一是通过政治协商会议实施民主监督；二是通过法律诉讼程序进行诉讼监督。

3. 舆论的法律监督。舆论在社会生活中具有重大的作用。人们可以通过报纸、电视、广播等发表言论，实现法律监督。执法机关也可以通过舆论了解社会民众的意向，接受来自各个方面的监督。

4. 企事业单位及公民的法律监督。企事业单位和公民是医事行政执法中的管理相对人,故医事行政执法是否合法,直接影响其自身的权利。他们的监督形式主要有:①向卫生行政机关提出建议、批评、检举;②对违法的具体行政行为有权向司法机关提出诉讼和控告。

【思考题】
1. 医事立法的主要特征是什么?
2. 为什么要遵守医事法?
3. 怎么理解执行医事法单方主动的特征?

第四章 医事司法救济

【学习目的】
　　熟悉司法救济的价值及其特点、医事司法救济的特点以及医事民事诉讼的概念、基本原则、特点以及法律关系；明确医事民事诉讼的管辖和具体程序；掌握医事行政诉讼概念、特征、基本原则，以及医事行政诉讼的管辖、程序和医事行政诉讼与医事行政复议的区别；了解医事刑事诉讼和医事行政赔偿的内容。

【案情导引】
　　2011年7月，陈某怀孕后在南京市鼓楼区H医院建立保健卡（大卡），并在H医院进行了孕产期的各项相关检查。2011年12月1日，H医院D医生在为陈某行彩色多普勒超声检查后，出具诊断报告单，内容显示"骨骼：脊柱可显示，上肢肱骨、尺桡骨可显示，下肢股骨、胫腓骨可显示。左手显示欠清"。后陈某定期产前检查，并于2012年4月3日产下一女婴李某，诊断为新生儿右手阙如。后对女婴行X线检查，检查表现：右侧腕骨及右侧掌指骨残缺，所示尺桡骨短小畸形，余未见明显异常。根据南京市医学会医疗损害鉴定书的分析意见，"H医院2011年12月1日彩色多普勒超声诊断报告关于手部位的描述不规范，关于该部位的复查未履行告知义务，对优生优育选择权有一定影响"。陈某及其丈夫李某欲通过诉讼维护其合法权益，诉讼请求项目包括要求H医院赔偿增加的抚养、教育等费用，残疾辅助器具费，精神损害抚慰金，鉴定费等共计22万元。
　　问题：
　　1. 该案件应当以H医院为被告还是以D医生为被告？
　　2. 该案件应当以谁为原告，父母还是女婴？还是父母和女婴？
　　3. 该案件原告应当主张什么样的诉讼理由，是医疗损害责任还是侵害知情同意权（优生优育选择权）责任？

第一节 概 述

《世界人权宣言》第八条规定：任何人当宪法或法律所赋予他的基本权利遭受侵害时，有权由合格的国家法庭对这种侵害行为作有效的补救。这就是著名的诉诸司法权利（the right of access to justice），它表明任何一个法治国家都不能拒绝公民寻求司法救济。

一、司法救济

"没有救济的权利就不是权利。"当立法确认权利之后，在权利的实现过程中主要有行政救济和司法救济两种。行政救济是指行政权力在行政管理或行政执法过程中运用行政权力依法对权利的救济。司法救济是指司法权力在司法裁判过程中运用司法权严格依照法律规定对权利的救济。

司法对权利救济的特点是：

1. 司法权只拥有判断权，以思维为活动形式，所以司法对权利的救济是独立进行的，不允许其他组织和个人干涉。
2. 一般坚持"不告不理"原则进行消极被动的权利救济；坚持中立的法律立场，严格依既定法律规则进行救济。
3. 注重权利救济的过程即司法程序，程序中设定诸多程序性权利旨在救济实体权利的实现。
4. 坚持法律标准、司法态度的稳定性，对权利的救济不靠随机应变。
5. 司法权只掌握在受过专门训练的法官手中，对权利的司法救济不可转授给其他非司法主体。
6. 司法是权利救济的最后一道关口，具有终局性，又称司法最终解决原则。

可见，司法救济是运用国家司法权力调整处理各种法律关系和矛盾并强制相关当事人履行法定义务以维护其他当事人权利的一种救济手段。

二、医事司法救济

医事司法救济是指运用国家司法权力调整处理各种医事法律关系和矛盾并强制相关当事人履行法定医事义务以维护其他当事人医事权利的一种救济手段。

医事司法救济除具有上述司法对权利救济的普遍特点外，还具有其自身的特点。

（一）引发医事司法救济活动的最终原因是为了保护公民的生命健康权

医事活动的最终目标和出发点是保护公民的生命健康权利，医事法律关系的构建是围绕医事活动而进行的，当医事法律关系主体的权利受到侵害时可以寻求司法救济，不管医事法律关系主体被侵犯的权利是何种性质的权利，最终都是为了保护公民的生命健康权。

（二）医事司法救济途径种类全面

由于医事法律关系纵横交错，而医事司法救济是运用国家司法权力调整处理各种医事法律关系和矛盾并强制相关当事人履行法定医事义务以维护其他当事人医事权利的一种救济手段,这就决定了医事司法救济的途径可能是平等的医事服务法律关系主体通过民事诉讼寻求对自己的权利保护,也可能是医事行政管理法律关系的相对人通过行政诉讼的方式寻求对自己的权利保护,还有可能是国家为追究医事犯罪行为人的刑事责任而提起的刑事诉讼。

（三）医事诉讼活动中必有一方当事人是从事医事工作的组织和个人

由于医事法律关系主体通常必定有一方当事人是从事医事工作的组织和个人,例如在纵向法律关系中必定有一方当事人是医药卫生管理机关,在横向法律关系中必定有一方当事人是医药预防保健机构或个人,因此反映在医事诉讼活动中,必有一方当事人是从事医事工作的组织和个人。

关于司法救济途径的种类,尚没有形成统一的观点。这里我们讲述的医事司法救济的途径主要包括四种:医事行政诉讼、医事刑事诉讼、医事民事诉讼、医事行政赔偿。

第二节　医事行政诉讼

一、医事行政诉讼的概念

医事行政诉讼是指公民、法人或其他组织认为行政机关（法律、法规授权组织或受委托组织）及其工作人员的行政行为侵犯其合法权益时,依法向人民法院提起诉讼,由人民法院依据事实与法律进行审理并作出裁决的法律活动。

二、医事行政诉讼的特征

1. 医事行政诉讼是医药卫生行政管理相对人不服卫生行政执法机关管理处罚,向人民法院提起的诉讼。

2. 医事行政诉讼的被告只能是卫生行政部门,这是区别于民事诉讼和刑事诉讼的一个重要特征。

3. 医事行政诉讼的标的是审查医药卫生行政行为是否合法。

三、医事行政诉讼的基本原则

1. 举证责任倒置原则。举证责任也称提供证据的责任,是指当事人对争议事项有责任加以证明,否则就要承担败诉的风险。在医事行政诉讼中,举证责任属于"举证倒置",也就是作为被告的医药卫生行政机关必须提供原先作出具体医药卫生行政行为的事实依据和法律依据,而不像民事诉讼中由原告提供证据。如果医药卫生行政机关在医事行政诉讼中不举证或者举不出证据,将承担败诉的后果。

2. 复议前置原则。卫生行政部门和管理相对人之间的争议,在起诉至人民法院进行医事行政诉讼前,可依法经过上级卫生行政部门复议。一些法律明确规定必须经过复议才可提起诉讼的争议案件,未经复议的人民法院不予受理。

3. 行为持续原则。在医事行政诉讼期间,医药卫生行政机关正在实施的医药卫生行政行为并不因原告提起诉讼而停止执行。

4. 一般不得调解不得反诉原则。人民法院在审理医事行政诉讼案件时，只能以事实和法律为根据来审查和确认医药卫生行政机关所作出的具体行政行为是否合法，并作出判决或裁定，不可以进行调解，作为被告的行政机关也无权放弃自己的职责。但行政赔偿、补偿以及行政机关行使法律法规规定的自由裁量权的案件可以调解。另外，在诉讼期间，医药卫生行政机关无权提起反诉。

5. 司法变更权有限性原则。人民法院在医事行政诉讼中，一般不享有司法变更权，对被诉的医药卫生行政机关的卫生行政处理决定，只能作出维持或撤销的判决或裁定，不能直接变更具体行政行为内容，只有在特殊例外情况下享有一定变更权。

四、医事行政诉讼的诉讼程序

（一）医事行政诉讼的受案范围

医事行政诉讼的受案范围是指法律授予人民法院对卫生行政案件特定的审判权限，或者说哪些卫生行政案件相对人才有权向人民法院提起医事行政诉讼。根据《中华人民共和国行政诉讼法》（简称《行政诉讼法》）的规定，结合卫生行政的实际，医事行政诉讼的受案范围主要有以下几类：

1. 不服医药卫生行政机关行政处罚的案件。主要是指对罚款、吊销卫生许可证、责令停产停业、没收财产等行政处罚不服的，可依法向人民法院提起诉讼。

2. 不服医药卫生行政机关强制措施的案件。卫生行政强制措施是医药卫生行政机关为了履行行政管理职能，依法对公民的人身或财产加以限制的一种特别措施（如在卫生行政执法中，对传染病患者进行强制隔离，封存某种药品等）。对限制人身自由或者对财产封存、扣押等卫生强制措施不服的，可以依法提起行政诉讼。

3. 对医药卫生行政机关"不作为"的案件。保护公民的人身健康、财产安全同样是卫生行政部门的法定职责。当公民申请医药卫生行政机关履行保护人身权、财产权等法定职责时，医药卫生行政机关拒绝履行，当公民、法人和其他组织欲进行与卫生有关的生产经营行为，并认为符合法定条件，申请卫生许可证，但医药卫生行政机关"不作为"，即不履行法定职责，医药卫生行政管理相对人就有权依法向人民法院提起诉讼。

（二）医事行政诉讼的管辖

医事行政诉讼管辖是指各级人民法院或同级人民法院在受理第一审行政案件时的职权划分，即人民法院在受理第一审卫生行政案件上的分工和权限。其主要分为级别管辖和地域管辖。

1. 级别管辖。级别管辖是指在人民法院系统内划分和确定各级人民法院受理第一审医事行政诉讼案件的分工和权限。①基层人民法院管辖第一审卫生行政案件；高级人民法院可以确定若干基层人民法院跨行政区域管辖第一审行政案件。②中级人民法院管辖对国务院各部门或县级以上人民政府行政行为提起诉讼的第一审卫生行政案件和辖区内重大、复杂的第一审卫生行政案件。③高级人民法院负责本辖区内重大、复杂的第一审卫生行政案件。④最高人民法院负责全国范围内重大、复杂的第一审卫生行政案件。

2. 地域管辖。地域管辖又称区域管辖，是指同级人民法院之间在各自辖区内受理第一审医事行政诉讼案件的分工和权限，也就是根据人民法院所在行政区划确定的管辖。

（1）一般的地域管辖。这是指卫生行政案件由最初作出行政行为的行政机关所在地人民法院管辖。经复议的案件，也可以由复议机关所在地人民法院管辖。作为被告的行政机关设在什么地方，就由什么地方的人民法院管辖。

（2）特殊的地域管辖。这是指按法律特别规定所确定的管辖，通常又分为专属管辖和共同管辖。①专属管辖是以原告起诉的具体行政行为指向的对象所在地为标准确定法院管辖的制度。如：因不动产提起医事行政诉讼，由不动产所在地人民法院管辖。②共同管辖是指两个或两个以上人民法院对同一卫生行政案件都有管辖权时，如何确定管辖法院的制度。如：对限制人身自由的行政强制措施不服的卫生行政案件，由被告或原告所在地人民法院管辖。

3. 指定管辖和移送管辖。《行政诉讼法》规定，有管辖权的人民法院由于特殊原因不能行使管辖权或对管辖权发生争议，经双方协商解决不成的，由共同上级人民法院决定将第一审医事行政诉讼案件指定给某个下一级人民法院管辖。当人民法院发现受理的案件不属于自己管辖时，应将其移送给有管辖权的人民法院处理。

（三）医事行政诉讼的起诉和受理

起诉是指公民、法人或其他组织认为医药卫生行政机关的具体行政行为侵犯其合法权益，请求人民法院给予法律保护的诉讼行为。受理是指人民法院对公民、法人或其他组织提起的医事行政诉讼请求进行初步审查，决定是否立案受理的活动。

1. 起诉条件

根据《行政诉讼法》的规定，起诉必须符合一定条件：①原告必须是卫生行政处罚或其他处理决定的相对人，或者是行政处罚、处理决定的利害关系人；②要有明确的被告，被告可能是医药卫生行政机关，也可能是法律、法规授权的组织；③要有具体的诉讼请求和相应的事实根据，并以书面的形式向人民法院提出诉讼请求；④诉讼请求属于人民法院受案范围和受诉人民法院管辖。

2. 起诉方式

医事行政诉讼的起诉方式有直接起诉和复议前置两种。直接起诉：当事人对具体行政行为不服，可以不经过复议，直接向人民法院起诉。这在卫生法律、法规中有三种情况：①没有规定复议，只规定可以向人民法院起诉，如《国境卫生检疫法》《药品管理法》等；②规定可以申请复议，也可以直接向人民法院起诉，如《传染病防治法》《食品卫生法》等；③既未规定复议，也未规定诉讼，如《母婴保健法》《艾滋病监测管理的若干规定》等。

复议前置：对医药卫生行政机关的具体行政行为不服，只能先向医药卫生行政机关申请行政复议，经复议以后才能向人民法院起诉。这主要有两种情况：①在法律或法规中只规定可以申请行政复议，没有规定行政诉讼，这种情况较少；②在法律或法规中明确规定，对具体行政行为不服可申请复议，对复议决定不服可起诉，如《麻醉药品和精神药品管理条例》《中华人民共和国尘肺病防治条例》《放射性同位素与射线装置放射防护条例》《化妆品监督管理条例》等。

3. 起诉期限

医事行政诉讼的起诉期限最多见的是15日和6个月两种：①经过行政复议的案件，应当在接到行政复议决定书或行政复议期满之日起15日内起诉；②卫生法律没有明确期限，也不属复议前置的，一般起诉期限为6个月，自知道或应当知道作出行政行为之日起计算。

法律另有规定的除外。

（四）医事行政诉讼案件的审理与判决

医事行政诉讼案件的审理是指人民法院从受理卫生行政案件起，到终审判决前所进行的各项诉讼行为的总和，主要包括：组成合议庭、通知被告应诉、查阅材料、收集证据、决定是否停止具体行政行为的执行等。

医事行政诉讼案件审判组织一般为合议制，开庭审理除涉及国家秘密和个人隐私外，一般实行公开审理，由合议庭进行法庭调查和双方当事人（代理人）辩论，在辩论终结后依法裁判。适用简易程序审理的行政案件，由审判员一人独任审理。

根据法律规定，人民法院可视具体情况作出如下四种判决：

1. 判决维持卫生行政执法部门的原处理决定。这主要是指卫生行政执法部门的具体行政行为证据确凿，适用法律、法规正确，符合法定程序，人民法院判决维持原处理决定。

2. 判决撤消或部分撤消卫生行政执法部门所作出的具体行政行为。这主要是指卫生行政执法部门所作出的具体行政行为主要证据不足，或者适用法律、法规有错误，或者违反法定程序，或者超越职权和滥用职权的情况。此外，还可判处卫生行政执法部门重新作出一个具体行政行为。

3. 判决卫生行政执法机关在一定期限内履行其法定职责。这主要是指卫生行政执法机关不履行或者拖延履行法定职责，人民法院判决其履行职责。

4. 判决变更原处理决定。这主要是指卫生行政执法部门的行政处罚显失公正，由法院判决变更。

（五）医事行政诉讼的上诉

我国行政诉讼实际是两审终审制。在第一审判决后，原告、被告、第三人任何一方不服判决，均可在接到判决书之日起15日内向上一级人民法院提出上诉。无论上诉提出的理由是什么，上诉人民法院均对一审判决进行全面的审查。第二审判决，是终审判决。判决书一经送达即产生法律效力。当事人无论是否申诉，都必须执行判决。

（六）医事行政诉讼案件的执行

卫生行政案件的执行是指人民法院依照法定程序就已经发生法律效力的法律文书，在负有义务的一方当事人拒不履行义务时，强制其履行义务的法律活动。人民法院对卫生行政案件的执行有两种情况：一是人民法院判决生效后，义务人不执行生效判决，权利人可以向一审人民法院申请强制执行。公民审请执行的期限为1年，行政机关、法人或其他组织申请执行的期限为180天。二是卫生行政部门作出的具体行政行为超过复议及起诉期限，当事人既不申请复议和起诉又不履行义务时，医药卫生行政机关可在起诉期限届满3个月内，向被申请人住所地或被执行的财产所在地人民法院申请强制执行。

五、医事行政诉讼与医事行政复议的关系

医事行政复议与医事行政诉讼都是解决卫生行政争议的法律制度。卫生行政争议是指卫生行政主体在行使管理职权过程中与管理相对人之间发生的争议。这种争议不是平等主体之间的民事争议，而是在不平等的行政法律关系主体之间所发生的争议，所以医事行政复议与医事行政诉讼，既有本质上的区别，又有形式上的密切联系。

医事行政复议与医事行政诉讼的共同点是：①二者都是用以解决卫生行政争议的法定

手段和方式；二者的目的都是为了保护医药卫生管理相对人的合法权益,监督和维护医药卫生行政机关依法行政。②二者在程序上都是基于医药卫生管理相对人的请求而开始的程序活动。

医事行政复议与医事行政诉讼的区别是：①在性质上,医事行政复议是一种行政程序活动,体现了国家行政权,是行政内部监督;而医事行政诉讼则是一种司法活动,体现了国家司法权,是司法监督。②在受理机关上,医事行政复议只能由与相对人发生行政争议的医药卫生行政机关的上级机关受理;而医事行政诉讼则由人民法院受理。③在适用程序上,医事行政复议适用行政程序;而医事行政诉讼适用司法程序。④在审查的范围上,医事行政复议时,对具体行政行为既审查合法性又审查合理性;而医事行政诉讼时则主要审查合法性。⑤在法律效果上,医事行政复议以后仍可再提起诉讼;而医事行政诉讼则是两审终审。

医事行政复议与医事行政诉讼的联系是：在一定的法定条件下,不经过医事行政复议则不能提起医事行政诉讼,医事行政复议是医事行政诉讼的前置条件。如尘肺病的防治、特殊药品管理等引起的行政争议,必须要经过行政复议才能提起行政诉讼。另外,在复议期间不得起诉,必须待复议结束,或法定期限届满复议机构仍无结论时,才能起诉。同样,当事人一旦提起行政诉讼则不能再申请复议。

第三节 医事刑事诉讼

一、医事刑事诉讼的概念

医事刑事诉讼,是指公安机关、人民检察院、人民法院,在当事人和其他诉讼参与人的参加下,依照法定的程序,查明案件事实,应用刑法解决被告人是否有医事犯罪行为和是否应受刑事处罚所进行的侦查、起诉和审判活动。它具有如下特征：

1. 医事刑事诉讼的前提是有医事犯罪行为的发生。
2. 医事刑事诉讼,是公安、司法机关代表国家进行的行使国家刑罚权的活动,这一点使它区别于医事民事诉讼和医事行政诉讼。
3. 医事刑事诉讼是在当事人和其他诉讼参与人的参加下进行的活动,其中心任务是解决犯罪嫌疑人、被告人的刑事责任问题。

二、医事刑事诉讼的基本原则

根据《中华人民共和国刑事诉讼法》(简称《刑事诉讼法》),刑事诉讼的基本原则如下：刑事司法权专有原则;审判权、检察权独立行使的原则;依靠群众的原则;公、检、法三机关分工负责、互相配合、互相制约的原则;无罪推定原则;保障诉讼参与人诉讼权利的原则;有法定情节不追究刑事责任的原则。

三、医事刑事诉讼的主体

医事刑事诉讼的主体,又称为医事刑事诉讼法律关系的主体,是指在医事刑事诉讼中依法享有司法职权的机关和依法享有诉讼权利并承担诉讼义务的当事人和其他诉讼参与人。其主要包括以下几种。

（一）公安机关

公安机关是国家的治安保卫机关,是各级人民政府的职能部门;是法定的侦查机关,负责刑事案件的立案、侦查、收集和调取证据;对现行犯或重大嫌疑分子,依法刑事拘捕,依法执行逮捕;同时公安机关还是刑罚的执行机关之一,担负着对被判处管制、剥夺政治权利、缓刑、假释、暂予监外执行罪犯的执行、监督和考察职责。

（二）人民检察院

人民检察院是国家的法律监督机关。它在刑事诉讼的侦查阶段,依法对其管辖的案件进行侦查、起诉;对公安机关主管的侦查案件进行审查,决定起诉与否。它在审判阶段是公诉案件的公诉人,同时行使审判监督权。

（三）人民法院

人民法院是国家的审判机关,代表国家独立行使审判权。未经人民法院依法判决,对任何人都不得确定有罪。

（四）犯罪嫌疑人、被告人

"犯罪嫌疑人"和"被告人"是对涉嫌医事犯罪而受到刑事追诉的人的两种称谓。在公诉案件中,受刑事追诉者在检察机关向法院提起公诉以前,被称为"犯罪嫌疑人",在检察机关正式向法院提起公诉以后,则被称为"被告人"。

（五）被害人

被害人是指其人身、财产及其他权益遭受医事犯罪行为侵害的人。在自诉案件中被害人是自诉人,在公诉案件中是控诉一方的诉讼参与人,在附带民事诉讼中是原告人。

（六）其他诉讼参与人

代理人、证人、辩护人、鉴定人、翻译人等都是医事刑事诉讼法律关系的重要主体,依法享有相应的诉讼权利并履行相应的义务。

四、医事刑事诉讼的管辖

医事刑事诉讼的管辖,是指公安机关、人民检察院和人民法院等依照法律规定立案受理医事刑事案件以及人民法院系统内审判第一审医事刑事案件的分工制度。其包括立案管辖和审判管辖。

（一）立案管辖

立案管辖是指人民法院、人民检察院和公安机关各自直接受理医事刑事案件的职权范围。

1. 人民法院直接受理的医事刑事案件主要有：除严重危害社会秩序和国家利益以外的生产、销售假药或劣药案；生产销售不符合卫生标准的食品或有毒、有害食品案；生产、销售不符合标准的医用器材案；生产、销售不符合卫生标准的化妆品案。对此类案件,受害人如有证据证明,可以直接向人民法院提起刑事诉讼。

2. 人民检察院直接立案侦查的医事刑事案件主要有：传染病防治失职案；放纵制售假劣药和放纵制售有毒有害或不符合卫生标准的食品、化妆品、医用器材犯罪行为案。

3. 公安机关立案侦查的医事刑事案件指除人民法院和人民检察院负责立案的医事刑事案件外的其他医事刑事案件，包括妨害传染病防治、非法组织卖血、医疗事故、非法行医等案件。

（二）审判管辖

1. 级别管辖，是指各级人民法院审判第一审医事刑事案件的职权范围。普通的医事刑事案件，由基层人民法院管辖；被告人可能被判无期徒刑、死刑的医事刑事案件，如已致人死亡或造成严重人身伤害的制售假劣药品或有毒、有害食品罪行等，由中级人民法院管辖；全省（直辖市、自治区）性的重大医事刑事案件，由高级人民法院管辖；全国性的重大医事刑事案件，由最高人民法院管辖。

2. 地域管辖，是指同级人民法院之间，在审判第一审医事刑事案件上的权限划分。医事刑事案件，由医事犯罪所在地的人民法院管辖。犯罪所在地，包括犯罪预备地、犯罪实施地、犯罪结果地等。

五、医事刑事诉讼中的辩护与代理

（一）辩护

辩护，是指医事刑事案件的犯罪嫌疑人、被告人及其辩护人反驳对犯罪嫌疑人、被告人的指控，提出有利于犯罪嫌疑人、被告人的事实和理由，以证明犯罪嫌疑人、被告人无罪、罪轻或者应当减轻、免除处罚，维护犯罪嫌疑人、被告人合法权益的诉讼活动。其包括自行辩护、委托辩护、指定辩护三种。

1. 自行辩护，指犯罪嫌疑人、被告人自己针对指控进行反驳、申辩和解释的行为。

2. 委托辩护，指犯罪嫌疑人、被告人依法委托律师或其他公民担任辩护人，协助其进行辩护。

3. 指定辩护，指对于没有委托辩护人的被告人，人民法院在法律规定的某些特殊情况下，为被告人指定承担法律援助义务的律师担任其辩护人，协助被告人进行辩护。

（二）代理

代理，是指代理人接受公诉案件的被害人及其法定代理人或者近亲属、自诉案件的自诉人及其法定代理人、附带民事诉讼的当事人及其法定代理人的委托，以被代理人的名义参加诉讼，由被代理人承担代理行为的法律后果的一项诉讼活动。其包括公诉案件中的代理、自诉案件中的代理、附带民事诉讼中的代理三种。

1. 公诉案件中的代理，指诉讼代理人接受公诉案件的被害人及其法定代理人或者近亲属的委托，代理被害人参加刑事诉讼，以维护被害人的合法权益。

2. 自诉案件中的代理，指代理人接受自诉人及其法定代理人的委托参加诉讼，以维护自诉人的合法权益。

3. 附带民事诉讼的代理，指诉讼代理人接受附带民事诉讼的当事人及其法定代理人的委托，在所受委托的权限范围内，代理参加诉讼，以维护当事人及其法定代理人的合法权益。

六、医事刑事诉讼程序

根据我国刑事诉讼法的规定,普通刑事案件的诉讼,一般需要经过立案、侦查、起诉、审判和执行等五个既紧密联系又相对独立的阶段。

(一)立案

刑事诉讼中的立案是指公安司法机关对于报案、控告、举报、自首以及自诉人起诉等材料,按照各自的职能范围进行审查后,认为有犯罪事实发生并需要追究刑事责任时,决定将其作为刑事案件进行侦查或审判的一种诉讼活动。

(二)侦查

侦查是指公安机关、人民检察院在办理案件的过程中,依照法律进行的专门调查工作和有关的强制性措施。侦查行为主要包括,讯问犯罪嫌疑人,询问证人、被害人,勘验、检查,侦查实验,搜查,扣押物证、书证,查询、冻结存款、汇款,鉴定,辨认,通缉等活动。

(三)起诉

刑事诉讼中的起诉是指法定的机关或者个人,依照法律规定向有管辖权的人民法院提出控告,要求该法院对被指控的被告人进行审判并予以刑事制裁的一种诉讼活动或程序。其包括公诉和自诉。

公诉是指人民检察院认为犯罪嫌疑人的犯罪事实已经查清,证据确实、充分,依法应当追究刑事责任的,应当作出起诉决定,按照审判管辖的规定,向人民法院提起公诉。提起公诉之前必须要进行审查起诉程序,只有当符合提起公诉的条件时才能提起公诉。

自诉是相对于公诉而言的,它是指法律规定的享有自诉权的个人直接向有管辖权的人民法院提起的刑事诉讼。自诉案件包括告诉才处理的案件;被害人有证据证明的轻微刑事案件;被害人有证据证明对被告人侵犯自己的人身权利、财产权利的行为应当追究刑事责任,而公安机关或者人民检察院不予追究被告人刑事责任的案件。

(四)审判

刑事诉讼中的审判是指原告、被告或控辩双方在法庭上各自提出自己的主张和证据并进行辩论,法官站在第三者的地位上,基于国家权力依法进行审理并作出裁判的一种诉讼活动。

人民法院进行审判,应经过开庭、法庭调查(起诉、询问被告、质证,这是法庭审判的核心环节)、法庭辩论、被告人最后陈述等过程,最后经合议庭评议并作出判决。对判决不服的,在10日内人民检察院可以提出抗诉,当事人可以提起上诉,进入二审程序。

七、医事刑事诉讼案件的主要种类

医事刑事诉讼案件的种类主要有:
1. 与公民生命健康权益相关的刑事诉讼。
2. 与药品和健康相关产品有关的刑事诉讼。
3. 与公共卫生监督有关的刑事诉讼。
4. 与医疗机构和医务人员管理有关的刑事诉讼。
5. 与卫生行政执法和卫生管理相关的刑事诉讼。
6. 与卫生资源管理有关的刑事诉讼。

7. 与医学科学教育与研究和科学技术相关的刑事诉讼。

第四节 医事民事诉讼

一、医事民事诉讼的概念

医事民事诉讼是指人民法院、当事人和其他诉讼参与人在审理参加民事案件的过程中，所进行的各种诉讼活动，以及由这些活动所产生的各种诉讼法律关系的总和。医事民事诉讼具有如下特点：

1. 医事民事诉讼必须严格按照法定程序进行。任何违反程序规定的行为都将会导致医事民事诉讼无效。

2. 人民法院的审判活动在诉讼过程中起重要作用。人民法院作为国家的审判机关，对诉讼的发生、变更和消灭具有决定性意义。

3. 医事民事诉讼过程具有阶段性和连续性。民事诉讼是由若干诉讼程序与诉讼阶段相互衔接、相互联系所构成的统一的民事诉讼程序体系。

二、医事民事诉讼的基本原则

医事民事诉讼的基本原则主要有：

1. 当事人诉讼权利平等原则。这是指医事民事诉讼当事人在民事诉讼中平等地享有和行使诉讼权利，人民法院审理民事案件，应当保障和便利当事人行使诉讼权利。

2. 辩论原则。人民法院审理医事民事案件时，当事人有权进行辩论。所谓辩论，是指当事人双方在人民法院主持下，就案件事实和适用法律等有争议的问题，陈述各自的主张和意见，相互进行反驳和答辩，以维护自己的合法民事权益。当事人双方的辩驳，有利于人民法院查明事实，分清是非，正确适用法律，及时解决纠纷。

3. 处分原则。医事民事诉讼当事人有权在法律规定的范围内处分自己的民事权利和诉讼权利。处分原则贯穿于民事诉讼的全过程，并在很大程度上影响着诉讼的进行。但是当事人的处分行为必须是自己的真实意思表示，任何因强迫、欺诈、利诱或重大误解形成的违背当事人真实意思的处分行为都是不能成立的。

4. 法院调解原则。人民法院审理医事民事案件，应当根据自愿和合法的原则进行调解，调解不成的，应当及时判决。

5. 检察监督原则。人民检察院有权对人民法院的民事审判活动实行法律监督。人民检察院是我国的法律监督机关，它不仅应参与刑事诉讼，对刑事审判过程实行监督，而且也应参与民事诉讼，对民事审判过程实行监督。

6. 同等原则和对等原则。同等原则，是指一国公民、组织在他国进行民事诉讼时，与他国公民、组织享有同等的诉讼权利和承担同等的诉讼义务。对等原则，是指一国法院在民事诉讼中对他国公民、组织的诉讼权利加以限制的，他国法院对该国公民、组织的民事诉讼权利给以同样的限制。

三、医事民事诉讼法律关系

医事民事诉讼法律关系,是指由民事诉讼法律、法规所调整的人民法院、当事人及其他诉讼参与人之间存在的以诉讼权利和诉讼义务为内容的具体的社会关系。民事诉讼法律规范的存在,是特定的社会关系转变为民事诉讼法律关系的前提;民事诉讼法律关系是民事诉讼法律规范在现实生活中的体现。医事民事诉讼法律关系的构成要素包括主体、内容和客体三个要素。

（一）医事民事诉讼法律关系的主体

医事民事诉讼法律关系的主体,是指在民事诉讼中享有诉讼权利和承担诉讼义务的国家机关、公民、法人和其他组织。根据我国民事诉讼法的相关规定,医事民事诉讼法律关系的主体包括人民法院、人民检察院、当事人、诉讼代理人和其他诉讼参加人。

（二）医事民事诉讼法律关系的内容

医事民事诉讼法律关系的内容,是指医事民事诉讼法律关系主体根据民事诉讼法律规范所享有的诉讼权利和所应当承担的诉讼义务。医事民事诉讼法律关系的主体不同,医事民事诉讼法律关系所表现的具体的诉讼权利义务也不尽相同。它们有各自的权利（权力）范围和义务范围。

（三）医事民事诉讼法律关系的客体

医事民事诉讼法律关系的客体,是指医事民事诉讼法律关系主体的诉讼权利和诉讼义务所指向的对象。医事民事诉讼法律关系主体之间存在着多种民事诉讼法律关系,各个主体所享有的诉讼权利和承担的诉讼义务也不尽相同,因而客体也有区别。

人民法院和当事人之间的诉讼权利、诉讼义务所指向的对象,是案件的客观事实和实体权利请求;人民法院和人民检察院之间的诉讼权利、诉讼义务所指向的对象是人民法院生效裁判认定的事实和适用的法律;人民法院和其他诉讼参与人之间的诉讼权利和诉讼义务所指向的对象是案件的客观事实;当事人之间的诉讼权利、诉讼义务所指向的对象是诉讼理由和诉讼请求;当事人与其他诉讼参与人之间的诉讼权利、诉讼义务所指向的对象是案件的客观事实。

四、医事民事诉讼中的管辖

医事民事诉讼中的管辖,是指在人民法院系统内部,确定各级人民法院之间以及同级人民法院之间受理第一审民事案件的分工和权限。划分上下级人民法院之间受理第一审民事案件的分工和权限的管辖称为级别管辖。确定同级人民法院之间在各自辖区受理第一审民事案件的分工和权限的管辖称为地域管辖。确定管辖应当遵循以下基本原则:

1. 便于当事人诉讼。
2. 便于法院行使审判权。
3. 有利于案件公正审判。
4. 兼顾各级法院的职能和工作负担的均衡。
5. 确定性与灵活性相结合。
6. 有利于维护国家主权。

五、医事民事诉讼程序

（一）起诉

起诉是指公民、法人或者其他组织，认为所享有的或者依法由自己管理、支配的民事权益受到侵害或者与他人发生争议，以自己的名义请求法院通过审判给予司法保护的诉讼行为。起诉必须符合下列条件：

1. 原告必须是与本案有直接利害关系的公民、法人或其他组织。
2. 有明确的被告。
3. 有具体的诉讼请求和事实、理由。
4. 属于法院受理民事诉讼的范围和受诉法院管辖。

法院接到原告的起诉后，应当依法及时审查，以决定是否立案。审查的内容包括两个方面：首先审查原告的起诉是否符合民事诉讼法规定的四个条件；其次审查手续是否完备，如有欠缺，应当限期当事人更正。法院经审查认为符合起诉条件的，应当在7日内立案并通知当事人；认为不符合起诉条件的，应当在7日内作出不予受理的裁定。

人民法院一旦受理原告的起诉，将产生以下法律效果：

1. 受诉法院取得了对该案的管辖权。
2. 双方当事人、法院之间相互产生了具体的诉讼法律关系。
3. 诉讼时效中断。

（二）审判

1. 审理前的准备。这是指法院和当事人在受理起诉后至开庭审理之前，依法所进行的一系列诉讼活动。其主要包括以下内容：

（1）送达起诉状副本和答辩状副本。

（2）告知诉讼权利、诉讼义务与合议庭组成人员。

（3）认真审核诉讼材料，调查收集必要的证据。

（4）追加当事人。

2. 开庭审理

开庭审理，是指法院在当事人以及其他诉讼参与人的参与下，依照法定的形式和程序，在法庭上对民事案件进行实体审理的诉讼活动过程。其主要包括开庭准备、法庭调查、法庭辩论、案件评议和宣告判决等阶段。

一审法院作出判决和裁定后，当事人对判决不服的，可以在15日内提起上诉；当事人对裁定不服的，可以在10日内提起上诉。上诉被受理后，案件将依法进入二审程序。当事人如果在法定的期限内没有提出上诉，上诉期满后，裁判文书将依法发生法律效力。如果义务人不按要求履行法定义务，则权利人可以依据生效的法律文书申请人民法院强制执行。

第五节 医事行政赔偿

一、医事行政赔偿与国家赔偿概述

医事行政赔偿是指医药卫生行政机关及其工作人员违法行使职权,侵犯了公民、法人或其他组织的合法权益并造成损害后果,由国家承担的赔偿责任。

医事行政赔偿是行政侵权赔偿的一种类型,而行政侵权赔偿又是国家赔偿责任的一种类型。为此首先简单介绍国家赔偿责任的内容。

国家赔偿责任是指国家基于国家机关和国家机关工作人员违法行使职权侵犯公民、法人或其他组织的合法权益造成损害所承担的赔偿责任。国家赔偿责任在我国主要有两大部分:①行政赔偿;②司法赔偿。司法赔偿包括刑事赔偿和对法院违法采取强制措施所造成损害的赔偿。由于行政机关是国家机关的重要组成部分,是国家的经济、社会、文化、卫生生活中的重要角色,因此行政机关的活动与公民、法人或者其他组织的联系最为紧密,行政侵权赔偿也成为国家赔偿中一个极为重要、必不可少的组成部分。

1994年5月我国颁布了《中华人民共和国国家赔偿法》(简称《国家赔偿法》)。在这部法律中明确了国家承担赔偿责任的原则是"违法性"存在。也就是国家承担赔偿的前提是国家机关及其工作人员在行使职权时必须有行为违反了法律、法规的规定。这里的违法是指行为违法,而不是行为的结果违法;是行为客观上的违法,而不是主观上的"过错";行为违法内容可以是实体法,也可以是程序法;另外行为违法的形式可以是积极的作为,也可以是消极的不作为。

根据《国家赔偿法》的规定,国家赔偿以支付赔偿金为主要方式,对能返还财产或恢复原状的,予以返还财产或恢复原状。造成受害人名誉权、荣誉权损害的,应当在侵害行为影响的范围内,为受害人消除影响,恢复名誉,赔礼道歉。赔偿金的计算标准主要有以下几种:①侵犯人身自由的,每日赔偿金为上年度职工日平均工资;②造成身体伤害的,支付医疗费和误工减少的收入,但最高为上年度职工工资的5倍;致残丧失劳动能力的,最高为上年度职工平均工资的20倍;③造成死亡的,各项赔偿金总额为上年度职工平均工资的20倍;④罚款没收的返还没收财物;⑤吊销许可证或执照、停产停业的,赔偿停业期间经常性的费用开支;⑥如有其他损害的,只赔偿直接损失。

二、医事行政赔偿的构成要件

医事行政赔偿的构成要件就是指构成侵权赔偿责任的条件。下面三个条件是最基本的条件,而且在构成赔偿责任时应同时存在。

1. 存在违法行政行为。医药卫生行政行为只有在违法的情况下,才能构成对行政相对人合法权益的侵害,因此违法医药卫生行政行为是行政侵权责任发生的首要条件。

2. 存在损害事实。违法行为并不一定导致危害后果的发生。如没有损害后果就谈不上赔偿。损害必须是已经发生的并现实存在的对受法律保护利益的损害,既包括财产上的损害,也包括人身及精神上的损害。

3. 行为与事实存在直接的因果关系。即卫生行政违法行为与损害事实两者之间存在着必然的、内在的、合乎规律的联系。受害人的损失直接由医药卫生行政机关或者工作人员的违法行政行为造成。

三、医事行政赔偿的范围

（一）具体行政行为违法而引起的赔偿范围

医事行政赔偿责任是与医事行政诉讼的受案范围相对应的,诉讼审查的对象是具体行政行为,因此,行政赔偿的范围也仅指具体行政行为违法而引起的赔偿范围。其主要包括：①违法行政处罚行为造成的损害赔偿,这些行政处罚的种类可归纳为三大类,即自由罚、财产罚和行为罚；②违法采取行政强制措施造成的赔偿；③侵犯法律规定的经营自主权造成的赔偿；④颁发许可证和执照的违法行为造成的赔偿；⑤行政机关不履行保护公民、组织的人身权、财产权的法定职责造成的赔偿；⑥行政机关违法要求公民、法人或者其他组织履行义务的行为造成的赔偿。

（二）不予赔偿的范围

国家赔偿的范围是有限度的,并非所有的违法行为给相对人造成的损害都需要赔偿。医药卫生行政机关的工作人员与职权无关的个人行为,国家不承担赔偿责任；对国防、外交等国家行为,行政法规、规章以及发布具有普遍约束力的决定、命令的行为,对这些情况,人民法院不但没有审查权,不能将其作为行政诉讼的案件受理,而且国家也不承担赔偿责任。另外,还有公民、法人或者其他组织自己的故意行为导致损害发生的,国家不承担赔偿责任。

四、赔偿请求人和赔偿义务机关

（一）赔偿请求人

赔偿请求人是指合法权益受到医药卫生行政机关及其工作人员违法行使职权的行为侵犯而遭到损害的人。换言之,合法权益受到医药卫生行政机关和其工作人员行使行政职权的行为侵犯,那么遭受损害的公民、法人或者其他组织就是对该医药卫生行政机关提出赔偿请求的权利人。但如果相对人不复存在,则其利害关系人的损失就无法得到弥补,因此,与行政诉讼规定的原告资格一样,赔偿请求权在一定情况下可以转移。

（1）受害公民死亡的赔偿请求权转移。如当赔偿请求人是公民,且该公民已死亡,那么该公民的近亲属就可以提起医事行政诉讼,同时有权附带提起赔偿请求。

（2）法人和其他组织终止的赔偿请求权转移。如：法人或其他组织在合并和分立的情况下,原先的赔偿请求权可以转移为现在承受权利的法人或其他组织行使。

（二）赔偿义务机关

医事行政赔偿义务机关是指违法行使行政职权侵犯公民、法人或者其他组织的合法权益而造成损害,应当承担赔偿责任的医药卫生行政机关。医药卫生行政机关工作人员违法行使职权侵犯行政相对人合法权益造成损害的,由该工作人员所在的行政机关承担赔偿义务。

五、医事行政赔偿的程序

按照《行政诉讼法》和《国家赔偿法》的规定,医事行政赔偿的请求可以单独提出也可以一并提出。

1. 单独提出。公民、法人或者其他组织单独就损害赔偿提出请求。单独提起赔偿请求的,应当先由行政机关解决;解决方式成立后,如对行政处理不服,可以向人民法院提起赔偿诉讼。

2. 一并提出。一并提出包括在申请复议时一并提出和提起行政诉讼时一并提出。提起行政诉讼时一并提出可以是在起诉时一并提出,也可以在行政诉讼案件审理过程中提出。

医事行政赔偿程序中,还有一个行政机关内部的程序,就是追偿。追偿是指承担赔偿责任后的赔偿义务机关向有故意或重大过失的本机关的工作人员追究责任的一种制度。行政机关赔偿损失后,应当责令有故意或重大过失的行政机关工作人员承担部分或者全部赔偿费用。当然赔偿义务机关行使追偿权时必须符合下列条件:①赔偿义务机关已经向受害人支付了赔偿费用;②受害人的损失是由行政机关工作人员执行职务的行为造成的;③该工作人员必须有故意或重大过失。

【思考题】
1. 在医事行政诉讼中为什么要实行举证责任倒置?
2. 医事民事法律关系与医事民事诉讼法律关系的区别和联系有哪些?

第五章 医疗卫生与健康事业基础性法律制度

【学习目的】

熟悉我国医疗卫生与健康事业基础性立法的内容和特点;熟悉我国医疗卫生与健康事业的主要方针;理解并掌握公民健康相关权益的规定;理解并掌握基本医疗卫生服务、医疗卫生机构、医疗卫生人员相关立法规定;理解并掌握各类违法行为的行政法律责任。

【案情导引】

患者李某因车祸伤住院。医院的治疗方案为股骨髓内钉内固定术、左胫骨平台骨折切开复位内固定术、内侧副韧带修补术等。因需要使用交锁髓内钉、钛板钛钉,术前医患双方还签署了《植入性医用器材使用知情同意书》,该同意书正文产品情况项下的"生产厂家、使用产品名称及编号"等应填写栏目为空白,另外,该同意书无产品价格的介绍和其他替代性医疗方案(替代产品)的说明。患者签署的意见是:"器材使用可能出现的危险、并发症及质量问题等情况,医师已向本人告知交代,本人充分理解可能遇到的风险及问题,经权衡利弊,同意选择该器材,并接受安装服务。"治疗终结后,李某与肇事方就器材使用的标准发生争议并诉至法院。肇事方认为不应当使用进口器材。法院查明:李某手术使用的交锁髓内钉、钛板钛钉系高价进口产品,且并非不可替代,符合替代标准的器材价格为3万元左右,中等标准的大概4.5万元,而医院使用的进口产品为11.4万元。法院遂判令肇事方赔偿李某相应费用4.5万元,余款7万余元未予支持。另,法院还查明,李某住院治疗中所用的药品有一部分是用李某配偶的医保卡在药店购买的,法院也没有支持这部分药品的损失赔偿主张。

问题:

1. 李某因使用进口医疗器械而未能获得赔偿的7万余元损失是否可以向医院提出赔偿主张?

2. 如何理解《基本医疗卫生与健康促进法》第十五条中的"适宜药物、适宜技术、适宜设备"?

3. 李某用其配偶的医保卡在药店购买药物用于自己伤病治疗的做法是否违法?是否构成犯罪?

第一节 概　述

一、基础性法律制度建设历程

医疗卫生与健康事业基础性立法可以溯源至2003年。其时，第十届全国人民代表大会常务委员会将"初级卫生保健法"列入当年的立法规划。此后，第十一届全国人民代表大会常务委员会、第十二届全国人民代表大会常务委员会也将医疗卫生与健康事业综合性立法分别列入了2008年、2013年的立法规划，但法律名称先后被调整为《中华人民共和国基本医疗卫生保健法》《中华人民共和国基本医疗卫生法》。2014年12月，全国人大教科文卫委会同有关单位成立了立法工作领导小组、起草工作小组和专家咨询组，立法工作正式启动。2016年8月，中共中央、国务院召开了全国卫生与健康大会，习近平总书记发表了重要讲话。随后，中共中央、国务院印发了《"健康中国2030"规划纲要》。党的十九大又提出"实施健康中国战略"。为了适应新的形势、担负起新的使命，全国人大教科文卫委决定将法律名称调整为《中华人民共和国基本医疗卫生与健康促进法》，并增加了有关内容。2017年12月，《中华人民共和国基本医疗卫生与健康促进法（草案）》形成，并提请第十二届全国人民代表大会常务委员会第三十一次会议审议。2018年10月、2019年8月和12月，第十三届全国人民代表大会常务委员会先后对草案又进行了三次审议。

2019年12月28日，第十三届全国人民代表大会常务委员会第十五次会议通过了《中华人民共和国基本医疗卫生与健康促进法》。同日，习近平主席签署第38号主席令予以公布，自2020年6月1日起施行。这是我国卫生健康领域的第一部基础性、综合性法律，对我国医疗卫生和健康事业发展有着极其重要的意义。

二、《基本医疗卫生与健康促进法》的内容及特点

《基本医疗卫生与健康促进法》全文共10章110条，分别为"总则""基本医疗卫生服务""医疗卫生机构""医疗卫生人员""药品供应保障""健康促进""资金保障""监督管理""法律责任""附则"。

目前，我国卫生健康领域已制定了十余部法律，如《医师法》《精神卫生法》《职业病防治法》《母婴保健法》等等。除全国人民代表大会常务委员会制定的法律之外，国务院还出台了《医疗机构管理条例》《医疗器械监督管理条例》《医疗纠纷预防和处理条例》等行政法规。《基本医疗卫生与健康促进法》是一部基础性、综合性法律，与上述医疗卫生法律及行政法规之间可谓"统"与"分"之关系，《基本医疗卫生与健康促进法》在内容上具有"基础性"和"综合性"的特点。本着加强顶层设计的思路，《基本医疗卫生与健康促进法》重点对卫生健康领域的关键性、骨干性和支撑性等重要制度作出了规定，确立了基本医疗卫生与健康工作的基本原则、主要制度和保障促进措施，完善了卫生健康法治体系，并强化了公共卫生的法治保障。

《基本医疗卫生与健康促进法》的制定遵循"保基本、强基层、大健康、促改革"的宗旨和

立法思路。所谓"保基本",是指从现阶段国情和实际出发,突出基本医疗卫生服务的必需性和可持续性,保障基本医疗卫生服务公平可及,既尽力而为,又量力而行,避免脱离实际、超越发展阶段;所谓"强基层",是指针对基层医疗卫生服务能力薄弱的现状,坚持以基层为重点,加强基层医疗卫生机构和人才队伍建设,提高基层医疗卫生服务能力,筑牢网底;所谓"大健康",是指从以治病为中心向以人民健康为中心转变,强化健康教育、全民健身、食品安全、健康管理等健康促进措施,完善重点人群健康服务制度;所谓"促改革",是指将医药卫生体制改革实践证明行之有效的分级诊疗、家庭医生签约服务、医联体建设等措施,上升为法律,增强制度刚性,加强"三医联动",形成制度合力。

三、公民健康相关权益的保护

保障公民享有基本医疗卫生服务、提高公民健康水平,是《基本医疗卫生与健康促进法》的立法初心,也是立法的重中之重。《基本医疗卫生与健康促进法》关于公民健康相关权益的规定主要有以下几种。

(一)公民健康权与健康教育获得权

国家和社会尊重、保护公民的健康权。国家实施健康中国战略,普及健康生活,优化健康服务,完善健康保障,建设健康环境,发展健康产业,提升公民全生命周期健康水平。国家建立健康教育制度,保障公民获得健康教育的权利,提高公民的健康素养。医疗卫生、教育、体育、宣传等机构,基层群众性自治组织和社会组织应当开展健康知识的宣传和普及。医疗卫生人员在提供医疗卫生服务时,应当对患者开展健康教育。新闻媒体应当开展健康知识的公益宣传。健康知识的宣传应当科学、准确。

(二)基本医疗卫生服务获得权

公民依法享有从国家和社会获得基本医疗卫生服务的权利。国家建立基本医疗卫生制度,建立健全医疗卫生服务体系,保护和实现公民获得基本医疗卫生服务的权利。

(三)个人健康信息权

国家保护公民个人健康信息,确保公民个人健康信息安全。任何组织或者个人不得非法收集、使用、加工、传输公民个人健康信息,不得非法买卖、提供或公开公民个人健康信息。

(四)诊疗中的知情同意权及获得尊重权

公民接受医疗卫生服务,对病情、诊疗方案、医疗风险、医疗费用等事项依法享有知情同意的权利。需要实施手术、特殊检查、特殊治疗的,医疗卫生人员应当及时向患者说明医疗风险、替代医疗方案等情况,并取得其同意;不能或者不宜向患者说明的,应当向患者的近亲属说明,并取得其同意。开展药物、医疗器械临床试验和其他医学研究应当遵守医学伦理规范,依法通过伦理审查,取得知情同意。同时,公民接受医疗卫生服务,应当受到尊重。医疗卫生机构、医疗卫生人员应当关心爱护、平等对待患者,尊重患者人格尊严,保护患者隐私。

(五)参加基本医疗保险的权利和义务

公民有依法参加基本医疗保险的权利和义务。用人单位和职工按照国家规定缴纳职工基本医疗保险费。城乡居民按照规定缴纳城乡居民基本医疗保险费。

四、卫生健康事业发展的若干方针

《基本医疗卫生与健康促进法》在"总则"部分明确了我国卫生健康事业发展的若干方针,主要包括:

1. 医疗卫生与健康事业应当坚持以人民为中心,为人民健康服务。医疗卫生事业应当坚持公益性原则。

2. 各级人民政府应当把人民健康放在优先发展的战略地位,将健康理念融入各项政策,坚持预防为主,完善健康促进工作体系,组织实施健康促进的规划和行动,推进全民健身,建立健康影响评估制度,将公民主要健康指标改善情况纳入政府目标责任考核。全社会应当共同关心和支持医疗卫生与健康事业的发展。

3. 国家加强医学基础科学研究,鼓励医学科学技术创新,支持临床医学发展,促进医学科技成果的转化和应用,推进医疗卫生与信息技术融合发展,推广医疗卫生适宜技术,提高医疗卫生服务质量。国家发展医学教育,完善适应医疗卫生事业发展需要的医学教育体系,大力培养医疗卫生人才。

4. 国家大力发展中医药事业,坚持中西医并重、传承与创新相结合,发挥中医药在医疗卫生与健康事业中的独特作用。

5. 国家合理规划和配置医疗卫生资源,以基层为重点,采取多种措施优先支持县级以下医疗卫生机构发展,提高其医疗卫生服务能力。

6. 国家加大对医疗卫生与健康事业的财政投入,通过增加转移支付等方式重点扶持革命老区、民族地区、边疆地区和经济欠发达地区发展医疗卫生与健康事业。

7. 国家鼓励和支持公民、法人和其他组织通过依法举办机构和捐赠、资助等方式,参与医疗卫生与健康事业,满足公民多样化、差异化、个性化健康需求。公民、法人和其他组织捐赠财产用于医疗卫生与健康事业的,依法享受税收优惠。

8. 对在医疗卫生与健康事业中做出突出贡献的组织和个人,按照国家规定给予表彰、奖励。

9. 国家鼓励和支持医疗卫生与健康促进领域的对外交流合作。开展医疗卫生与健康促进对外交流合作活动,应当遵守法律、法规,维护国家主权、安全和社会公共利益。

第二节 基本医疗卫生服务与健康促进

一、关于基本医疗卫生服务的规定

(一)基本医疗卫生服务界定

《基本医疗卫生与健康促进法》第十五条第一款规定:"基本医疗卫生服务,是指维护人体健康所必需、与经济社会发展水平相适应、公民可公平获得的,采用适宜药物、适宜技术、适宜设备提供的疾病预防、诊断、治疗、护理和康复等服务。"基本医疗卫生服务包括基本公共卫生服务和基本医疗服务。

（二）基本公共卫生服务保障

基本公共卫生服务由国家免费提供。国家采取措施，保障公民享有安全有效的基本公共卫生服务，控制影响健康的危险因素，提高疾病的预防控制水平。国家基本公共卫生服务项目由国务院卫生健康主管部门会同国务院财政部门、中医药主管部门等共同确定。省、自治区、直辖市人民政府可以在国家基本公共卫生服务项目的基础上，补充确定本行政区域的基本公共卫生服务项目，并报国务院卫生健康主管部门备案。国务院和省、自治区、直辖市人民政府可以将针对重点地区、重点疾病和特定人群的服务内容纳入基本公共卫生服务项目并组织实施。《基本医疗卫生和健康促进法》第十八条规定，县级以上人民政府通过举办专业公共卫生机构、基层医疗卫生机构和医院，或者从其他医疗卫生机构购买服务的方式提供基本公共卫生服务。

此外，《基本医疗卫生与健康促进法》第十九条至第二十八条，分别对突发事件卫生应急、传染病防控、慢性非传染性疾病防控与管理、职业健康保护、妇幼保健、精神卫生及院前急救等公共卫生相关工作体系、制度的建构或完善作了具体规定。这些规定，对于相关单行法律、法规或规章的制定、完善或落实具有指导和统领价值。

（三）基本医疗服务的提供

《基本医疗卫生与健康促进法》第二十九条至第三十三条，对基本医疗服务的提供作出了具体规定。根据规定：基本医疗服务主要由政府举办的医疗卫生机构提供。鼓励社会力量举办的医疗卫生机构提供基本医疗服务。国家推进基本医疗服务实行分级诊疗制度，引导非急诊患者首先到基层医疗卫生机构就诊，实行首诊负责制和转诊审核责任制，逐步建立基层首诊、双向转诊、急慢分治、上下联动的机制，并与基本医疗保险制度相衔接。国家推进基层医疗卫生机构实行家庭医生签约服务，建立家庭医生服务团队，与居民签订协议，根据居民健康状况和医疗需求提供基本医疗卫生服务。公民接受医疗卫生服务，应当受到尊重。医疗卫生机构、医疗卫生人员应当关心爱护、平等对待患者，尊重患者人格尊严，保护患者隐私。公民接受医疗卫生服务，应当遵守诊疗制度和医疗卫生服务秩序，尊重医疗卫生人员。

二、关于健康促进的规定

《渥太华宪章》指出："健康促进是促使人们维护和改善他们自身健康的过程。"2000年，在第五届全球健康促进大会上，世界卫生组织前总干事布伦特兰则作了更为清晰的解释："健康促进就是要使人们尽一切可能让他们的精神和身体保持在最优状态，宗旨是使人们知道如何保持健康，在健康的生活方式下生活，并有能力做出健康的选择。"

（一）公民的健康责任

《基本医疗卫生与健康促进法》第六十九条规定：公民是自己健康的第一责任人，树立和践行对自己健康负责的健康管理理念，主动学习健康知识，提高健康素养，加强健康管理。公民应当尊重他人的健康权利和利益，不得损害他人健康和社会公共利益。

（二）健康教育工作开展

各级人民政府应当加强健康教育工作及其专业人才培养，建立健康知识和技能核心信息发布制度，普及健康科学知识，向公众提供科学、准确的健康信息。医疗卫生、教育、体育、宣传等机构，基层群众性自治组织和社会组织应当开展健康知识的宣传和普及。医疗卫生人员在提供医疗卫生服务时，应当对患者开展健康教育。新闻媒体应当开展健康知识的公益宣传。健康知识的宣传应当科学、准确。

国家将健康教育纳入国民教育体系。学校应当利用多种形式实施健康教育,普及健康知识、科学健身知识、急救知识和技能,提高学生主动防病的意识,培养学生良好的卫生习惯和健康的行为习惯,减少、改善学生近视、肥胖等不良健康状况。

(三)爱国卫生运动与公共场所卫生管理

国家大力开展爱国卫生运动,鼓励和支持开展爱国卫生月等群众性卫生与健康活动,依靠和动员群众控制和消除健康危险因素,改善环境卫生状况,建设健康城市、健康村镇、健康社区。国家完善公共场所卫生管理制度。县级以上人民政府卫生健康等主管部门应当加强对公共场所的卫生监督。公共场所卫生监督信息应当依法向社会公开。公共场所经营单位应当建立健全并严格实施卫生管理制度,保证其经营活动持续符合国家对公共场所的卫生要求。

《基本医疗卫生与健康促进法》第六章的相关条款还对居民健康状况监测与评估,疾病和健康危险因素监测、调查和风险评估,食品与饮用水安全监督管理,营养状况监测与重点人群营养干预,全民健身等健康促进工作作出了原则性、统领性的规定,为未来相关社会活动及其立法指明了方向。

第三节　医疗卫生机构与医疗卫生人员相关规定

一、关于医疗卫生机构

根据《基本医疗卫生与健康促进法》的规定,医疗卫生机构,是指基层医疗卫生机构、医院和专业公共卫生机构等。基层医疗卫生机构,是指乡镇卫生院、社区卫生服务中心(站)、村卫生室、医务室、门诊部和诊所等。专业公共卫生机构,是指疾病预防控制中心、专科疾病防治机构、健康教育机构、急救中心(站)和血站等。

(一)医疗卫生服务体系建构及职责分工

《基本医疗卫生与健康促进法》规定,国家建立健全由基层医疗卫生机构、医院、专业公共卫生机构等组成的城乡全覆盖、功能互补、连续协同的医疗卫生服务体系。国家加强县级医院、乡镇卫生院、村卫生室、社区卫生服务中心(站)和专业公共卫生机构等的建设,建立健全农村医疗卫生服务网络和城市社区卫生服务网络。

基层医疗卫生机构主要提供预防、保健、健康教育、疾病管理,为居民建立健康档案,常见病、多发病的诊疗以及部分疾病的康复、护理,接收医院转诊患者,向医院转诊超出自身服务能力的患者等基本医疗卫生服务。医院主要提供疾病诊治,特别是急危重症和疑难病症的诊疗,突发事件医疗处置和救援以及健康教育等医疗卫生服务,并开展医学教育、医疗卫生人员培训、医学科学研究和对基层医疗卫生机构的业务指导等工作。专业公共卫生机构主要提供传染病、慢性非传染性疾病、职业病、地方病等疾病预防控制和健康教育、妇幼保健、精神卫生、院前急救、采供血、食品安全风险监测评估、出生缺陷防治等公共卫生服务。

各级各类医疗卫生机构应当分工合作,为公民提供预防、保健、治疗、护理、康复、安宁疗护等全方位全周期的医疗卫生服务。各级人民政府采取措施支持医疗卫生机构与养老机构、儿童福利机构、社区组织建立协作机制,为老年人、孤残儿童提供安全、便捷的医疗和健康服务。

县级以上人民政府应当制定并落实医疗卫生服务体系规划,科学配置医疗卫生资源,举办医疗卫生机构,为公民获得基本医疗卫生服务提供保障。政府举办医疗卫生机构,应当考虑本行政区域人口、经济社会发展状况、医疗卫生资源、健康危险因素、发病率、患病率以及紧急救治需求等情况。

国家以建成的医疗卫生机构为基础,合理规划与设置国家医学中心和国家、省级区域性医疗中心,诊治疑难重症,研究攻克重大医学难题,培养高层次医疗卫生人才。

（二）非营利性医疗卫生机构与营利性医疗卫生机构

《基本医疗卫生与健康促进法》规定,国家对医疗卫生机构实行分类管理。医疗卫生服务体系坚持以非营利性医疗卫生机构为主体、营利性医疗卫生机构为补充。政府举办非营利性医疗卫生机构,在基本医疗卫生事业中发挥主导作用,保障基本医疗卫生服务公平可及。以政府资金、捐赠资产举办或者参与举办的医疗卫生机构不得设立为营利性医疗卫生机构。医疗卫生机构不得对外出租、承包医疗科室。非营利性医疗卫生机构不得向出资人、举办者分配或者变相分配收益。

政府举办的医疗卫生机构应当坚持公益性质,所有收支均纳入预算管理,按照医疗卫生服务体系规划合理设置并控制规模。国家鼓励政府举办的医疗卫生机构与社会力量合作举办非营利性医疗卫生机构。政府举办的医疗卫生机构不得与其他组织投资设立非独立法人资格的医疗卫生机构,不得与社会资本合作举办营利性医疗卫生机构。

国家采取多种措施,鼓励和引导社会力量依法举办医疗卫生机构,支持和规范社会力量举办的医疗卫生机构与政府举办的医疗卫生机构开展多种类型的医疗业务、学科建设、人才培养等合作。社会力量举办的医疗卫生机构在基本医疗保险定点、重点专科建设、科研教学、等级评审、特定医疗技术准入、医疗卫生人员职称评定等方面享有与政府举办的医疗卫生机构同等的权利。社会力量可以选择设立非营利性或者营利性医疗卫生机构。社会力量举办的非营利性医疗卫生机构按照规定享受与政府举办的医疗卫生机构同等的税收、财政补助、用地、用水、用电、用气、用热等政策,并依法接受监督管理。

（三）医疗卫生机构的执业与运营

医疗卫生机构应当遵守法律、法规、规章,建立健全内部质量管理和控制制度,对医疗卫生服务质量负责。医疗卫生机构应当按照临床诊疗指南、临床技术操作规范和行业标准以及医学伦理规范等有关要求,合理进行检查、用药、诊疗,加强医疗卫生安全风险防范,优化服务流程,持续改进医疗卫生服务质量。

国家对医疗卫生技术的临床应用进行分类管理,对技术难度大、医疗风险高,服务能力、人员专业技术水平要求较高的医疗卫生技术实行严格管理。医疗卫生机构开展医疗卫生技术临床应用,应当与其功能任务相适应,遵循科学、安全、规范、有效、经济的原则,并符合伦理。

国家建立权责清晰、管理科学、治理完善、运行高效、监督有力的现代医院管理制度。医院应当制定章程,建立和完善法人治理结构,提高医疗卫生服务能力和运行效率。

医疗卫生机构执业场所是提供医疗卫生服务的公共场所,任何组织或者个人不得扰乱其秩序。

国家推进全民健康信息化，推动健康医疗大数据、人工智能等的应用发展，加快医疗卫生信息基础设施建设，制定健康医疗数据采集、存储、分析和应用的技术标准，运用信息技术促进优质医疗卫生资源的普及与共享。县级以上人民政府及其有关部门应当采取措施，推进信息技术在医疗卫生领域和医学教育中的应用，支持探索发展医疗卫生服务新模式、新业态。国家采取措施，推进医疗卫生机构建立健全医疗卫生信息交流和信息安全制度，应用信息技术开展远程医疗服务，构建线上线下一体化医疗服务模式。

此外，《基本医疗卫生与健康促进法》第四十七条、第四十八条、第五十条对医疗风险分担机制、医疗卫生技术改进与创新，以及医疗卫生机构、医疗卫生人员参与卫生应急处置和医疗救治责任等作了规定。

二、关于医疗卫生人员

医疗卫生人员，是指执业医师、执业助理医师、注册护士、药师（士）、检验技师（士）、影像技师（士）和乡村医生等卫生专业人员。

（一）医疗卫生人员品德及能力培养

《基本医疗卫生与健康促进法》规定，医疗卫生人员应当弘扬敬佑生命、救死扶伤、甘于奉献、大爱无疆的崇高职业精神，遵守行业规范，恪守医德，努力提高专业水平和服务质量。医疗卫生行业组织、医疗卫生机构、医学院校应当加强对医疗卫生人员的医德医风教育。国家制定医疗卫生人员培养规划，建立适应行业特点和社会需求的医疗卫生人员培养机制和供需平衡机制，完善医学院校教育、毕业后教育和继续教育体系，建立健全住院医师、专科医师规范化培训制度，建立规模适宜、结构合理、分布均衡的医疗卫生队伍。国家加强全科医生的培养和使用。全科医生主要提供常见病、多发病的诊疗和转诊、预防、保健、康复，以及慢性病管理、健康管理等服务。

（二）医疗卫生人员执业规则

国家对医师、护士等医疗卫生人员依法实行执业注册制度。医疗卫生人员应当依法取得相应的职业资格。

医疗卫生人员应当遵循医学科学规律，遵守有关临床诊疗技术规范和各项操作规范以及医学伦理规范，使用适宜技术和药物，合理诊疗，因病施治，不得对患者实施过度医疗。医疗卫生人员不得利用职务之便索要、非法收受财物或者牟取其他不正当利益。

（三）医疗卫生人员职业发展

国家建立健全符合医疗卫生行业特点的人事、薪酬、奖励制度，体现医疗卫生人员职业特点和技术劳动价值。对从事传染病防治、放射医学和精神卫生工作以及其他在特殊岗位工作的医疗卫生人员，应当按照国家规定给予适当的津贴。津贴标准应当定期调整。

国家建立医疗卫生人员定期到基层和艰苦边远地区从事医疗卫生工作的制度。国家采取定向免费培养、对口支援、退休返聘等措施，加强基层和艰苦边远地区医疗卫生队伍建设。执业医师晋升为副高级技术职称的，应当有累计一年以上在县级以下或者对口支援的医疗卫生机构提供医疗卫生服务的经历。对在基层和艰苦边远地区工作的医疗卫生人员，在薪酬津贴、职称评定、职业发展、教育培训和表彰奖励等方面实行优惠待遇。国家加强乡村医疗卫生队伍建设，建立县乡村上下贯通的职业发展机制，完善对乡村医疗卫生人员的服务收入多渠道补助机制和养老政策。

（四）医疗卫生人员执业权益保护

《基本医疗卫生与健康促进法》规定，全社会应当关心、尊重医疗卫生人员，维护良好安全的医疗卫生服务秩序，共同构建和谐医患关系。医疗卫生人员的人身安全、人格尊严不受侵犯，其合法权益受法律保护。禁止任何组织或者个人威胁、危害医疗卫生人员人身安全，侵犯医疗卫生人员人格尊严。国家采取措施，保障医疗卫生人员执业环境。

第四节　药品供应保障相关规定

一、药品临床供应保障

《基本医疗卫生与健康促进法》规定，国家完善药品供应保障制度，建立工作协调机制，保障药品的安全、有效、可及。第五十九条规定："国家实施基本药物制度，遴选适当数量的基本药物品种，满足疾病防治基本用药需求。国家公布基本药物目录，根据药品临床应用实践、药品标准变化、药品新上市情况等，对基本药物目录进行动态调整。基本药物按照规定优先纳入基本医疗保险药品目录。国家提高基本药物的供给能力，强化基本药物质量监管，确保基本药物公平可及、合理使用。"国家建立健全药品供求监测体系，及时收集和汇总分析药品供求信息，定期公布药品生产、流通、使用等情况。

国家建立健全药品价格监测体系，开展成本价格调查，加强药品价格监督检查，依法查处价格垄断、价格欺诈、不正当竞争等违法行为，维护药品价格秩序。国家加强药品分类采购管理和指导。参加药品采购投标的投标人不得以低于成本的报价竞标，不得以欺诈、串通投标、滥用市场支配地位等方式竞标。

国家建立中央与地方两级医药储备，用于保障重大灾情、疫情及其他突发事件等应急需要。

二、药品品质保障

《基本医疗卫生与健康促进法》规定，国家建立健全以临床需求为导向的药品审评审批制度，支持临床急需药品、儿童用药品和防治罕见病、重大疾病等药品的研制、生产，满足疾病防治需求。国家建立健全药品研制、生产、流通、使用全过程追溯制度，加强药品管理，保证药品质量。

三、医疗器械管理

国家加强对医疗器械的管理，完善医疗器械的标准和规范，提高医疗器械的安全有效水平。国务院卫生健康主管部门和省、自治区、直辖市人民政府卫生健康主管部门应当根据技术的先进性、适宜性和可及性，编制大型医用设备配置规划，促进区域内医用设备合理配置、充分共享。

四、中医药保护

国家加强中药的保护与发展,充分体现中药的特色和优势,发挥其在预防、保健、医疗、康复中的作用。

第五节　资金保障相关规定

一、资金保障的政府职责

各级人民政府应当切实履行发展医疗卫生与健康事业的职责,建立与经济社会发展、财政状况和健康指标相适应的医疗卫生与健康事业投入机制,将医疗卫生与健康促进经费纳入本级政府预算,按照规定主要用于保障基本医疗服务、公共卫生服务、基本医疗保障和政府举办的医疗卫生机构建设和运行发展。《基本医疗卫生与健康促进法》第八十一条规定:"县级以上人民政府通过预算、审计、监督执法、社会监督等方式,加强资金的监督管理。"

二、医疗服务费用的保障体系

基本医疗服务费用主要由基本医疗保险基金和个人支付。国家依法多渠道筹集基本医疗保险基金,逐步完善基本医疗保险可持续筹资和保障水平调整机制。公民有依法参加基本医疗保险的权利和义务。用人单位和职工按照国家规定缴纳职工基本医疗保险费。城乡居民按照规定缴纳城乡居民基本医疗保险费。国家建立以基本医疗保险为主体,商业健康保险、医疗救助、职工互助医疗和医疗慈善服务等为补充的、多层次的医疗保障体系。国家鼓励发展商业健康保险,满足人民群众多样化健康保障需求。国家完善医疗救助制度,保障符合条件的困难群众获得基本医疗服务。

三、基本医疗保险基金使用

国家建立健全基本医疗保险经办机构与协议定点医疗卫生机构之间的协商谈判机制,科学合理确定基本医疗保险基金支付标准和支付方式,引导医疗卫生机构合理诊疗,促进患者有序流动,提高基本医疗保险基金使用效益。

基本医疗保险基金支付范围由国务院医疗保障主管部门组织制定,并应当听取国务院卫生健康主管部门、中医药主管部门、药品监督管理部门、财政部门等的意见。省、自治区、直辖市人民政府可以按照国家有关规定,补充确定本行政区域基本医疗保险基金支付的具体项目和标准,并报国务院医疗保障主管部门备案。国务院医疗保障主管部门应当对纳入支付范围的基本医疗保险药品目录、诊疗项目、医疗服务设施标准等组织开展循证医学和经济性评价,并应当听取国务院卫生健康主管部门、中医药主管部门、药品监督管理部门、财政部门等有关方面的意见。评价结果应当作为调整基本医疗保险基金支付范围的依据。

第六节　监督管理与行政法律责任的规定

一、监督管理

（一）县级以上人民政府的监管职责

国家建立健全机构自治、行业自律、政府监管、社会监督相结合的医疗卫生综合监督管理体系。县级以上人民政府卫生健康主管部门对医疗卫生行业实行属地化、全行业监督管理。县级以上人民政府应当组织卫生健康、医疗保障、药品监督管理、发展改革、财政等部门建立沟通协商机制，加强制度衔接和工作配合，提高医疗卫生资源使用效率和保障水平。县级以上人民政府应当定期向本级人民代表大会或者其常务委员会报告基本医疗卫生与健康促进工作，依法接受监督。《基本医疗卫生与健康促进法》第九十条规定："县级以上人民政府有关部门未履行医疗卫生与健康促进工作相关职责的，本级人民政府或者上级人民政府有关部门应当对其主要负责人进行约谈。地方人民政府未履行医疗卫生与健康促进工作相关职责的，上级人民政府应当对其主要负责人进行约谈。被约谈的部门和地方人民政府应当立即采取措施，进行整改。约谈情况和整改情况应当纳入有关部门和地方人民政府工作评议、考核记录。"

（二）卫生健康主管部门等相关部门职责

县级以上人民政府医疗保障主管部门应当提高医疗保障监管能力和水平，对纳入基本医疗保险基金支付范围的医疗服务行为和医疗费用加强监督管理，确保基本医疗保险基金合理使用、安全可控。县级以上人民政府卫生健康主管部门、医疗保障主管部门应当建立医疗卫生机构、人员等信用记录制度，纳入全国信用信息共享平台，按照国家规定实施联合惩戒。

县级以上地方人民政府卫生健康主管部门应当建立医疗卫生机构绩效评估制度，组织对医疗卫生机构的服务质量、医疗技术、药品和医用设备使用等情况进行评估。评估应当吸收行业组织和公众参与。评估结果应当以适当方式向社会公开，作为评价医疗卫生机构和卫生监管的重要依据。

县级以上地方人民政府卫生健康主管部门及其委托的卫生健康监督机构，依法开展本行政区域医疗卫生等行政执法工作。

县级以上人民政府卫生健康主管部门应当积极培育医疗卫生行业组织，发挥其在医疗卫生与健康促进工作中的作用，支持其参与行业管理规范、技术标准制定和医疗卫生评价、评估、评审等工作。

此外，《基本医疗卫生与健康促进法》还规定，国家鼓励公民、法人和其他组织对医疗卫生与健康促进工作进行社会监督。任何组织和个人对违反本法规定的行为，有权向县级以上人民政府卫生健康主管部门和其他有关部门投诉、举报。

二、行政法律责任

（一）政府及相关部门的行政法律责任

违反《基本医疗卫生与健康促进法》规定，地方各级人民政府、县级以上人民政府卫生健康主管部门和其他有关部门，滥用职权、玩忽职守、徇私舞弊的，对直接负责的主管人员和其他直接责任人员依法给予处分。

（二）医疗卫生机构的行政法律责任

违反《基本医疗卫生与健康促进法》规定，未取得医疗机构执业许可证擅自执业的，由县级以上人民政府卫生健康主管部门责令停止执业活动，没收违法所得和药品、医疗器械，并处违法所得5倍以上20倍以下的罚款，违法所得不足1万元的，按1万元计算。违反本法规定，伪造、变造、买卖、出租、出借医疗机构执业许可证的，由县级以上人民政府卫生健康主管部门责令改正，没收违法所得，并处违法所得5倍以上15倍以下的罚款，违法所得不足1万元的，按1万元计算；情节严重的，吊销医疗机构执业许可证。

违反《基本医疗卫生与健康促进法》规定，有下列行为之一的，由县级以上人民政府卫生健康主管部门责令改正，没收违法所得，并处违法所得2倍以上10倍以下的罚款，违法所得不足1万元的，按1万元计算；对直接负责的主管人员和其他直接责任人员依法给予处分：①政府举办的医疗卫生机构与其他组织投资设立非独立法人资格的医疗卫生机构；②医疗卫生机构对外出租、承包医疗科室；③非营利性医疗卫生机构向出资人、举办者分配或者变相分配收益。

违反《基本医疗卫生与健康促进法》规定，医疗卫生机构等的医疗信息安全制度、保障措施不健全，导致医疗信息泄露，或者医疗质量管理和医疗技术管理制度、安全措施不健全的，由县级以上人民政府卫生健康等主管部门责令改正，给予警告，并处1万元以上5万元以下的罚款；情节严重的，可以责令停止相应执业活动，对直接负责的主管人员和其他直接责任人员依法追究法律责任。

（三）医疗卫生人员的行政法律责任

违反《基本医疗卫生与健康促进法》规定，医疗卫生人员有下列行为之一的，由县级以上人民政府卫生健康主管部门依照有关执业医师、护士管理和医疗纠纷预防处理等法律、行政法规的规定给予行政处罚：①利用职务之便索要、非法收受财物或者牟取其他不正当利益；②泄露公民个人健康信息；③在开展医学研究或提供医疗卫生服务过程中未按照规定履行告知义务或者违反医学伦理规范。相关人员属于政府举办的医疗卫生机构中的人员的，依法给予处分。

（四）药品采购投标中的行政法律责任

违反《基本医疗卫生与健康促进法》规定，参加药品采购投标的投标人以低于成本的报价竞标，或者以欺诈、串通投标、滥用市场支配地位等方式竞标的，由县级以上人民政府医疗保障主管部门责令改正，没收违法所得；中标的，中标无效，处中标项目金额千分之五以上千分之十以下的罚款，对法定代表人、主要负责人、直接负责的主管人员和其他责任人员处对单位罚款数额百分之五以上百分之十以下的罚款；情节严重的，取消其2年至5年内参加药品采购投标的资格并予以公告。

（五）骗取基本医疗保险待遇的相关法律责任

违反《基本医疗卫生与健康促进法》规定，以欺诈、伪造证明材料或者其他手段骗取基本医疗保险待遇，或者基本医疗保险经办机构以及医疗机构、药品经营单位等以欺诈、伪造证明材料或者其他手段骗取基本医疗保险基金支出的，由县级以上人民政府医疗保障主管部门依照有关社会保险的法律、行政法规规定给予行政处罚。

（六）扰乱医疗卫生机构执业场所秩序等行为的法律责任

违反《基本医疗卫生与健康促进法》规定，扰乱医疗卫生机构执业场所秩序，威胁、危害医疗卫生人员人身安全，侵犯医疗卫生人员人格尊严，非法收集、使用、加工、传输公民个人健康信息，非法买卖、提供或者公开公民个人健康信息等，构成违反治安管理行为的，依法给予治安管理处罚。

最后要说明的是，违反《基本医疗卫生与健康促进法》者的法律责任，并不仅限于行政责任。《基本医疗卫生与健康促进法》第一百零六条也指明，"违反本法规定，构成犯罪的，依法追究刑事责任；造成人身、财产损害的，依法承担民事责任。"

【思考题】

1. 如何理解《基本医疗卫生与健康促进法》的基础性和综合性？
2. 为了保证政府举办的医疗卫生机构坚持公益性质，《基本医疗卫生与健康促进法》作了哪些规定？
3. 伪造医疗机构执业许可证并擅自执业需要承担行政责任的，应当如何处罚？

第六章 医疗机构管理法律制度

【学习目的】

了解医疗机构的基本概念、分类状况和执业登记的一般要求；明确医疗机构的设置原则与审批条件；理解并掌握医疗机构执业应该遵守的规则。

【案情导引】

2016年4月，"魏则西事件"发酵网络，刷爆朋友圈。就读于西安电子科技大学2012级的学生魏则西，因患有罕见的滑膜肉瘤病，在各大肿瘤医院都说没有希望的情况下，通过百度搜索得知"武警北京总队第二医院"有一种号称与美国斯坦福大学合作的肿瘤生物免疫疗法，并被该医院医生告知可以接受其治疗。从2015年9月份开始，魏则西在父母的带领下先后4次从陕西咸阳前往北京，在武警北京总队第二医院花费了20多万医疗费后，才得知这个疗法在美国早已被宣布无效停止临床。2016年4月12日，魏则西去世。后经证实，所谓的"武警北京总队第二医院"肿瘤科，已经外包给了"莆田系"。

问题：

1. 医疗机构的"外包"行为是否合法？
2. 医疗机构应该如何规范诊疗活动？
3. 如何加强公立医院、社会办医院的分类监督管理？

第一节 概 述

一、医疗机构的概念

医疗机构是指依法定程序设立的从事卫生保健和疾病预防、诊断、治疗等活动的卫生机构的总称。

医疗机构应以救死扶伤、防病治病、为人民的健康服务为宗旨，其依法从事的诊疗活动受法律保护。国家扶持医疗机构的发展，鼓励以多种形式创建医疗机构。

二、医疗机构的分类

按医疗机构的功能、任务、规模等,我国医疗机构可划分为以下十四类:①综合医院、中医医院、中西医结合医院、民族医医院、专科医院、康复医院;②妇幼保健院、妇幼保健计划生育服务中心;③社区卫生服务中心、社区卫生服务站;④中心卫生院、乡(镇)卫生院、街道卫生院;⑤疗养院;⑥综合门诊部、专科门诊部、中医门诊部、中西医结合门诊部、民族医门诊部;⑦诊所、中医诊所、民族医诊所、卫生所、医务室、卫生保健所、卫生站;⑧村卫生室(所);⑨急救中心、急救站;⑩临床检验中心;⑪专科疾病防治院、专科疾病防治所、专科疾病防治站;⑫护理院、护理站;⑬医学检验实验室、病理诊断中心、医学影像诊断中心、血液透析中心、安宁疗护中心;⑭其他诊疗机构。卫生防疫、国境卫生检疫、医学科研和教学等机构在本机构业务范围之外开展诊疗活动以及美容服务机构开展医疗美容业务的,也必须依照有关法律的规定,申请设置相应类别的医疗机构。按医疗机构的性质、社会功能及其承担的任务等,医疗机构可分为非营利性医疗机构和营利性医疗机构。

为促进卫生领域对外交流与合作,进一步扩大医疗机构对外开放,我国允许境外医疗机构、企业和其他经济组织在我国境内与我国的医疗机构、企业和其他经济组织以合资或合作形式设立医疗机构,逐步取消对境外资本的股权比例限制。对具备条件的境外资本在我国境内设立独资医疗机构进行试点,逐步放开。境外资本既可举办营利性医疗机构,也可以举办非营利性医疗机构。鼓励境外资本在我国中西部地区举办医疗机构。

三、医疗机构的管理立法

新中国成立以来,我国十分重视卫生事业的发展。1951年1月3日,当时的政务院批准颁布了我国第一个医疗机构管理方面的行政法规《医院诊所管理暂行条例》。随后国务院及原卫生部等又陆续制定了一系列有关医疗机构管理的行政法规和部门规章,如《县卫生院暂行组织通则》、《县属区卫生所暂行组织通则》等。但是,这些行政法规和部门规章由于各种原因并没有得到很好的贯彻实施。1978年以后,随着国家法制建设的恢复和发展,原卫生部先后制定、颁布了《全国农村人民公社卫生院暂行条例(草案)》、《农村合作医疗章程(试行草案)》、《全国城市街道卫生院工作条例(试行草案)》、《全国血站工作条例(试行草案)》、《综合医院组织编制原则(试行草案)》、《全国医院工作条例》、《医院工作制度》等。随着改革开放的深入,国家实行多层次、多形式和多渠道办医的政策,允许个人和社会团体举办医疗机构,军队、企事业单位的医疗机构可以对社会开放等,在医疗机构管理上需要制定新的管理办法。原卫生部和有关部门又先后颁布了《医师、中医师个体开业暂行管理办法》、《关于清理整顿医疗机构若干问题的规定》以及《医院分级管理办法(试行)》等等,但由于立法层次较低,约束力有限,这些规章和规范性文件未能体现其应有的权威性和规范性。

20世纪80年代后期到90年代初,是我国经济迅猛发展的时期,与此同时,医疗机构的急骤增长和人民群众对医疗服务质量要求的提高,对加强医疗机构的管理提出了一系列新的问题。针对这些问题,在总结过去管理经验的基础上,经原卫生部会同有关部门起草并讨论,国务院于1994年2月26日发布了《医疗机构管理条例》,自同年9月1日起施行。为了配合该条例的实施,1994年8月29日,原卫生部发布了《医疗机构管理条例实施细则》及《医疗机构监督管理行政处罚程序》《医疗机构设置规划指导原则》《医疗机构基本标准(试行)》

《医疗机构评审委员会章程》等。随着社会主义市场经济体制下卫生改革的深入和社会需要,国务院办公厅于2000年2月转发了国务院体改办等部门制定的《关于城镇医药卫生体制改革的指导意见》,原卫生部等部委联合印发了《关于城镇医疗机构分类管理的实施意见》,2000年5月原卫生部、对外贸易经济合作部联合发布了《中外合资、合作医疗机构管理暂行办法》;2010年11月国务院办公厅转发了发展和改革委员会、原卫生部等五部委《关于进一步鼓励和引导社会资本举办医疗机构的意见》,同年12月,原卫生部、财政部相继印发《医院财务制度》《医院会计制度》;2011年7月原卫生部等五部门颁布《乡镇卫生院管理办法(试行)》,2015年3月国务院办公厅印发《全国医疗卫生服务体系规划纲要(2015—2020年)》。2016年2月6日中华人民共和国国务院令第666号修改施行《医疗机构管理条例》,2016年7月原国家卫生计生委印发《医疗机构设置规划指导原则(2016—2020年)》,2017年2月原国家卫生计生委修改《医疗机构管理条例实施细则》,9月印发《中医诊所备案管理暂行办法》。2018年6月国家卫健委、国家中医药管理局出台《国家卫生健康委员会、国家中医药管理局关于进一步改革完善医疗机构、医师审批工作的通知》,2019年12月28日,第十三届全国人大常委会第十五次会议审议通过《中华人民共和国基本医疗卫生与健康促进法》,使我国医疗机构的管理更趋完善。随着"放管服"改革持续深化,2020年9月国务院发布《国务院关于取消和下放一批行政许可事项的决定》,取消了部分医疗机构的前置行政审批,2021年6月又印发《国务院关于深化"证照分离"改革进一步激发市场主体发展活力的通知》,放宽对社会办医和诊所审批限制,加强事中事后监管,激发了市场主体发展活力。

第二节 医疗机构的设置管理

一、医疗机构设置规划的制定

根据《医疗机构管理条例》《国务院办公厅关于印发全国医疗卫生服务体系规划纲要(2015—2020年)的通知》等规定,原国家卫生计生委制定了《医疗机构设置规划指导原则(2016—2020年)》(以下简称《指导原则》),原卫生部发布的《医疗机构设置规划指导原则》不再作为部门规章纳入规范性文件管理的文件目录。《指导原则》要求地方各级卫生行政部门要制定本行政区域的《医疗机构设置规划》。规划要以区域内居民实际医疗服务需求为依据,以合理配置、利用医疗卫生资源,公平、可及地向全体居民提供安全、有效的基本医疗服务为目的,将各级各类、不同隶属关系、不同所有制形式的医疗机构统一规划、设置和布局。规划每5年更新一次,由县级以上地方人民政府卫生行政部门具体负责制定,报同级人民政府批准,在本行政区域发布实施。省级和县级《医疗机构设置规划》要以设区的市级《医疗机构设置规划》为基础。

二、医疗机构设置应遵循的原则

(一)公平可及原则

从实际医疗服务需求出发,面向城乡居民,注重科学性与协调性、公平与效率的统一,保障全体居民公平、可及地享有基本医疗卫生服务。医疗机构服务半径适宜,交通便利,形成全覆盖医疗服务网络,布局合理。

（二）统筹规划原则

医疗机构必须符合属地医疗机构设置规划和卫生资源配置标准,局部服从全局,提高医疗卫生资源整体效益。

（三）科学布局原则

明确和落实各级各类医疗机构功能和任务,实行"中心控制、周边发展",即严格控制医疗资源丰富的中心城区的公立医院数量,鼓励在中心城区周边居民集中居住区,以及交通不便利、诊疗需求比较突出的地区设置新增医疗机构。

（四）协调发展原则

根据医疗服务需求,坚持公立医院为主体,明确政府办医范围和数量,合理控制公立医院数量和规模。公立医院实行"综合控制、专科发展",控制公立综合医院不合理增长,鼓励新增公立医院以儿童、妇产、肿瘤、精神、传染、口腔等专科医院为主。促进康复、护理等服务业快速增长。

（五）中西医并重原则

遵循卫生健康工作基本方针,中西医并重,保障中医、中西医结合、民族医医疗机构的合理布局和资源配置,充分发挥中医在慢性病诊疗和康复领域的作用。

三、医疗机构设置的条件

任何单位或者个人要设置医疗机构,必须经卫生行政部门的审查批准。二级及以下医疗机构设置审批与执业登记"两证合一",除三级医院、三级妇幼保健院、急救中心、急救站、临床检验中心、中外合资合作医疗机构、港澳台独资医疗机构外,举办其他医疗机构的,卫生健康行政部门不再核发设置医疗机构批准书,仅在执业登记时发放医疗机构执业许可证。

有下列情形之一的,不得申请设置医疗机构:①不能独立承担民事责任的单位;②正在服刑或者不具有完全民事行为能力的个人;③发生二级以上医疗事故未满5年的医务人员;④因违反有关法律、法规和规章,已被吊销执业证书的医务人员;⑤被吊销医疗机构执业许可证的医疗机构法定代表人或者主要负责人;⑥省、自治区、直辖市政府卫生行政部门规定的其他情形。在城市申请设置诊所的个人,必须同时具备下列条件:经医师执业资格考试合格,取得医师执业证书;取得医师执业证书或者医师职称后,从事5年以上同一专业临床工作;省、自治区、直辖市卫生行政部门规定的其他条件。在乡镇和村申请设置诊所的个人的条件,由省、自治区、直辖市卫生行政部门规定。

中外合资、合作医疗机构的设置和发展必须符合区域卫生规划和医疗机构设置规划,并执行医疗机构基本标准,能够提供国际先进的医疗机构管理经验、管理模式和服务模式,能够提供具有国际领先水平的医学技术和设备,可以补充或完善当地在医疗服务能力、医疗技术、资金和医疗设施方面的不足。同时应当符合以下条件:必须是独立的法人;投资总额不得低于2 000万元人民币;中方在该医疗机构中所占有的股份比例或权益不得低于30%;合资、合作期限不超过20年;省级以上卫生行政部门规定的其他条件。

四、医疗机构设置的审批和备案

卫生行政部门对设置医疗机构申请,应当自受理之日起30日内,依据当地医疗机构设置规划进行审批,对符合医疗机构设置规划和医疗机构基本标准的,发给设置医疗机构批准书;对不予批准的要以书面形式告知理由。

国家统一规划的医疗机构,由国务院卫生行政部门决定。

除三级医院、三级妇幼保健院、急救中心、急救站、临床检验中心、中外合资合作医疗机构、港澳台独资医疗机构外,取消部分医疗机构的前置行政审批许可,除三级等医疗机构外取消设置医疗机构批准书。三级医院等医疗机构推广电子化审批。审批权限的划分,由省、自治区、直辖市卫生行政部门规定。其他医疗机构由县级卫生行政部门负责审批。

全面执行诊所备案制。机关、企业和事业单位按照国家医疗机构基本标准设置为内部职工服务的门诊部、诊所、卫生所(室),报所在地的县级行政部门备案。

设置中外合资、合作医疗机构,经申请获国务院卫生行政部门许可后,按照有关规定向商务部(原外经贸部)提出申请。予以批准的,发给外商投资企业批准证书。凭此证到国家工商行政管理部门办理注册登记手续,并向规定的卫生行政部门申请领取医疗机构执业许可证。中外合资、合作医疗机构不得设置分支机构。

有下列情形之一的,设置医疗机构的申请不予批准:不符合当地《医疗机构设置规划》;设置人不符合规定的条件;投资总额不能满足各项预算开支;医疗机构选址不合理;污水、污物、粪便处理不合理等。

第三节　医疗机构的执业管理

一、医疗机构执业登记

医疗机构执业必须进行登记,领取医疗机构执业许可证。

在申请执业登记前,举办人应当对设置医疗机构的可行性和对周边的影响进行深入研究,合理设计医疗机构的选址布局、功能定位、服务方式、诊疗科目、人员配备、床位数量、设备设施等事项。申请医疗机构执业登记应当填写医疗机构申请执业登记注册书,并提交下列材料:设置医疗机构批准书或者设置医疗机构备案回执;医疗机构用房产权证明或者使用证明;医疗机构建筑设计平面图;验资证明、资产评估报告;医疗机构规章制度;医疗机构法定代表人或者主要负责人以及各科室负责人名录和有关资格证书、执业证书复印件;省、自治区、直辖市卫生行政部门规定提交的其他材料。

申请门诊部、诊所、卫生所、医务室、卫生保健所和卫生站登记的,还应当提交附设药房(柜)的药品种类清单、卫生技术人员名录及其有关资格证书、执业证书复印件等。

登记机关在受理医疗机构执业登记申请后,应当对申请登记的医疗机构基本情况进行公示,并自申请人提供规定的全部材料之日起45日内审核申请人是否具备规定的条件,是否符合医疗机构基本标准,并进行实地考察、核实,对有关执业人员还应进行消毒、隔离和无菌操作等基本知识和技能的现场抽查考核。经审核合格的,予以登记,发给医疗机构执业许可证;审核不合格的,应将审核结果和不予批准的理由以书面形式通知申请人。

不予登记的情形有:不符合设置医疗机构批准书核准的事项;不符合《医疗机构基本标准》;投资不到位;医疗机构用房不能满足诊疗服务功能;通信、供电、上下水道等公共设施不能满足医疗机构正常运转;医疗机构规章制度不符合要求;消毒、隔离和无菌操作等基本知识和技能的现场抽查考核不合格;省、自治区、直辖市卫生行政部门规定的其他情形。

医疗机构登记的事项是:类别、名称、地址、法定代表人或主要负责人;所有制形式;注册资金(资本);服务方式;诊疗科目;房屋建筑面积、床位(牙椅);服务对象;职工人数;执业许可证登记号(医疗机构代码)等;省、自治区、直辖市卫生行政部门规定的其他登记事项。门诊部、诊所、卫生所、医务室、卫生保健所、卫生站还应当核准附设药房(柜)的药品种类。

医疗机构执业登记的变更:医疗机构变更名称、地址、法定代表人或者主要代表人、所有制形式、注册资金(资本)、服务方式、诊疗科目、床位(牙椅)、服务对象,应当向卫生行政部门申请办理变更登记。机关、企业和事业单位设置的为内部职工服务的医疗机构向社会开放,应当按规定申请办理变更登记。

医疗机构分立或者合并的,应当根据不同情况办理相应手续:保留医疗机构的,申请办理变更登记;新设置医疗机构的,申请设置许可和执业登记;终止医疗机构的,申请注销登记。

医疗机构停业必须经登记机关批准。除改制、扩建、迁建原因外,其停业时间不得超过一年,否则视为歇业。医疗机构歇业则必须向原登记机关办理注销登记,经登记机关核准后,收缴医疗机构执业许可证。

二、医疗机构的校验

"放管服"政策,就是"放"了之后还要"管",医疗机构校验是医疗机构再准入管理。床位不满100张的医疗机构,其医疗机构执业许可证每年校验一次;床位在100张以上的医疗机构,其执业许可证每3年校验一次;其他医疗机构的执业许可证的校验期为1年。校验由原登记机关办理。医疗机构应当于校验期满前3个月向登记机关办理校验手续。办理时,应提交医疗机构校验申请书、医疗机构执业许可证副本,以及省、自治区、直辖市卫生行政部门规定提交的其他材料。

卫生行政部门应当在受理校验申请后30日内完成校验。校验时,若认为医疗机构不符合医疗机构设置标准的,或其在限期改正期间,或其有省、自治区、直辖市卫生行政部门规定的其他情形的,可视情况,给予1~6个月的暂缓校验期。不设床位的医疗机构在暂缓校验期内不得执业。暂缓校验期满仍不能通过校验的,由登记机关注销其医疗机构执业许可证。

三、医疗机构的名称

医疗机构的名称由识别名称和通用名称依次组成。识别名称有:地名、单位名称、个人姓名、医学学科名称、医学专业和专科名称、诊疗科目名称和其他批准使用的名称。通用名称有:医院、中心卫生院、卫生院、疗养院、妇幼保健院、门诊部、诊所、卫生所、卫生站、卫生室、医务室、卫生保健所、急救中心、急救站、临床检验中心、防治院、防治所、护理院、护理站、护理中心以及国务院卫生行政部门规定或者认可的其他名称。

医疗机构的名称必须名副其实,与其类别或诊疗科目相适应。各级地方人民政府设置的医疗机构的识别名称中应当含有省、市、县、区、街道、乡、镇、村等行政区划名称，其他医疗机构的识别名称中不得含有行政区划名称。国家机关、企业和事业单位、社会团体或者个人设置的医疗机构的名称中应当含有设置单位名称或者个人的姓名。

医疗机构不得使用有损于国家、社会或者公共利益的名称，也不得使用侵犯他人利益的名称或以外文字母、汉语拼音组成的名称，以医疗仪器、药品、医用产品命名的名称，含有"疑难病""专治""专家""名医"或者同类含义文字的名称，其他宣传或暗示诊疗效果的名称，超出登记的诊疗科目范围的名称等。

医疗机构名称中含有外国国家（地区）名称及其简称、国际组织名称，或者含有"中国""全国""中华""国家"等字样以及跨省地域名称等，由国务院卫生行政部门核准，属于中医、中西医结合和民族医医疗机构的，由国家中医药管理局核准。

四、医疗机构的执业

任何单位和个人在未取得医疗机构执业许可证（或"中医诊所备案证"）前，不得开展诊疗活动。为内部职工服务的医疗机构未经许可和变更登记不得向社会开放。医疗机构被吊销或者注销执业许可证后，也不得继续开展诊疗活动。

医疗机构应当按照核准登记（备案）的诊疗科目、技术开展诊断、治疗活动，未经允许不得擅自扩大业务范围。需要改变诊疗科目的，应当按照规定的程序和要求，办理变更登记手续。

医疗机构执业必须遵守有关法律、法规和医疗技术规范，不得使用非卫生技术人员从事医疗卫生工作。工作人员上岗工作应当佩带载有本人姓名、职务或者职称的标牌。

医疗机构应当将医疗机构执业许可证、诊疗科目、诊疗时间和收费标准悬挂于明显处所。医疗机构的印章、银行账户、牌匾以及医疗文件中使用的名称应当与核准登记的医疗机构名称相同。

五、医疗机构执业的规则

（一）医疗机构在内部管理中应遵守的规则

1. 医疗机构对本机构依法执业承担主体责任，其法定代表人或主要负责人是第一责任人。要建立本机构依法执业自查工作制度，组织开展依法执业自查，制止、纠正、报告违法执业行为。

2. 医疗卫生机构应当遵守法律、法规、规章，建立健全内部质量管理和控制制度，对医疗卫生服务质量负责。注重对医务人员的医德教育，组织他们学习医德规范和有关教材，督促医务人员恪守职业道德，定期检查、考核各项规章制度和各类人员岗位责任制的执行及落实情况。经常对医务人员进行"基础理论、基本知识、基本技能"的训练与考核，把"严格要求、严密组织、严谨态度"落实到各项工作中去。

3. 标有医疗机构标识的票据和病历本册以及处方笺、各种检查的申请单、报告单、证明文书单、药品分装袋、制剂标签等不得买卖、出借和转让。不得冒用标有其他医疗机构标识的票据和病历本册以及处方笺、各种检查的申请单、报告单、证明文书单、药品分装袋、制剂标签等。

4. 严格执行无菌消毒、隔离制度，采取科学有效的措施处理污水和废弃物，预防和减少医院感染。

5.必须按照人民政府或者价格主管部门的有关规定收取医疗费用,详细列项,并出具收据。

6.医疗机构的门诊病历的保存期不得少于15年;住院病历的保存期不得少于30年。

7.医疗机构还必须承担相应的预防保健工作,承担县级以上人民政府卫生行政部门委托的支援农村、指导基层医疗卫生工作等任务。当发生重大灾害、事故、疾病流行或者其他意外情况时,医疗机构及其卫生技术人员必须服从县级以上人民政府卫生行政部门的调遣。

(二)医疗机构在执业活动中应遵守的规则

1.医疗卫生机构应当按照临床诊疗指南、临床技术操作规范和行业标准以及医学伦理规范等有关要求,合理进行检查、用药、诊疗。

2.对危重病人应当立即抢救,对限于设备或者技术条件不能诊治的病人,应当及时转诊。根据《中华人民共和国民法典》第一千二百二十条,因抢救生命垂危的患者等紧急情况,不能取得患者或者其近亲属意见的,经医疗机构负责人或者授权的负责人批准,可以立即实施相应的医疗措施。

3.未经医师亲自诊查,医疗机构不得出具疾病诊断书、健康证明书或者死亡证明书等证明文件。未经医师、助产人员亲自接产,医疗机构不得出具出生证明书或者死亡报告书。为死因不明者出具的死亡医学证明书,只作是否死亡的诊断,不作死亡原因的诊断。如有关方面要求进行死亡原因诊断的,医疗机构应当指派医生对尸体进行解剖和有关死因检查后方能作出死因诊断。

4.医疗机构应当尊重患者对自己的病情、诊断、治疗的知情权利。在施行手术、特殊检查或者特殊治疗时,应当向患者作必要的解释,征得患者同意;在按照有关规定需取得患者书面同意方可进行医疗活动时应当由患者本人签署同意书。无法取得患者意见时,应当取得其家属或者关系人同意及签字。无法取得患者意见又无家属或者关系人在场或者遇到其他特殊情况时,诊治医师应当提出医疗处置方案,在取得医疗机构负责人或者授权负责人的批准后实施。因实施保护性医疗措施不宜向患者说明情况的,应当将有关情况通知患者家属,并取得患者家属和有关人员的配合。

5.医疗机构对传染病、精神病、职业病等患者的特殊诊治和处理,应当按照国家有关法律、法规的规定办理。

6.医疗机构应当按照有关药品的法律、法规,加强药品管理。不得使用假劣药品、过期和失效药品及违禁药品。

7.医疗机构发生医疗纠纷和医疗事故,按照国家有关规定处理。

第四节 医疗机构的监督管理与处罚

一、医疗机构的监督管理

国务院卫生行政部门负责全国医疗机构的监督管理工作。县级以上地方人民政府卫生行政部门负责本行政区域内医疗机构的监督管理工作。中国人民解放军和中国人民武装警察部队卫生主管部门负责对编制内军队的医疗机构实施监督管理。

县级以上人民政府卫生行政部门行使下列监督管理职权：医疗机构职权的设置审批、执业登记和校验；对医疗机构的执业活动进行检查指导；负责组织对医疗机构的评审；对违反医疗机构管理的行为给予处罚。

国家对医疗机构实行评审制度，由专家组成的评审委员会按照国务院卫生行政部门制定的医疗机构评审办法和评审标准，对医疗机构基本标准、服务质量、技术水平、管理水平等进行综合评价。

县级以上地方人民政府卫生行政部门负责组织本行政区域医疗机构评审委员会，聘任医院管理、医学教育、医疗医技、护理和财务等有关专家组成评审委员会。根据评审委员会的评审意见，对达到评审标准的医疗机构，发给评审合格证书；对未达到评审标准的医疗机构，提出处理意见。

二、处罚

（一）对违反医疗机构管理相关法律法规行为的管辖

一般的违反条例的违法行为由行为发生地的县级卫生行政部门负责查处。重大的、复杂的违反条例的违法行为，由行为发生地的设区的市级卫生行政部门负责查处。省、自治区、直辖市卫生行政部门负责查处发生在所辖区域的违反条例的重大、复杂的违法行为。国务院卫生行政部门负责查处全国范围内违反条例的重大、复杂的违法行为。

卫生行政部门在查处违法行为时，发现不属于自己管辖的，应当及时移送有管辖权的卫生行政部门；发现当事人有在其他地区违法的行为时，应当及时将有关情况通报有关的卫生行政部门。

卫生行政部门之间因管辖权发生争议的，由争议双方协商解决，不能协商解决的，由上一级卫生行政部门指定管辖。

（二）对违反医疗机构管理相关法律法规行为的处罚形式

医疗机构违反《基本医疗卫生与健康促进法》《医疗机构管理条例》等法律法规时，医疗机构本身及其主管人员、直接责任人员都应当承担一定的法律责任。从《医疗机构管理条例》的规定来看，这种法律责任属于行政法律责任，主要是由医疗机构本身来承担，责任形式是行政处罚。

（三）主要违法行为及处罚的内容

1. 未取得医疗机构执业许可证擅自执业

对未取得医疗机构执业许可证擅自执业的，由县级以上人民政府卫生行政部门责令停止执业活动，没收违法所得和药品、医疗器械，并处违法所得5倍以上20倍以下的罚款，违法所得不足1万元的，按1万元计算。

2. 逾期不校验医疗机构执业许可证又不停止诊疗活动

医疗机构不按期办理校验医疗机构执业许可证又不停止诊疗活动的，由县级以上人民政府卫生行政部门责令限期补办校验手续。在限期内仍不办理校验的，吊销医疗机构执业许可证。

3. 伪造、变造、买卖、出租、出借医疗机构执业许可证

伪造、变造、买卖、出租、出借医疗机构执业许可证的，由县级以上人民政府卫生健康主管部门责令改正，没收违法所得，并处违法所得5倍以上15倍以下的罚款，违法所得不足1万元的，按1万元计算；情节严重的，吊销医疗机构执业许可证。

4. 诊疗活动超出登记范围

除急诊和急救外，医疗机构诊疗活动超出登记的诊疗科目范围，情节轻微的，由县级以上人民政府卫生行政部门处以警告。有下列情形之一的，责令限期改正，并可处以3 000元以下的罚款：①超出登记的诊疗科目范围的诊疗活动累计收入在3 000元以下的；②给患者造成伤害的。有下列情形之一的，处以3 000元罚款，并吊销医疗机构执业许可证：超出登记的诊疗科目范围的治疗活动累计收入在3 000元以上的；给患者造成伤害的；省、自治区、直辖市卫生行政部门规定的其他情形。

5. 使用非卫生技术人员从事医疗卫生技术工作

医疗机构使用非卫生技术人员从事医疗卫生技术工作的，由县级以上人民政府卫生行政部门责令限期改正，并可处以3 000元以下的罚款。有下列情形之一的，处以3 000元以上5 000元以下的罚款，并吊销医疗机构执业许可证：①使用两名以上非卫生技术人员从事诊疗活动的；②使用的非卫生技术人员给患者造成伤害的。

6. 出具虚假证明文件

医疗机构出具虚假证明文件，情节轻微的，由县级以上人民政府卫生行政部门给予警告，并可处以500元以下罚款。有下列情形之一的，处以500元以上1 000元以下罚款，对直接责任人员由所在单位或者上级机关给予行政处分：①出具虚假证明文件造成延误诊治的；②出具虚假证明文件给患者精神造成伤害的；③造成其他危害后果的。

7. 医疗卫生机构对外出租、承包医疗科室

医疗卫生机构对外出租、承包医疗科室的，由县级以上人民政府卫生健康主管部门责令改正，没收违法所得，并处违法所得2倍以上10倍以下的罚款，违法所得不足1万元的，按1万元计算；对直接负责的主管人员和其他直接责任人员依法给予处分。

8. 医疗卫生机构等的医疗信息安全制度、保障措施不健全，导致医疗信息泄露，或者医疗质量管理和医疗技术管理制度、安全措施不健全的

医疗卫生机构等的医疗信息安全制度、保障措施不健全，导致医疗信息泄露，或者医疗质量管理和医疗技术管理制度、安全措施不健全的，由县级以上人民政府卫生健康等主管部门责令改正，给予警告，并处1万元以上5万元以下的罚款；情节严重的，可以责令停止相应执业活动，对直接负责的主管人员和其他直接责任人员依法追究法律责任。

【思考题】

1. 根据医疗机构设置规划应遵循的原则，联系我国医疗机构设置的现状，就某一方面谈谈你个人的认识。
2. 医疗机构的执业规则有哪些？

第七章 医师管理法律制度

【学习目的】

熟悉医师的概念和含义；掌握医师执业资格考试的条件和种类，医师注册、重新注册、不予注册以及注销和变更注册的具体规定；了解医师法的概念、立法目的、宗旨及适用范围，医师的考核和培训、医师的执业规则以及医师违反相关法律法规所应承担的法律责任。

【案情导引】

甲某于2005年7月毕业于某中医药大学，获得本科学历，其专业方向为中西医结合（市场营销）。为了能够参加当年全国执业医师考试，甲某通过熟人找到该市中医院医务科科长乙某。乙某为其开具了虚假证明，证明其在执业医师的指导下，已在该中医院试用期满一年。甲某将其毕业证书、试用期证明等相关考试报名材料拿到当地考点进行报名，申请中西医结合类别的执业医师考试。审核甲某报考资格的工作人员丙某恰好是其亲戚，为使甲某能够顺利参加考试，丙某帮其涂改了考生报名表上的有关信息，涂去了"市场营销"这个专业方向，使甲某获得了当年执业医师考试资格。而后，甲某通过了当年的执业医师考试，取得了执业医师资格，还进行了注册登记，成为一名具有执业资格的中西医结合医师。事后因人告发，事情败露，当地卫生行政部门注销了甲某的注册，吊销了其医师执业资格证书。同时，追究为其开具虚假证明的乙某行政责任，对工作人员丙某也进行了处分。

问题：

按照相关法律规定，执业医师资格取得必须具备的条件是什么？甲某、乙某、丙某和某市中医院在所述案例中存在着哪些违法违规行为？

第一节 概 述

一、医疗机构的概念

(一)医师的概念

医师,是指依法取得执业医师和执业助理医师资格,经注册在医疗卫生机构中执业的专业医务人员。

我国的医师分为执业医师和执业助理医师。执业医师,是指依法取得执业医师资格并经注册,在医疗卫生机构中,按照其注册的执业类别和范围,独立从事相应医疗工作的人员。执业助理医师,是指依法取得执业助理医师资格并经注册,在医疗卫生机构中执业医师的指导下,按照其注册的执业类别和范围执业的人员。

医师应当坚持人民至上、生命至上,发扬人道主义精神,弘扬敬佑生命、救死扶伤、甘于奉献、大爱无疆的崇高职业精神,恪守职业道德,遵守执业规范,提高执业水平,履行防病治病、保护人民健康的神圣职责。医师在执业活动中应当尊重病人、爱护病人,对所有病人平等相待,维护病人的生命健康,保障病人的各种权利。医师应具有良好的执业水平,要在实践中不断接受医学继续教育,努力钻研业务,更新知识,提高专业技术水平。同时,广大医师为解除患者的病痛、抢救病人的生命、保护人民的健康而勤恳地工作,理应受到全社会的尊重。医师依法执业,受法律保护。医师的人格尊严、人身安全不受侵犯。

(二)医师法的概念

医师法,是指调整在保障医师合法权益、规范医师执业行为、加强医师队伍建设、保护人民健康、推进健康中国建设活动中产生的各种社会关系的法律规范的总称。简而言之,其就是规范医师执业活动的法律。

1998年6月26日第九届全国人民代表大会常务委员会第三次会议审议通过了修订后的《中华人民共和国执业医师法》(简称《执业医师法》),自1999年5月1日起施行。这是我国第一部规范医师执业活动的法律。2021年8月20日第十三届全国人民代表大会常务委员会第三十次会议审议通过了《中华人民共和国医师法》(简称《医师法》),自2022年3月1日起正式施行。

二、我国医师执业管理制度

我国早在西周,《周礼》就有对医师进行诸如年终考核以定其报酬等相关管理的记载。以后历代的法典如《唐律》《元典章》《大明会典》等都有规范医师执业行为的法律条文。20世纪20年代开始,我国就出现了对医师执业管理的法律,如国民政府1929年颁布的《医师暂行条例》、1931年的《高等考试西医师考试条例》、1943年的《医师法》等。

新中国成立后,卫生部经政务院批准相继颁布了《医师暂行条例》《中医师暂行条例》和《牙医师暂行条例》等。党的十一届三中全会以后,卫生部又先后制定发布了一系列规范性文件,使医师执业管理法律法规逐步完善,如《卫生技术人员职称及晋升条例(试行)》

(1979年)、《医院工作人员职责》(1982年)、《医师、中医师个体开业暂行管理办法》(1988年)、《外国医师来华短期行医暂行管理办法》(1992年)、《中华人民共和国执业医师法》(1998年)。随后,卫生部在1999年成立了国家医师资格考试委员会,发布了《医师资格考试暂行办法》《医师执业注册暂行办法》《关于医师执业注册中执业范围的暂行规定》等配套规章。第十三届全国人民代表大会常务委员会第三十次会议审议通过《中华人民共和国医师法》(2021年),并把每年8月19日定为"中国医师节",标志着我国医师执业管理已跨入规范化、法制化的轨道。

三、医师法立法目的和宗旨

《医师法》的立法目的和宗旨,包括以下几个相互联系、不可分割的内容:

1. 提高医师的职业道德和业务素质,加强医师队伍的建设。由于医疗、预防、保健活动关系到人民群众的生命健康,而医师正是利用自己所掌握的医学知识和技术为人们提供医疗、保健服务,这就要求医师不但具有一般的道德素质和正常人的知识水平,更要具有这种职业所要求的有别于一般人的职业道德和业务水平,这是一种更高水平的要求。《医师法》通过对医师资格准入、执业注册、考核和培训、法律责任的规定来保障医师的职业道德和业务素质的不断提高,从而建设一支高质量、高水平、高素质的医师队伍。

2. 保障医师的合法权益。党和政府历来十分重视医疗卫生工作,我国的医师队伍随着医疗卫生事业的需要,取得了很大发展。但是,由于未将医师及其医疗活动纳入法制轨道,医师的权利和职责不明确,对侵犯医师人身安全和名誉、扰乱医师正常执业活动和正常生活的违法行为没有明确的处罚规定,医师的合法权益因而得不到应有的保障,医师的工作热情和为病人生命安全担当风险的责任感受到挫伤,妨碍了医师队伍的稳定和发展,对保障病人的生命健康也不利。

3. 规范医师执业行为。《医师法》通过建立健全医师培训、考核、考试体系,严格审查、认证医师执业资格,监督检查医师执业情况。制定医师执业标准,加强医德医风建设,规范医师执业行为,增强依法执业意识,保障医疗服务质量和医疗安全。对严重违反医师职业道德、医学伦理规范,造成恶劣社会影响等情形的医师,依法取消或剥夺医师执业资格。

4. 保护人民健康。人民健康关系到国家民族的兴衰,现代世界上许多国家都把国民的医疗保健工作作为一项重要的社会福利政策,把维护人民身体健康作为自己奋斗的方向。我国《宪法》第二十一条第一款规定:"国家发展医疗卫生事业,发展现代医药和我国传统医药……开展群众性的卫生活动,保护人民健康。"因而制定《医师法》的最大目的就在于推进人民保健、疾病预防和医疗卫生事业,保护人民健康,提高整个中华民族的身体素质。

5. 推进健康中国建设。"没有全民健康,就没有全面小康"。国家已经把全面推进健康中国建设写入国民经济和社会发展第十四个五年规划和2035年远景目标纲要中,把保障人民健康放在优先发展的战略位置,坚持预防为主的方针,深入实施健康中国行动,完善国民健康促进政策,织牢国家公共卫生防护网,为人民提供全方位全生命期健康服务。

总之,无论是保障医师的合法权益还是加强医师队伍建设和规范医师执业行为,最后的着眼点都在于保护人民健康,全面推进健康中国建设。

四、医师法的适用范围

《医师法》的适用范围,是指在医疗卫生机构中工作的,依法取得执业医师资格或者执业助理医师资格,经注册取得医师执业证书,从事相应的医疗卫生业务的专业医务人员。其中包括执业医师和执业助理医师,也包括军队医师、乡村医生,还包括境外人员参加医师资格考试、申请注册、执业或者从事临床示教、临床研究、临床学术交流等活动的。

第二节 医师执业资格考试制度

一、执业资格考试制度

执业资格是专业技术人员依法独立工作或开业所必需的,由国家认可和授予的个人学识、技术和能力的资质证明。资格考试是国家行业准入制度成熟完善的标志。实行执业资格考试制度也是我国社会管理法制化、规范化的社会主义市场经济的必然选择。

执业资格考试是检验应试者是否具备从事某一特定行业所必需的资格,是否达到从事某一特定岗位工作的最基本要求。它要求应试者通过考试后,能直接胜任该岗位的大多数工作,并具有该行业特有的基本经验。

目前我国已经有十几个行业开始实行执业资格考试,但在法律上明确规定由行业主管部门独立组织实施的只有医师资格考试,其他行业执业资格考试都是由行业主管部门与人力资源和社会保障部共同组织实施。这体现了立法机构对卫生健康主管部门的高度信任和对医学考试高度专业性的尊重,同时也给医师资格考试提出了更高的要求。

二、医师资格考试制度

医师资格是从事医师职业所应具备的学识、技术和能力的必备条件和身份。医师资格考试是世界各国普遍采用的行业准入形式,也是《医师法》和医师管理制度的核心内容。《医师法》规定,国家实行医师资格考试制度。执业医师资格考试是评价申请医师资格者是否具备执业所必需的专业知识与技能的考试,是医师执业的准入考试。

医师资格考试的类别和具体办法,由国务院卫生健康主管部门制定。医师资格考试由省级以上人民政府卫生健康主管部门组织实施。

(一)国外以及我国香港地区医师资格考试情况简介

通过考试取得执业资格,是国际执业资格认可的共同途径,也是公平竞争取得资格、保证人才质量的有效措施。医师资格的取得,一般是国家设立国家医师资格考试,考生通过后被授予行医资格。把医师资格考试作为医师管理制度的一项核心内容,在外国许多国家已经实行了很多年,一些国家甚至已经实行了数百年。

美国1915年成立全国医学考试委员会,1916年在华盛顿进行了第一次考试。目前美国医师执照考试是相对独立的阶段考试,医师基本资格国家考试分为三次,前两次是在校期间参加考试,第三次是在毕业一年后参加考试,分别考核考生是否具有从事医师职业必备的医学基础知识、临床医学基础知识和临床技能。在美国，全科医师只是专科医师中的一种，没有任何特殊之处，全科医师每3年必须获得继续医学教育150学分，每6年必须参加美国家庭医学委员会组织的全科医师资格再认证，合格者方能注册执业。美国几乎所有的州都实行行医执照的更新制度。

在英国，专科医师和全科医师分别有各自独立的培养过程。要想成为专科医师，在高中毕业后，还必须在医学院校学习5~6年，其中2~3年学习基础课程，3年学习临床知识，取得医学学士学位后还必须参加相当时间的毕业后培训，经过考核合格，取得医师资格，进行注册。而要想成为全科医师至少需要9年的医学教育和岗位培训，取得全科医师资格后，可选择在所需的社区服务，服务期间每年须提交工作报告，并授受检查评估，注册后还要参加皇家全科医师学会组织的继续医学教育活动。

德国的医学教育学制为6年，包括3年的基础医学课程和3年的临床学习，其间必须参加三个阶段全国统一的国家医师资格考试，接受严格的淘汰制，毕业时被授予医学硕士学位并获得医师称号。毕业后经过18个月的注册前培训，申请一个全科医师培训项目，经过2~3年的全科医师培训，考试合格便可取得全科医师证书。专科医师培训包括初级培训和高级培训两部分，培训时间依据各专科的不同为4~6年或6~8年不等，高级培训至少2年，圆满完成培训并通过考试者被授予专科医师资格证书，并取得专科医师称号。

日本早在1870年就建立了医师资格考试制度。日本法律规定，医科学生在校学习6年，毕业当年即可参加国家医师资格考试，考试合格者取得医师证书。在指定的医疗中心或医学院附属医院实习2年后，可注册行医。专科医师培训需在取得医师证书后，经过5~6年的临床进修或研究院专科攻读，再经二次考试合格，由各专科学会授予专科医师证书或予以专科医师注册。

我国香港地区医师执照考试每年举行一次，考试包括专业知识考试、医学英语水平考试和临床考试三部分内容，并且必须通过专业知识考试和医学英语水平考试后才能参加临床考试，考试对象为5年以上全日制医学院校毕业并经临床实习者。医科学生毕业后必须积累至少1年的相关工作经验，参加法定考试后再接受高级培训并通过院士资格考核，就可以注册成为专科医师。

（二）我国医师资格考试的种类

医师资格考试分为执业医师资格考试和执业助理医师资格考试。

考试分为临床医师、中医师、口腔医师和公共卫生医师四类。其中中医类包括中医、民族医和中西医结合，而民族医又含蒙医、藏医、维医、傣医、朝医、壮医等。

考试方式分为实践技能考试和医学综合考试。

（三）参加医师资格考试的条件

1. 申请报考执业医师资格考试所应具备的条件

（1）学历要求：具有高等学校医学专业本科以上学历。这是指具有国务院教育行政部门认可的各类高等学校医学专业本科以上学历，包括大学本科毕业生（含具有医学学士学位的双学位）、研究生班毕业生、硕士研究生和博士研究生毕业者。

（2）专业要求：所学专业必须是医学专业。这项要求也是世界各国的惯例，高等医学院校和综合大学中的生物学、药理学等非医学专业的毕业生，不具有申请报考执业医师资格考试的资格。

（3）资历要求：必须在执业医师指导下，在医疗卫生机构中参加医学专业工作实践满1年以上并在试用期内未出现不宜从事医师业务的情况，或者必须已经取得执业助理医师资格。

（4）经验要求：具有高等学校医学专科学历的执业助理医师从业满2年就可以申请报考执业医师资格考试。

（5）地点要求：毕业后，必须在医疗卫生机构中从业1年以上，在非上述地点从业的人员，不具有申请报考的资格。

2. 具有高等学校相关医学专业专科以上学历，在执业医师指导下，在医疗卫生机构中参加医学专业工作实践满1年的，可以参加执业助理医师资格考试。

3. 以师承方式学习中医满3年，或者经多年实践医术确有专长的，经县级以上人民政府卫生健康主管部门委托的中医药专业组织或者医疗卫生机构考核合格并推荐，可以参加中医医师资格考试。考试的内容和办法由国务院中医药主管部门拟订，报国务院卫生健康主管部门审核、发布。

4. 国家采取措施，鼓励具有中等专业学校医学专业学历的人员通过参加更高层次学历教育等方式，提高医学技术能力和水平。在《医师法》施行前以及在《医师法》施行后一定期限内取得中等专业学校相关医学专业学历的人员，可以参加医师资格考试。具体办法由国务院卫生健康主管部门会同国务院教育、中医药等有关部门制定。

（四）医师资格的取得

参加医师资格考试成绩合格，即可取得执业医师资格，这就具有了法律规定的医师行业的准入资格，按照法律及有关规定经注册即可从事医师工作。不具有医师资格的人员不得以任何形式开展诊疗活动（即开展医师执业活动），否则为非法行医。

医师资格经合法取得后受法律保护，任何组织和个人不得非法剥夺。

第三节　医师执业注册制度

一、医师执业注册制度

医师执业注册制度，就是国家以法律形式确定，取得医师资格且准备从事医师业务的人员，只有经过注册，取得执业许可后，才可以从事医师执业活动的法律制度。

《医师法》规定，国家实行医师执业注册制度。国务院卫生健康主管部门负责全国执业注册监督管理工作，县级以上地方人民政府卫生健康主管部门是医师执业注册的主管部门，负责本行政区域内的医师执业注册监督管理工作。

根据法律规定，凡取得执业医师资格或执业助理医师资格的，均可申请医师执业注册。未注册取得医师执业证书，不得从事医师执业活动。

（一）医师注册的条件和程序

1. 申请注册的人员必须是已经取得医师资格，准备专职从事医师工作，需要领取医师执业证书执业的人员。

2. 必须向所在地县级以上地方人民政府卫生健康主管部门申请注册,并提交相关材料。申请人应提交的材料有:①注册申请书;②医师资格证明;③健康证明;④身份证明;⑤所在医疗卫生机构的执业许可证明复印件;⑥有关部门出具的技能和道德状况考核证明。

3. 卫生健康主管部门应当自受理申请之日起20个工作日内准予注册,将注册信息录入国家信息平台,并发给医师执业证书。

4. 为方便注册申请人简化注册手续,医疗卫生机构可以为本机构中的申请人集体办理注册手续。

(二)注册医师的执业要求

1. 医师经注册后,可以在医疗卫生机构中按照注册的执业类别执业,从事相应的医疗卫生业务。具体包括如下几个方面:

(1)医师的执业地点。即医师具体在哪一个医疗卫生机构执业。在固定的医疗卫生机构中执业便于对医师的管理,医师未经批准不得在注册的执业地点以外的地方执业。临床、口腔和中医类别医师符合条件的,可以申请多点执业。执业医师以己注册的执业地点为第一执业地点,增加注册的执业地点依次为第二、第三执业地点。医师执业地点总数不超过3个。国家鼓励医师定期定点到县级以下医疗卫生机构,包括乡镇卫生院、村卫生室、社区卫生服务中心等,提供医疗卫生服务,主执业机构应当支持并提供便利。

(2)医师的执业类别。即医师从事医疗、预防、保健三类医务工作中的哪类执业活动。医师必须按照注册的执业类别执业,注册为预防医师或者保健医师的,就不能从事医疗执业活动。

(3)医师的执业范围。即医师的具体诊疗科目,包括内科、外科、儿科、放射科等。医师从事的业务活动不能超越自己注册的范围,如内科医师不能进行外科诊疗,牙科医师也不能代替放射科医师。但这些规定不包括经有关部门批准或者是紧急情况下从事的执业活动。医师经相关专业培训和考核合格,可以增加执业范围。法律、行政法规对医师从事特定范围执业活动的资质条件有规定的,从其规定。

2. 未注册取得医师执业证书,不得从事医师执业活动。但有下列情况之一的,不属于超范围执业:①对病人实施紧急医疗救护的;②临床医师依据国家住院医师规范化培训的相关规定等进行临床转科的;③依据国家有关规定,经医疗、预防、保健机构批准的卫生支农、会诊、进修、学术交流、承担政府交办的任务和卫生健康主管部门批准的义诊等;④省级以上卫生健康主管部门规定的其他情形。

(三)不予注册的情形

有下列情形之一的,不予注册:

1. 无民事行为能力或者限制民事行为能力;

2. 受刑事处罚,刑罚执行完毕不满2年或者被依法禁止从事医师职业的期限未满;

3. 被吊销医师执业证书不满2年;

4. 因医师定期考核不合格被注销注册不满1年;

5. 法律、行政法规规定不得从事医疗卫生服务的其他情形。

受理申请的卫生健康主管部门对不予注册的,应当自受理申请之日起20个工作日内书面通知申请人和其所在医疗卫生机构,并说明理由。

（四）注销注册、变更注册、重新注册

1. 注销注册

对于经过注册，取得医师证书又出现了不能或不宜从事医师业务情况的，医师所在医疗卫生机构应当在30日内报告准予注册的卫生健康主管部门；卫生健康主管部门依职权发现医师有前款规定情形的，应当及时通报准予注册的卫生健康主管部门。准予注册的卫生健康主管部门应当及时注销注册，废止医师执业证书。具体情形有：①死亡；②受刑事处罚；③被吊销医师执业证书；④医师定期考核不合格，暂停执业活动期满，再次考核仍不合格；⑤中止医师执业活动满二年；⑥法律、行政法规规定不得从事医疗卫生服务或者应当办理注销手续的其他情形。

2. 变更注册

医师变更执业地点、执业类别、执业范围等注册事项的，应当依照《医师法》规定到准予注册的卫生健康主管部门办理变更注册手续。

医师从事下列活动的，可以不办理相关变更注册手续：①参加规范化培训、进修、对口支援、会诊、突发事件医疗救援、慈善或者其他公益性医疗、义诊；②承担国家任务或者参加政府组织的重要活动等；③在医疗联合体内的医疗机构中执业。

3. 重新注册

医师中止执业或注销注册后，申请重新执业的，须重新注册。有下列情形之一，应当重新申请注册：①中止医师执业活动2年以上的；②《医师法》规定不予注册的情形消失。

申请重新执业的，应当由县级以上人民政府卫生健康主管部门或者其委托的医疗卫生机构、行业组织考核合格，并依照《医师法》规定重新注册。

（五）个体行医的规定

个体行医，是指执业医师以个人名义从事医疗卫生业务的行为。医师个体行医应当依法办理审批或者备案手续。

执业医师个体行医，须经注册后在医疗卫生机构中执业满5年；但是，依照《医师法》规定取得中医医师资格的人员，按照考核内容进行执业注册后，即可在注册的执业范围内个体行医。

二、医师的考核

国家实行医师定期考核制度。考核是指一定的组织按照事先确定的原则、内容、方法和程序对所属的工作人员进行的考察和评价活动。

（一）考核的主体

对医师进行考核的主体，是县级以上人民政府卫生健康主管部门或者其委托的医疗卫生机构、行业组织。

（二）考核的标准

考核的标准就是医师的执业标准，包括业务水平、工作业绩和职业道德状况等，考核周期为3年。对具有较长年限执业经历、无不良行为记录的医师，可以简化考核程序。

（三）考核的形式

考核形式有日常考核和定期考核两种。日常考核是定期考核的基础和前提，定期考核是日常考核的概括和总结。因此，医疗卫生机构应注重对其所属医师的日常考核，为定期考核积累材料,提供依据。

(四)考核的内容

医师考核的内容可以分为医师的业务水平、工作成绩和职业道德三个方面。

1. 业务水平。业务水平指医师从事本职工作所具备的知识和技能。基本内容应包括:掌握本专业的基础理论、基本知识、基本技能;能够独立正确、及时、规范地书写各种医疗文书;根据医疗常规,能够独立地对本专业常见病、多发病作出及时、正确的诊断;能够独立运用常规医疗手段,对本专业常见病、多发病进行正确、及时、合理、有效的治疗;在诊疗活动中,严防各种技术事故与差错等。

2. 工作成绩。工作成绩指医师完成工作的数量和质量。这是医师考核的重点。基本内容包括:完成行政部门委托的考核机构或组织所规定的医疗、预防、保健任务的工作量;运用国内外先进医学科学技术,开展新技术、新疗法;得到患者和同行对其工作的认可等。

3. 职业道德。职业道德指医师思想品德的客观反映。它主要体现在医师与患者的关系上。基本内容包括:发扬人道主义精神,尽心尽职为患者服务,遵守医疗规章制度和技术操作规范,尊重患者的人格和权利,及时如实地向患者或家属介绍病情等。

(五)考核的结果

考核的结果是对医师考核的总体评价,是医师的业务水平、工作成绩和职业道德的综合反映。考核的结果分为合格和不合格两种。受委托的机构或者组织应当将医师考核结果报准予注册的卫生健康主管部门备案,并作为医师晋升相应技术职务的条件。对考核不合格的医师,县级以上人民政府卫生健康主管部门应当责令其暂停执业活动3个月至6个月,并接受相关专业培训。暂停执业活动期满,再次进行考核,对考核合格的,允许其继续执业。省级以上人民政府卫生健康主管部门负责指导、检查和监督医师考核工作。

三、医师的表彰与奖励

根据《医师法》的规定,医师有下列情形之一的,按照国家有关规定给予表彰、奖励:

1. 在执业活动中,医德高尚,事迹突出;
2. 在医学研究、教育中开拓创新,对医学专业技术有重大突破,做出显著贡献;
3. 遇有突发事件时,在预防预警、救死扶伤等工作中表现突出;
4. 长期在艰苦边远地区的县级以下医疗卫生机构努力工作;
5. 在疾病预防控制、健康促进工作中做出突出贡献;
6. 法律、法规规定的其他情形。

四、医师的培训

(一)培训的内容

医师的培训是以提高医师水平和素质为目的的各种教育和训练活动。参加培训、接受继续医学教育不仅是广大医师的权利,也是医师应尽的义务。

培训的内容具体包括岗位培训、全科医师培训、进修教育、毕业后医学教育、继续医学教育。其中:岗位培训是根据专业需要进行的培训,有岗前、在岗和转岗培训;全科医师培训是按其服务需要进行全科医师模式教育和培训,提高现有专业技术人员的职业道德和专业素质;进修教育是指医师根据工作需要到上级医院接受一定阶段的、某一专业的临床训练,提高专业水平;毕业后医学教育是指学生毕业后接受的规范化的、专业的、培训性质的教育,是临床医师成长的重要阶段;继续医学教育,是指毕业后以学习新知识、新理论、新技术、新方法为主的终身性医学教育。

(二)培训的形式

培训的形式包括学术会议、学术讲座、专题讲习班、病历讨论会、技术操作示教、手术示范、新技术推广、临床病理讨论会、案例讨论会、短期或长期培训、专题调研和考察、出版医学著作、撰写和发表论文等。

(三)卫生健康主管部门在医师培训工作中的职责

1. 制订医师培训计划。全国继续医学教育委员会提出我国继续医学教育的总体规划和实施计划;省、自治区、直辖市继续医学教育委员会负责制定实施细则;地、县两级卫生健康主管部门负责组织和落实各项继续教育活动。

2. 为医师培训和继续医学教育提供和创造相应的条件。

3. 采取有力措施,对在农村和少数民族地区从事业务的医务人员实施培训。

(四)医疗卫生机构在医师培训工作中的职责

1. 医疗、预防、保健机构应保证本机构医师培训和继续医学教育的实施。

2. 承担医师考核任务的医疗卫生机构应为医师的培训和继续医学教育提供和创造条件。

五、医师的保障措施

根据《医师法》的规定,医师的保障措施主要有以下几个方面。

1. 国家建立健全体现医师职业特点和技术劳动价值的人事、薪酬、职称、奖励制度。对从事传染病防治、放射医学和精神卫生工作以及其他特殊岗位工作的医师,应当按照国家有关规定给予适当的津贴。在基层和艰苦边远地区工作的医师,按照国家有关规定享受津贴、补贴政策,并在职称评定、职业发展、教育培训和表彰奖励等方面享受优惠待遇。

2. 国家加强疾病预防控制人才队伍建设,建立适应现代化疾病预防控制体系的医师培养和使用机制。疾病预防控制机构、二级以上医疗机构以及乡镇卫生院、社区卫生服务中心等基层医疗卫生机构应当配备一定数量的公共卫生医师,从事人群疾病及危害因素监测、风险评估研判、监测预警、流行病学调查、免疫规划管理、职业健康管理等公共卫生工作。医疗机构应当建立健全管理制度,严格执行院内感染防控措施。国家建立公共卫生与临床医学相结合的人才培养机制,通过多种途径对临床医师进行疾病预防控制、突发公共卫生事件应对等方面业务培训,对公共卫生医师进行临床医学业务培训,完善医防结合和中西医协同防治的体制机制。

3. 国家采取措施,统筹城乡资源,加强基层医疗卫生队伍和服务能力建设,对乡村医疗卫生人员建立县乡村上下贯通的职业发展机制,通过县管乡用、乡聘村用等方式,将乡村医疗卫生人员纳入县域医疗卫生人员管理。执业医师晋升为副高级技术职称的,应当有累计1年以上在县级以下或者对口支援的医疗卫生机构提供医疗卫生服务的经历;晋升副高级技术职称后,在县级以下或者对口支援的医疗卫生机构提供医疗卫生服务,累计1年以上的,同等条件下优先晋升正高级技术职称。国家采取措施,鼓励取得执业医师资格或者执业助理医师资格的人员依法开办村医疗卫生机构,或者在村医疗卫生机构提供医疗卫生服务。

4. 国家鼓励在村医疗卫生机构中向村民提供预防、保健和一般医疗服务的乡村医生通过医学教育取得医学专业学历；鼓励符合条件的乡村医生参加医师资格考试，依法取得医师资格。国家采取措施，通过信息化、智能化手段帮助乡村医生提高医学技术能力和水平，进一步完善对乡村医生的服务收入多渠道补助机制和养老等政策。

第四节　医师执业规则

一、医师在执业活动中的权利和义务

（一）医师的权利

医师的权利指取得医师资格、依法注册的医师在执业活动中依法所享有的权利，是医师能够做出或不做出一定行为，以及要求他人相应做出或不做出一定行为的许可和保障，并为法律所确认、设定和保护。具体包括：

1. 在注册的执业范围内，按照有关规范进行医学诊查、疾病调查、医学处置、出具相应的医学证明文件，选择合理的医疗、预防、保健方案；
2. 获取劳动报酬，享受国家规定的福利待遇，按照规定参加社会保险并享受相应待遇；
3. 获得符合国家规定标准的执业基本条件和职业防护装备；
4. 从事医学教育、研究、学术交流；
5. 参加专业培训，接受继续医学教育；
6. 对所在医疗卫生机构和卫生健康主管部门的工作提出意见和建议，依法参与所在机构的民主管理；
7. 法律、法规规定的其他权利。

（二）医师的义务

医师执业义务是指医师在执业过程中必须履行的责任。具体包括：

1. 树立敬业精神，恪守职业道德，履行医师职责，尽职尽责救治患者，执行疫情防控等公共卫生措施；
2. 遵循临床诊疗指南，遵守临床技术操作规范和医学伦理规范等；
3. 尊重、关心、爱护患者，依法保护患者隐私和个人信息；
4. 努力钻研业务，更新知识，提高医学专业技术能力和水平，提升医疗卫生服务质量；
5. 宣传推广与岗位相适应的健康科普知识，对患者及公众进行健康教育和健康指导；
6. 法律、法规规定的其他义务。

二、医师执业规则

医师执业规则是指医师在执业活动中遵循的规范。这些规范主要是国务院卫生健康主管部门制定的规章制度中规定的医师执业应遵守的标准、规范及执业医师行为准则。主要包括：

1. 医师实施医疗、预防、保健措施，签署有关医学证明文件，必须亲自诊查、调查，并按

照规定及时填写病历等医学文书,不得隐匿、伪造、篡改或者擅自销毁病历等医学文书及有关资料。

2. 医师在诊疗活动中应当向患者说明病情、医疗措施和其他需要告知的事项。需要实施手术、特殊检查、特殊治疗的,医师应当及时向患者具体说明医疗风险、替代医疗方案等情况,并取得其明确同意;不能或者不宜向患者说明的,应当向患者的近亲属说明,并取得其明确同意。

3. 医师开展药物、医疗器械临床试验和其他医学临床研究应当符合国家有关规定,遵守医学伦理规范,依法通过伦理审查,取得书面知情同意。

4. 对需要紧急救治的患者,医师应当采取紧急措施进行诊治,不得拒绝急救处置。

5. 医师应当使用经依法批准或者备案的药品、消毒药剂、医疗器械,采用合法、合规、科学的诊疗方法。

6. 医师应当坚持安全有效、经济合理的用药原则,遵循药品临床应用指导原则、临床诊疗指南和药品说明书等合理用药。

7. 执业医师按照国家有关规定,经所在医疗卫生机构同意,可以通过互联网等信息技术提供部分常见病、慢性病复诊等适宜的医疗卫生服务。

8. 医师不得利用职务之便,索要、非法收受财物或者牟取其他不正当利益;不得对患者实施不必要的检查、治疗。

9. 遇有自然灾害、事故灾难、公共卫生事件和社会安全事件等严重威胁人民生命健康的突发事件时,县级以上人民政府卫生健康主管部门根据需要组织医师参与卫生应急处置和医疗救治,医师应当服从调遣。

此外,在执业活动中有下列情形之一的,医师应当按照有关规定及时向所在医疗卫生机构或者有关部门、机构报告:

(1)发现传染病、突发不明原因疾病或者异常健康事件;
(2)发生或者发现医疗事故;
(3)发现可能与药品、医疗器械有关的不良反应或者不良事件;
(4)发现假药或者劣药;
(5)发现患者涉嫌伤害事件或者非正常死亡;
(6)法律、法规规定的其他情形。

第五节 法律责任

一、行政责任

《医师法》规定,有下列情形之一的需要承担行政责任:

1. 在医师资格考试中有违反考试纪律等行为,情节严重的,1年至3年内禁止参加医师资格考试。

2. 以不正当手段取得医师资格证书或者医师执业证书的,由发给证书的卫生健康主管部门予以撤销,3年内不受理其相应申请。

3. 伪造、变造、买卖、出租、出借医师执业证书的,由县级以上人民政府卫生健康主管部门责令改正,没收违法所得,并处违法所得2倍以上5倍以下的罚款,违法所得不足1万元的,按1万元计算;情节严重的,吊销医师执业证书。

4. 医师在执业活动中有下列行为之一的,由县级以上人民政府卫生健康主管部门责令改正,给予警告;情节严重的,责令暂停6个月以上1年以下执业活动直至吊销医师执业证书:

（1）在提供医疗卫生服务或者开展医学临床研究中,未按照规定履行告知义务或者取得知情同意;

（2）对需要紧急救治的患者,拒绝急救处置,或者由于不负责任延误诊治;

（3）遇有自然灾害、事故灾难、公共卫生事件和社会安全事件等严重威胁人民生命健康的突发事件时,不服从卫生健康主管部门调遣;

（4）未按照规定报告有关情形;

（5）违反法律、法规、规章或者执业规范,造成医疗事故或者其他严重后果。

5. 医师在执业活动中有下列行为之一的,由县级以上人民政府卫生健康主管部门责令改正,给予警告,没收违法所得,并处1万元以上3万元以下的罚款;情节严重的,责令暂停6个月以上1年以下执业活动直至吊销医师执业证书:

（1）泄露患者隐私或者个人信息;

（2）出具虚假医学证明文件,或者未经亲自诊查、调查,签署诊断、治疗、流行病学等证明文件或者有关出生、死亡等证明文件;

（3）隐匿、伪造、篡改或者擅自销毁病历等医学文书及有关资料;

（4）未按照规定使用麻醉药品、医疗用毒性药品、精神药品、放射性药品等;

（5）利用职务之便,索要、非法收受财物或者牟取其他不正当利益,或者违反诊疗规范,对患者实施不必要的检查、治疗造成不良后果;

（6）开展禁止类医疗技术临床应用。

6. 医师未按照注册的执业地点、执业类别、执业范围执业的,由县级以上人民政府卫生健康主管部门或者中医药主管部门责令改正,给予警告,没收违法所得,并处1万元以上3万元以下的罚款;情节严重的,责令暂停6个月以上1年以下执业活动直至吊销医师执业证书。

7. 严重违反医师职业道德、医学伦理规范,造成恶劣社会影响的,由省级以上人民政府卫生健康主管部门吊销医师执业证书或者责令停止非法执业活动,5年直至终身禁止从事医疗卫生服务或者医学临床研究。

8. 非医师行医的,由县级以上人民政府卫生健康主管部门责令停止非法执业活动,没收违法所得和药品、医疗器械,并处违法所得2倍以上10倍以下的罚款,违法所得不足1万元的,按1万元计算。

9. 阻碍医师依法执业,干扰医师正常工作、生活,或者通过侮辱、诽谤、威胁、殴打等方式,侵犯医师人格尊严、人身安全,构成违反治安管理行为的,依法给予治安管理处罚。

10. 医疗卫生机构未履行报告职责,造成严重后果的,由县级以上人民政府卫生健康主管部门给予警告,对直接负责的主管人员和其他直接责任人员依法给予处分。

11. 卫生健康主管部门和其他有关部门工作人员或者医疗卫生机构工作人员弄虚作

假、滥用职权、玩忽职守、徇私舞弊的,依法给予处分。

二、民事责任

根据《医师法》规定,医师在医疗卫生工作过程中造成人身、财产损害的,依法承担民事责任。

三、刑事责任

在医疗活动中,违反《医师法》或其他法律规定,构成犯罪的,将依法追究刑事责任。

1. 医疗事故罪。《中华人民共和国刑法》(简称《刑法》)第三百三十五条规定,医务人员由于严重不负责任,造成就诊人死亡或者严重损害就诊人身体健康的,处3年以下有期徒刑或者拘役。

2. 非法行医罪。《刑法》第三百三十六条第一款规定,未取得医生执业资格的人非法行医,情节严重的,处3年以下有期徒刑、拘役或者管制,并处或者单处罚金;严重损害就诊人身体健康的,处3年以上10年以下有期徒刑,并处罚金;造成就诊人死亡的,处10年以上有期徒刑,并处罚金。

3. 非法进行节育手术罪。《刑法》第三百三十六条第二款规定,未取得医生执业资格的人擅自为他人进行节育复通手术、假节育手术、终止妊娠手术或者摘取宫内节育器,情节严重的,处3年以下有期徒刑、拘役或者管制,并处或者单处罚金;严重损害就诊人身体健康的,处3年以上10年以下有期徒刑,并处罚金;造成就诊人死亡的,处10年以上有期徒刑,并处罚金。

【思考题】

1. 《医师法》对未经批准擅自开办医疗机构或者非医师行医的违法行为,所应承担的法律责任是如何规定的?
2. 《医师法》对医师多点执业有哪些具体要求,在实践中如何操作?
3. 《医师法》对医师实施医疗措施,签署有关医学证明文件有哪些具体要求?
4. 简述医师注册后受吊销医师执业证书的行政处罚,所在的医疗机构及准予注册的卫生健康主管部门对其医师执业证书的处理程序及规定。

第八章 护士管理法律制度

【学习目的】

了解护士概念的内涵和管理立法的沿革;明确护士执业注册的条件与原则;熟悉护士执业资格的考试申请与考试纪律;掌握护士执业的权利和义务;理解违反《护士条例》的法律责任。

【案情导引】

2016年8月5日,武汉大学中南医院发生一起伤护事件,孝感一位76岁女性患者因失语,到武汉大学中南医院急救中心就诊。11:00,患者进入抢救室,在接下来的18分钟内,护士完成了多功能监护、测量生命体征、血糖测定、十二导心电图、建立静脉通道、抽血查血常规、电解质、TNI等其他相关检查。护士同时还把相关情况向当班医生汇报。11:18,医生根据对患者家属的问诊及相应的检查结果需给患者做头部CT,并请护士把患者的处置单开出来。护士说:"等一下,前面还有一个病人的没开。"家属一听这话,情绪非常激动,很大声地对护士说"你再说一遍",护士于是说"等一下",此时,家属冲过来,扬言要打人。该护士说:"你不要乱来,我怀孕了。"一旁的护士也说:"你不要打人,她真的怀孕了。"患者家属称:怀孕又怎么样?打!嘭……狠狠的一拳打过去了。据了解,被打护士今年34岁,已怀孕两个多月,经检查,她牙龈撕裂,听力下降,急性颅脑损伤,先兆流产。事发后,打人者已被东亭派出所带走。医院保留通过法律渠道追究打人者刑事责任的权利。

问题:

1. 护士依法享有哪些执业权利和义务?
2. 如何保障护士的合法权益?
3. 如何追究侵犯护士合法权益行为的法律责任?

第一节 概 述

一、护士的概念

护士是指受过护理专业教育,掌握护理、病房管理的知识和技术,并具有一定卫生预防工作能力的卫生人员。

本章中所称护士,是指经执业注册取得护士执业证书,依照《护士条例》规定从事护理活动,履行保护生命、减轻痛苦、增进健康职责的卫生技术人员。"护士"这一概念不同于护理职称序列中的"护士",而是作为一门职业的从业人员的统称。1888年,美国护士约翰逊在福州医院开办我国第一所护士学校。1909年,中华护士会正式成立。1914年,第1届全国护士会议在上海召开,会上首次将nurse完整地译为中文"护士"。"护"即保护、养育、爱护、乳母之义;"士"是指从事此职业的人员必须有专门的学问和科学知识。从此,护士作为一个职业的从业人员的统称一直沿用至今。1922年,国际护士大会在日内瓦召开,正式接纳中华护士会为第十一个成员国会员。

护士作为一个职业的从业人员,在医疗、预防、保健和康复工作中起着重要作用,护理工作是医疗卫生工作的重要组成部分。因此,护士的劳动应受全社会的尊重,护士的执业权利应受到法律的保护,任何单位和个人不得侵犯。

二、护士管理立法沿革

护理工作是平凡而高尚的职业,护理学科是一门既古老而又年轻的学科。说它古老是因为自从有了人类就有了护理活动的萌芽,古印度公元前250年就建立起早期的护士训练学校;说它年轻是因为直到1860年,英国女护士南丁格尔(1820—1910年)在伦敦圣多马医院创建了第一所护士学校后,护理工作与护士教育在深度及广度上有了长足的进展,才使护理专业研究走向正规化。南丁格尔说过"护士工作的对象,不是冷冰冰的石块、木片和纸片,而是有热血和生命的人";护士工作的基本内容不仅仅是测量体温、铺床发药、清毒打针、备皮导尿,而且还应该有社会、心理的护理。为了促进护理事业的发展,提高护理质量,世界各国和有关护士国际组织十分重视护士的道德规范建设和护士管理立法,以法律的形式对护理人员的资格、职责、范围、教育培训、实践服务等问题予以规定。

护理立法源于20世纪初。1903年,美国北卡罗来纳、新泽西等州首先颁布了《护士执业法》,作为护士执业的法律规范。1919年,英国颁布了护理法,荷兰于1921年也颁布了护理法,随后,芬兰、意大利、波兰等许多国家也相继颁布了护理法律、法规。在有关国际组织的推动下,护理管理立法工作得到了很快的发展。1947年,国际护士委员会发表了一系列有关护理立法的专著。1953年,世界卫生组织发表了第一份有关护理立法的研究报告;国际护士协会制定了《护士伦理学国际法》,并分别于1965年和1973年对其进行了修订。该规范把护士的基本职责概括为"促进健康,预防疾病,恢复健康和减轻痛苦"四个方面。护理是人类的需要,因此,护理职业固有的道德观念是珍惜生命,尊重人类尊严,不受国家、种族、信仰、肤色、年龄、性别、政治和社会地位的限制。1968年,国际护士委员会特别成立了一个专家委员会,制定了《系统制定护理法规的参考指导大纲》,为各国护理法必须涉及的内容提供了权威性的指导。世界卫生组织2000年对121个国家的调查资料显示,有78个国家制定了护士法、护理人员法或者护理法,从法律层面对护士的从业资质(即护士的准入条件)、护士的执业范围和执业规则、护士的权利和义务、护理机构的设立规则、护士的继续教育等进行了规定。

为了推动护理事业的发展,我国也非常注重护理管理立法工作的开展。尤其是新中国成立以来,政府和有关部门十分重视护理队伍的稳定、护理人才的培养和护理质量的提高,先后发布了有关护士管理方面的法规、规章。1982年,卫生部发布了《医院工作制度》和《医院工作人员职责》,其中规定了护理工作制度和各级各类护士的职责。1988年,卫生部制定了包括护士在内的《医务人员医德规范及实施办法》。1993年3月26日,卫生部颁布了《中华人民共和国护士管理办法》,该办法自1994年1月1日起施行。该办法的实施在中国护理管理史上发挥了重要的作用,它使中国有了较为完善的护士注册及考试制度,并使中国的护理管理逐步走上了标准化的管理轨道。为了进一步加强护士管理,提高护理质量,从法律上明确护士的权利、义务和执业规则,切实保障护士的合法权益,促进护理事业的全面、协调和可持续发展,2008年1月23日,国务院第206次常务会议通过了《护士条例》;2008年5月6日,卫生部发布了《护士执业注册管理办法》,该办法自2008年5月12日起实施;2010年5月10日,卫生部与人力资源和社会保障部联合发布《护士执业资格考试办法》;2020年3月27日,根据《国务院关于修改和废止部分行政法规的决定》对《护士条例》第八、九、十条进行了修订。《护士条例》等的颁布实施,在很大程度上推动了我国护理事业的发展,解决了护理人才培养、使用、管理、待遇、激励措施、工作环境等方面出现的不足,进一步规范了医护、护患关系,成为我国护理管理立法进程中的重要里程碑。2014年3月6日,全国政协委员、中华护理学会理事长李秀华在全国"两会"上,提交了关于"亟待制定并出台《中华人民共和国中华人民共和国护士法》"的提案,呼吁尽快制定并出台《护士法》,维护我国护士的合法权益,完善护士执业保障制度,促进护理事业的可持续发展。

第二节 护士执业注册

根据《护士条例》和《护士执业注册管理办法》规定,护士执业,应当经执业注册取得护士执业证书。

一、护士执业注册条件

申请护士执业注册,应当具备下列条件:
1. 具有完全民事行为能力;
2. 在中等职业学校、高等学校完成国务院教育主管部门和国务院卫生主管部门规定的普通全日制3年以上的护理、助产专业课程学习,包括在教学、综合医院完成8个月以上护理临床实习,并取得相应学历证书;

3. 通过国务院卫生主管部门组织的护士执业资格考试;
4. 符合国务院卫生主管部门规定的健康标准。

二、护士执业注册申请

护士执业注册申请,应当自通过护士执业资格考试之日起3年内提出,逾期提出申请的,除应当具备护士执业注册条件中第(1)项、第(2)项和第(3)项规定条件外,还应当在符合国务院卫生主管部门规定条件的医疗卫生机构接受3个月临床护理培训并考核合格。

三、护士执业注册原则

1. 申请护士执业注册的,应当向拟执业地省、自治区、直辖市人民政府卫生主管部门提出申请。收到申请的卫生主管部门应当自收到申请之日起20个工作日内作出决定,对具备《护士条例》规定条件的,准予注册,并发给护士执业证书;对不具备《护士条例》规定条件的,不予注册,并书面说明理由。护士执业注册有效期为5年。

2. 护士在其执业注册有效期内变更执业地点的,应当向拟执业地省、自治区、直辖市人民政府卫生主管部门报告。收到报告的卫生主管部门应当自收到报告之日起7个工作日内为其办理变更手续。护士跨省、自治区、直辖市变更执业地点的,收到报告的卫生主管部门还应当向其原执业地省、自治区、直辖市人民政府卫生主管部门通报。

3. 护士执业注册有效期届满需要继续执业的,应当在护士执业注册有效期届满前30日向执业地省、自治区、直辖市人民政府卫生主管部门申请延续注册。收到申请的卫生主管部门对具备《护士条例》规定条件的,准予延续,延续执业注册有效期为5年;对不具备《护士条例》规定条件的,不予延续,并书面说明理由。

4. 护士有行政许可法规定的应当予以注销执业注册情形的,原注册部门应当依照行政许可法的规定注销其执业注册。

县级以上地方人民政府卫生主管部门应当建立本行政区域的护士执业良好记录和不良记录,并将该记录记入护士执业信息系统。

护士执业良好记录包括护士受到的表彰、奖励以及完成政府指令性任务的情况等内容。护士执业不良记录包括护士因违反《护士条例》以及其他卫生管理法律、法规、规章或者诊疗技术规范的规定受到行政处罚、处分的情况等内容。

第三节 护士执业资格考试

为了保证护士执业人员的业务水准,正确评价申请护士执业者是否具备护士执业所必需的专业知识和技能,加强护士执业准入控制,从源头上保证护士队伍整体素质,我国实行护士执业资格考试制度。

一、护士执业资格考试管理

《护士执业资格考试办法》规定,国家护士执业资格考试是评价申请护士执业资格者是否具备执业所必需的护理专业知识与工作能力的考试。

护士执业资格考试实行国家统一考试制度,由国务院卫生主管部门负责组织实施,会同国务院人事部门制定护士执业资格考试办法,统一考试大纲,统一命题,统一合格标准。

护士执业资格考试遵循公平、公开、公正的原则,每年举行一次,具体考试日期在举行考试3个月前向社会公布。为加强对考生实践能力的考核,原则上采用"人机对话"考试方式进行。考试包括专业实务和实践能力两个科目,一次考试通过两个科目为考试成绩合格;考试成绩合格者,取得考试成绩合格证明,作为申请护士执业注册的有效证明。考试成绩于考试结束后45个工作日内公布,考生成绩单由报名考点发给考生。

护士执业资格考试考务管理实行承办考试机构、考区、考点三级责任制。

二、护士执业资格考试申请

在中等职业学校、高等学校完成国务院教育主管部门和国务院卫生主管部门规定的普通全日制3年以上的护理、助产专业课程学习,包括在教学、综合医院完成8个月以上护理临床实习,并取得相应学历证书的,可以申请参加护士执业资格考试。

申请参加护士执业资格考试的人员,应当在公告规定的期限内报名,并提交以下材料:

1. 护士执业资格考试报名申请表;
2. 本人身份证明;
3. 近6个月二寸免冠正面半身照片3张;
4. 本人毕业证书;
5. 报考所需的其他材料。

申请人为在校应届毕业生的,应当持有所在学校出具的应届毕业生毕业证明,到学校所在地的考点报名。学校可以为本校应届毕业生办理集体报名手续。

申请人为非应届毕业生的,可以选择到人事档案所在地报名。

三、护士执业资格考试纪律

护士执业资格考试实行回避制度。考试工作人员有下列情形之一的,应当回避:①是考生近亲属的;②与考生有其他利害关系,可能影响考试公正的。

考试考务管理工作要严格执行有关规章和纪律,切实做好试卷命制、印刷、发送和保管过程中的保密工作,严防泄密。

对违反考试纪律和有关规定的,按照《专业技术人员资格考试违纪违规行为处理规定》处理。

第四节 护士执业权利和义务

为了维护护士的合法权益,规范护理行为,在《护士条例》中明确规定了护士执业的权利和义务。

一、护士享有的权利

1. 护士执业,有按照国家有关规定获取工资报酬、享受福利待遇、参加社会保险的权利。任何单位或者个人不得克扣护士工资,降低或者取消护士福利等待遇。
2. 护士执业,有获得与其所从事的护理工作相适应的卫生防护、医疗保健服务的权利。从事直接接触有毒有害物质、有感染传染病危险工作的护士,有依照有关法律、行政法规的规定接受职业健康监护的权利;患职业病的,有依照有关法律、行政法规的规定获得赔偿的权利。
3. 护士有按照国家有关规定获得与本人业务能力和学术水平相应的专业技术职务、职称的权利;有参加专业培训、从事学术研究和交流、参加行业协会和专业学术团体的权利。
4. 护士有获得疾病诊疗、护理相关信息的权利和其他与履行护理职责相关的权利,可以对医疗卫生机构和卫生主管部门的工作提出意见和建议。

二、护士应履行的义务

1. 护士执业,应当遵守法律、法规、规章和诊疗技术规范的规定。
2. 护士在执业活动中,发现患者病情危急,应当立即通知医师;在紧急情况下为抢救垂危患者生命,应当先行实施必要的紧急救护。

护士发现医嘱违反法律、法规、规章或者诊疗技术规范规定的,应当及时向开具医嘱的医师提出;必要时,应当向该医师所在科室的负责人或者医疗卫生机构负责医疗服务管理的人员报告。

3. 护士应当尊重、关心、爱护患者,保护患者的隐私。
4. 护士有义务参与公共卫生和疾病预防控制工作。发生自然灾害、公共卫生事件等严重威胁公众生命健康的突发事件时,护士应当服从县级以上人民政府卫生主管部门或者所在医疗卫生机构的安排,参加医疗救护。

第五节 医疗卫生机构的职责

《护士条例》在医疗机构的职责方面,也做了严格的规定。这些规定将极大地激发广大护士的工作热情,促进护理工作的规范化,吸引更多的优秀人才从事护理工作。我们国家的护理事业也将会更加健康、快速地发展。

医疗卫生机构承担着以下职责:

首先,按照国务院卫生主管部门的要求配备护士。《护士条例》规定,医疗卫生机构配备护士的数量不得低于国务院卫生主管部门规定的护士配备标准。《护士条例》施行前,尚未达到护士配备标准的医疗卫生机构,应当按照国务院卫生主管部门规定的实施步骤,自《护士条例》施行之日起3年内达到护士配备标准。

其次,保障护士合法权益。其中包括:应当为护士提供卫生防护用品,并采取有效的卫生防护措施和医疗保健措施;应当执行国家有关工资、福利待遇等规定,按照国家有关规定为在本机构从事护理工作的护士足额缴纳社会保险费用；对在艰苦边远地区工作，或者从事直接接触有毒有害物质、有感染传染病危险工作的护士，所在医疗卫生机构应当按照国家有关规定给予津贴；应当制定、实施本机构护士在职培训计划，并保证护士接受培训；根据临床专科护理发展和专科护理岗位的需要，开展对护士的专科护理培训。

最后，加强护士管理。其中包括：应当按照国务院卫生主管部门的规定，设置专门机构或者配备专（兼）职人员负责护理管理工作；不得允许未取得护士执业证书的人员、未依照《护士条例》规定办理执业地点变更手续的护士以及护士执业注册有效期届满未延续执业注册的护士在本机构从事诊疗技术规范规定的护理活动；在教学、综合医院进行护理临床实习的人员应当在护士指导下开展有关工作；应当建立护士岗位责任制并进行监督检查。护士因不履行职责或者违反职业道德受到投诉的，其所在医疗卫生机构应当进行调查；经查证属实的，医疗卫生机构应当对护士作出处理，并将调查处理情况告知投诉人。

第六节　法律责任

任何违反《护士条例》规定的行为，都应当按照行为的性质依法追究行为人的法律责任。《护士条例》主要从七个方面明确了相关法律责任。

1. 护士监管工作中的法律责任。卫生主管部门的工作人员未依照《护士条例》规定履行职责，在护士监督管理工作中滥用职权、徇私舞弊，或者有其他失职、渎职行为的，依法给予处分；构成犯罪的，依法追究刑事责任。

2. 医疗卫生机构违反有关护士配备标准及护理人员执业资格规定的法律责任。医疗卫生机构有下列情形之一的，由县级以上地方人民政府卫生主管部门依据职责分工责令限期改正，给予警告；逾期不改正的，根据国务院卫生主管部门规定的护士配备标准和在医疗卫生机构合法执业的护士数量核减其诊疗科目，或者暂停其6个月以上1年以下执业活动；国家举办的医疗卫生机构有下列情形之一、情节严重的，还应当对负有责任的主管人员和其他直接责任人员依法给予处分：

（1）违反《护士条例》规定，护士的配备数量低于国务院卫生主管部门规定的护士配备标准的；

（2）允许未取得护士执业证书的人员或者允许未依照《护士条例》规定办理执业地点变更手续、延续执业注册有效期的护士在本机构从事诊疗技术规范规定的护理活动的。

3. 医疗卫生机构违反有关工资、福利、社保、津贴及职业危险保护规定的法律责任。医疗卫生机构有下列情形之一的，依照有关法律、行政法规的规定给予处罚；国家举办的医疗卫生机构有下列情形之一、情节严重的，还应当对负有责任的主管人员和其他直接责任人员依法给予处分：

（1）未执行国家有关工资、福利待遇等规定的；

（2）对在本机构从事护理工作的护士，未按照国家有关规定足额缴纳社会保险费用的；

（3）未为护士提供卫生防护用品，或者未采取有效的卫生防护措施、医疗保健措施的；

（4）对在艰苦边远地区工作，或者从事直接接触有毒有害物质、有感染传染病危险工作的护士,未按照国家有关规定给予津贴的。

4. 医疗卫生机构违反有关培训、管理规定的法律责任。医疗卫生机构有下列情形之一的,由县级以上地方人民政府卫生主管部门依据职责分工责令限期改正,给予警告:

(1) 未制订、实施本机构护士在职培训计划或者未保证护士接受培训的;

(2) 未依照《护士条例》规定履行护士管理职责的。

5. 护士执业违法的法律责任。护士在执业活动中有下列情形之一的,由县级以上地方人民政府卫生主管部门依据职责分工责令改正,给予警告;情节严重的,暂停其6个月以上1年以下执业活动,直至由原发证部门吊销其护士执业证书:

(1) 发现患者病情危急未立即通知医师的;

(2) 发现医嘱违反法律、法规、规章或者诊疗技术规范的规定,未依照《护士条例》第十七条的规定提出或者报告的;

(3) 泄露患者隐私的;

(4) 发生自然灾害、公共卫生事件等严重威胁公众生命健康的突发事件,不服从安排参加医疗救护的。

护士在执业活动中造成医疗事故的,依照医疗事故处理的有关规定承担法律责任。

6. 吊销执业证书的禁业期限。护士被吊销执业证书的,自执业证书被吊销之日起2年内不得申请执业注册。

7. 侵犯护士合法权益的法律责任。扰乱医疗秩序,阻碍护士依法开展执业活动,侮辱、威胁、殴打护士,或者有其他侵犯护士合法权益行为的,由公安机关依照治安管理处罚法的规定给予处罚;构成犯罪的,依法追究刑事责任。

【思考题】

1. 如何看待护士管理立法的现实意义?
2. 护士的执业权利和义务主要有哪些?

第九章 医疗纠纷预防和处理及医疗损害责任法律制度

【学习目的】

了解医疗纠纷预防和处理及医疗损害责任制度的历史沿革;理解医疗纠纷、医疗事故、医疗损害责任和医疗纠纷人民调解方面的基本概念和法律制度;明确医疗事故与医疗损害两个概念之间的联系和区别;掌握《中华人民共和国民法典》中医疗损害的不同类型和构成要件。

【案情导引】

原告是已故患者陈某的父母。陈某于2012年5月7日上午因"胸腹闷痛1天"到被告处就诊。被告诊断陈某系"胃胀",并开具药物。陈某服用药物后,于2012年5月8日晨起后出现胸腹部闷痛加剧、发热等病情加重的情形,但未进一步寻求诊治。2012年5月8日下午4时许,原告发现卧床的陈某呼吸、心跳已停止,经抢救无效死亡。同月9日,漳州市医院病理科对陈某进行了尸解病理检查,结论为:"符合急性心肌炎,倾向病毒性。"漳州市人民检察院检察技术处接受漳州市卫生局、漳州市医学会委托,于2012年7月6日出具《法医学死因鉴定书》,鉴定意见为:"陈某系患有病毒性心肌炎而猝死。"原、被告因赔偿问题不能达成一致意见,原告具状诉至法院。

经被告申请,法院委托漳州市医学会对本案医疗行为与陈某死亡是否存在因果关系、是否存在医疗过错、是否属于医疗事故及责任程度(即参与度、原因力的大小)进行鉴定。漳州市医学会依据《医疗事故处理条例》进行首次医疗事故技术鉴定,于2013年7月25日作出《医疗事故技术鉴定书》,分析意见为:1.患者死因系病毒性心肌炎而猝死。2.根据患方陈述,在病情加重情况下,患者未进一步诊治,是造成病情延误诊治的主要原因。3.医方系乡村医生,在诊疗过程中出现以下不足:(1)体检不全面;(2)用药不规范;(3)病情沟通不详细。医方诊疗行为与患者死亡无因果关系。结论为:本病例不属于医疗事故。原告不服,向法院申请重新鉴定。福建省医学会接受法院委托后,于2013年12月5日作出《医疗事故技术鉴定书》,分析意见为:1.根据患者病情演变及尸检病理检查结果,患者猝死原因为重症心肌炎,并发心力衰竭,以病毒性可能性大。该病起病急骤,发展迅速,病情凶险,死亡率高,早期诊断困难。2.医方在诊疗过程中,医疗记录不完整,用药欠规范。3.患者死亡是其病情发展的结果,与医方的诊疗行为无因果关系。结论为:本病例不属于医疗事故。

原告认为被告在诊疗过程中存在过错,并申请法院委托有资质的鉴定机构对被告方在诊疗过程中是否存在过错,该过错与原告的损害后果之间是否存在因果关系进行鉴定。南方医科大学司法鉴定中心收到法院的委托材料后,发函回复:被鉴定人就诊的整个医疗过程过于简短,病理资料有限,中心技术能力有限,无法对本案作出明确鉴定意见,不予受理本案委托。法院组织双方当事人再次摇号确定鉴定机构。北京华夏物证鉴定中心接受法院委托,于2015年3月4日作出《法医临床司法鉴定意见书》,鉴定意见为:被告对其诊疗过程的记录不能证实其已尽到了应尽的诊治义务,根据病毒性心肌炎的一般发展规律,提示被告可能存在对被鉴定人的病情注意不足的医疗过错,该医疗过错与被鉴定人陈某的死亡之间存在一定的因果关系,建议被告承担的过错责任程度以轻微责任为宜。

问题:
1. 医疗损害赔偿的法律依据是什么?
2. 本案经历多次鉴定,不同鉴定的法律依据是什么?
3. 法院最终应当以哪一份鉴定结论作为审理案件的依据?

第一节 医疗纠纷预防和处理及医疗损害责任法律制度的发展历程

一、《医疗事故处理办法》的时代

医疗纠纷是指医患双方因诊疗活动引发的争议。我国针对医疗纠纷的专门立法最早开始于1987年的《医疗事故处理办法》。但是由于在医疗事故鉴定程序和医疗事故补偿标准等方面存在严重不足,《医疗事故处理办法》在实践中并没有对医疗纠纷的解决发挥预期的积极作用。各地司法实践不统一,个别法院甚至完全排除《医疗事故处理办法》的适用,其中影响最为深远的是1999年泸州市中级人民法院出台的《审理医疗损害赔偿案件的若干意见(试行)》(泸中法发〔1999〕35号),明确规定"医方对自己是否有过错和违约行为,对医疗损害的因果关系负证明责任"。最高人民法院于2001年12月21日发布的《最高人民法院关于民事诉讼证据的若干规定》支持了泸州市中级人民法院的上述立场,确定"因医疗行为引起的侵权诉讼,由医疗机构就医疗行为与损害结果之间不存在因果关系及不存在医疗过错承担举证责任"。这样就在全国范围内统一了医疗纠纷案件的法律适用,同时也实际上否定了《医疗事故处理办法》。

二、《医疗事故处理条例》的时代

鉴于《医疗事故处理办法》在实践中遇到的问题,在卫生部多年立法调研的基础上,国务院于2002年2月20日通过了《医疗事故处理条例》。《医疗事故处理条例》更好地完善了医疗事故的鉴定和处理程序,明确了患者的知情同意权、查阅和复制病历资料等多项权益,并且大幅度提高了医疗事故损害赔偿标准。卫生部随后陆续颁布了《医疗机构病历管理规定》《医疗事故技术鉴定暂行办法》《医疗事故分级标准（试行）》等配套部门规章。2003年1月6日《最高人民法院关于参照〈医疗事故处理条例〉审理医疗纠纷民事案件的通知》出台，规定对于医疗事故引起的医疗赔偿纠纷参照《医疗事故处理条例》办理，对于医疗事故以外的原因引起的其他医疗赔偿纠纷适用《中华人民共和国民法通则》（简称《民法通则》）的规定。这一通知由此开启了我国医疗纠纷案件法律适用"二元制"的时代，人民法院要根据医疗纠纷是否构成医疗事故，分别适用《医疗事故处理条例》或者《民法通则》。特别是由于《医疗事故处理条例》所规定的损害赔偿标准低于《民法通则》和《最高人民法院关于审理人身损害赔偿案件适用法律若干问题的解释》的标准，再加上医疗事故鉴定制度普遍受到质疑，法律适用"二元制"现象对于医疗纠纷案件的处理造成了很大的干扰，各地继续存在严重的法律适用混乱问题。

三、从《侵权责任法》到《民法典》的时代

前述问题促使2009年12月26日第十一届全国人民代表大会常务委员会第十二次会议审议通过的《中华人民共和国侵权责任法》（简称《侵权责任法》）第七章放弃了"医疗事故"概念，而针对医疗纠纷中的民事责任创设了"医疗损害"概念。医疗损害概念的外延包括了医疗事故，但不限于医疗事故。《侵权责任法》实施后，医疗损害民事赔偿诉讼出现两个方面的重大变化：一是医疗损害诉讼"举证倒置"规则被废除。根据《侵权责任法》第五十四条，医疗损害实行过错责任原则，除了该法第五十八条规定的三种情形以外，其他因医疗行为引起损害的诉讼不再适用"举证责任倒置"规则。二是医疗损害赔偿的范围与项目统一。根据《侵权责任法》第十六条及以下条文的规定，医疗活动涉及的生命权、身体权、健康权、名誉权、隐私权、财产权等权益属于民事权益范围，造成损害的均应当予以赔偿。医疗损害赔偿项目与标准不再适用《医疗事故处理条例》的有关规定。当然《侵权责任法》并没有完全否定《医疗事故处理条例》及其相关的行政规章。与医疗损害相关的行为需要被追究行政责任的，仍然按照《医疗事故处理条例》等法规或规章执行，因此医疗机构必须充分重视"医疗事故"法律制度。此外，《医疗事故处理条例》关于医疗纠纷发生后的病历复印、封存、尸体解剖等规定对医疗纠纷处理活动仍然具有重要意义。

为了适应《侵权责任法》实施后医疗纠纷预防和处理的实践需要，国务院在经过长期准备之后于2018年7月颁布了《医疗纠纷预防和处理条例》，全面系统地规范了医疗纠纷的预防和处理制度。2019年12月颁布的《基本医疗卫生与健康促进法》进一步完善了患者知情同意权制度。随后于2020年5月颁布的《中华人民共和国民法典》（简称《民法典》）基本继承了《侵权责任法》第七章有关医疗损害责任的规定。总的来说，《民法典》《医疗纠纷预防和处理条例》及《医疗事故处理条例》已经初步构建了我国医疗损害责任及医疗纠纷预防和处理制度的完整体系。

第二节 医疗纠纷预防和处理制度

一、医疗纠纷的预防

为了预防和减少医疗纠纷,《医疗纠纷预防和处理条例》第三条明确规定,国家建立医疗质量安全管理体系,深化医药卫生体制改革,规范诊疗活动,改善医疗服务,提高医疗质量。国家卫生计生委于2016年9月颁布了《医疗质量管理办法》,建立完善了国家医疗质量管理相关制度:一是建立国家医疗质量管理与控制制度,确定各级卫生计生行政部门依托专业组织开展医疗质量管控的工作机制,充分发挥信息化手段在医疗质量管理领域的重要作用。二是建立医疗机构医疗质量管理评估制度,完善评估机制和方法,将医疗质量管理情况纳入医疗机构考核指标体系。三是建立医疗机构医疗安全与风险管理制度,鼓励医疗机构和医务人员主动上报医疗质量(安全)不良事件,促进信息共享和持续改进。四是建立医疗质量安全核心制度体系,共总结提炼了十八项医疗质量安全核心制度,要求医疗机构及其医务人员在临床诊疗中严格执行。这十八项制度包括:首诊负责制度、三级查房制度、会诊制度、分级护理制度、值班和交接班制度、疑难病例讨论制度、急危重患者抢救制度、术前讨论制度、死亡病例讨论制度、查对制度、手术安全核查制度、手术分级管理制度、新技术和新项目准入制度、危急值报告制度、病历管理制度、抗菌药物分级管理制度、临床用血审核制度、信息安全管理制度等。

此外,《医疗质量管理办法》也明确医疗机构是医疗质量的责任主体,医疗机构主要负责人是医疗质量管理第一责任人;要求医疗机构医疗质量管理实行院、科两级责任制,理顺工作机制;对门诊、急诊、药学、医技等重点部门和医疗技术、医院感染等重点环节的医疗质量管理提出明确要求。《医疗质量管理办法》强化了医疗质量监督管理和法律责任,进一步明确各级卫生计生行政部门的医疗质量监管责任,提出医疗质量信息化监管的机制与方法;同时在鼓励地方建立医疗质量管理激励机制的前提下,明确了医疗机构及其医务人员涉及医疗质量问题的法律责任。

《医疗纠纷预防和处理条例》第二章"医疗纠纷预防"的具体规定进一步强调了《医疗质量管理办法》有关医疗质量保障的部分内容,主要包括医疗卫生法律、法规、规章和诊疗相关规范、常规的培训和职业道德教育,院内医疗质量安全管理制度和风险管理,进货查验及保管制度,患者知情同意制度,对较高医疗风险诊疗活动的应急预案,病历资料的制作与保管,患者查阅权,医患沟通机制,投诉接待制度等。

二、医疗纠纷的院内处理

发生医疗纠纷后,医疗机构应当及时主动告知患者或者其近亲属下列事项:①解决医疗纠纷的合法途径;②有关病历资料、现场实物封存和启封的规定;③有关病历资料查阅、复制的规定。如果患者已经死亡,医疗机构还应当告知其近亲属有关尸检的规定。解决医疗纠纷的合法途径包括:①双方自愿协商;②申请人民调解;③申请行政调解;④向人民法院提起诉讼。需要封存、启封病历资料的，应当在医患双方在场的情况下进行。封存的病历资料可以是原件，也可以是复制件，由医疗机构保管。病历尚未完成需要封存的，对已完成病历先行封存；病历按照规定完成后，再对后续完成部分进行封存。医疗机构应当对封存的病历开列封存清单，由医患双方签字或者盖章，各执一份。如果疑似输液、输血、注射、用药等引起不良后果的，医患双方应当共同对现场实物进行封存、启封，封存的现场实物由医疗机构保管；需要检验的，应当由双方共同委托依法具有检验资格的检验机构进行检验。如果医患双方对于患者死亡原因有异议，应当在患者死亡后48小时内进行尸检；具备尸体冻存条件的，可以延长至7日。尸检应当经死者近亲属同意并签字，拒绝签字的，视为死者近亲属不同意进行尸检。不同意或者拖延尸检，超过规定时间，影响对死因判定的，由不同意或者拖延的一方承担责任。

《医疗纠纷预防和处理条例》第二十九条规定，医患双方应当依法维护医疗秩序，禁止实施危害患者和医务人员人身安全、扰乱医疗秩序的行为。对于医患双方自愿协商解决医疗纠纷的，《医疗纠纷预防和处理条例》第三十条要求，双方应当在专门场所协商，不得影响正常医疗秩序。如果医患双方人数较多，应当推举代表进行协商，每方代表人数不超过5人。协商解决医疗纠纷应当坚持自愿、合法、平等的原则，尊重当事人的权利，尊重客观事实。协商确定赔付金额应当以事实为依据，防止畸高或者畸低。医患双方经协商达成一致的，应当签署书面和解协议书。

三、医疗纠纷的院外处理——医疗纠纷人民调解

医疗纠纷人民调解是指在医疗纠纷人民调解委员会主持下，以国家法律、法规、规章和社会公德规范为依据，通过说服、疏导等方法，促使当事人在平等协商基础上自愿达成调解协议、解决民间纠纷的活动。相对于卫生行政部门，医疗纠纷人民调解委员会在调解医疗纠纷时处于更加中立的地位，更容易获得患者一方的信赖，因此医疗纠纷人民调解当前已经发展成为医疗纠纷院外处理的一种主要形式。2010年出台的《关于加强医疗纠纷人民调解工作的意见》（司发通〔2010〕5号）开启了医疗纠纷人民调解制度的全面建设，提出要大力推进医疗纠纷人民调解工作，建立以医疗纠纷人民调解为主体，医疗纠纷院内调解、人民调解、司法调解与医疗责任风险分担机制相衔接的医疗纠纷处理体系。截至2014年4月，全国已经建立了医疗纠纷人民调解组织3 396个，有人民调解员2.5万多人，55%的医疗纠纷人民调解委员会具备政府财政支持。2013年全国共调解医疗纠纷6.3万件，调解成功率达88%。在此基础上，《医疗纠纷预防和处理条例》进一步具体规范了医疗纠纷人民调解的机构建设、组织制度和调解程序。

医疗纠纷人民调解委员会是依据《中华人民共和国人民调解法》（简称《人民调解法》）设立的专业性群众组织，由具有较强专业知识和较高调解技能、热心调解事业的离退休医学专家、法官、检察官、警官，以及律师、公证员、法律工作者和人民调解员组成，原则上每个医疗纠纷人民调解委员会至少配备3名以上专职人民调解员。司法行政部门与卫生、民政等部门对医疗纠纷人民调解委员会的工作进行监督指导，建立医学、法学专家库，提供专业咨询指导，帮助医疗纠纷人民调解委员会做到依法、规范调解。

申请医疗纠纷人民调解的，由医患双方共同向医疗纠纷人民调解委员会提出申请；一方申请调解的，医疗纠纷人民调解委员会在征得另一方同意后进行调解。申请人可以以书

面或者口头形式申请调解。医疗纠纷人民调解委员会获悉医疗机构内发生重大医疗纠纷,可以主动开展工作,引导医患双方申请调解。医疗纠纷人民调解委员会调解医疗纠纷,不得收取费用。

医疗纠纷人民调解委员会调解医疗纠纷按照《人民调解法》《人民调解委员会组织条例》《人民调解工作若干规定》要求的程序进行。人民调解员根据纠纷的不同情况,可以采取多种方式调解民间纠纷,充分听取当事人的陈述,讲解有关法律、法规和国家政策,耐心疏导,在当事人平等协商、互谅互让的基础上提出纠纷解决方案,帮助当事人自愿达成调解协议。在征得当事人的同意后,人民调解员可以邀请具有专门知识、特定经验的人员或者有关社会组织的人员参与调解。需要进行相关鉴定以明确责任的,经双方同意,医疗纠纷人民调解委员会可以委托有法定资质的专业鉴定机构进行鉴定。

当事人在人民调解活动中享有的权利:选择或者接受人民调解员;接受调解、拒绝调解或者要求终止调解;要求调解公开进行或者不公开进行;自主表达意愿、自愿达成调解协议。同时,当事人有义务如实陈述纠纷事实;遵守调解现场秩序,尊重人民调解员;尊重对方当事人行使权利。

对于经人民调解委员会调解成功的案件,人民调解委员会可以制作调解协议书。调解协议书自各方当事人签名、盖章或者按指印,人民调解员签名并加盖人民调解委员会印章之日起生效。经人民调解委员会调解达成的调解协议,具有法律约束力,当事人应当按照约定履行。双方当事人认为有必要的,还可以共同向人民法院申请司法确认,由人民法院对调解协议进行审查,依法确认调解协议的效力。人民法院依法确认调解协议有效,一方当事人拒绝履行或者未全部履行的,对方当事人可以向人民法院申请强制执行。

第三节 医疗事故处理制度

一、医疗事故的概念与分级

(一)医疗事故概念

根据《医疗事故处理条例》第二条的规定,医疗事故是指医疗机构及其医务人员在医疗活动中,违反医疗卫生管理法律、行政法规、部门规章和诊疗护理规范、常规,过失造成患者人身伤害的事故。其要点是:

1. 医疗事故的责任主体是医疗机构及其医务人员

国家对从事医疗活动的医疗机构和医务人员设定了严格的许可制度。所谓医疗机构必须是取得设置医疗机构批准书、领取医疗机构执业许可证的合法机构;医务人员亦指按照现行法律规定取得法定资格后执业的人员。

2. 医疗事故发生在医疗活动中

医疗事故必然与医疗活动有关。诊疗护理是医疗活动的主要内容和形式,没有医疗活动内容的事故,不能被称为医疗事故。医疗活动的外延一般被认为是医疗机构和医务人员在执业范围内从事的专业性活动。

3. 造成医疗事故的行为具有违法违规性

违法是指违反卫生管理方面的法律、行政法规、部门规章和诊疗护理规范、常规。遵守这些法律及规范是医疗活动合法性、正当性的必要前提。虽然违法违规行为不一定构成医疗事故，但是造成医疗事故的行为必定具有违法违规性。

4. 过失造成患者人身损害

医疗机构及医务人员对损害的发生具有主观上的过失。过失是行为人对其行为的结果应当预见而没有预见或者已经预见但轻信能够避免的主观心理状态。过失区别于故意，如果故意造成患者人身损害，则不属于医疗事故范畴。

5. 过失行为与患者遭受的损害之间具有因果关系

因果关系是法律责任的构成要件。实践中，过失行为与患者的损害之间往往存在多种情况，如多因一果、此因彼果等等，需要进行具体的、实事求是的分析。是否具有因果关系通常需要通过医疗事故技术鉴定来确定。

此外，《医疗事故处理条例》排除了以下不属于医疗事故的若干情形：

（1）在紧急情况下为抢救垂危患者而采取紧急措施造成不良后果的；
（2）在医疗活动中由于患者病情异常或者患者体质特殊而发生医疗意外的；
（3）在现有医学科学技术条件下，发生无法预料或者不能防范的不良后果的；
（4）无过错输血感染造成不良后果的；
（5）因患者原因延误诊疗导致不良后果的；
（6）因不可抗力造成不良后果的。

（二）医疗事故分级

为了正确处理医疗事故，合理确定法律责任，保护患者和医疗机构及医务人员的合法权益，《医疗事故分级标准（试行）》根据对患者人身造成的损害程度，把医疗事故分为四级十二等，每一等均列出了损害的具体情形，便于分级分等参照。

1. 一级医疗事故
造成患者死亡、重度残疾，分为甲、乙两等。

2. 二级医疗事故
造成患者中度残疾、器官组织损伤导致严重功能障碍，分为甲、乙、丙、丁四等。

3. 三级医疗事故
患者轻度残疾、器官组织损伤导致一般功能障碍，分为甲、乙、丙、丁、戊五等。

4. 四级医疗事故
造成患者明显人身损害的其他后果的医疗事故，未分等。

二、医疗事故的预防与处置

（一）医疗事故的预防

为了有效地预防医疗事故，《医疗事故处理条例》规定，医疗机构及其医务人员，必须积极从各方面预防医疗事故。医疗机构应当对医务人员进行卫生管理法律、法规、规章和诊疗护理规范培训，组织医疗安全、质量意识教育，及时传达上级卫生部门有关医疗安全方面的文件和各项规定；应当设置医疗服务质量监控部门或者配备专（兼）职人员，具体负责监督本医疗机构的医务人员的医疗服务工作，检查医务人员执业情况，接受患者对医疗服务的投诉,向其提供咨询服务;应当制定防范、处理医疗事故的预案,预防医疗事故的发生,减轻医疗事故的损害。

（二）医疗事故的处置措施

1. 报告措施

医务人员在医疗活动中发生或者发现医疗事故、可能引起医疗事故的医疗过失行为或者发生医疗事故争议的,应当立即向所在科室负责人报告,科室负责人应当及时向相关部门报告,直至向医疗机构负责人报告。

发生导致患者死亡或者可能为二级以上的医疗事故,导致3人以上人身损害后果的重大医疗过失行为,医疗机构应当在12小时内向所在地卫生行政部门报告;《医疗事故处理条例》第三十八条规定,患者死亡或可能为二级以上的医疗事故,县级人民政府卫生行政部门应当自接到医疗机构的报告或当事人提出医疗事故争议处理申请之日起7日内移送上一级人民政府卫生行政部门处理。

2. 补救措施

发生或发现医疗过失行为,医疗机构及其医务人员应立即采取有效措施,避免或者减轻对患者身体健康的损害,防止损害扩大。

3. 病历和可疑实物封存措施

发生医疗事故争议时,死亡病例讨论记录、疑难病例讨论记录、上级医师查房记录、会诊意见、病程记录等主观病历资料在医患双方在场的情况下封存和启封,封存的病历资料由医疗机构保管。疑似输液、输血、注射、药物等引起不良后果的,医患双方共同对现场实物进行封存和启封,封存的现场实物由医疗机构保管。

4. 尸检措施

患者死亡,医患双方当事人不能确定死因或者对死因有异议的,应当在患者死亡后48小时内进行尸检。尸检应当由按照国家有关规定取得相应资格的机构和病理解剖专业技术人员进行。拒绝或者拖延尸检,超过规定时间,影响对死因判定的,由拒绝或者拖延的一方承担责任。

三、医疗事故技术鉴定

医疗事故技术鉴定,是指根据《医疗事故处理条例》《医疗事故技术鉴定暂行办法》和《医疗事故分级标准(试行)》的规定,由医学会组织有关临床医学专家或(和)法医学专家组成的专家组,运用医学、法医学等科学知识和技术,对涉及医疗事故纠纷的有关专门性问题进行检验、鉴别和判断并提供鉴定结论的活动。医疗事故技术鉴定结论可以作为医患双方协商解决医疗纠纷的依据,是卫生行政部门处理医疗纠纷案件及作出行政处罚的法定依据,同时也是医疗纠纷诉讼中的重要证据之一。

市级医学会负责首次鉴定,省级医学会负责再次鉴定,中华医学会只在必要时组织疑难、复杂并在全国有重大影响的医疗事故争议的鉴定工作。对不需要进行医疗事故技术鉴定的或者医疗机构不如实提供相关材料、不配合相关调查,导致医疗事故技术鉴定不能进行的,卫生行政部门可以依据调查结果对医疗事故争议进行直接判定。

负责医疗事故技术鉴定的医学会建立医疗事故技术鉴定专家库。专家来源于医疗机构、医学教学科研机构和法医,除了本行政区域外也可以来自外省市。专家应具有良好的业务素质和执业品德,受聘于相关机构并担任相应专业高级技术职务3年以上。每起鉴定,通常由医患双方在医学会的主持下从专家库中随机抽取5或7名专家组成鉴定组。

医学会自接到双方当事人提交的有关材料、书面陈述及答辩之日起45日内组织鉴定,并应在实施鉴定7日前,将鉴定的时间、地点、要求等书面通知双方当事人,双方当事人按通知要求参加鉴定,参加鉴定的双方当事人每一方人数不超过3人,任何一方当事人无故缺席、自行退席或拒绝参加鉴定的,不影响鉴定的进行。

医疗事故技术鉴定实行两级鉴定终结制。任何一方当事人对首次鉴定结论不服的,可以自收到首次医疗事故技术鉴定书之日起15日内向卫生行政部门提出再次鉴定的申请,或由双方当事人共同委托省、自治区、直辖市医学会组织再次鉴定。

四、医疗事故处理

卫生行政部门受理当事人医疗事故争议处理申请和接到医疗机构关于重大医疗过失行为的报告后,对于不能判断是否属于医疗事故的,在作出受理决定之日起5日内将有关材料交由市级医学会组织鉴定并书面通知申请人。卫生行政部门受理的再次鉴定的申请,在收到申请之日起7日内交由省级医学会组织再次鉴定。

对于鉴定为医疗事故的,双方当事人就赔偿事宜申请由卫生行政部门调解的,卫生行政部门可以进行调解。

县级以上地方人民政府卫生行政部门必须逐级将当地发生的医疗事故及对发生医疗事故的医疗机构和医务人员作出行政处理的情况上报国务院卫生行政部门。

五、医疗机构及医务人员的医疗事故法律责任

需追究责任的情形:①发生医疗事故;②涂改、伪造、隐匿、销毁病历资料;③未如实告知患者病情、医疗措施和医疗风险;④没有正当理由,拒绝为患者提供复印或者复制病历资料服务;⑤未在规定的时间内补记抢救工作病历内容;⑥未按规定的要求书写和妥善保管病历资料;⑦未按照"条例"的规定封存、保管、启封病历资料和实物;⑧未制定有关医疗事故防范和处理预案;⑨未在规定时间内向卫生行政部门报告重大医疗过失行为;⑩未设置医疗服务质量监控部门或者配备专(兼)职人员;⑪未按照"条例"规定向卫生行政部门报告医疗事故;⑫未按照规定进行尸检和保存处理尸体。

责任:对发生上述情形①的医疗机构给予警告;情节严重的,责令限期停业整顿直至由原发证部门吊销执业许可证;对负有责任的医务人员按照刑法追究刑事责任,尚不够刑事处罚的依法给予行政处分或纪律处分或暂停执业活动、吊销执业证书的处罚。对发生上述情形②的医疗机构,责令改正,给予警告;对负有责任的主管人员和其他直接责任人员给予行政处分或纪律处分,情节严重的,吊销执业证书或者资格证书。对发生上述情形③~⑫的医疗机构,责令改正,情节严重的,对负有责任的主管人员和其他直接责任人员给予行政处分或纪律处分。

第四节 医疗损害责任制度

一、医疗损害责任一般规定

《民法典》第七编第六章详细规定了医疗损害责任。其中第一千二百一十八条规定:"患者在诊疗活动中受到损害,医疗机构或者其医务人员有过错的,由医疗机构承担赔偿责任。"该规定包含了损害后果、过错与因果关系等民事侵权责任的基本构成要件。

1. 损害后果

根据第一千二百一十八条的规定,只有患者在诊疗活动中受到损害,才会产生医疗损害责任。根据《医疗机构管理条例实施细则》第八十八条,"诊疗活动:是指通过各种检查,使用药物、器械及手术等方法,对疾病作出判断和消除疾病、缓解病情、减轻痛苦、改善功能、延长生命、帮助患者恢复健康的活动"。因此患者在医疗机构受到的损害并非都必然是医疗损害。比如医院内地板湿滑导致就诊的患者摔倒受伤,医疗机构违反的只是《民法典》第一千一百九十八条第一款规定的公共场所管理者未尽到安全保障义务,而不构成医疗损害责任。

2. 过错

过错在法律上是指行为人在主观心理上或客观行为上的可归责性,包括故意与过失两种形式。故意是指行为人明知自己的行为会发生侵害他人权益的结果,并且希望或者放任这种结果的发生。过失是指应当预见自己的行为可能发生侵害他人权益的结果,却因为疏忽大意而没有预见,或者已经预见而轻信能够避免。医疗损害责任主要是由医疗机构及其医务人员的过失所引起的。

《民法典》第一千二百二十一条规定:"医务人员在诊疗活动中未尽到与当时的医疗水平相应的诊疗义务,造成患者损害的,医疗机构应当承担赔偿责任。"因此,判断诊疗行为是否存在过错的客观依据是"当时的医疗水平"。尽到诊疗义务的一个重要方面,是诊疗行为符合法律、行政法规、规章以及诊疗规范的有关要求。实践中,在判断何为"当时的医疗水平"时,应当综合考虑医疗条件、医疗水平、医疗机构及其医务人员的资质、地域性、专门性和紧急性等因素。

原则上患者应当举证证明医疗机构及其医务人员的诊疗行为存在过错,这通常要依赖于医疗损害鉴定。但是为了减轻患者的举证困难,《民法典》第一千二百二十二条规定:"患者在诊疗活动中受到损害,有下列情形之一的,推定医疗机构有过错:(1)违反法律、行政法规、规章以及其他有关诊疗规范的规定;(2)隐匿或者拒绝提供与纠纷有关的病历资料;(3)遗失、伪造、篡改或者违法销毁病历资料。"

3. 因果关系

诊疗活动与患者的损害之间存在因果关系,即患者的损害是由诊疗活动所导致。如果损害与诊疗活动不存在因果关系,则医疗机构不承担责任。例如,患者或者其近亲属不配合医疗机构进行符合诊疗规范的诊疗,因此遭受的损害就与诊疗活动没有因果关系。诊疗活动与患者损害之间的因果关系由患者负责举证，由于涉及专业技术问题，通常需要借助于医疗损害鉴定来完成。

二、医疗损害的基本类型

1. 医疗技术损害

医疗技术损害是指医疗机构及其医务人员在运用医学知识、技术及设备为患者诊断病情并实施治疗的过程中，因未尽到与当时的医疗水平相应的诊疗义务，对患者造成的损害。医务人员采用的诊疗方法、药品和器械等应当符合法律法规、部门规章、诊疗规范以及医疗水平的要求。医疗机构及医务人员不得采用已经明确被淘汰的诊疗方法、药品和器械。

2. 对患者知情同意权的侵害

《民法典》第一千二百一十九条规定："医务人员在诊疗活动中应当向患者说明病情和医疗措施。需要实施手术、特殊检查、特殊治疗的，医务人员应当及时向患者具体说明医疗风险、替代医疗方案等情况，并取得其明确同意；不能或者不宜向患者说明的，应当向患者的近亲属说明，并取得其明确同意。"根据《医疗机构管理条例实施细则》第八十八条规定："特殊检查、特殊治疗：是指具有下列情形之一的诊断、治疗活动：（1）有一定危险性，可能产生不良后果的检查和治疗；（2）由于患者体质特殊或者病情危笃，可能对患者产生不良后果和危险的检查和治疗；（3）临床试验性检查和治疗；（4）收费可能对患者造成较大经济负担的检查和治疗。"另外，《基本医疗卫生与健康促进法》第三十二条还强调了患者对医疗费用的知情同意权。

在特定情形下，患者的知情同意权可以受到限制。《民法典》第一千二百二十条规定："因抢救生命垂危的患者等紧急情况，不能取得患者或者其近亲属意见的，经医疗机构负责人或者授权的负责人批准，可以立即实施相应的医疗措施。"根据《最高人民法院关于审理医疗损害责任纠纷案件适用法律若干问题的解释》第十八条规定，不能取得患者或者其近亲属意见的情形包括近亲属不明、不能及时联系到近亲属、近亲属拒绝发表意见、近亲属达不成一致意见等情形。

除此之外，"书面同意"不再是患者知情同意的形式要求。临床实践中的知情同意书在法律上主要发挥证据功能，书面形式不是患者知情同意的生效要件。《民法典》如此规定的原因是，过去实践中部分医疗机构机械地要求患者或者近亲属签署"书面"同意，从而导致延误最佳治疗时机。未来可以结合诊疗规范、操作经验等综合认定患者知情同意的有效形式。

3. 医疗产品损害

医疗产品损害是指医疗机构在诊疗过程中使用有缺陷的药品、消毒产品、医疗器械以及血液及血液制品等医疗产品因此造成的患者人身损害。《民法典》第一千二百二十三条规定："因药品、消毒产品、医疗器械的缺陷，或者输入不合格的血液造成患者损害的，患者可以向药品上市许可持有人、生产者、血液提供机构请求赔偿，也可以向医疗机构请求赔偿。"

另外要注意的是，对于疫苗接种造成的损害要区分不同情形。根据《疫苗管理法》第五十六条，国家实行预防接种异常反应补偿制度。如果实施接种过程中或者实施接种后出现受种者死亡、严重残疾、器官组织损伤等损害，并且该损害属于预防接种异常反应或者不能排除的，应当按照国家规定给予补偿。针对《疫苗管理法》第五十二条规定的预防接种异常反应之外的其他损害才适用《民法典》第一千二百二十三条。

4. 对患者隐私权和个人信息的侵害

医疗机构及医务人员对于诊疗过程中获得的患者健康状况、家庭情况及其他隐私，负有保密义务。《民法典》第一千二百二十六条规定："医疗机构及其医务人员应当对患者的隐私和个人信息保密。泄露患者的隐私和个人信息，或者未经患者同意公开其病历资料的，应当承担侵权责任。"隐私权和个人信息保护的具体内容规定于《民法典》第四编第六章。其中，《民法典》第一千零三十二条第二款对隐私的定义为："隐私是自然人的私人生活安宁和不愿为他人知晓的私密空间、私密活动、私密信息。"理论上认为，隐私权是指自然人享有的私人生活安宁与私人信息秘密依法受到保护，不被他人非法侵扰、知悉、收集、利用和公开的一种人格权。《民法典》第一千零三十四条对受保护个人信息的定义是，"以电子或者其他方式记录的能够单独或者与其他信息结合识别特定自然人的各种信息"。

5. 过度医疗

过度医疗是超过疾病实际需求的诊断和治疗的行为，包括过度检查、过度治疗。《民法典》第一千二百二十七条规定："医疗机构及其医务人员不得违反诊疗规范实施不必要的检查。"对于患者因为过度医疗而遭受的不必要医疗费用支出等损害后果，医疗机构应当承担赔偿责任。

三、医疗损害责任的承担

根据《民法典》第一百七十九条规定："承担民事责任的方式主要有：（1）停止侵害；（2）排除妨碍；（3）消除危险；（4）返还财产；（5）恢复原状；（6）修理、重作、更换；（7）继续履行；（8）赔偿损失；（9）支付违约金；（10）消除影响，恢复名誉；（11）赔礼道歉。法律规定惩罚性赔偿的，依照其规定。本条规定的承担民事责任的方式，可以单独适用，也可以合并适用。"《民法典》第一千一百七十九条规定："侵害他人造成人身损害的，应当赔偿医疗费、护理费、交通费、营养费、住院伙食补助费等为治疗和康复支出的合理费用，以及因误工减少的收入。造成残疾的，还应当赔偿辅助器具费和残疾赔偿金；造成死亡的，还应当赔偿丧葬费和死亡赔偿金。"《民法典》第一千一百八十二条规定："侵害他人人身权益造成财产损失的，按照被侵权人因此受到的损失或者侵权人因此获得的利益赔偿；被侵权人因此受到的损失以及侵权人因此获得的利益难以确定，被侵权人和侵权人就赔偿数额协商不一致，向人民法院提起诉讼的，由人民法院根据实际情况确定赔偿数额。"侵害他人人身权益，造成他人严重精神损害的，被侵权人可以请求精神损害赔偿。

四、法定不承担责任的情形

在某些特殊情况下，由于条件限制，医务人员主观上没有过错，即便造成了不良后果也不应当承担责任。《民法典》第一千二百二十四条第一款规定："患者在诊疗活动中受到损害，有下列情形之一的，医疗机构不承担赔偿责任：（1）患者或者其近亲属不配合医疗机构进行符合诊疗规范的诊疗；（2）医务人员在抢救生命垂危的患者等紧急情况下已经尽到合理诊疗义务；（3）限于当时的医疗水平难以诊疗。"

五、医疗损害鉴定

（一）医疗损害鉴定的含义

医疗损害鉴定是指人民法院在医疗纠纷案件审判过程中，为了确定医疗机构及其医务人员对于医疗损害的发生有无过错，或者诊疗行为与医疗损害之间是否存在因果关系等专业性问题，根据当事人的申请或者依职权委托法定的鉴定机构对医疗过程及医疗损害涉及的医疗技术等专业问题进行的鉴定活动。

根据《最高人民法院关于适用〈中华人民共和国侵权责任法〉若干问题的通知》，人民法院审理民事纠纷案件，根据当事人的申请或者依职权决定进行鉴定的，统一称为"医疗损害鉴定"。2010年6月28日发布的《卫生部关于做好〈侵权责任法〉贯彻实施工作的通知》将人民法院委托各级医学会进行的鉴定称为"医疗损害责任技术鉴定"。因此，"医疗损害鉴定"与"医疗损害责任技术鉴定"的含义是相同的。

（二）医疗损害鉴定机构和鉴定标准

人民法院可以依据当事人的申请或依职权决定委托具备条件的医学会或司法鉴定机构进行医疗损害鉴定，但是各地法院的具体操作实践并不统一。比如，江苏省高级人民法院在《江苏省高级人民法院关于做好〈中华人民共和国侵权责任法〉实施后医疗损害鉴定工作的通知》中规定，医疗损害鉴定应委托医学会组织专家进行，统称为医疗损害鉴定；当事人均同意委托其他司法鉴定机构进行医疗损害鉴定的，应予准许。广东省高级人民法院在《广东省高级人民法院关于人民法院委托医疗损害鉴定若干问题的意见（试行）》中规定，人民法院审理医疗损害责任纠纷案件，只能委托省内具备条件的医学会或司法鉴定机构进行医疗损害鉴定。

根据《卫生部关于做好〈侵权责任法〉贯彻实施工作的通知》，对于司法机关或医患双方共同委托的医疗损害责任技术鉴定，医学会应当受理，并可参照《医疗事故技术鉴定暂行办法》等有关规定，依法组织鉴定；医疗损害责任技术鉴定分级参照《医疗事故分级标准（试行）》执行。尽管如此，在委托医学会进行鉴定时，江苏省高级人民法院、卫生厅联合颁布的《江苏省高级人民法院、江苏省卫生厅关于医疗损害鉴定工作的若干意见（试行）》、广东省高级人民法院的《北京市高级人民法院关于人民法院委托医疗损害鉴定若干问题的意见（试行）》和北京市高级人民法院的《关于审理医疗损害赔偿纠纷案件若干问题的指导意见（试行）》中都对鉴定程序进行了特别规定，对《医疗事故技术鉴定暂行办法》和《医疗事故分级标准（试行）》的适用进行了一定的限制和补充。

如果人民法院依据当事人的申请或依职权决定委托司法鉴定机构进行医疗损害鉴定，则按照《全国人民代表大会常务委员会关于司法鉴定管理问题的决定》《最高人民法院对外委托鉴定、评估、拍卖等工作管理规定》及2016年修订的《司法鉴定程序通则》组织鉴定。

（三）医疗损害鉴定的内容

根据《最高人民法院关于审理医疗损害责任纠纷案件适用法律若干问题的解释》第十一条，当事人可以申请鉴定的主要有下列专门性问题：

1. 实施诊疗行为有无过错；
2. 诊疗行为与损害后果之间是否存在因果关系以及原因力大小；
3. 医疗机构是否尽到了说明义务、取得患者或者患者近亲属明确同意的义务；

4. 医疗产品是否有缺陷、该缺陷与损害后果之间是否存在因果关系以及原因力的大小；

5. 患者损伤残疾程度；

6. 患者的护理期、休息期、营养期；

7. 其他专门性问题。

【思考题】
1. 医疗事故与医疗损害有何关联？
2. 医疗事故鉴定与医疗损害鉴定有什么区别？
3. 医疗损害责任有哪些类型？

第十章　健康促进法律制度

【学习目的】

掌握《母婴保健法》中婚前保健和孕产期保健的内容、胎儿性别鉴定的禁止性规定、《人口与计划生育法》中对公民生育权利和义务的规定；熟悉流动人口计划生育工作管理的要求、计划生育技术服务的内容；了解《母婴保健法》《人口与计划生育法》中对相关违法行为追究法律责任的规定以及我国初级卫生保健的法制建设工作进展。

【案情导引】

2013年11月上旬，安徽省蚌埠市怀远县卫生局接到举报称，孕妇赵某在县城某街道曹某开办的"以马内利"诊所引产造成重伤，生命垂危。卫生、计生、公安三部门抽调专人负责此案。经查，孕妇赵某2011年初育一女，2013年再次怀孕，9月份已怀孕4个多月时由家人托关系找外地B超医生鉴定胎儿性别为女孩，遂欲引产。因无计生部门开具的引产证明，医院不同意为其实施引产手术。孕妇家人又托人找到曹某（某乡镇卫生院退休执业护士），在其开设的"以马内利"诊所花3 200元人民币做引产手术。2013年10月28日，曹某为赵某注射引产药物，次日又为其做钳夹术，但未把胎儿夹出来。经B超检查发现胎儿仍活着，曹某让赵某服用米非司酮和米索前列醇。11月2日，曹某再次为赵某做钳夹术，但只夹出部分。11月3日，赵某在曹某诊所行清宫术，当晚10时腹痛不止，紧急送医。经蚌埠市第一人民医院检查后诊断为：（1）急性弥漫性腹膜炎；（2）子宫穿孔；（3）直肠穿孔。经查，曹某的诊所无医疗机构执业许可证，曹某本人无母婴保健技术合格证书、医师执业资格及证书。2014年1月15日，曹某因涉嫌非法进行节育手术罪被怀远县公安局刑事拘留。（案例来源：陶跃宇.一起非法终止妊娠致人重伤移送案件的分析与探讨.北京：2015临床急重症经验交流第二次高峰论坛，2015.）

问题：

1. 曹某从事的引产活动违反了哪些法律、法规的规定？曹某应承担哪些法律责任？
2. 为什么非法行医、非法终止妊娠屡禁不止？

第一节 母婴保健法律制度

一、母婴保健法概述

母婴保健法,是指调整保障母亲和婴儿健康,提高出生人口素质活动中产生的各种社会关系的法律规范的总称。

在我国,母婴保健工作一直受到党和政府的高度关心。我国宪法规定,婚姻、家庭、母亲和儿童受国家保护。《中华人民共和国基本医疗卫生与健康促进法》第二十四条也规定,国家发展妇幼保健事业,建立健全妇幼健康服务体系,为妇女、儿童提供保健及常见病防治服务,保障妇女、儿童健康。国家采取措施,为公民提供婚前保健、孕产期保健等服务,促进生殖健康,预防出生缺陷。为了用法律手段来保障母亲和婴儿健康,提高出生人口素质,1994年10月27日第八届全国人民代表大会党务委员会第十次会议通过了《中华人民共和国母婴保健法》,并自1995年6月1日起施行。这是我国第一部保护妇女和儿童健康的法律,是宪法对人民的健康和对妇女、儿童保护原则的具体化,是我国妇幼卫生史上的一个里程碑。2009年8月27日第十一届全国人民代表大会常务委员会第十次会议通过了《全国人民代表大会常务委员会关于修改部分法律的决定》,其中包括对《母婴保健法》进行了修正。2017年依据《全国人民代表大会常务委员会关于修改〈中华人民共和国会计法〉等十一部法律的决定》,对《母婴保健法》又进行了修改。为了更好地贯彻实施母婴保健法,2001年6月20日国务院发布了《中华人民共和国母婴保健法实施办法》(简称《母婴保健法实施办法》)。该实施办法根据2017年11月17日公布的中华人民共和国国务院令第690号进行了修订。国务院卫生行政部门还相继制定了《婚前保健工作规范》《产前诊断技术管理办法》《母婴保健医学技术鉴定管理办法》《关于禁止非医学需要的胎儿性别鉴定和选择性别的人工终止妊娠的规定》等规章。

二、母婴保健工作的相关机构及其职责

(一)各级政府和有关部门的职责

国务院卫生行政部门主管全国的母婴保健工作,其职责主要包括:执行《母婴保健法》及其实施办法;制定《母婴保健法》配套规章及技术规范,并负责解释;按照分级分类指导原则制定全国母婴保健工作发展规划和实施步骤;组织推广母婴保健适宜技术并进行评价;对母婴保健工作进行监督管理。国务院其他有关部门在各自职责范围内,配合卫生行政部门做好母婴保健工作。

县级以上地方人民政府卫生行政部门管理本行政区域内的母婴保健工作并实施监督,其主要职责是:按照国务院卫生行政部门规定的条件和技术标准,对从事婚前医学检查、遗传病诊断、产前诊断、结扎手术和终止妊娠手术的单位进行审批和注册;对从事婚前医学检查、遗传病诊断、产前诊断、结扎手术和终止妊娠手术的人员以及从事家庭接生的人员进行考核,并颁发相应的证书;对《母婴保健法》及其实施办法的执行情况进行监督检查;依照

《母婴保健法》及其实施办法进行行政处罚。

（二）医疗保健机构及母婴保健工作人员

医疗保健机构按照国务院卫生行政部门的规定，负责其职责范围内的母婴保健工作。医疗保健机构开展婚前医学检查、遗传病诊断、产前诊断以及施行结扎手术和终止妊娠手术，必须符合国务院卫生行政部门规定的条件和技术标准，并经县级以上人民政府卫生行政部门许可。

从事遗传病诊断、产前诊断的人员，必须经过省、自治区、直辖市人民政府卫生行政部门的考核，并取得相应的合格证书；从事婚前医学检查、施行结扎手术和终止妊娠手术的医疗、保健机构和人员以及从事家庭接生的人员，须经县级人民政府卫生行政部门的考核并取得相应的合格证书。母婴保健工作的人员应严格遵守有关技术操作规范，严格遵守职业道德。

（三）母婴保健监督员

为认真贯彻执行《母婴保健法》，加强对母婴保健工作的监督管理，我国实行母婴保健监督员制度。卫生部于1995年8月7日配套出台了《母婴保健监督员管理办法》。母婴保健监督员在县级以上地方人民政府卫生行政部门和妇幼保健机构中聘任。国家对母婴保健监督员实行资格考试、在职培训、工作考核和任免制度。县级以上地方人民政府卫生行政部门对母婴保健监督员进行统一管理。母婴保健监督员由聘任机关发给全国统一的证件。

母婴保健监督员在法定范围内，根据卫生行政部门或相应的监督管理机构交付的任务，行使下列监督职权：①监督检查《母婴保健法》及其实施办法的执行情况；②对违反《母婴保健法》及其实施办法的单位和个人提出处罚意见；③提出改进母婴保健工作的建议；④完成卫生行政部门交给的其他监督检查任务；⑤参与有关案件的处理。

三、婚前保健和孕产期保健

（一）婚前保健

医疗保健机构应当为公民提供婚前保健服务，对准备结婚的男女双方提供与结婚和生育有关的生殖健康知识教育，并根据需要提出医学指导意见。婚前保健服务的内容有以下几个方面。

1. 婚前卫生指导

关于性卫生知识、生育知识和遗传病知识的教育，主要包括：①有关性卫生的保健和教育；②新婚避孕知识及计划生育指导；③受孕前的准备、环境和疾病对后代的影响等孕前保健知识；④遗传病的基本知识；⑤影响婚育的有关疾病的基本知识；⑥其他生殖健康知识。

2. 婚前卫生咨询

对有关婚配、生育保健等问题提供医学意见。

3. 婚前医学检查

对准备结婚的男女双方可能患影响结婚和生育的疾病进行病史询问、体格及相关检查。婚前检查包括对下列疾病的检查：①严重遗传性疾病，指由于遗传因素先天形成，患者全部或者部分丧失自主生活能力，而且后代再现风险高，医学上认为不宜生育的疾病；②指定传染病，指《中华人民共和国传染病防治法》中规定的艾滋病、淋病、梅毒、麻风病以及医学上认为影响结婚和生育的其他传染病在传染期内的；③有关精神病，指精神分裂症、躁狂抑郁型精神病以及其他重型精神病。经婚前医学检查，医疗保健机构应当出具《婚前医学检查证明》。发现患有指定传染病在传染期内或者有关精神病在发病期内的,医师应当提出医学意见,准备结婚的男女双方应当暂缓结婚。对诊断患医学上认为不宜生育的严重遗传性疾病的,医师应当向男女双方说明情况并提出医学意见;经男女双方同意,采取长效避孕措施或者施行结扎手术后不生育的,可以结婚。但《中华人民共和国婚姻法》(简称《婚姻法》)规定禁止结婚的除外。

省、自治区、直辖市人民政府可根据本地区的实际情况,制定婚前医学检查制度实施办法。在实行婚前医学检查的地区,准备结婚的男女双方在办理结婚登记前,应当到医疗、保健机构进行婚前医学检查。婚姻登记机关在办理结婚登记时,应当查验婚前医学检查证明或者《母婴保健法》规定的医学鉴定证明。

(二)孕产期保健

1. 孕产期保健服务

医疗保健机构应当为育龄妇女和孕产妇提供相应的生殖保健服务。通过系列保健服务,为孕产妇提供科学育儿、合理营养和母乳喂养的指导,同时对婴儿提供体格检查和预防接种服务,逐步开展新生儿疾病筛查、婴儿多发病和常见病防治等医疗保健服务。孕产期保健服务的内容有:①母婴保健指导,对孕育健康后代以及严重遗传性疾病和碘缺乏病的发病原因、治疗和预防方法提供医学意见;②孕妇、产妇保健,为孕妇、产妇提供卫生、营养、心理等方面的咨询和指导以及产前定期检查等医疗保健服务;③胎儿保健,为胎儿生长发育提供监护,提供咨询和医学指导;④新生儿保健,为新生儿生长发育、哺乳和护理提供医疗保健服务。

2. 医学指导和医学意见

医疗保健机构对患严重疾病或者接触致畸物质,妊娠可能危及孕妇生命安全或者可能严重影响孕妇健康和胎儿正常发育的,应当对孕妇进行医学指导和必要的医学检查。医师对发现或者怀疑患严重遗传性疾病的育龄夫妻,应当提出医学意见,对限于医疗技术条件难以确诊的,应当向当事人说明情况并向上级转诊;育龄夫妇根据医师的医学意见采取相应的措施。生育过严重缺陷患儿的妇女再次妊娠前,夫妻双方应当到县级以上医疗保健机构接受医学检查。

经产前检查,医疗机构发现或者怀疑胎儿异常的,应当对孕妇进行产前诊断。异常的情形包括:①羊水过多或过少;②胎儿发育异常或胎儿有可疑畸形;③孕早期接触过可能导致胎儿先天缺陷的物质;④有遗传病家族史或曾经分娩过先天性严重缺陷的婴儿;⑤年龄超过35周岁的初产妇。

经产前诊断,有下列情形之一的,医师应当向夫妻双方说明情况,并提出终止妊娠的医学意见:①胎儿患严重遗传性疾病的;②胎儿有严重缺陷的;④因患严重疾病,继续妊娠可能危及孕妇生命安全或严重危害孕妇健康的。

施行终止妊娠或者结扎手术,应当经本人同意,并签署意见;本人无行为能力的,应当经其监护人同意,并签署意见。依法施行终止妊娠或者结扎手术的,接受免费服务。

3. 住院分娩

国家提倡住院分娩。医疗保健机构应当按照国务院卫生行政部门制定的技术操作规范,实施消毒接生和新生儿复苏,预防产伤及产后出血等产科并发症,降低孕产妇及围产儿发病率、死亡率。没有条件住院分娩的,应当由经过培训、具备相应接生能力的家庭接生人员消毒接生。高危孕妇应当在医疗保健机构住院分娩。县级人民政府卫生行政部门应当加强对家庭接生人员的培训、技术指导和监督管理。

4. 婴儿保健服务

医疗保健机构和从事家庭接生的人员按照国务院卫生行政部门的规定，出具统一制发的新生儿出生医学证明；有婴儿死亡以及新生儿出生缺陷情况的，应当向卫生行政部门报告。医疗保健机构应当按照国家有关规定开展新生儿先天性、遗传性代谢病筛查、诊断、治疗和监测。

医疗保健机构应当按照规定进行新生儿访视，建立儿童保健手册（卡），定期对其进行健康检查，并按照规定的程序和项目对婴儿进行预防接种，逐步开展新生儿疾病筛查、婴儿多发病和常见病防治等医疗保健服务。

医疗保健机构为产妇提供科学育儿、合理营养和母乳喂养的指导，为住院分娩的产妇提供必要的母乳喂养条件，并且不得向孕产妇和婴儿家庭宣传、推荐母乳代用品。

四、母婴保健医学技术鉴定

母婴保健医学技术鉴定，是指接受母婴保健服务的公民或提供母婴保健服务的医疗保健机构，对婚前医学检查、遗传病诊断和产前诊断的结果或医学技术鉴定结论持有异议所进行的医学技术鉴定。母婴保健医学技术鉴定工作必须坚持实事求是、尊重科学、公正鉴定、保守秘密的原则。

（一）医学技术鉴定的申请

公民对许可的医疗保健机构出具的婚前医学检查、遗传病诊断、产前诊断结果持有异议的，可在接到诊断结果证明之日起15日内，向所在地县级或者设区的市级母婴保健医学技术鉴定委员会提出书面申请。母婴保健医学技术鉴定委员会应当在接到鉴定申请之日起30日内作出医学技术鉴定意见，如有特殊情况，最长不得超过90日，鉴定结论应及时通知当事人。当事人对鉴定结论有异议，可在接到《母婴保健医学技术鉴定证明》之日起15日内向上一级医学技术鉴定委员会申请重新鉴定。

（二）医学技术鉴定组织

县级以上地方人民政府可以设立母婴保健医学技术鉴定委员会，负责本行政区域内对婚前医学检查、遗传病诊断、产前诊断结果有异议的进行医学技术鉴定。母婴保健医学技术鉴定分为省、市、县三级鉴定，省级母婴保健医学技术鉴定委员会的鉴定为最终鉴定结论。

（三）医学技术鉴定人员

从事医学技术鉴定的人员，必须具有较丰富的临床实践经验和相关学科理论知识以及一定医学遗传学知识，具有主治医师以上的专业技术职称，具有认真负责的工作精神和良好的医德医风。医学技术鉴定委员会组成人员由卫生行政部门提名，同级人民政府聘任。进行医学技术鉴定时必须有5名以上相关专业医学技术鉴定委员会成员参加。参加鉴定人员中与当事人有利害关系、可能影响公正鉴定的，应当回避。

五、严禁采用技术手段对胎儿进行性别鉴定

《母婴保健法》规定，严禁采用技术手段对胎儿进行性别鉴定，但医学上确有需要的除外。2002年11月29日，卫生部、国家计生委、国家药监局联合发布了《关于禁止非医学需要

的胎儿性别鉴定和选择性别的人工终止妊娠的规定》(已废止)。2016年3月28日,国家卫生和计划生育委员会委主任会议讨论通过,并经国家工商行政管理总局、国家食品药品监督管理总局同意后公布的《禁止非医学需要的胎儿性别鉴定和选择性别人工终止妊娠的规定》,自2016年5月1日起施行。该规定指出,禁止任何单位或者个人实施非医学需要的胎儿性别鉴定和选择性别人工终止妊娠。各级卫生计生行政部门和食品药品监管部门建立查处非医学需要的胎儿性别鉴定和选择性别人工终止妊娠违法行为的协作机制和联动执法机制,共同实施监督管理。

符合法定生育条件,除符合下列情形外,不得实施选择性别人工终止妊娠:①胎儿患严重遗传性疾病的;②胎儿有严重缺陷的;③因患严重疾病,继续妊娠可能危及孕妇生命安全或者严重危害孕妇健康的;④法律法规规定的或医学上认为确有必要终止妊娠的其他情形。

实施医学需要的胎儿性别鉴定,由省、自治区、直辖市卫生计生行政部门批准设立的医疗卫生机构组织3名以上具有临床经验和医学遗传学知识,并具有副主任医师以上的专业技术职称的专家集体审核。经诊断,确需人工终止妊娠的,应当出具医学诊断报告,并由医疗卫生机构通报当地县级卫生计生行政部门。

六、法律责任

(一)行政责任

未取得国家颁发的有关合格证书的,有下列行为之一,县级以上地方人民政府卫生行政部门应当予以制止,并可以根据情节给予警告或者处以罚款:①从事婚前医学检查、遗传病诊断、产前诊断或者医学技术鉴定的;②施行终止妊娠手术的③出具《母婴保健法》规定的有关医学证明的。

从事母婴保健工作的人员违反《母婴保健法》规定,出具有关虚假医学证明或者进行胎儿性别鉴定的,由医疗保健机构或者卫生行政部门根据情节给予行政处分;情节严重的,依法取消执业资格。

以上违法出具有关医学证明的,出具的证明无效。

(二)民事责任

母婴保健工作人员在诊疗护理过程中,因诊疗护理过失,造成病员死亡、残疾、组织器官损伤导致功能障碍的,应根据医疗事故处理办法的有关规定,承担相应的民事责任。

(三)刑事责任

未取得国家颁发的有关合格证书,施行终止妊娠手术或者采取其他方法终止妊娠,致人死亡、残疾、丧失或者基本丧失劳动能力的,依照刑法有关规定追究刑事责任。

第二节 人口与计划生育法律制度

一、人口与计划生育的法制建设

人口是制约经济和发展的关键因素。计划生育是指依据人口与社会经济发展的客观要求,在全社会范围内采取控制措施,按照计划进行人类自身生产。人口与计划生育法,是指调整人口发展规划、制定与实施公民生育权的行使、计划生育服务和管理活动中产生的各种社会关系的法律规范的总称。

新中国成立后,人民安居乐业,死亡率大幅下降,人口迅速增长。20世纪50年代起,国家开始提倡节制生育。1962年,中共中央、国务院发出《中共中央 国务院关于认真提倡计划生育的指示》,提倡要对人口的出生增长实行计划调节和控制,以实现人口与经济、社会的协调发展。20世纪70年代初,计划生育政策在全国城乡普遍推行。1982年9月党的十二大明确提出实行计划生育、控制人口数量、提高人口素质是我国的一项基本国策。同年,计划生育被写入《宪法》。1991年,《中共中央 国务院关于加强计划生育工作严格控制人口增长的决定》中规定,提倡晚婚、晚育、少生、优生,提倡一对夫妇只生育一个孩子。1995年底,政府制定了《中国计划生育工作纲要(1995—2000年)》。经过几十年的努力,我国的人口增长得到有效控制。1998年以来,我国人口自然增长率已降到10‰以下。2001年12月29日,第九届全国人民代表大会常务委员会第二十五次会议通过了《中华人民共和国人口与计划生育法》,自2002年9月1日施行。这标志着我国人口与计划生育法制建设进入了一个新的阶段。

随着时代的发展,受低生育率和人口老龄化影响,我国自2010年前后人口红利开始逐渐消失。如果人口政策不作调整,未来劳动人口占比将持续走低,成为制约经济发展的重要因素。2013年11月15日,十八届三中全会通过的《中共中央关于全面深化改革若干重大问题的决定》指出,放开单独夫妇生育二胎,即夫妻双方其中一方为独生子女且他们生育的第一胎不是多胞胎,可以生育二胎。2015年12月27日,第十二届全国人民代表大会常务委员会第十八次会议审议通过了《全国代表大会常务委员会关于修改〈中华人民共和国人口与计划生育法〉的决定》,自2016年1月1日起施行。该修正案明确在全国统一实施全面两孩政策,提倡一对夫妇生育两个子女。

二、生育权利和义务

《人口与计划生育法》规定了我国的基本生育政策,并授权各省制定具体的生育政策,同时规定了公民实行计划生育的权利和义务。这些规定对引导公民自觉进行计划生育有积极的作用,也是我国实行生育调节的重要方式。

(一)公民的生育权利

1. 公民有生育的权利,也有不生育的权利。男女在实行计划生育上享有平等的权利。夫妻双方在实行计划生育中负有共同的责任。考虑到妇女在生育中的实际情况,规定禁止歧视、虐待、遗弃女婴,禁止歧视、虐待生育女婴的妇女和不育的妇女。

2. 公民有自由而负责任地决定生育子女的时间、数量和间隔的权利。《人口与计划生育法》规定,实行计划生育是我国的基本国策,提倡一对夫妻生育两个子女。符合法律、法规规定条件的,可以要求安排再生育子女。少数民族也要实行计划生育。夫妻双方户籍所在地的省、自治区、直辖市之间关于再生育子女的规定不一致的,按照有利于当事人的原则适用。公民生育权的行使应符合我国法律、法规的规定,而且要考虑到夫妻和个人对子女、家庭和社会的责任。

3. 公民有获得计划生育信息、手段、教育、知情选择的权利。实行计划生育的育龄夫妻免费享受国家规定的基本项目的计划生育技术服务,有关行政部门必须组织开展人口与计划生育宣传教育,大众传媒应当开展人口与计划生育的社会公益宣传。

4. 公民有健康与安全保障的权利。实施避孕节育手术,应当保证受术者的安全。国家创造条件,保障公民知情选择安全、有效、适宜的避孕措施。同时,我国在计划生育过程中还十分重视帮助不孕症患者,运用辅助生殖技术帮助他们实现生儿育女的愿望。

5. 公民有获得帮助、补偿、奖励的权利。妇女怀孕、生育和哺乳期间,按照国家有关规定享受特殊劳动保护并可以获得帮助和补偿。公民实行计划生育手术,享受国家规定的休假,地方人民政府可以给予奖励。符合法律、法规规定生育子女的夫妻,可以获得延长生育假的奖励或者其他福利待遇。

(二)公民的生育义务

1. 公民有依法实行计划生育的义务。计划生育工作既反映了国家的总体利益,也充分考虑到公民的实际困难,强调国家指导、群众自愿。公民应自觉规范生育行为,履行法定义务,依法负责任地行使生育权。

2. 公民有依法采取避孕节育措施的义务。《人口与计划生育法》规定,实行计划生育,以避孕为主。育龄夫妇在自主选择的基础上做好避孕节育措施,预防和减少非意愿妊娠。提倡对已生育子女的夫妻选择长效避孕措施。

3. 公民有依法缴纳社会抚养费的义务。《人口与计划生育法》规定,违反法律、法规规定条件生育子女的公民,有义务依法缴纳社会抚养费。社会抚养费是国家对不符合法律法规多生育的生育者采取的一种经济限制的措施。公民违反法律、法规规定生育子女,给社会增加了负担。国家采取征收社会抚养费的办法,即要求违反计划生育政策的公民承担一定的经济责任,对增加的社会公共投入适当进行补偿是必要的。社会抚养费的征收和管理目前仍遵循国务院2002年8月2日发布、自2002年9月1日起施行的《社会抚养费征收管理办法》。社会抚养费的具体征收标准由省、自治区、直辖市规定。由于各地征收社会抚养费的标准不统一,在征收程序、管理等方面也存在很大差异,加上全面二孩政策的出台,社会抚养费征收政策也需要作出调整。国家卫生计生委对《社会抚养费征收管理办法》做了一些修改,准备将其上升为国务院条例。2014年11月20日,国务院法制办将国家卫生计生委起草并报送国务院审查的《社会抚养费征收管理条例(送审稿)》及起草说明等全文公布,向社会各界征求意见,引起广泛热议。但目前该条例尚未见正式出台。

4. 公民有协助人民政府开展人口与计划生育工作的义务。

5. 夫妻双方在实行计划生育中负有共同的责任。在决定是否生育、何时生育、采取何种方式避孕、由谁来承担避孕措施等问题上,夫妻双方有共同的参与权和决定权,也有共同的职责。

三、流动人口计划生育工作管理

流动人口是指到异地从事务工、经商等活动的人口,以工作、生活为目的异地居住的成年育龄人员,但不包括因出差、就医、上学、旅游、探亲、访友等事宜在异地居住、预期将返回户籍所在地居住的人员,也不包括在直辖市、设区的市行政区域内区与区之间异地居住的人员。流动人口的存在,加大了计划生育工作管理的难度。对流动人口计划生育工作管理是计划生育工作的重要内容。为加强和规范流动人口计划生育工作、控制人口增长,经国务院批准,1998年9月22日国家计生委发布了《流动人口计划生育工作管理办法》。近年来,随着我国社会经济的不断发展,流动人口的计划生育工作发生了一系列变化。为此,国务院于2009年5月11日发布、自2009年10月1日起实施了《流动人口计划生育工作条例》,为新形势下的流动人口计划生育工作提供了制度保障。

(一)领导机构和各部门职责

流动人口计划生育工作由流动人口户籍所在地和现居住地的人民政府共同负责,以现居住地人民政府为主,户籍所在地人民政府予以配合。县级以上地方人民政府领导本行政区域内流动人口计划生育工作,将流动人口计划生育工作纳入本地经济社会发展规划,并提供必要的保障;建立健全流动人口计划生育工作协调机制,组织协调有关部门对流动人口计划生育工作实行综合管理;实行目标管理责任制,对有关部门承担的流动人口计划生育工作进行考核、监督。县级以上地方人民政府人口与计划生育部门、乡(镇)人民政府、街道办事处及流动人口现居住地村民委员会、居民委员会等有关部门在自己职责范围内做好流动人口计划生育工作。

(二)流动人口计划生育权利和义务

1. 流动人口计划生育权利

流动人口在现居住地享受下列计划生育服务和奖励、优待:①免费参加有关人口与计划生育法律知识和生殖健康知识普及活动;②依法免费获得避孕药具,免费享受国家规定的其他基本项目的计划生育技术服务;③晚婚晚育或者在现居住地施行计划生育手术的,按照现居住地省、自治区、直辖市或者较大的市的规定,享受休假等;④实行计划生育的,按照流动人口现居住地省、自治区、直辖市或者较大的市的规定,在生产经营等方面获得支持、优惠,在社会救济等方面享受优先照顾。用人单位应当依法落实法律、法规和规章规定的流动人口计划生育奖励、优待。

流动人口户籍所在地的县级人民政府人口和计划生育部门、乡(镇)人民政府或者街道办事处不得要求已婚育龄妇女返回户籍所在地进行避孕节育情况检查;地方各级人民政府和政府有关部门以及协助查验婚育证明的村民委员会、居民委员会及其工作人员,应当对涉及公民隐私的流动人口信息予以保密;育龄夫妻生育第一个子女的,可以在现居住地的乡(镇)人民政府或者街道办事处办理生育服务登记。

2. 流动人口计划生育义务

《流动人口计划生育工作条例》规定:①育龄夫妻应当自觉落实计划生育避孕节育措施,接受户籍所在地和现居住地人民政府的计划生育管理。②流动人口中的成年育龄妇女在离开户籍所在地前,应当凭本人居民身份证到户籍所在地的乡(镇)人民政府或者街道办事处办理婚育证明;已婚的,办理婚育证明还应当出示结婚证。③成年育龄妇女应当自到达现居住地之日起30日内提交婚育证明。

四、计划生育技术服务

计划生育技术服务是指计划生育技术指导、咨询以及与计划生育有关的临床医疗服务。加强计划生育技术服务工作,对控制人口、实现计划生育目标、提高人口素质、保障公民的生殖健康权利具有重要意义。2001年6月13日公布、自2001年10月1日起执行的《计划生育技术服务管理条例》是规范我国计划生育技术服务工作的主要法律文件。该条例根据2004年12月10日《国务院关于修改〈计划生育技术服务管理条例〉的决定》进行了修订。与该条例配套的《计划生育技术服务管理条例实施细则》于2001年12月29日颁布并实施。

(一)计划生育技术服务的原则

《计划生育技术服务管理条例》规定,计划生育技术服务实行国家指导与个人自愿相结合原则。公民享有避孕方法的知情选择权,国家保障公民获得适宜的计划生育技术服务的权利。国家向农村实行计划生育的育龄夫妻免费提供避孕、节育技术服务,所需经费由地方财政予以保障,中央财政对西部困难地区给予适当补助。

(二)计划生育技术服务内容

1. 计划生育技术指导、咨询,主要包括:①生殖健康科普宣传、教育、咨询;②提供避孕药具及相关的指导、咨询、随访;③对已经施行避孕、节育手术和输卵(精)管复通手术的,提供相关的咨询、随访。

2. 临床医疗服务。县级以上城市从事计划生育技术服务的机构可以在批准的范围内开展下列与计划生育有关的临床医疗服务:①避孕和节育的医学检查;②计划生育手术并发症和计划生育药具不良反应的诊断、治疗;③施行避孕、节育手术和输卵(精)管复通手术;④开展围绕生育、节育、不育的其他生殖保健项目。具体项目由国务院计划生育行政部门、卫生行政部门共同规定。乡级计划生育技术服务机构可以在批准的范围内开展下列计划生育技术服务项目:①放置宫内节育器;②取出宫内节育器;③输卵(精)管结扎术;④早期人工终止妊娠术。

向公民提供的计划生育技术服务和药具应当安全、有效,符合国家规定的质量技术标准。从事计划生育技术服务的机构施行避孕手术、节育手术、特殊检查或者特殊治疗时,应当征得受术者本人同意,并保证受术者的安全。严禁利用超声技术和其他技术手段进行非医学需要的胎儿性别鉴定;严禁非医学需要的选择性别的人工终止妊娠。

(三)计划生育技术服务的机构和人员

1. 计划生育技术服务机构

从事计划生育技术服务的机构包括计划生育技术服务机构和从事计划生育技术服务的医疗、保健机构。为了确保从事计划生育技术服务的机构履行职责,规范服务,维护公民生育权益,《计划生育技术服务管理条例》对机构的设置、服务范围、执业许可和执业资格等事项作了明确规定:①从事计划生育技术服务的机构,必须符合国务院计划生育行政部门规定的设置标准;②设立计划生育技术服务机构,由设区的市级以上地方人民政府计划生育行政部门批准,发给计划生育技术服务机构执业许可证,并在许可证上注明获准开展的计划生育技术服务项目;③从事计划生育技术服务的医疗、保健机构,由县级以上地方人民政府卫生行政部门审查批准,在其医疗机构执业许可证上注明获准开展的计划生育技术服务项目,并向同级计划生育行政部门通报;④计划生育技术服务机构从事产前诊断和从事计划生育技术服务的机构使用辅助生育技术治疗不育症的,应分别经省、自治区、直辖市人民政府计划生育行政部门同意,由同级卫生行政部门审查批准和由省级以上人民政府卫生行政部门审查批准,并向同级计划生育行政部门通报。

2. 计划生育技术服务人员

从事与计划生育有关的临床医护人员应当按照医师法和国家有关护士管理的规定分别取得执业医师、执业助理医师、乡村医生或者护士的资格,并在相应的机构中执业;个体医疗机构不得从事计划生育手术;计划生育技术服务人员必须按照批准的服务范围、服务项目、手术术种从事计划生育技术服务,遵守与执业有关的法律、法规、规章、技术常规、职业道德规范和管理制度。

五、法律责任

(一)行政责任

1.《人口与计划生育法》规定,有下列行为之一的,由计划生育行政部门或者卫生行政部门依据职权责令改正,给予警告,没收违法所得;违法所得一万元以上的,处违法所得二倍以上6倍以下的罚款;没有违法所得或者违法所得不足1万元的,处1万元以上3万元以下的罚款;情节严重的,由原发证机关吊销执业证书:①非法为他人施行计划生育手术的;②利用超声技术和其他技术手段为他人进行非医学需要的胎儿性别鉴定或者选择性别的人工终止妊娠的;③进行假医学鉴定、出具假计划生育证明的。

2. 伪造、变造、买卖计划生育证明,由计划生育行政部门没收违法所得,违法所得5 000千元以上的,处违法所得2倍以上10倍以下的罚款;没有违法所得或者违法所得不足5 000元的,处5 000元以上2万元以下的罚款。以不正当手段取得计划生育证明的,由计划生育行政部门取消其计划生育证明;出具证明的单位有过错的,对直接负责的主管人员和其他直接责任人员依法给予行政处分。

3. 国家机关工作人员在计划生育工作中,有下列行为之一,尚不构成犯罪的,依法给予行政处分;有违法所得的,没收违法所得:①侵犯公民人身权、财产权和其他合法权益的;②滥用职权、玩忽职守、徇私舞弊的;③索取、收受贿赂的;④截留、克扣、挪用、贪污计划生育经费或者社会抚养费的;⑤虚报、瞒报、伪造、篡改或者拒报人口与计划生育统计数据的。

4. 相关部门和组织违反人口计划生育法律法规,不履行协助计划生育管理义务的,由有关地方人民政府责令改正,并给予通报批评;对直接负责的主管人员和其他直接责任人员依法给予行政处分。

5. 违反生育政策和计划生育法律法规规定生育子女的公民,应当依法缴纳社会抚养费。未在规定的期限内足额缴纳应当缴纳的社会抚养费的,自欠缴之日起,按照国家有关规定加收滞纳金;仍不缴纳的,由作出征收决定的计划生育行政部门依法向人民法院申请强制执行。按照规定缴纳社会抚养费的人员是国家工作人员的,还应当依法给予行政处分;其他人员还应当由其所在单位或者组织给予纪律处分。

6. 拒绝、阻碍计划生育行政部门及其工作人员依法执行公务的,由计划生育行政部门给予批评教育并予以制止;构成违反治安管理行为的,依法给予治安管理处罚。

（二）民事责任

计划生育技术服务人员违章操作或者延误抢救、诊治，造成严重后果的，依照《医师法》《母婴保健法》《母婴保健法实施办法》《计划生育技术服务管理条例》《医疗事故处理条例》《侵权责任法》等有关法律、行政法规的规定承担相应的法律责任。

（三）刑事责任

《人口与计划生育法》规定，有下列行为之一的，构成犯罪的，依法追究刑事责任：①非法为他人施行计划生育手术的；②利用超声技术和其他技术手段为他人进行非医学需要的胎儿性别鉴定或者选择性别的人工终止妊娠的；③进行假医学鉴定、出具假计划生育证明的；④伪造、变造、买卖计划生育证明；⑤国家机关工作人员在计划生育工作中，有侵犯公民人身权、财产权和其他合法权益的，滥用职权、玩忽职守、徇私舞弊的，索取、收受贿赂的，截留、克扣、挪用、贪污计划生育经费或者社会抚养费的，虚报、瞒报、伪造、篡改或者拒报人口与计划生育统计数据的；⑥拒绝、阻碍计划生育行政部门及其工作人员依法执行公务的。

【思考题】

1. 简要叙述现行《婚姻登记条例》与《母婴保健法》在婚前医学检查内容方面的冲突情况。上述规范性法律文件之间的冲突如何解决？你对完善解决规范性法律文件之间的冲突机制有何建议？

2. 对违反生育政策生育子女的公民，处罚由罚款改为现行的征收社会抚养费，有什么意义？两者有什么区别？

第十一章 精神卫生法律制度

【学习目的】

了解《精神卫生法》的相关概念,精神卫生工作的方针、原则及管理机制;掌握精神障碍患者的权利及其保护、心理健康促进和精神障碍的预防、诊疗、康复和保障措施;熟悉相关部门和人员的法律责任。

【案情导引】

患者甲(女)被其丈夫乙带至某精神卫生中心门诊部就诊,由于甲不配合精神检查,门诊医生丙对乙采集病史后,拟诊断为"精神分裂症",并开具了住院证,直接将甲收住入院。病房医生采集病史及进行精神检查后诊断为"精神分裂症",予以开药治疗,但甲认为自己没病,不肯服药,护士将其关在隔离房中,用保护带保护在床上,并用压舌板强行灌药。院方以病情不稳定为由拒绝家属探视,女方家属要求给予甲医学鉴定,也被院方拒绝。之后,医院组织全院范围的讨论,讨论意见为甲无精神病,予以出院。

问题:

医务人员的上述行为存在哪些违法之处?

第一节 概 述

一、《精神卫生法》的概念、立法沿革和适用范围

(一)《精神卫生法》相关概念

精神卫生(Mental Health)是指开展精神障碍的预防、治疗和康复,促进公民心理健康的各项活动。精神卫生有狭义和广义之分。狭义的精神卫生是指精神障碍的预防、医疗和康复工作,即对精神障碍患者早期发现,及时治疗,有效康复,最终使其回归社会。广义的精神卫生,除了上述内容外,还包括促进全体公民心理健康,通过政府、用人单位、学校、新闻媒体等有关部门的工作,促进公民了解精神卫生知识,提高社会公众的心理健康水平。本章所称

的精神卫生是指广义的概念。

精神障碍（Mental Disorder）是一种精神疾病，是指由各种原因引起的感知、情感和思维等精神活动的紊乱或者异常，导致患者明显的心理痛苦或者社会适应等功能损害。

精神障碍根据病情的严重程度，分为一般的精神障碍和严重的精神障碍。严重精神障碍，是指疾病症状严重，导致患者社会适应等功能严重损害，对自身健康状况或者客观现实不能完整认识，或者不能处理自身事务的精神障碍。

《精神卫生法》的概念有广义和狭义之分。广义的精神卫生法是指调整在维护和增进公民心理健康、预防和治疗精神障碍、促进精神障碍患者康复的活动中产生的各种社会关系的法律规范的总和。狭义的精神卫生法特指2012年10月26日第十一届全国人民代表大会常务委员会第二十九次会议通过并发布的《中华人民共和国精神卫生法》。该法已根据《全国人民代表大会常务委员会关于修改〈中华人民共和国国境卫生检疫法〉等六部法律的决定》进行了修订，并于2018年4月27日发布和实施。

（二）《精神卫生法》的立法沿革

我国《精神卫生立法》历时27年，分为三个阶段：国务院卫生行政部门（原卫生部）起草阶段、国务院法制办审查修改阶段、全国人民代表大会常务委员会审议阶段。

起草阶段用时22年。1985年起的20多年间，原卫生部曾多次开展立法调研，并征求法律专家、医学专家、医疗机构和有关部门、社会团体的意见。

2007年底，原卫生部向国务院报送了《精神卫生法草案（送审稿）》，精神卫生法立法进入了国务院法制办审查修改阶段。国务院法制办先后四次征求有关部门、地方政府和部分高校、医疗机构及专家的意见；两次征求了世界卫生组织等国际组织驻华代表处的意见，并分专题召开专家论证会，于2011年6月向社会公开征求意见。

2011年10月、2012年8月、2012年10月，全国人民代表大会常务委员会三次审议精神卫生法草案，直至2012年10月26日表决通过，标志着我国精神卫生工作走上了法制轨道。

（三）《精神卫生法》的适用范围

根据《精神卫生法》的规定，在中华人民共和国境内开展维护和增进公民心理健康、预防和治疗精神障碍、促进精神障碍患者康复的活动，均适用该法。

二、制定《精神卫生法》的意义

精神卫生问题既是公共卫生问题，也是重大的社会问题。随着社会经济的发展，生活节奏的加快，人们面临的工作、生活等各方面的压力越来越大，精神健康问题也逐渐增多，它成为我们急需解决的一个重要问题。《精神卫生法》的制定，对于做好精神障碍的预防、治疗和康复工作，维护和增进人民群众的身心健康，保障我国经济的全面、协调和可持续发展具有重大意义。

（一）填补了我国精神卫生领域中的法律空白

《精神卫生法》共7章85条，对精神卫生工作的方针原则和管理机制、心理健康促进和精神障碍预防、精神障碍的诊断和治疗、精神障碍的康复、精神卫生工作的保障措施、维护精神障碍患者合法权益等作了规定。它是我国首部保障精神障碍患者合法权益的法律，填补了我国精神卫生领域中的法律空白。

（二）有利于提高公众心理健康水平

《精神卫生法》规定了预防为主的方针，坚持预防、治疗和康复相结合的原则，规定了政府及各部门、单位、学校等在心理健康促进和精神障碍的预防方面的责任。《精神卫生法》的制定，对于引导公众关注心理健康、增强心理健康意识、提高心理健康水平、减少精神障碍的发生，产生了重要的推动作用。

（三）有利于维护精神障碍患者的合法权益

作为弱势群体，精神障碍患者往往受到不同程度的歧视，合法权益常常得不到保障，侵犯精神障碍患者合法权益的行为时有发生。鉴于此，我们需要规范精神卫生服务，保护精神障碍患者的合法权益，包括他们的人格尊严、人身和财产安全，教育、劳动、医疗以及从国家和社会获得物质帮助等方面的合法权益不受侵犯。

（四）推动了我国精神卫生事业的发展

我国精神障碍患者人数众多，而我国精神卫生工作总体上比较薄弱，精神卫生专业机构和人员缺乏，精神障碍防治和康复能力严重不足。《精神卫生法》立足于这一现实，加强人、财、物等方面的投入，解决防治和康复能力不足等突出问题，促进了我国精神卫生事业的发展。

三、精神卫生工作的方针、原则和管理机制

（一）精神卫生工作的方针和原则

精神卫生工作实行预防为主的方针，坚持预防、治疗和康复相结合的原则。预防是精神卫生工作中非常重要的一环，通过积极有效的预防，可以减少精神障碍的发生，促进全民的心理健康。除了预防为主的方针外，对于已经患有精神障碍的患者来说，及时的治疗和有效的康复就显得极为重要。预防、治疗和康复是"全面治疗"三个不可分割的组成部分。大部分精神障碍是慢性疾病，并有可能导致某种程度的残疾。因此，精神障碍需要坚持预防、治疗和康复相结合的原则，三个方面都要重视。

（二）精神卫生工作的管理机制

精神卫生工作实行政府组织领导、部门各负其责、家庭和单位尽力尽责、全社会共同参与的综合管理机制。

1. 政府组织领导

县级以上人民政府领导精神卫生工作，将其纳入国民经济和社会发展规划，建设和完善精神障碍的预防、治疗和康复服务体系，建立健全精神卫生工作协调机制和工作责任制，对有关部门承担的精神卫生工作进行考核、监督。

乡镇人民政府和街道办事处根据本地区的实际情况，组织开展预防精神障碍发生、促进精神障碍患者康复等工作。

2. 部门各负其责

国务院卫生行政部门主管全国的精神卫生工作。县级以上地方人民政府卫生行政部门主管本行政区域的精神卫生工作。

县级以上人民政府司法行政、民政、公安、教育、人力资源和社会保障等部门在各自职责范围内负责有关的精神卫生工作。同时，要注意各部门之间的相互配合，既要有分工，又要有合作。

3. 家庭和单位尽力尽责

精神障碍患者的监护人应当履行监护职责,维护精神障碍患者的合法权益,禁止对精神障碍患者实施家庭暴力,禁止遗弃精神障碍患者。学校、医疗机构、用人单位等在精神卫生工作中都应依法承担起相应的职责。

4. 全社会共同参与

做好精神卫生工作,需要全社会的共同参与。《精神卫生法》规定,中国残疾人联合会及其地方组织依照法律、法规或者接受政府委托,动员社会力量,开展精神卫生工作。村民委员会、居民委员会依照《精神卫生法》的规定开展精神卫生工作,并对所在地人民政府开展的精神卫生工作予以协助。国家鼓励和支持工会、共产主义青年团、妇女联合会、红十字会、科学技术协会等团体依法开展精神卫生工作。

各级人民政府和县级以上人民政府有关部门应当采取措施,鼓励和支持组织、个人提供精神卫生志愿服务,捐助精神卫生事业,兴建精神卫生公益设施。对在精神卫生工作中作出突出贡献的组织、个人,按照国家有关规定给予表彰、奖励。

第二节 精神障碍患者的权利及其保护

精神障碍患者属于社会上的弱势群体,一方面因为罹患精神疾病而身心遭受痛苦,另一方面也因为精神疾病而受到社会上一些人的歧视,给正常的生活、学习、工作等造成影响。因此,我们需要对精神障碍患者的合法权益给予特别保护。《精神卫生法》规定了精神障碍患者享有物质、精神等各方面的权利,这体现了法律对社会弱势群体权益的维护,也彰显了社会的文明和进步。

一、精神障碍患者的人格尊严、人身和财产安全不受侵犯

人格尊严、人身和财产安全既是公民的宪法权利,也是公民的民事权利。对于精神障碍患者来说,依法维护他们的人格尊严、人身和财产安全不受侵犯具有更为重要的意义。由于社会上歧视和偏见的存在,精神障碍患者的人格尊严有时得不到应有的尊重;同时,由于一些监护人没有履行好监护职责,患者的人身安全、财产安全往往受到侵犯。为了有效保护精神障碍患者的人身权益和财产权益,《精神卫生法》明确规定全社会应当尊重、理解、关爱精神障碍患者,任何组织或者个人不得歧视、侮辱、虐待精神障碍患者,不得非法限制精神障碍患者的人身自由;新闻报道和文学艺术作品等不得含有歧视、侮辱精神障碍患者的内容。同时,《精神卫生法》对侵害精神障碍患者人身权益、财产权益的违法行为规定了相应的责任。

二、精神障碍患者的教育、劳动、医疗以及从国家和社会获得物质帮助等方面的合法权益受法律保护

(一)教育权、劳动权

《精神卫生法》对患者这几项权利的保护,都规定了具体内容。在维护患者教育权、劳

动权方面,本法规定县级以上地方人民政府及其有关部门应当采取有效措施,保证患有精神障碍的适龄儿童、少年接受义务教育,扶持有劳动能力的精神障碍患者从事力所能及的劳动,并为已经康复的人员提供就业服务。国家对安排精神障碍患者就业的用人单位依法给予税收优惠,并在生产、经营、技术、资金、物资、场地等方面给予扶持。

(二)医疗权

在维护患者医疗权方面,法律规定医疗机构应当配备适宜的设施、设备,保护就诊和住院治疗的精神障碍患者的人身安全,防止其受到伤害,并为住院患者创造尽可能接近正常生活的环境和条件。医疗机构接到送诊的疑似精神障碍患者,不得拒绝为其作出诊断;不得因就诊者是精神障碍患者,推诿或者拒绝为其治疗属于本医疗机构诊疗范围的其他疾病。医疗机构及其医务人员应当将患者在诊疗过程中享有的权利和治疗方案、方法、目的及可能产生的后果告知患者。监狱、强制隔离戒毒所等场所应当采取措施,保证患有精神障碍的服刑人员、强制隔离戒毒人员等获得治疗。

(三)获得物质帮助权

县级以上人民政府卫生行政部门应当组织医疗机构为严重精神障碍患者免费提供基本的公共卫生服务。精神障碍患者的医疗费用按照国家有关社会保险的规定由基本医疗保险基金支付。医疗保险经办机构应当按照国家有关规定将精神障碍患者纳入城镇职工基本医疗保险、城镇居民基本医疗保险或者新型农村合作医疗的保障范围。县级人民政府应当按照国家有关规定对家庭经济困难的严重精神障碍患者参加基本医疗保险给予资助。人力资源和社会保障、卫生、民政、财政等部门应当加强协调,简化程序,实现属于基本医疗保险基金支付的医疗费用由医疗机构与医疗保险经办机构直接结算。精神障碍患者通过基本医疗保险支付医疗费用后仍有困难,或者不能通过基本医疗保险支付医疗费用的,民政部门应当优先给予医疗救助。对符合城乡最低生活保障条件的严重精神障碍患者,民政部门应当会同有关部门及时将其纳入最低生活保障。对属于农村五保供养对象的严重精神障碍患者,以及城市中无劳动能力、无生活来源且无法定赡养、抚养、扶养义务人,或者其法定赡养、抚养、扶养义务人无赡养、抚养、扶养能力的严重精神障碍患者,民政部门应当按照国家有关规定予以供养、救助。除此以外的严重精神障碍患者确有困难的,民政部门可以采取临时救助等措施,帮助其解决生活困难。

三、精神障碍患者的隐私权受法律保护

为了保护精神障碍患者的隐私,防止由于与患者病情有关的信息非法外泄而给患者的正常生活、工作、就医等造成不必要的干扰,《精神卫生法》明确规定,有关单位和个人应当对精神障碍患者的姓名、肖像、住址、工作单位、病历资料以及其他可能推断出其身份的信息予以保密;但是,依法履行职责需要公开的除外。

四、精神障碍患者有通信和会见探访者等权利

医疗机构及其医务人员应当尊重住院精神障碍患者的通信和会见探访者等权利。除在急性发病期或者为了避免妨碍治疗可以暂时性限制外,不得限制患者的通信和会见探访者等权利。

赋予住院的精神障碍患者像其他人一样享有完全的通信、会见的自由权利尤为重要。

一方面可以维护患者本人的利益,减少因住院治疗对住院患者正常生活的影响;另一方面有利于规范医务人员的护理、治疗行为;同时也有利于外界对医务人员的护理治疗行为予以监督。

五、精神障碍患者有查阅、复制病历资料的权利

患者及其监护人可以查阅、复制病历资料;但是,患者查阅、复制病历资料可能对其治疗产生不利影响的除外。对于在诊疗活动中产生的病历资料,必须在公平、合理的限度内保障患者一方的查阅和复制权利。关于对患者该项权利的保障,我国的《民法典》《医疗纠纷预防和处理条例》等相关法律、法规也有明确规定。

六、精神障碍患者有申请救济的权利

《精神卫生法》规定,对有危害他人安全行为或者危险的严重精神障碍患者实施住院治疗,患者或者其监护人对需要住院治疗的诊断结论有异议的,可以要求再次诊断;对再次诊断结论有异议的,可以自主委托依法取得执业资质的鉴定机构进行精神障碍医学鉴定。为保障患者的司法救济权利,《精神卫生法》还明确规定,精神障碍患者或者其监护人、近亲属认为有关单位和个人侵害患者合法权益的,可以依法提起诉讼。

第三节 心理健康促进和精神障碍预防

精神卫生工作重在预防,很多精神障碍的发病原因是清楚的,通过必要的预防措施,能使精神障碍不发生、少发生以及减轻危害。《精神卫生法》大力加强精神障碍预防工作,明确政府及有关部门、用人单位、学校等的责任,增强公众心理健康意识,减少精神障碍的发生。

一、各级政府以及相关部门的职责

各级人民政府有关部门应当采取措施,加强心理健康促进和精神障碍预防工作,提高公众心理健康水平。

各级人民政府和有关部门制定的突发事件应急预案,应当包括心理援助的内容。发生突发事件,履行统一领导职责或者组织处置突发事件的人民政府应当根据突发事件的具体情况,按照应急预案的规定,组织开展心理援助工作。县级以上地方人民政府人力资源和社会保障、教育、卫生、司法行政、公安等部门应当在各自职责范围内分别对《精神卫生法》规定的单位履行精神障碍预防义务的情况进行督促和指导。

国务院卫生行政部门建立精神卫生监测网络,实行严重精神障碍发病报告制度,组织开展精神障碍发生状况、发展趋势等的监测和专题调查工作。精神卫生监测和严重精神障碍发病报告管理办法,由国务院卫生行政部门制定。国务院卫生行政部门应当会同有关部门、组织,建立精神卫生工作信息共享机制,实现信息互联互通、交流共享。

二、用人单位的义务

用人单位作为职工活动的主要场所,其工作环境是影响职工心理健康的重要因素。用人单位应通过日常管理和教育工作,来促进职工心理健康和预防职工精神障碍,应当创造有益于职工身心健康的工作环境,关注职工的心理健康;对处于职业发展特定时期或者在特殊岗位工作的职工,应当有针对性地开展心理健康教育。

三、学校的义务

目前,儿童和青少年心理行为问题已逐渐成为突出问题之一。在学校开展心理健康教育、普及精神卫生知识,是开展精神卫生预防工作的重要环节,不仅可以对广大学生有针对性地做好精神卫生预防工作,也可以通过学生对学生家庭乃至整个社会产生积极影响,加大社会对精神卫生的普及度和重视程度。从长远看,切实做好这项工作有利于打牢精神卫生工作的社会基础。

《精神卫生法》规定,各级各类学校应当对学生进行精神卫生知识教育;配备或者聘请心理健康教育教师、辅导人员,并可以设立心理健康辅导室,对学生进行心理健康教育。学前教育机构应当对幼儿开展符合其特点的心理健康教育。发生自然灾害、意外伤害、公共安全事件等可能影响学生心理健康的事件,学校应当及时组织专业人员对学生进行心理援助。教师应当学习和了解相关的精神卫生知识,关注学生心理健康状况,正确引导、激励学生。地方各级人民政府教育行政部门和学校应当重视教师心理健康。学校和教师应当与学生父母或者其他监护人、近亲属沟通学生心理健康情况。

四、医务人员的义务

加强医疗环节的心理健康指导,是精神卫生预防工作的重要组成部分。实践中,医疗环节既是产生精神障碍的诱因之一,也是发现精神障碍苗头尽早开展精神卫生预防工作的重要途径。医务人员开展疾病诊疗服务,应当按照诊断标准和治疗规范的要求,对就诊者进行心理健康指导;发现就诊者可能患有精神障碍的,应当建议其到符合《精神卫生法》规定的医疗机构就诊。

五、监狱等场所的义务

为了缓解被监管人员的心理压力,同时也为了维护正常的监所秩序,由羁押、管教机关对被监管人员开展精神卫生知识宣传,以及在必要时提供心理咨询的指导,是十分必要的。监狱、看守所、拘留所、强制隔离戒毒所等场所,应当对服刑人员,被依法拘留、逮捕、强制隔离戒毒的人员等,开展精神卫生知识宣传,关注其心理健康状况,必要时提供心理咨询和心理辅导。

六、基层群众性自治组织的义务

村民委员会、居民委员会应当协助所在地人民政府及其有关部门开展社区心理健康指导、精神卫生知识宣传教育活动,创建有益于居民身心健康的社区环境。乡镇卫生院或者社区卫生服务机构应当为村民委员会、居民委员会开展社区心理健康指导、精神卫生知识宣传教育活动提供技术指导。

七、家庭的义务

家庭和谐是预防精神障碍发生的基础。家庭成员之间应当相互关爱,创造良好、和睦的家庭环境,提高精神障碍预防意识;发现家庭成员可能患有精神障碍的,应当帮助其及时就诊,照顾其生活,做好看护管理。

八、其他社会组织及人员的义务

新闻媒体及其他社会组织应做好精神卫生的宣传工作。国家鼓励和支持新闻媒体、社会组织开展精神卫生的公益性宣传,普及精神卫生知识,引导公众关注心理健康,预防精神障碍的发生。

心理咨询对精神障碍的预防起着十分重要的作用。对于心理咨询人员,《精神卫生法》规定:心理咨询人员应当提高业务素质,遵守执业规范,为社会公众提供专业化的心理咨询服务;心理咨询人员不得从事心理治疗或者精神障碍的诊断、治疗;心理咨询人员发现接受咨询的人员可能患有精神障碍的,应当建议其到符合本法规定的医疗机构就诊;心理咨询人员应当尊重接受咨询人员的隐私,并为其保守秘密。

第四节 精神障碍的诊断和治疗

一、精神障碍诊疗活动的原则及开展条件

(一)精神障碍诊疗活动的原则

精神障碍的诊断、治疗,应当遵循维护患者合法权益、尊重患者人格尊严的原则,保障患者在现有条件下获得良好的精神卫生服务。

(二)开展精神障碍诊疗活动的条件

开展精神障碍诊断、治疗活动,应当具备下列条件,并依照医疗机构的管理规定办理有关手续:

1. 有与从事的精神障碍诊断、治疗相适应的精神科执业医师、护士;
2. 有满足开展精神障碍诊断、治疗需要的设施和设备;
3. 有完善的精神障碍诊断、治疗管理制度和质量监控制度。

从事精神障碍诊断、治疗的专科医疗机构还应当配备从事心理治疗的人员。

二、疑似精神障碍患者的送诊

送诊是进行精神障碍诊断、治疗的第一步,是极为关键的一个环节,既要保证需要到医疗机构进行精神障碍诊断的疑似精神障碍患者及时就诊,又要保证送诊程序不被滥用,防止侵害公民合法权益。为此,法律对送诊的主体、条件作了严格规定。

（一）一般情况下的送诊

除个人自行到医疗机构进行精神障碍诊断外，疑似精神障碍患者的近亲属可以将其送往医疗机构进行精神障碍诊断。对查找不到近亲属的流浪乞讨疑似精神障碍患者，由当地民政等有关部门按照职责分工，帮助送往医疗机构进行精神障碍诊断。

（二）紧急情况下的送诊

疑似精神障碍患者发生伤害自身、危害他人安全的行为，或者有伤害自身、危害他人安全的危险的，其近亲属、所在单位、当地公安机关应当立即采取措施予以制止，并将其送往医疗机构进行精神障碍诊断。

三、精神障碍诊断和鉴定

（一）诊断的一般规定

精神障碍的诊断应当以精神健康状况为依据，由精神科执业医师作出。除法律另有规定外，不得违背本人意志进行确定其是否患有精神障碍的医学检查。发生伤害自身、危害他人安全的行为，或者有伤害自身、危害他人安全的危险的疑似精神障碍患者被送诊的，医疗机构应当将其留院，立即指派精神科执业医师进行诊断，并及时出具诊断结论。

（二）再次诊断的规定

1. 再次诊断的提出

精神障碍患者已经发生危害他人安全的行为，或者有危害他人安全的危险的，患者或者其监护人对需要住院治疗的诊断结论有异议，不同意对患者实施住院治疗的，可以要求再次诊断。要求再次诊断的，应当自收到诊断结论之日起3日内向原医疗机构或者其他具有合法资质的医疗机构提出。

2. 再次诊断的要求

承担再次诊断的医疗机构应当在接到再次诊断要求后指派2名初次诊断医师以外的精神科执业医师进行再次诊断，并及时出具再次诊断结论。承担再次诊断的执业医师应当到收治患者的医疗机构面见、询问患者，该医疗机构应当予以配合。

（三）精神障碍医学鉴定

1. 鉴定的申请和公示

对再次诊断结论有异议的，患者或者其监护人可以自主委托依法取得执业资质的鉴定机构进行精神障碍医学鉴定。

医疗机构应当公示经公告的鉴定机构名单和联系方式。

2. 鉴定机构

接受委托的鉴定机构应当指定本机构具有该鉴定事项执业资格的2名以上鉴定人共同进行鉴定，并及时出具鉴定报告。

3. 实施鉴定

鉴定人应当到收治精神障碍患者的医疗机构面见、询问患者，该医疗机构应当予以配合。鉴定机构、鉴定人应当遵守有关法律、法规、规章的规定，尊重科学，恪守职业道德，按照精神障碍鉴定的实施程序、技术方法和操作规范，依法独立进行鉴定，出具客观、公正的鉴定报告。鉴定人应当对鉴定过程进行实时记录并签名。记录的内容应当真实、客观、准确、完整，记录的文本或者声像载体应当妥善保存。

4. 回避制度

鉴定人本人或者其近亲属与鉴定事项有利害关系,可能影响其独立、客观、公正进行鉴定的,应当回避。

四、精神障碍患者住院规定

(一)住院治疗的原则

精神障碍患者的住院治疗与其他疾病的住院治疗一样,原则上都要根据患者的意愿进行,实行自愿原则。除法律另有规定的外,患者不同意住院治疗的,医疗机构不得对患者实施住院治疗。

(二)非自愿住院治疗的条件

《精神卫生法》在规定精神障碍患者的住院治疗实行自愿原则的同时,也对一些严重精神障碍患者规定了非自愿住院治疗制度,以保证需要住院治疗的患者得到及时的住院治疗,维护患者健康和他人安全。同时,为了保证公民的合法权益不因滥用非自愿住院治疗措施而受到侵害,法律严格设定了非自愿住院治疗的条件,即诊断结论、病情评估表明就诊者为严重精神障碍患者并有下列情形之一的,应当对其实施住院治疗:

1. 已经发生伤害自身的行为,或者有伤害自身的危险的;
2. 已经发生危害他人安全的行为,或者有危害他人安全的危险的。

(三)有伤害自身行为或有伤害自身的危险的患者住院治疗的规定

精神障碍患者已经发生伤害自身的行为,或者有伤害自身的危险的,经其监护人同意,医疗机构应当对患者实施住院治疗;监护人不同意的,医疗机构不得对患者实施住院治疗。监护人应当对在家居住的精神障碍患者做好看护管理。

(四)经过再次诊断或者鉴定后患者的住院治疗的规定

如果精神障碍患者经过再次诊断或者鉴定的,再次诊断结论或者鉴定报告表明,不能确定就诊者为严重精神障碍患者,或者患者不需要住院治疗的,医疗机构不得对其实施住院治疗。如果再次诊断结论或者鉴定报告表明,精神障碍患者已经发生危害他人安全的行为,或者有危害他人安全的危险的,其监护人应当同意对患者实施住院治疗。监护人阻碍实施住院治疗或者患者擅自脱离住院治疗的,可以由公安机关协助医疗机构采取措施对患者实施住院治疗。在相关机构出具再次诊断结论、鉴定报告前,收治精神障碍患者的医疗机构应当按照诊疗规范的要求对患者实施住院治疗。

(五)住院手续的办理

诊断结论表明需要住院治疗的精神障碍患者,本人没有能力办理住院手续的,由其监护人办理住院手续;患者属于查找不到监护人的流浪乞讨人员的,由送诊的有关部门办理住院手续。

精神障碍患者已经发生危害他人安全的行为,或者有危害他人安全的危险的,其监护人不办理住院手续的,由患者所在单位、村民委员会或者居民委员会为其办理住院手续,并由医疗机构在患者病历中予以记录。

五、精神障碍患者的治疗

（一）医疗机构及其医务人员的告知义务

医疗机构及其医务人员应当将精神障碍患者在诊断、治疗过程中享有的权利,告知患者或者其监护人;应当向精神障碍患者或者其监护人告知治疗方案和治疗方法、目的以及可能产生的后果;实施保护性医疗措施后要告知患者的监护人;医疗机构及其医务人员应当在病历资料中如实记录精神障碍患者的病情、治疗措施、用药情况、实施约束、隔离措施等内容,并如实告知患者或者其监护人。

医疗机构对精神障碍患者实施下列治疗措施,应当向患者或者其监护人告知医疗风险、替代医疗方案等情况,并取得患者的书面同意;无法取得患者意见的,应当取得其监护人的书面同意,并经本医疗机构伦理委员会批准：①导致人体器官丧失功能的外科手术;②与精神障碍治疗有关的实验性临床医疗。

（二）精神障碍患者治疗的具体规定

医疗机构及其医务人员应当遵循精神障碍诊断标准和治疗规范,制定治疗方案。精神障碍患者在医疗机构内发生或者将要发生伤害自身、危害他人安全、扰乱医疗秩序的行为,医疗机构及其医务人员在没有其他可替代措施的情况下,可以实施约束、隔离等保护性医疗措施。实施保护性医疗措施应当遵循诊断标准和治疗规范,禁止利用约束、隔离等保护性医疗措施惩罚精神障碍患者。

对精神障碍患者使用药物,应当以诊断和治疗为目的,使用安全、有效的药物,不得为诊断或者治疗以外的目的使用药物。医疗机构不得强迫精神障碍患者从事生产劳动。

对于已经发生伤害自身的行为或者有伤害自身的危险的,以及已经发生危害他人安全的行为或者有危害他人安全的危险的这两种情形下的精神障碍患者,禁止对其实施以治疗精神障碍为目的的外科手术。医疗机构对精神障碍患者实施导致人体器官丧失功能的外科手术,因情况紧急查找不到监护人的,应当取得本医疗机构负责人和伦理委员会批准。禁止对精神障碍患者实施与治疗其精神障碍无关的实验性临床医疗。

心理治疗活动应当在医疗机构内开展。专门从事心理治疗的人员不得从事精神障碍的诊断,不得为精神障碍患者开具处方或者提供外科治疗。心理治疗的技术规范由国务院卫生行政部门制定。

（三）特殊精神障碍患者的强制医疗

根据《刑法》《刑事诉讼法》等相关法的规定,实施暴力行为,危害公共安全或者严重危害公民人身安全,经法定程序鉴定依法不负刑事责任的精神障碍患者,有继续危害社会可能的,可以予以强制医疗。对于强制医疗的程序,《刑事诉讼法》作出了相应的规定。

强制医疗机构应当定期对被强制医疗的精神障碍患者进行诊断评估。对于已不具有人身危险性、不需要继续强制医疗的精神障碍患者,应当及时提出解除意见,报决定强制医疗的人民法院批准。被强制医疗的精神障碍患者及其近亲属有权申请解除强制医疗。

六、精神障碍患者出院规定

自愿住院治疗的精神障碍患者可以随时要求出院,医疗机构应当同意。对已经发生伤害自身的行为,或者有伤害自身危险的精神障碍患者实施住院治疗的,监护人可以随时要求患者出院,医疗机构应当同意。医疗机构认为上述两种精神障碍患者不宜出院的,应当告知不宜出院的理由;患者或者其监护人仍要求出院的,执业医师应当在病历资料中详细记录告知的过程,同时提出出院后的医学建议,患者或者其监护人应签字确认。

对已经发生危害他人安全的行为,或者有危害他人安全的危险的精神障碍患者实施住院治疗后,医疗机构认为患者可以出院的,应当立即告知患者及其监护人。

医疗机构应当根据精神障碍患者的病情,及时组织精神科执业医师对已经发生伤害自身的行为或者有伤害自身危险的,以及已经发生危害他人安全的行为,或者有危害他人安全的危险的这两种实施住院治疗的患者进行检查评估。评估结果表明患者不需要继续住院治疗的,医疗机构应当立即通知患者及其监护人。

精神障碍患者出院,本人没有能力办理出院手续的,监护人应当为其办理出院手续。

七、未住院精神障碍患者的看护

精神障碍患者的监护人应当妥善看护未住院治疗的患者,按照医嘱督促其按时服药、接受随访或者治疗。村民委员会、居民委员会、患者所在单位等应当依患者或者其监护人的请求,对监护人看护患者提供必要的帮助。

八、卫生行政部门的职责

《精神卫生法》规定,县级以上地方人民政府卫生行政部门应当定期就下列事项对本行政区域内从事精神障碍诊断、治疗的医疗机构进行检查:

1. 相关人员、设施、设备是否符合本法要求;
2. 诊疗行为是否符合本法以及诊断标准、治疗规范的规定;
3. 对精神障碍患者实施住院治疗的程序是否符合本法规定;
4. 是否依法维护精神障碍患者的合法权益。

县级以上地方人民政府卫生行政部门进行上述检查,应当听取精神障碍患者及其监护人的意见;发现存在违反本法行为的,应当立即制止或者责令改正,并依法作出处理。

第五节　精神障碍的康复

康复是精神障碍患者最终摆脱疾病、走向健康的重要环节。精神障碍的康复工作需要社会各界团体的共同努力。《精神卫生法》对各部门在康复工作方面承担的义务作出了详细的规定。

一、社区康复机构的义务

社区康复机构应当为需要康复的精神障碍患者提供场所和条件,对患者进行生活自理能力和社会适应能力等方面的康复训练。

二、医疗机构的义务

医疗机构应当为在家居住的严重精神障碍患者提供精神科基本药物维持治疗，并为社区康复机构提供有关精神障碍康复的技术指导和支持。

社区卫生服务机构、乡镇卫生院、村卫生室应当建立严重精神障碍患者的健康档案，对在家居住的严重精神障碍患者进行定期随访，指导患者服药和开展康复训练，并对患者的监护人进行精神卫生知识和看护知识的培训。县级人民政府卫生行政部门应当为社区卫生服务机构、乡镇卫生院、村卫生室开展上述工作给予指导和培训。

三、基层群众性自治组织的义务

村民委员会、居民委员会应当为生活困难的精神障碍患者家庭提供帮助，并向所在地乡镇人民政府或者街道办事处以及县级人民政府有关部门反映患者及其家庭的情况和要求，帮助其解决实际困难，为患者融入社会创造条件。

四、残疾人组织的义务

残疾人组织或者残疾人康复机构应当根据精神障碍患者康复的需要，组织患者参加康复活动。

五、用人单位的义务

用人单位应当根据精神障碍患者的实际情况，安排患者从事力所能及的工作，保障患者享有同等待遇，安排患者参加必要的职业技能培训，提高患者的就业能力，为患者创造适宜的工作环境，对患者在工作中取得的成绩予以鼓励。

六、监护人的义务

精神障碍患者的监护人应当协助患者进行生活自理能力和社会适应能力等方面的康复训练。精神障碍患者的监护人在看护患者过程中需要技术指导的，社区卫生服务机构或者乡镇卫生院、村卫生室、社区康复机构应当提供。

第六节　保障措施

一、政府及各单位的职责

（一）政府及各部门的职责

1. 国家和各级政府的职责

国家加强基层精神卫生服务体系建设，扶持贫困地区、边远地区的精神卫生工作，保障城市社区、农村基层精神卫生工作所需经费。

省、自治区、直辖市人民政府根据本行政区域的实际情况，统筹规划，整合资源，建设和完善精神卫生服务体系,加强精神障碍预防、治疗和康复服务能力建设。县级人民政府根据本行政区域的实际情况,统筹规划,建立精神障碍患者社区康复机构。县级以上地方人民政府应当采取措施,鼓励和支持社会力量举办从事精神障碍诊断、治疗的医疗机构和精神障碍患者康复机构。

各级人民政府应当根据精神卫生工作需要,加大财政投入力度,保障精神卫生工作所需经费,将精神卫生工作经费列入本级财政预算。

2. 相关部门的职责

县级以上人民政府卫生行政部门会同有关部门依据国民经济和社会发展规划的要求,制定精神卫生工作规划并组织实施。精神卫生监测和专题调查结果应当作为制定精神卫生工作规划的依据。县级以上人民政府卫生行政部门应当组织医务人员进行精神卫生知识培训,提高其识别精神障碍的能力。

县级以上人民政府教育行政部门对教师进行上岗前和在岗培训,应当有精神卫生的内容,并定期组织心理健康教育教师、辅导人员进行专业培训。

(二)学校的责任

医学院校应当加强精神医学的教学和研究,按照精神卫生工作的实际需要培养精神医学专门人才,为精神卫生工作提供人才保障。师范院校应当为学生开设精神卫生课程;医学院校应当为非精神医学专业的学生开设精神卫生课程。

(三)医疗机构的责任

综合性医疗机构应当按照国务院卫生行政部门的规定开设精神科门诊或者心理治疗门诊,提高精神障碍预防、诊断、治疗能力。医疗机构应当组织医务人员学习精神卫生知识和相关法律、法规、政策。从事精神障碍诊断、治疗、康复的机构应当定期组织医务人员、工作人员进行在岗培训,更新精神卫生知识。

(四)其他组织和个人的责任

做好精神障碍的预防、治疗和康复工作,不仅需要各级政府及其有关部门发挥主导作用和家庭承担应有的扶助义务,还需要积极发挥社会组织和个人的力量。这些组织和个人与群众密切联系,贴近基层生活,在服务特定人群方面有着得天独厚的优势,也负有相应职责,因此应当充分发挥好这些团体在精神卫生工作方面的作用。

二、精神卫生工作人员权利保障

精神卫生工作人员的人格尊严、人身安全不受侵犯,精神卫生工作人员依法履行职责受法律保护。全社会应当尊重精神卫生工作人员。县级以上人民政府及其有关部门、医疗机构、康复机构应当采取措施,加强对精神卫生工作人员的职业保护,提高精神卫生工作人员的待遇水平,并按照规定给予适当的津贴。精神卫生工作人员因工致伤、致残、死亡的,其工伤待遇以及抚恤按照国家有关规定执行。

第七节　法律责任

一、行政责任

（一）卫生部门的行政责任

县级以上人民政府卫生行政部门和其他有关部门未依照《精神卫生法》规定履行精神卫生工作职责，或者滥用职权、玩忽职守、徇私舞弊的，由本级人民政府或者上一级人民政府有关部门责令改正，通报批评，对直接负责的主管人员和其他直接责任人员依法给予警告、记过或者记大过的处分；造成严重后果的，给予降级、撤职或者开除的处分。

（二）医疗机构及医务人员的行政责任

根据《精神卫生法》的规定，不符合本法规定条件的医疗机构擅自从事精神障碍诊断、治疗的，由县级以上人民政府卫生行政部门责令停止相关诊疗活动，给予警告，并处5 000以上1万元以下罚款，有违法所得的，没收违法所得；对直接负责的主管人员和其他直接责任人员依法给予或者责令给予降低岗位等级或者撤职、开除的处分；对有关医务人员，吊销其执业证书。

医疗机构及其工作人员有下列行为之一的，由县级以上人民政府卫生行政部门责令改正，给予警告；情节严重的，对直接负责的主管人员和其他直接责任人员依法给予或者责令给予降低岗位等级或者撤职、开除的处分，并可以责令有关医务人员暂停1个月以上6个月以下执业活动：

（1）拒绝对送诊的疑似精神障碍患者作出诊断的；

（2）对已经发生伤害自身的行为或者有伤害自身的危险的，以及已经发生危害他人安全的行为或者有危害他人安全的危险的实施住院治疗的患者未及时进行检查评估或者未根据评估结果作出处理的。

医疗机构及其工作人员有下列行为之一的，由县级以上人民政府卫生行政部门责令改正，对直接负责的主管人员和其他直接责任人员依法给予或者责令给予降低岗位等级或者撤职的处分；对有关医务人员，暂停6个月以上1年以下执业活动；情节严重的，给予或者责令给予开除的处分，并吊销有关医务人员的执业证书：

（1）违反本法规定实施约束、隔离等保护性医疗措施的；

（2）违反本法规定，强迫精神障碍患者劳动的；

（3）违反本法规定，对精神障碍患者实施外科手术或者实验性临床医疗的；

（4）违反本法规定，侵害精神障碍患者的通信和会见探访者等权利的；

（5）违反精神障碍诊断标准，将非精神障碍患者诊断为精神障碍患者的。

（三）心理咨询人员、心理治疗人员的行政责任

有下列情形之一的，由县级以上人民政府卫生行政部门、工商行政管理部门依据各自职责责令改正，给予警告，并处5 000元以上1万元以下罚款，有违法所得的，没收违法所得；造成严重后果的，责令暂停6个月以上1年以下执业活动，直至吊销执业证书或者营业执照：

（1）心理咨询人员从事心理治疗或者精神障碍的诊断、治疗的；
（2）从事心理治疗的人员在医疗机构以外开展心理治疗活动的；
（3）专门从事心理治疗的人员从事精神障碍的诊断的；
（4）专门从事心理治疗的人员为精神障碍患者开具处方或者提供外科治疗的。

（四）其他单位及人员的行政责任

根据《精神卫生法》规定，有关单位和个人违反本法规定，侵犯精神障碍患者隐私，给患者造成损害的，对单位直接负责的主管人员和其他直接责任人员，应当依法给予处分。

在精神障碍的诊断、治疗、鉴定过程中，寻衅滋事，阻挠有关工作人员依照本法的规定履行职责，扰乱医疗机构、鉴定机构工作秩序的，依法给予治安管理处罚。违反本法规定，有其他构成违反治安管理行为的，依法给予治安管理处罚。

二、民事责任

心理咨询人员、专门从事心理治疗的人员在心理咨询、心理治疗活动中造成他人人身、财产或者其他损害的，依法承担民事责任。

违反《精神卫生法》规定，有下列情形之一，给精神障碍患者或者其他公民造成人身、财产或者其他损害的，依法承担赔偿责任：

（1）将非精神障碍患者故意作为精神障碍患者送入医疗机构治疗的；
（2）精神障碍患者的监护人遗弃患者，或者有不履行监护职责的其他情形的；
（3）歧视、侮辱、虐待精神障碍患者，侵害患者的人格尊严、人身安全的；
（4）非法限制精神障碍患者人身自由的；
（5）其他侵害精神障碍患者合法权益的情形。

医疗机构出具的诊断结论表明精神障碍患者应当住院治疗而其监护人拒绝，致使患者造成他人人身、财产损害的，或者患者有其他造成他人人身、财产损害情形的，其监护人依法承担民事责任。

有关单位和个人违反《精神卫生法》规定，侵犯精神障碍患者隐私，给患者造成损害的，依法承担赔偿责任。

三、刑事责任

违反《精神卫生法》规定的各种违法行为，如果情节严重，构成犯罪的，依法追究其刑事责任。

【思考题】
1. 精神卫生和精神障碍的含义是什么？
2.《精神卫生法》对精神障碍的诊断、治疗有哪些具体规定？
3. 有关部门和人员在精神障碍预防、诊疗和康复中的义务有哪些？

第十二章 血液管理法律制度

【学习目的】

本章讲述了我国血液管理的法律制度。通过对本章的学习,掌握无偿献血制度、采血要求、供血要求、医疗机构用血要求,熟悉临床用血申请、临床输血治疗知情同意书、临时采集血液的法律规定,了解临床用血医学文书管理以及法律责任的规定。

【案例导引】

2018年至2020年2月,李某等7人长期在医院蹲点,收集需要输血治疗的患者的信息。同时,他们通过网络平台发布、散发名片等方式,以金钱为诱饵,招揽多人多次至指定医院捐献血小板。待他们获得"无偿献血证"后,李某等以每张几百元的价格予以收购,然后加价卖给需要输血治疗的患者,从中非法牟利。

问题:

根据我国血液管理法律制度,李某等人的行为违法吗?

第一节 概 述

血液管理法律制度是调整在保证临床用血、血液制品的质量和安全,维护人民身体健康的活动中产生的各种社会关系的法律规范的总和。

人体的血液由血浆和悬浮于其中的血细胞两部分组成,包括全血、成分血、特殊血液成分等。由于医学科技水平的限制,目前,人们还不能生产、制造血液以及完全替代血液的物品,临床用血还只能靠公民献血来解决。血液制品,特指各种人血浆蛋白制品,以人血浆为原料加工而成。

临床用血、血液制品的质量和安全直接关系公民的生命和健康。输注血液和血液制品的使用每年挽救全球数百万人的生命,而且能帮助罹患危及生命病症的患者延长生命并提高其生活质量,同时还能支持复杂的医疗和手术程序。输注血液和血液制品的使用在孕产妇和儿童卫生保健方面以及在天灾人祸中也具有挽救生命的重要作用。现阶段，一方面临床用血、血液制品需求总量较大，满足使用的压力较大；另一方面，以乙肝、丙肝、梅毒、艾滋病等为主的经血液途径传播的疾病对人体健康存在着巨大的安全风险。因此，十分有必要对临床用血、血液制品严格依法管理。

我国血液管理法律制度日臻完善。1996年国务院发布《血液制品管理条例》，对经血液传播的疾病进行防控，同时对血液制品进行管理。1997年12月29日第八届全国人民代表大会常务委员会第二十九次会议审议通过，1998年10月1日起施行的《中华人民共和国献血法》标志着我国血液工作开始进入全面依法管理的新阶段。国务院卫生行政部门先后颁发了《血站基本标准》、《脐带血造血干细胞库管理办法》、《单采血浆站基本标准》、《脐带血造血干细胞库设置管理规范》、《献血者健康检查要求》、《全血及成分血质量要求》（已废止）、《血站管理办法》、《血站质量管理规范》、《血站实验室质量管理规范》、《单采血浆站质量管理规范》、《单采血浆站管理办法》、《脐带血造血干细胞治疗技术管理规范（试行）》、《单采血浆站技术操作规程（2011版）》、《医疗机构临床用血管理办法》、《血站设置规划指导原则》、《血站技术操作规程（2019版）》等一系列规章、规范和技术标准，各地人大及政府也制定了血液管理方面的地方性法规、规章，这些法律规范构成了符合我国国情、保障我国血液事业健康发展的血液管理法律制度。

血液管理法律制度的建立和实施，将我国临床用血、血液制品的质量和安全工作纳入法制化轨道。《献血法》规定其立法宗旨为，保证医疗临床用血需要和安全，保障献血者和用血者身体健康，发扬人道主义精神，促进社会主义物质文明和精神文明建设。

第二节　无偿献血的法律规定

一、无偿献血的概念

《献血法》规定，国家实行无偿献血制度。无偿献血是指向血站自愿、无报酬地提供自身血液的行为。

"无偿"是指献血者不从献血活动中收取任何报酬。《献血法》规定，对献血者，发给国务院卫生行政部门制作的无偿献血证书，有关单位可以给予适当补贴。"适当补贴"不可理解为高额补贴和其他变相补贴，应界定为少量、必要的误餐、交通费等费用补贴，也不是必须补贴。1991年红十字会与红新月会国际联合会在布达佩斯通过了第34号决议，指出了无偿献血的含义："出于自愿无偿提供自身的血液、血浆或其他血液成分而不收任何报酬的人被称为无偿献血者。无论是现金或礼品都可视为金钱的替代，包括休假旅游等，而小型纪念品和茶点，支付交通费则是合理的。"

2016年，世界卫生组织在世界献血者日指出，定期、自愿无偿献血者是安全血液供应的基础，因为他们与较低的艾滋病病毒和肝炎等通过输血传播的感染相联系，筛查输血传播的感染极其重要，但是最安全的献血来自最安全的献血者。同时，只有通过自愿无偿献血者的定期献血，才能确保血液的足够供应。世卫组织鼓励所有国家在完全自愿无偿献血基础上提供血液服务。目前仅有62个国家的全国血液供应近100%出自自愿无偿献血,34个国家的血液供应有75%以上依然依赖于家庭献血者,甚至是有偿献血者。世卫组织的目标是各国到2020年实现所有供血均来自自愿无偿献血者。

为了纪念ABO血型系统的诺贝尔奖获得者卡尔·兰德斯坦纳的生日,世界卫生组织、红十字会与红新月会国际联合会、国际献血组织联合会、国际输血协会将2004年6月14日定为第一个世界献血者日。

2018年,全国献血量达到2 500余万单位,全国无偿献血人次达1 500万,千人口献血率为11.2。世界卫生组织2017年发布的《全球血液安全与供应报告》显示,我国在无偿献血、血液质量安全和临床用血等方面位居国际前列。

二、无偿献血的主体

《献血法》规定,国家提倡18周岁至55周岁的健康公民自愿献血。

世界范围内大部分国家和地区规定的献血(全血)年龄区间为17岁至65岁,年龄低限大部分是16或17岁,一般都需要监护人签字同意,年龄高限大部分是65岁,如加拿大规定年龄低限为17周岁,首次献血者应小于61岁,61～70岁者,如果在近2年中至少献过一次血的,可献血。

18周岁至55周岁的健康公民是我国无偿献血的主体,这是根据我国公民的身体素质和满足用血的需要等因素确立的。18周岁是我国法定的完全民事行为能力人的年龄界限,无偿献血是公民自愿的行为,需要具备完全民事行为能力的人来决定。《献血法》规定18周岁为无偿献血的最低年龄,与我国其他法律规定一致。《献血法》并未禁止年龄超过55周岁的公民无偿献血。根据《献血者健康检查要求》(GB 18467—2011)规定,既往无献血反应、符合健康检查要求的多次献血者主动要求再次献血的,年龄可延长至60周岁。

《献血法》规定,国家鼓励国家工作人员、现役军人和高等学校在校学生率先献血,为树立社会新风尚作表率。

三、无偿献血的管理体制

《献血法》规定,无偿献血工作要求政府及其部门履行管理职责。

地方各级人民政府领导本行政区域内的献血工作,统一规划并负责组织、协调有关部门共同做好献血工作。县级以上各级人民政府卫生行政部门监督管理献血工作。各级红十字会依法参与、推动献血工作。

四、无偿献血的组织和实施

《献血法》规定,无偿献血工作的推动需要全社会的共同努力。

各级人民政府采取措施广泛宣传献血的意义,普及献血的科学知识,开展预防和控制经血液途径传播的疾病的教育。新闻媒介应当开展献血的社会公益性宣传。

国家机关、军队、社会团体、企业事业组织、居民委员会、村民委员会,应当动员和组织本单位或者本居住区的适龄公民参加献血。现役军人献血的动员和组织办法,由中国人民解放军卫生主管部门制定。

无偿献血的血液必须用于临床,不得买卖。血站、医疗机构不得将无偿献血者的血液出售给单采血浆站或者血液制品生产单位。

公民临床用血时,只交付用于血液采集、储存、分离、检验等费用;具体收费标准由国务院卫生行政部门会同国务院价格主管部门制定。无偿献血者临床需要用血时,免交前款规定的费用;无偿献血者的配偶和直系亲属临床需要用血时,可以按照省、自治区、直辖市人民政府的规定免交或者减交前述规定的费用。

各级人民政府和红十字会对积极参加献血和在献血工作中做出显著成绩的单位和个人,给予奖励。

第三节 血站管理的法律规定

为了确保血液安全,规范血站执业行为,促进血站的建设与发展,原卫生部发布了《血站管理办法》,自2006年3月1日起施行(2017年修改),国家卫生计生委于2013年5月2日发布了《血站设置规划指导原则》。

一、血站的概念和分类

血站是指不以营利为目的,采集、提供临床用血的公益性卫生机构。

血站分为一般血站和特殊血站。一般血站包括血液中心、中心血站和中心血库。特殊血站包括脐带血造血干细胞库和国家卫生计生委根据医学发展需要批准、设置的其他类型血库。

二、血站的设置

血液中心、中心血站和中心血库由地方人民政府设立。血站的建设和发展纳入当地国民经济和社会发展计划。

血站的设置应当符合血站设置规划。国家卫生计生委根据全国医疗资源配置、临床用血需求,制定全国血站设置规划指导原则,并负责全国血站建设规划的指导。省、自治区、直辖市人民政府卫生计生行政部门应当结合本行政区域人口、医疗资源、临床用血需求等实际情况和当地区域卫生发展规划,制定本行政区域血站设置规划,报同级人民政府批准,并报国家卫生计生委备案。

血液中心应当设置在直辖市、省会市、自治区首府市。每个省级行政区域只设一个血液中心,一般设在直辖市或省会城市。

中心血站应当设置在设区的市。设区的市级人民政府所在城市,可规划设置一所相应规模的中心血站。直辖市、省会市、自治区首府市已经设置血液中心的,不再设置中心血站;尚未设置血液中心的,可以在已经设置的中心血站基础上加强能力建设,履行血液中心的职责。

中心血库应当设置在中心血站服务覆盖不到的县级综合医院内。在血液中心或中心血站难以覆盖的县(市),可以根据实际需要由省级卫生计生行政部门批准设置一所中心血库。中心血库可以设置在当地县级综合医院内。

同一行政区域内不得重复设置血液中心、中心血站。血站与单采血浆站不得在同一县级行政区域内设置。

血站因采供血需要,在规定的服务区域内设置分支机构,应当报所在省级卫生计生行政部门批准;设置固定采血点(室)或者流动采血车的,应当报省级卫生计生行政部门备案。为保证辖区内临床用血需要,血站可以设置储血点储存血液。储血点应当具备必要的储存条件,并由省级卫生计生行政部门批准。

三、血站的职责

血液中心的主要职责是:①按照省级人民政府卫生计生行政部门的要求,在规定范围内开展无偿献血者的招募、血液的采集与制备、临床用血供应以及医疗用血的业务指导等工作;②承担所在省、自治区、直辖市血站的质量控制与评价;③承担所在省、自治区、直辖市血站的业务培训与技术指导;④承担所在省、自治区、直辖市血液的集中化检测任务;⑤开展血液相关的科研工作;⑥承担卫生计生行政部门交办的任务。血液中心应当具有较高综合质量评价的技术能力。

中心血站的主要职责是:①按照省级人民政府卫生计生行政部门的要求,在规定范围内开展无偿献血者的招募、血液的采集与制备、临床用血供应以及医疗用血的业务指导等工作;②承担供血区域范围内血液储存的质量控制;③对所在行政区域内的中心血库进行质量控制;④承担卫生计生行政部门交办的任务。直辖市、省会市、自治区首府市已经设置血液中心的,不再设置中心血站;尚未设置血液中心的,可以在已经设置的中心血站基础上加强能力建设,履行血液中心的职责。

中心血库的主要职责是,按照省级人民政府卫生计生行政部门的要求,在规定范围内开展无偿献血者的招募、血液的采集与制备、临床用血供应以及医疗用血业务指导等工作。

四、血站的执业登记

《献血法》规定,设立血站向公民采集血液,必须经国务院卫生行政部门或者省、自治区、直辖市人民政府卫生行政部门批准。

血站执业登记的申请:血站开展采供血活动,应当向所在省、自治区、直辖市人民政府卫生计生行政部门申请办理执业登记,取得血站执业许可证。没有取得血站执业许可证的,不得开展采供血活动。血站执业许可证有效期为三年。

有下列情形之一的,不予执业登记:①《血站质量管理规范》技术审查不合格的;②《血站实验室质量管理规范》技术审查不合格的;③血液质量检测结果不合格的。执业登记机关对审核不合格、不予执业登记的,将结果和理由以书面形式通知申请人。

再次执业登记与注销登记:血站执业许可证有效期满前3个月,血站应当办理再次执业登记,并提交血站再次执业登记申请书及血站执业许可证。省级人民政府卫生计生行政部门应当根据血站业务开展和监督检查情况进行审核,审核合格的,予以继续执业。未通过审核的,责令其限期整改;经整改仍审核不合格的,注销其血站执业许可证。未办理再次执业登记手续或者被注销血站执业许可证的血站,不得继续执业。根据规划予以撤销的血站,应当在撤销后15日内向执业登记机关申请办理注销执业登记。逾期不办理的,由执业登记机关依程序予以注销,并收回血站执业许可证及其副本和全套印章。

五、血站的执业

（一）血站执业的一般要求

《献血法》规定,血站应当为献血者提供各种安全、卫生、便利的条件。

血站必须按照执业登记的项目、内容、范围,开展采供血业务,严格遵守有关法律、行政法规、规章和技术规范,应当根据医疗机构临床用血需求,制定血液采集、制备、供应计划,保障临床用血安全、及时、有效。

（二）献血者健康检查与身份核对

《献血法》规定,血站对献血者必须免费进行必要的健康检查;身体不符合献血条件的,血站应当向其说明情况,不得采集血液。

血站采血前应当对献血者身份进行核对并进行登记。严禁采集冒名顶替者的血液。献血者应当按照要求出示真实的身份证明。任何单位和个人不得组织冒名顶替者献血。

（三）血液采集

1. 遵循自愿、知情同意的原则并为献血者保密。血站采集血液应当遵循自愿和知情同意的原则,对献血者履行规定的告知义务,并为献血者保密。

2. 采血量和采血间隔期。《献血法》规定,血站对献血者每次采集血液量一般为200毫升,最多不得超过400毫升,两次采集间隔期不少于6个月。严格禁止血站违反规定对献血者超量频繁采集血液。

《献血者健康检查要求》(GB 18467—2011)对献血量及献血间隔作了具体规定。献血量:全血献血者每次可献全血400毫升,或者300毫升,或者200毫升。单采血小板献血者:每次可献1个至2个治疗单位,或者1个治疗单位及不超过200 ml血浆。全年血小板和血浆采集总量不超过10升。上述献血量均不包括血液检测留样的血量和保养液或抗凝剂的量。献血间隔:全血献血间隔不少于6个月。单采血小板献血间隔:不少于2周,不大于24次/年。因特殊配型需要,由医生批准,最短间隔时间不少于1周。单采血小板后与全血献血间隔:不少于4周。全血献血后与单采血小板献血间隔:不少于3个月。

3. 血站不得采集血液制品生产用原料血浆。

（四）全面质量管理

《献血法》规定,血站采集血液必须严格遵守有关规程和制度,确保献血者的身体健康,根据国务院卫生行政部门规定的标准,保证血液质量。

1. 遵守国家技术规范和标准。血站开展采供血业务应当实行全面质量管理,严格遵守《中国输血技术操作规程》《血站质量管理规范》和《血站实验室质量管理规范》等技术规范和标准。

2. 建立健全规章制度。血站应当建立人员岗位责任制度和采供血管理相关工作制度,并定期检查、考核各项规章制度和各级各类人员岗位责任制的执行和落实情况。血站应当建立对有易感染经血液传播疾病危险行为的献血者献血后的报告工作程序、献血屏蔽和淘汰制度。

3. 使用合格工作人员。采血必须由具有采血资格的医务人员进行。血站应当对血站工作人员进行岗位培训与考核。血站工作人员应当符合岗位执业资格的规定,并经岗位培训与考核合格后方可上岗。血站工作人员每人每年应当接受不少于75学时的岗位继续教育。省级人民政府卫生计生行政部门应当制定血站工作人员培训标准或指南,并对血站开展的岗位培训、考核工作进行指导和监督。

4. 依法使用采血器物。一次性采血器材用后必须销毁。血站使用的药品、体外诊断试剂、一次性卫生器材应当符合国家有关规定。

5. 血液检测。血站对采集的血液必须进行检测；未经检测或检测不合格的血液,不得向医疗机构提供。血站应当保证所采集的血液由具有血液检测实验室资格的实验室进行检测。对检测不合格或者报废的血液,血站应当严格按照有关规定处理。

6. 预防和控制感染性疾病的传播。血站应当加强消毒、隔离工作管理,预防和控制感染性疾病的传播。血站产生的医疗废物应当按《医疗废物管理条例》规定处理,做好记录与签字,避免交叉感染。血站及其执行职务的人员发现法定传染病疫情时,应当按照《传染病防治法》和国家卫生计生委的规定向有关部门报告。

7. 记录和标本保存。血站各业务岗位工作记录应当内容真实、项目完整、格式规范、字迹清楚、记录及时,有操作者签名。记录内容需要更改时,应当保持原记录内容清晰可辨,注明更改内容、原因和日期,并在更改处签名。献血、检测和供血的原始记录应当至少保存10年,法律、行政法规和国家卫生计生委另有规定的,依照有关规定执行。血液标本的保存期为全血或成分血使用后2年。

(五)血液供应

血液供应的一般要求：血站应当保证发出的血液质量符合国家有关标准,其品种、规格、数量、活性、血型无差错；未经检测或者检测不合格的血液,不得向医疗机构提供。

临床用血的包装、储存、运输,必须符合国家规定的卫生标准和要求。血液的包装、储存、运输应当符合《血站质量管理规范》的要求。血液包装袋上应当标明：①血站的名称及其许可证号；②献血编号或者条形码；③血型；④血液品种；⑤采血日期及时间或者制备日期及时间；⑥有效日期及时间；⑦储存条件。血站应当加强对其所设储血点的质量监督,确保储存条件,保证血液储存质量；按照临床需要进行血液储存和调换。

调配血液的规定：因临床、科研或者特殊需要,需要从外省、自治区、直辖市调配血液的,由省级人民政府卫生计生行政部门组织实施。禁止临床医疗用途的人体血液、血浆进出口。

第四节　医疗机构临床用血管理

为加强医疗机构临床用血管理,推进临床科学合理用血,保护血液资源,保障临床用血安全和医疗质量,原卫生部发布了《医疗机构临床用血管理办法》,自2012年8月1日起施行。该办法已根据《国家卫生健康委关于修改〈职业健康检查管理办法〉等4件部门规章的决定》第一次修订,并于2019年2月28日发布并实施。

一、临床用血的一般要求

《献血法》规定,医疗机构对临床用血必须进行核查,不得将不符合国家规定标准的血液用于临床。

为保障公民临床急救用血的需要,国家提倡并指导择期手术的患者自身储血,动员家庭、亲友、所在单位以及社会互助献血。为保证应急用血,医疗机构可以临时采集血液,但应当依照法律规定,确保采血用血安全。

医疗机构临床用血应当制订用血计划,遵循合理、科学的原则,不得浪费和滥用血液。医疗机构应当积极推行按血液成分针对医疗实际需要输血。国家鼓励临床用血新技术的研究和推广。

二、临床用血组织与职责

（一）临床用血组织

《献血法》规定,卫生部成立临床用血专家委员会,建立协调机制,做好临床用血管理工作,提高临床合理用血水平,保证输血治疗质量。

各省、自治区、直辖市人民政府卫生行政部门成立省级临床用血质量控制中心,负责辖区内医疗机构临床用血管理的指导、评价和培训等工作。

医疗机构应当加强组织管理,明确岗位职责,健全管理制度。医疗机构法定代表人为临床用血管理第一责任人。

二级以上医院和妇幼保健院应当设立临床用血管理委员会,负责本机构临床合理用血管理工作。主任委员由院长或者分管医疗的副院长担任,成员由医务部门,输血科,麻醉科,开展输血治疗的主要临床科室、护理部门、手术室等部门负责人组成。医务、输血部门共同负责临床合理用血日常管理工作。

其他医疗机构应当设立临床用血管理工作组,并指定专(兼)职人员负责日常管理工作。

（二）临床用血管理委员会、工作组的职责

临床用血管理委员会或者临床用血管理工作组应当履行以下职责:①认真贯彻临床用血管理相关法律、法规、规章、技术规范和标准,制定本机构临床用血管理的规章制度并监督实施;②评估确定临床用血的重点科室、关键环节和流程;③定期监测、分析和评估临床用血情况,开展临床用血质量评价工作,提高临床合理用血水平;④分析临床用血不良事件,提出处理和改进措施;⑤指导并推动开展自体输血等血液保护及输血新技术;⑥承担医疗机构交办的有关临床用血的其他任务。

（三）输血科、血库

医疗机构应当根据有关规定和临床用血需求设置输血科或者血库,并根据自身功能、任务、规模,配备与输血工作相适应的专业技术人员、设施、设备。不具备条件设置输血科或者血库的医疗机构,应当安排专(兼)职人员负责临床用血工作。

输血科及血库的主要职责是:①建立临床用血质量管理体系,推动临床合理用血;②负责制订临床用血储备计划,根据血站供血的预警信息和医院的血液库存情况协调临床用血;③负责血液预订、入库、储存、发放工作;④负责输血相关免疫血液学检测;⑤参与推动自体输血等血液保护及输血新技术;⑥参与特殊输血治疗病例的会诊,为临床合理用血提供咨询;⑦参与临床用血不良事件的调查;⑧根据临床治疗需要,参与开展血液治疗相关技术;⑨承担医疗机构交办的有关临床用血的其他任务。

三、临床用血管理

医疗机构应当加强临床用血管理,建立并完善管理制度和工作规范,并保证落实。医疗机构应当使用卫生行政部门指定血站提供的血液。医疗机构科研用血由所在地省级卫生行政部门负责核准。医疗机构应当配合血站建立血液库存动态预警机制,保障临床用血需求和正常医疗秩序。

《医疗机构临床用血管理办法》对临床用血实施全过程的管理。

（一）科学制订临床用血计划

医疗机构应当科学制订临床用血计划,建立临床合理用血的评价制度,提高临床合理用血水平。

（二）血液的储运

医疗机构应当对血液预订、接收、入库、储存、出库及库存预警等进行管理,保证血液储存、运送符合国家有关标准和要求。

（三）血液的接收

医疗机构接收血站发送的血液后,应当对血袋标签进行核对。符合国家有关标准和要求的血液入库,做好登记；并按不同品种、血型和采血日期（或有效期）,分别有序存放于专用储藏设施内。

血袋标签核对的主要内容：①血站的名称；②献血编号或者条形码、血型；③血液品种；④采血日期及时间或者制备日期及时间；⑤有效期及时间；⑥储存条件。

禁止将血袋标签不合格的血液入库。

（四）血液发放与输血核对

医疗机构应当在血液发放和输血时进行核对,并指定医务人员负责血液的收领、发放工作。

（五）储血设施与环境

医疗机构的储血设施应当保证运行有效,全血、红细胞的储藏温度应当控制在2~6℃,血小板的储藏温度应当控制在20~24℃。储血保管人员应当做好血液储藏温度的24小时监测记录。储血环境应当符合卫生标准和要求。

（六）临床输血技术规范

医务人员应当认真执行临床输血技术规范,严格掌握临床输血适应证,根据患者病情和实验室检测指标,对输血指证进行综合评估,制定输血治疗方案。

（七）临床用血申请

医疗机构应当建立临床用血申请管理制度。

同一患者一天申请备血量少于800毫升的,由具有中级以上专业技术职务任职资格的医师提出申请,上级医师核准签发后,方可备血。

同一患者一天申请备血量在800毫升至1 600毫升的,由具有中级以上专业技术职务任职资格的医师提出申请,经上级医师审核,科室主任核准签发后,方可备血。

同一患者一天申请备血量达到或超过1 600毫升的,由具有中级以上专业技术职务任职资格的医师提出申请,科室主任核准签发后,报医务部门批准,方可备血。

前述关于申请备血量的规定不适用于急救用血。

（八）临床输血治疗知情同意书

在输血治疗前，医师应当向患者或者其近亲属说明输血目的、方式和风险，并签署临床输血治疗知情同意书。因抢救生命垂危的患者需要紧急输血，且不能取得患者或者其近亲属意见的，经医疗机构负责人或者授权的负责人批准后，可以立即实施输血治疗。

（九）科学用血

医疗机构应当积极推行节约用血的新型医疗技术。

三级医院、有条件的二级医院和妇幼保健院应当开展自体输血技术，建立并完善管理制度和技术规范，提高合理用血水平，保证医疗质量和安全。医疗机构应当动员符合条件的患者接受自体输血技术，提高输血治疗效果和安全性。

医疗机构应当积极推行成分输血，保证医疗质量和安全。

医疗机构应当将无偿献血纳入健康教育内容，积极主动向患者、家属及社会广泛宣传，鼓励健康适龄公民自愿参加无偿献血，提升群众对无偿献血的知晓度和参与度。

（十）临床用血不良事件监测报告

医疗机构应当根据国家有关法律法规和规范建立临床用血不良事件监测报告制度。临床发现输血不良反应后，应当积极救治患者，及时向有关部门报告，并做好观察和记录。

（十一）临床用血医学文书管理

医疗机构应当建立临床用血医学文书管理制度，确保临床用血信息客观真实、完整、可追溯。医师应当将患者输血适应证的评估、输血过程和输血后疗效评价情况记入病历；临床输血治疗知情同意书、输血记录单等随病历保存。

（十二）培训与考核

医疗机构应当建立培训制度，加强对医务人员临床用血和无偿献血知识的培训，将临床用血相关知识培训纳入继续教育内容。新上岗医务人员应当接受岗前临床用血相关知识培训及考核。医疗机构应当建立科室和医师临床用血评价及公示制度。将临床用血情况纳入科室和医务人员工作考核指标体系。禁止将用血量和经济收入作为输血科或者血库工作的考核指标。

四、临时采集血液

医疗机构应当制定应急用血工作预案。为保证应急用血，医疗机构可以临时采集血液，但必须同时符合以下条件：①危及患者生命，急需输血；②所在地血站无法及时提供血液，且无法及时从其他医疗机构调剂血液，而其他医疗措施不能替代输血治疗；③具备开展交叉配血及乙型肝炎病毒表面抗原、丙型肝炎病毒抗体、艾滋病病毒抗体和梅毒螺旋体抗体的检测能力；④遵守采供血相关操作规程和技术标准。医疗机构应当在临时采集血液后10日内将情况报告县级以上人民政府卫生行政部门。

五、临床用血保障措施和应急预案

各省、自治区、直辖市人民政府卫生行政部门应当制定临床用血保障措施和应急预案，保证自然灾害、突发事件等大量伤员和特殊病例、稀缺血型等应急用血的供应和安全。因应急用血或者避免血液浪费，在保证血液安全的前提下，经省、自治区、直辖市人民政府卫生行政部门核准，医疗机构之间可以调剂血液。具体方案由省级卫生行政部门制定。

省、自治区、直辖市人民政府卫生行政部门应当加强边远地区医疗机构临床用血保障工作,科学规划和建设中心血库与储血点。

第五节 血液制品管理的法律规定

一、血液制品的概念

血液制品特指各种人血浆蛋白制品。由于血液制品是血液分离、加工、提炼的产物,直接用于人体,所以对其质量的要求与血液相似。

为了加强血液制品管理,预防和控制经血液途径传播的疾病,保证血液制品的质量,根据药品管理法和传染病防治法,国务院于1996年12月30日发布了《血液制品管理条例》,适用于在我国境内从事原料血浆的采集、供应以及血液制品的生产、经营活动。该条例已根据《国务院关于修改部分行政法规的决定(2006)》进行了修改,并于2016年2月6日发布和实施。条例规定,国务院卫生行政部门对全国的原料血浆的采集、供应和血液制品的生产、经营活动实施监督管理。县级以上地方各级人民政府卫生行政部门负责本行政区域内的原料血浆的采集、供应和血液制品生产、经营活动的监督管理。

二、原料血浆的采集机构

我国血液制品原料,即原料血浆,由单采血浆站负责采集。单采血浆站,是指根据地区血源资源,按照有关标准和要求并经严格审批设立,采集供应血液制品生产用原料血浆的单位。《单采血浆站管理办法》(2016修正)规定,单采血浆站由血液制品生产单位设置,具有独立的法人资格。其他任何单位和个人不得从事单采血浆活动。

我国实行单采血浆站统一规划、设置的制度。国务院卫生行政部门根据核准的全国生产用原料血浆的需求,对单采血浆站的布局、数量和规模制定总体规划。省、自治区、直辖市人民政府卫生行政部门根据总体规划制定本行政区域内单采血浆站设置规划和采集血浆的区域规划,并报国务院卫生行政部门备案。

设置单采血浆站,必须具备下列条件:①符合采供血机构设置规划、单采血浆站设置规划以及《单采血浆站基本标准》要求的条件;②具有与所采集原料血浆相适应的卫生专业技术人员;③具有与所采集原料血浆相适应的场所及卫生环境;④具有识别供血浆者的身份识别系统;⑤具有与所采集原料血浆相适应的单采血浆机械及其他设施;⑥具有对所采集原料血浆进行质量检验的技术人员以及必要的仪器设备;⑦符合国家生物安全管理相关规定。

申请设置单采血浆站的,由县级人民政府卫生行政部门初审,经设区的市、自治州人民政府卫生行政部门或者省、自治区人民政府设立的派出机关的卫生行政机构审查同意,报省、自治区、直辖市人民政府卫生行政部门核发单采血浆许可证,并报国务院卫生行政部门备案。单采血浆站只能对省、自治区、直辖市人民政府卫生行政部门划定区域内的供血浆者进行筛查和采集血浆。《单采血浆站管理办法》规定,单采血浆许可证有效期为2年。

在一个采血浆区域内,只能设置一个单采血浆站。严禁采血浆站采集非划定区域内的供血浆者和其他人员的血浆。

三、原料血浆的采集

单采血浆站必须对供血浆者进行健康检查,检查合格的,由县级人民政府卫生行政部门核发供血浆证。供血浆者健康检查标准,由国务院卫生行政部门制定。供血浆证由省、自治区、直辖市人民政府卫生行政部门负责设计和印制。供血浆证不得涂改、伪造、转让。

采集血浆前,必须对供血浆者进行身份识别并核实其供血浆证,确认无误的,方可按照规定程序进行健康检查和血液化验;对检查、化验合格的,按照有关技术操作标准及程序采集血浆,并建立供血浆者健康检查及供血浆记录档案;对检查、化验不合格的,由单采血浆站收缴供血浆证,并由所在地县级人民政府卫生行政部门监督销毁。严禁采集无供血浆证者的血浆。血浆采集技术操作标准及程序,由国务院卫生行政部门制定。

单采血浆站必须用单采血浆机械采集血浆,严禁手工操作采集血浆。采集的血浆必须按单人份冰冻保存,不得混浆。严禁单采血浆站采集血液或者将所采集的原料血浆用于临床。单采血浆站必须使用有产品批准文号并经国家药品生物制品检定机构逐批检定合格的体外诊断试剂以及合格的一次性采血浆器材。采血浆器材等一次性消耗品使用后,必须按照国家有关规定予以销毁,并作记录。单采血浆站采集血浆的包装、储存、运输,必须符合国家规定的卫生标准和要求。

单采血浆站必须依照传染病防治法及其实施办法等有关规定,严格执行消毒管理及疫情上报制度。

单采血浆站只能向一个与其签订质量责任书的血液制品生产单位供应原料血浆,严禁向其他任何单位供应原料血浆。国家禁止出口原料血浆。

四、血液制品生产单位管理

血液制品生产单位必须达到国务院卫生行政部门制定的《药品生产质量管理规范》规定的标准,经国务院卫生行政部门审查合格,并依法向工商行政管理部门申领营业执照后,方可从事血液制品的生产活动。

血液制品生产单位应当积极开发新品种,提高血浆综合利用率。血液制品生产单位生产国内已经生产的品种,必须依法向国务院卫生行政部门申请产品批准文号;国内尚未生产的品种,必须按照国家有关新药审批的程序和要求申报。

血液制品生产单位在原料血浆投料生产前,必须使用有产品批准文号并经国家药品生物制品检定机构逐批检定合格的体外诊断试剂,对每一人份血浆进行全面复检,并作检测记录。原料血浆经复检不合格的,不得投料生产,并必须在省级药品监督员监督下按照规定程序和方法予以销毁,并作记录。原料血浆经复检发现有经血液途径传播的疾病的,必须通知供应血浆的单采血浆站,并及时上报所在地省、自治区、直辖市人民政府卫生行政部门。

严禁血液制品生产单位出让、出租、出借以及与他人共用药品生产企业许可证和产品批准文号。血液制品生产单位不得向无单采血浆许可证的单采血浆站或者未与其签订质量责任书的单采血浆站及其他任何单位收集原料血浆。血液制品生产单位不得向其他任何单位供应原料血浆。

血液制品出厂前,必须经过质量检验;经检验不符合国家标准的,严禁出厂。

第六节 法律责任

一、非法采集血液的法律责任

《献血法》第十八条规定,有下列行为之一的,由县级以上地方人民政府卫生行政部门予以取缔,没收违法所得,可以并处10万元以下的罚款;构成犯罪的,依法追究刑事责任:① 非法采集血液的;② 血站、医疗机构出售无偿献血的血液的;③ 非法组织他人出卖血液的。

《血站管理办法》第五十九条规定,有下列行为之一的,属于非法采集血液,由县级以上地方人民政府卫生计生行政部门按照《献血法》第十八条的有关规定予以处罚;构成犯罪的,依法追究刑事责任:①未经批准,擅自设置血站,开展采供血活动的;②已被注销的血站,仍开展采供血活动的;③已取得设置批准但尚未取得血站执业许可证即开展采供血活动,或者血站执业许可证有效期满未再次登记仍开展采供血活动的;④租用、借用、出租、出借、变造、伪造血站执业许可证开展采供血活动的。

《刑法》第三百三十三条(非法组织卖血罪、强迫卖血罪)规定:"非法组织他人出卖血液的,处5年以下有期徒刑,并处罚金;以暴力、威胁方法强迫他人出卖血液的,处五年以上10年以下有期徒刑,并处罚金。有前款行为,对他人造成伤害的,依照本法第二百三十四条的规定定罪处罚。

《刑法》第三百三十四条第一款(非法采集、供应血液,制作、供应血液制品罪)规定,非法采集、供应血液或者制作、供应血液制品,不符合国家规定的标准,足以危害人体健康的,处5年以下有期徒刑或者拘役,并处罚金;对人体健康造成严重危害的,处5年以上10年以下有期徒刑,并处罚金;造成特别严重后果的,处10年以上有期徒刑或者无期徒刑,并处罚金或者没收财产。

二、违法采集血液的法律责任

《献血法》第十九条规定,血站违反有关操作规程和制度采集血液,由县级以上地方人民政府卫生行政部门责令改正;给献血者健康造成损害的,应当依法赔偿,对直接负责的主管人员和其他直接责任人员,依法给予行政处分;构成犯罪的,依法追究刑事责任。

《血站管理办法》第六十一条规定,血站有下列行为之一的,由县级以上地方人民政府卫生计生行政部门予以警告、责令改正;逾期不改正,或者造成经血液传播疾病发生,或者其他严重后果的,对负有责任的主管人员和其他直接负责人员,依法给予行政处分;构成犯罪的,依法追究刑事责任:①超出执业登记的项目、内容、范围开展业务活动的;②工作人员未取得相关岗位执业资格或者未经执业注册而从事采供血工作的;③血液检测实验室未取得相应资格即进行检测的;④擅自采集原料血浆、买卖血液的;⑤采集血液前,未按照国家颁布的献血者健康检查要求对献血者进行健康检查、检测的;⑥采集冒名顶替者、健康检查不合格者血液以及超量、频繁采集血液的;⑦违反输血技术操作规程、有关质量规范和标准的;⑧采血前未向献血者、特殊血液成分捐赠者履行规定的告知义务的;⑨擅自涂改、毁损或者不按规定保存工作记录的;⑩使用的药品、体外诊断试剂、一次性卫生器材不符合国家有关规定的;⑪重复使用一次性卫生器材;⑫对检测不合格或者报废的血液,未按有关规定处理的;⑬擅自与外省、自治区、直辖市调配血液的;⑭未按规定保存血液标本的;⑮脐带血造血干细胞库等特殊血站违反有关技术规范的。血站造成经血液传播疾病发生或者其他严重后果的,卫生行政部门在行政处罚的同时,可以注销其血站执业许可证。

《医疗机构临床用血管理办法》第三十七条规定,医疗机构违反关于应急用血采血规定的,由县级以上人民政府卫生行政部门责令限期改正,给予警告;情节严重或者造成严重后果的,处3万元以下罚款,对负有责任的主管人员和其他直接责任人员依法给予处分。

《刑法》第三百三十四条第二款(采集、供应血液,制作、供应血液制品事故罪)规定,经国家主管部门批准采集、供应血液或者制作、供应血液制品的部门,不依照规定进行检测或者违背其他操作规定,造成危害他人身体健康后果的,对单位判处罚金,并对其直接负责的主管人员和其他直接责任人员,处5年以下有期徒刑或者拘役。

三、临床用血违法包装、储存和运输的法律责任

《献血法》第二十条规定,临床用血的包装、储运、运输,不符合国家规定的卫生标准和要求的,由县级以上地方人民政府卫生行政部门责令改正,给予警告,可以并处1万元以下的罚款。

《血站管理办法》第六十二条规定,临床用血的包装、储存、运输,不符合国家规定的卫生标准和要求的,由县级以上地方人民政府卫生行政部门责令改正,给予警告。

四、提供、使用不符合国家规定标准的血液的法律责任

《献血法》第二十一条规定,血站违反本法的规定,向医疗机构提供不符合国家规定标准的血液的,由县级以上人民政府卫生行政部门责令改正;情节严重,造成经血液途径传播的疾病传播或者有传播严重危险的,限期整顿,对直接负责的主管人员和其他直接责任人员,依法给予行政处分;构成犯罪的,依法追究刑事责任。

《献血法》第二十二条规定,医疗机构的医务人员违反本法规定,将不符合国家规定标准的血液用于患者的,由县级以上地方人民政府卫生行政部门责令改正;给患者健康造成损害的,应当依法赔偿,对直接负责的主管人员和其他直接责任人员,依法给予行政处分;构成犯罪的,依法追究刑事责任。

《血站管理办法》第六十三条规定,血站违反规定,向医疗机构提供不符合国家规定标准的血液的,由县级以上地方人民政府卫生行政部门责令改正;情节严重,造成经血液途径传播的疾病传播或者有传播严重危险的,限期整顿,对直接负责的主管人员和其他责任人员,依法给予行政处分;构成犯罪的,依法追究刑事责任。

《医疗机构临床用血管理办法》第三十八条规定,医疗机构及其医务人员违反本办法规定,将不符合国家规定标准的血液用于患者的,由县级以上地方人民政府卫生行政部门责令改正;给患者健康造成损害的,应当依据国家有关法律法规进行处理,并对负有责任的主管人员和其他直接责任人员依法给予处分。

五、卫生行政部门的法律责任

《献血法》第二十三条规定,卫生行政部门及其工作人员在献血、用血的监督管理工作中,玩忽职守,造成严重后果,构成犯罪的,依法追究刑事责任;尚不构成犯罪的,依法给予行政处分。

另外,《血液制品管理条例》等法律对卫生行政部门及其工作人员的法律责任也作出了具体规定。

【思考题】
1. 如何理解我国的采供血体制?
2. 医疗机构临时采集血液应当具备哪些条件?
3. 我国《刑法》规定了哪些危害血液安全的犯罪?

第十三章　食品安全法律制度

【学习目的】

　　理解食品安全的概念,掌握现行食品安全监管制度的基本内容,熟悉食品安全事故处置的法律规定,明确食品安全相关法律责任。

【案情导引】

　　2014年7月20日,新闻报道有记者卧底调查上海福喜食品有限公司,发现其使用过期劣质肉。节目播出后,上海市食品药品监督管理局连夜出击,但进入公司车间时一度被阻。初步调查表明,上海福喜食品有限公司涉嫌有组织实施违法生产经营食品行为,长期使用过期原料,公司在厂区之外还有一个神秘的仓库,专门把其他品牌的产品搬到仓库里,再换上福喜自己的包装。该次查实了5批次问题产品,共5 108箱。上海市公安局也介入了调查,对22家下游食品流通和快餐连锁企业进行紧急约谈,封存福喜公司产品约100吨。截至23日,上海市食品药品监督管理局检查相关食品生产经营企业581户,对经营、使用福喜公司产品的企业的问题食品,均已采取下架、封存等控制措施。7月26日,福喜母公司OSI集团官网宣布从市场中回收上海福喜食品有限公司所生产的所有产品。事发后,上海市公安局依法对上海福喜食品有限公司负责人、质量经理等6名涉案人员予以刑事拘留。

　　问题:
　　1. 食品安全监管机构履行职责时有权采取哪些措施?
　　2. 食品安全违法行为要承担哪些法律责任?

第一节　食品安全风险监测和评估

　　食品,指各种供人食用或者饮用的成品和原料以及按照传统既是食品又是药品的物品,但是不包括以治疗为目的的物品,是人类生存和发展最重要的物质基础。食品安全,指食品无毒、无害,符合应当有的营养要求,对人体健康不造成任何急性、亚急性或者慢性危害。食品安全法是调整生产经营和食品安全监督管理活动中产生的各种社会关系的法律规范的总称。2009年2月28日第十一届全国人民代表大会常务委员会第七次会议审议通过了《中华人民共和国食品安全法》,2015年4月24日第十二届全国人民代表大会常务委员会第十四次会议以及2018年12月29日第十三届全国人民代表大会常务委员会第七次会议又分别对《食品安全法》进行了修正。在中华人民共和国境内从事食品生产和加工、食品销售和餐饮服务,食品添加剂的生产经营,用于食品的包装材料、容器、洗涤剂、消毒剂和用于食品生产经营的工具、设备的生产经营,食品生产经营者使用食品添加剂、食品相关产品,食品的贮存和运输,对食品、食品添加剂、食品相关产品的安全管理均应当遵守《食品安全法》。食用农产品的市场销售、有关质量安全标准的制定、有关安全信息的公布和本法对农业投入品作出规定的,也应当遵守本法的规定。

一、食品安全风险监测

国家建立食品安全风险监测制度,对食源性疾病、食品污染以及食品中的有害因素进行监测。国务院卫生行政部门会同国务院食品安全监督管理等部门,制定、实施国家食品安全风险监测计划。国务院食品安全监督管理部门和其他有关部门获知有关食品安全风险信息后,应当立即核实并向国务院卫生行政部门通报。对有关部门通报的食品安全风险信息以及医疗机构报告的食源性疾病等有关疾病信息,国务院卫生行政部门应当会同国务院有关部门分析研究,认为必要的,及时调整国家食品安全风险监测计划。省、自治区、直辖市人民政府卫生行政部门会同同级食品安全监督管理等部门,根据国家食品安全风险监测计划,结合本行政区域的具体情况,制定、调整本行政区域的食品安全风险监测方案,报国务院卫生行政部门备案并实施。

承担食品安全风险监测工作的技术机构应当根据食品安全风险监测计划和监测方案开展监测工作,保证监测数据真实、准确,并按照食品安全风险监测计划和监测方案的要求报送监测数据和分析结果。食品安全风险监测工作人员有权进入相关食用农产品种植养殖、食品生产经营场所采集样品,收集相关数据。采集样品应当按照市场价格支付费用。

食品安全风险监测结果表明可能存在食品安全隐患的,县级以上人民政府卫生行政部门应当及时将相关信息通报同级食品安全监督管理等部门,并报告本级人民政府和上级人民政府卫生行政部门。食品安全监督管理等部门应当组织开展进一步调查。

二、食品安全风险评估

国家建立食品安全风险评估制度,运用科学方法,根据食品安全风险监测信息、科学数据以及有关信息,对食品、食品添加剂、食品相关产品中生物性、化学性和物理性危害因素进行风险评估。国务院卫生行政部门负责组织食品安全风险评估工作,成立由医学、农业、食品、营养、生物、环境等方面的专家组成的食品安全风险评估专家委员会进行食品安全风险评估。食品安全风险评估结果由国务院卫生行政部门公布。对农药、肥料、兽药、饲料和饲料添加剂等的安全性评估,应当有食品安全风险评估专家委员会的专家参加。食品安全风险评估不得向生产经营者收取费用,采集样品应当按照市场价格支付费用。

应当进行食品安全风险评估的情形是:①通过食品安全风险监测或者接到举报发现食品、食品添加剂、食品相关产品可能存在安全隐患的;②为制定或者修订食品安全国家标准提供科学依据需要进行风险评估的;③为确定监督管理的重点领域、重点品种需要进行风险评估的;④发现新的可能危害食品安全因素的;⑤需要判断某一因素是否构成食品安全隐患的;⑥国务院卫生行政部门认为需要进行风险评估的其他情形。

国务院食品安全监督管理部门、农业行政部门等在监督管理工作中发现需要进行食品安全风险评估的,应当向国务院卫生行政部门提出食品安全风险评估的建议,并提供风险的来源、相关检验数据和结论等信息、资料。属于规定情形的,国务院卫生行政部门应当及时进行食品安全风险评估,并向国务院有关部门通报评估结果。

省级以上人民政府卫生行政部门、农业行政部门应当及时相互通报食品、食用农产品安全风险监测信息。国务院卫生行政部门、农业行政部门应当及时相互通报食品、食用农产品安全风险评估结果等信息。

食品安全风险评估结果是制定、修订食品安全标准和实施食品安全监督管理的科学依据。经食品安全风险评估,得出食品、食品添加剂、食品相关产品不安全结论的,国务院食品安全监督管理等部门应当依据各自职责立即向社会公告,告知消费者停止食用或者使用,并采取相应措施,确保该食品、食品添加剂、食品相关产品停止生产经营;需要制定、修订相关食品安全国家标准的,国务院卫生行政部门应当会同国务院食品安全监督管理部门立即制定、修订。国务院食品安全监督管理部门应当会同国务院有关部门,根据食品安全风险评估结果、食品安全监督管理信息,对食品安全状况进行综合分析。对经综合分析表明可能具有较高程度安全风险的食品,国务院食品安全监督管理部门应当及时提出食品安全风险警示,并向社会公布。

县级以上人民政府食品安全监督管理部门和其他有关部门、食品安全风险评估专家委员会及其技术机构,应当按照科学、客观、及时、公开的原则,组织食品生产经营者、食品检验机构、认证机构、食品行业协会、消费者协会以及新闻媒体等,就食品安全风险评估信息和食品安全监督管理信息进行交流沟通。

第二节 食品安全标准与食品生产经营

一、食品安全标准

制定食品安全标准,应当以保障公众身体健康为宗旨,做到科学合理、安全可靠。食品安全标准是强制执行的标准。除食品安全标准外,不得制定其他食品强制性标准。食品安全标准应当包括:①食品、食品添加剂、食品相关产品中的致病性微生物,农药残留、兽药残留、生物毒素、重金属等污染物质以及其他危害人体健康物质的限量规定;②食品添加剂的品种、使用范围、用量;③专供婴幼儿和其他特定人群的主辅食品的营养成分要求;④对与卫生、营养等食品安全要求有关的标签、标志、说明书的要求;⑤食品生产经营过程的卫生要求;⑥与食品安全有关的质量要求;⑦与食品安全有关的食品检验方法与规程;⑧其他需要制定为食品安全标准的内容。

食品安全国家标准由国务院卫生行政部门会同国务院食品安全监督管理部门制定、公布,国务院标准化行政部门提供国家标准编号。食品中农药残留、兽药残留的限量规定及其检验方法与规程由国务院卫生行政部门、国务院农业行政部门会同国务院食品安全监督管理部门制定。屠宰畜、禽的检验规程由国务院农业行政部门会同国务院卫生行政部门制定。制定食品安全国家标准，应当依据食品安全风险评估结果并充分考虑食用农产品安全风险评估结果，参照相关的国际标准和国际食品安全风险评估结果，并将食品安全国家标准草案向社会公布，广泛听取食品生产经营者、消费者、有关部门等方面的意见。食品安全国家标准应当经国务院卫生行政部门组织的食品安全国家标准审评委员会审查通过，该审评委员会对食品安全国家标准草案的科学性和实用性等进行审查，由医学、农业、食品、营养、生物、环境等方面的专家以及国务院有关部门、食品行业协会、消费者协会的代表组成。

国家鼓励食品生产企业制定严于食品安全国家标准或者地方标准的企业标准，在本企业适用，并报省、自治区、直辖市人民政府卫生行政部门备案。没有食品安全国家标准的地方特色食品，省、自治区、直辖市人民政府卫生行政部门可以制定并公布食品安全地方标准，报国务院卫生行政部门备案。食品安全国家标准制定后，该地方标准即行废止。省级以上人民政府卫生行政部门应当在其网站上公布制定和备案的食品安全国家标准、地方标准和企业标准，供公众免费查阅、下载。对食品安全标准执行过程中的问题，县级以上人民政府卫生行政部门应当会同有关部门及时给予指导、解答。

省级以上人民政府卫生行政部门应当会同同级食品安全监督管理部门、农业行政等部门，分别对食品安全国家标准和地方标准的执行情况进行跟踪评价，并根据评价结果及时修订食品安全标准。省级以上人民政府食品安全监督管理、农业行政等部门应当对食品安全标准执行中存在的问题进行收集、汇总，并及时向同级卫生行政部门通报。食品生产经营者、食品行业协会发现食品安全标准在执行中存在问题的，应当立即向卫生行政部门报告。

二、食品生产经营

（一）食品生产经营的规定

1. 食品生产经营应当符合食品安全标准，并符合下列要求：

（1）具有与生产经营的食品品种、数量相适应的食品原料处理和食品加工、包装、贮存等场所，保持该场所环境整洁，并与有毒、有害场所以及其他污染源保持规定的距离。

（2）具有与生产经营的食品品种、数量相适应的生产经营设备或者设施，有相应的消毒、更衣、盥洗、采光、照明、通风、防腐、防尘、防蝇、防鼠、防虫、洗涤以及处理废水、存放垃圾和废弃物的设备或者设施。

（3）有专职或者兼职的食品安全专业技术人员、食品安全管理人员和保证食品安全的规章制度。

（4）具有合理的设备布局和工艺流程，防止待加工食品与直接入口食品、原料与成品交叉污染，避免食品接触有毒物、不洁物。

（5）餐具、饮具和盛放直接入口食品的容器，使用前应当洗净、消毒，炊具、用具用后应当洗净，保持清洁。

（6）贮存、运输和装卸食品的容器、工具和设备应当安全、无害，保持清洁，防止食品污染，并符合保证食品安全所需的温度、湿度等特殊要求，不得将食品与有毒、有害物品一同贮存、运输。

（7）直接入口的食品应当使用无毒、清洁的包装材料、餐具、饮具和容器。

（8）食品生产经营人员应当保持个人卫生，生产经营食品时，应当将手洗净，穿戴清洁的工作衣、帽等；销售无包装的直接入口食品时，应当使用无毒、清洁的容器、售货工具和设备。

（9）用水应当符合国家规定的生活饮用水卫生标准。

（10）使用的洗涤剂、消毒剂应当对人体安全、无害。

（11）法律、法规规定的其他要求。

非食品生产经营者从事食品贮存、运输和装卸的，应当符合前款规定。

2. 禁止生产经营下列食品、食品添加剂、食品相关产品：

（1）用非食品原料生产的食品或者添加食品添加剂以外的化学物质和其他可能危害人体健康物质的食品，或者用回收食品作为原料生产的食品；

（2）致病性微生物，农药残留、兽药残留、生物毒素、重金属等污染物质以及其他危害人体健康的物质含量超过食品安全标准限量的食品、食品添加剂、食品相关产品；

（3）用超过保质期的食品原料、食品添加剂生产的食品、食品添加剂；

（4）超范围、超限量使用食品添加剂的食品；

（5）营养成分不符合食品安全标准的专供婴幼儿和其他特定人群的主辅食品；

（6）腐败变质、油脂酸败、霉变生虫、污秽不洁、混有异物、掺假掺杂或者感官性状异常的食品、食品添加剂；

（7）病死、毒死或者死因不明的禽、畜、兽、水产动物肉类及其制品；

（8）未按规定进行检疫或者检疫不合格的肉类，或者未经检验或者检验不合格的肉类制品；

（9）被包装材料、容器、运输工具等污染的食品、食品添加剂；

（10）标注虚假生产日期、保质期或者超过保质期的食品、食品添加剂；

（11）无标签的预包装食品、食品添加剂；

（12）国家为防病等特殊需要明令禁止生产经营的食品；

（13）其他不符合法律、法规或者食品安全标准的食品、食品添加剂、食品相关产品。

（二）食品生产经营许可

国家对食品生产经营实行许可制度。从事食品生产、食品销售、餐饮服务，应当依法取得许可。但是，销售食用农产品，不需要取得许可。县级以上地方人民政府食品安全监督管理部门应当依照《中华人民共和国行政许可法》的规定，审核申请人提交的相关资料，必要时对申请人的生产经营场所进行现场核查；对符合规定条件的，准予许可；对不符合规定条件的，不予许可并书面说明理由。

食品生产加工小作坊和食品摊贩等从事食品生产经营活动，应当符合本法规定的与其生产经营规模、条件相适应的食品安全要求，保证所生产经营的食品卫生、无毒、无害，食品安全监督管理部门应当对其加强监督管理。县级以上地方人民政府应当对其进行综合治理，加强服务和统一规划，改善其生产经营环境，鼓励和支持其改进生产经营条件，进入集中交易市场、店铺等固定场所经营，或者在指定的临时经营区域、时段经营。食品生产加工小作坊和食品摊贩等的具体管理办法由省、自治区、直辖市制定。

利用新的食品原料生产食品，或者生产食品添加剂新品种、食品相关产品新品种，应当向国务院卫生行政部门提交相关产品的安全性评估材料。国务院卫生行政部门应当自收到申请之日起60日内组织审查;对符合食品安全要求的,准予许可并公布;对不符合食品安全要求的,不予许可并书面说明理由。生产经营的食品中不得添加药品,但是可以添加按照传统既是食品又是中药材的物质。该目录由国务院卫生行政部门会同国务院食品安全监督管理部门制定、公布。

国家对食品添加剂生产实行许可制度。食品添加剂,指为改善食品品质和色、香、味以及为防腐、保鲜和加工工艺的需要而加入食品中的人工合成或者天然物质,包括营养强化剂。从事食品添加剂生产,应当具有与所生产食品添加剂品种相适应的场所、生产设备或者设施、专业技术人员和管理制度,并依照规定的程序,取得食品添加剂生产许可。生产食品添加剂应当符合法律、法规和食品安全国家标准。食品添加剂应当在技术上确有必要且经过风险评估证明安全可靠,方可列入允许使用的范围;有关食品安全国家标准应当根据技术必要性和食品安全风险评估结果及时修订。食品生产经营者应当按照食品安全国家标准使用食品添加剂。

生产食品相关产品应当符合法律、法规和食品安全国家标准。对直接接触食品的包装材料等具有较高风险的食品相关产品,按照国家有关工业产品生产许可证管理的规定实施生产许可。食品安全监督管理部门应当加强对食品相关产品生产活动的监督管理。

国家建立食品安全全程追溯制度。食品生产经营者应当依照规定,建立食品安全追溯体系,保证食品可追溯。国家鼓励食品生产经营者采用信息化手段采集、留存生产经营信息,建立食品安全追溯体系。国务院食品安全监督管理部门会同国务院农业行政等有关部门建立食品安全全程追溯协作机制。

地方各级人民政府应当采取措施鼓励食品规模化生产和连锁经营、配送。国家鼓励食品生产经营企业参加食品安全责任保险。

(三)生产经营过程控制

食品生产经营企业应当建立健全食品安全管理制度,对职工进行食品安全知识培训,加强食品检验工作,依法从事生产经营活动。食品生产经营企业的主要负责人应当落实企业食品安全管理制度,要对本企业的食品安全工作全面负责。食品生产经营企业应当配备食品安全管理人员,加强对其培训和考核;经考核不具备食品安全管理能力的,不得上岗。食品安全监督管理部门应当对企业食品安全管理人员随机进行监督抽查考核并公布考核情况。监督抽查考核不得收取费用。食品生产经营者应当建立并执行从业人员健康管理制度。患有国务院卫生行政部门规定的有碍食品安全疾病的人员,不得从事接触直接入口食品的工作。从事接触直接入口食品工作的食品生产经营人员应当每年进行健康检查,取得健康证明后方可上岗工作。

食品生产企业应当就下列事项制定并实施控制要求,保证所生产的食品符合食品安全标准:①原料采购、原料验收、投料等原料控制;②生产工序、设备、贮存、包装等生产关键环节控制;③原料检验、半成品检验、成品出厂检验等检验控制;④运输和交付控制。

食品生产经营者应当建立食品安全自查制度,定期对食品安全状况进行检查评价。生产经营条件发生变化,不再符合食品安全要求的,食品生产经营者应当立即采取整改措施;有发生食品安全事故潜在风险的,应当立即停止食品生产经营活动,并向所在地县级人民政府食品安全监督管理部门报告。国家鼓励食品生产经营企业符合良好生产规范要求,实施危害分析与关键控制点体系认证,提高食品安全管理水平。对通过良好生产规范、危害分析与关键控制点体系认证的食品生产经营企业,认证机构应当依法实施跟踪调查;对不再符合认证要求的企业,应当依法撤销认证,及时向县级以上人民政府食品安全监督管理部门通报,并向社会公布。认证机构实施跟踪调查不得收取费用。

食用农产品生产者应当按照食品安全标准和国家有关规定使用农药、肥料、兽药、饲料和饲料添加剂等农业投入品,严格执行农业投入品使用安全间隔期或者休药期的规定,不得使用国家明令禁止的农业投入品。禁止将剧毒、高毒农药用于蔬菜、瓜果、茶叶和中草药材等国家规定的农作物。食用农产品的生产企业和农民专业合作经济组织应当建立农业投入品使用记录制度。县级以上人民政府农业行政部门应当加强对农业投入品使用的监督管理和指导,建立健全农业投入品安全使用制度。

食品生产者采购食品原料、食品添加剂、食品相关产品,应当查验供货者的许可证和产品合格证明;对无法提供合格证明的食品原料,应当按照食品安全标准进行检验;不得采购或者使用不符合食品安全标准的食品原料、食品添加剂、食品相关产品。食品生产企业对食品原料、食品添加剂、食品相关产品应当建立进货查验记录制度,如实记录食品原料、食品添加剂、食品相关产品的名称、规格、数量、生产日期或者生产批号、保质期、进货日期以及供货者名称、地址、联系方式等内容,并保存相关凭证。记录和凭证保存期限不得少于产品保质期满后6个月;没有明确保质期的,保存期限不得少于2年。食品、食品添加剂、食品相关产品的生产者,应当按照食品安全标准对所生产的食品、食品添加剂、食品相关产品进行检验,检验合格后方可出厂或者销售。

食品经营者采购食品,应当查验供货者的许可证和食品出厂检验合格证或者其他合格证明(以下称"合格证明文件")。食品经营企业应当建立食品进货查验记录制度,如实记录食品和食品添加剂的名称、规格、数量、生产日期或者生产批号、保质期、进货日期以及供货者名称、地址、联系方式等内容,并保存相关凭证。实行统一配送经营方式的食品经营企业,可以由企业总部统一查验供货者的许可证和食品合格证明文件,进行食品进货查验记录。

从事食品批发业务的经营企业应当建立食品销售记录制度,如实记录批发食品的名称、规格、数量、生产日期或者生产批号、保质期、进货日期以及供货者名称、地址、联系方式等内容,并保存相关凭证。

食品经营者应当按照保证食品安全的要求贮存食品,定期检查库存食品,及时清理变质或者超过保质期的食品。食品经营者贮存散装食品,应当在贮存位置标明食品的名称、生产日期或者生产批号、保质期、生产者名称及联系方式等内容。

餐饮服务提供者应当制定并实施原料控制要求,不得采购不符合食品安全标准的食品原料。倡导餐饮服务提供者公开加工过程,公示食品原料及其来源等信息。餐饮服务提供者在加工过程中应当检查待加工的食品及原料,发现有违反法律规定情形的,不得加工或者使用。餐饮服务提供者应当定期维护食品加工、贮存、陈列等设施、设备;定期清洗、校验保温设施及冷藏、冷冻设施。餐饮服务提供者应当按照要求对餐具、饮具进行清洗消毒,不得使用未经清洗消毒的餐具、饮具;餐饮服务提供者委托清洗消毒餐具、饮具的,应当委托符合规定条件的餐具、饮具集中消毒服务单位。

学校、托幼机构、养老机构、建筑工地等集中用餐单位和供餐单位应当严格遵守法律、法规和食品安全标准;从供餐单位订餐的,应当从取得食品生产经营许可的企业订购,并按照要求对订购的食品进行查验。供餐单位应当严格遵守法律、法规和食品安全标准,当餐加工,确保食品安全。学校、托幼机构、养老机构、建筑工地等集中用餐单位的主管部门应当加强对集中用餐单位的食品安全教育和日常管理,降低食品安全风险,及时消除食品安全隐患。

餐具、饮具集中消毒服务单位应当具备相应的作业场所、清洗消毒设备或者设施,用水和使用的洗涤剂、消毒剂应当符合相关食品安全国家标准和其他国家标准、卫生规范。餐具、饮具集中消毒服务单位应当对消毒餐具、饮具进行逐批检验,检验合格后方可出厂,并应当随附消毒合格证明。消毒后的餐具、饮具应当在独立包装上标注单位名称、地址、联系方式、消毒日期以及使用期限等内容。

食品添加剂生产者应当建立食品添加剂出厂检验记录制度,查验出厂产品的检验合格证和安全状况,如实记录食品添加剂的名称、规格、数量、生产日期或者生产批号、保质期、检验合格证号、销售日期以及购货者名称、地址、联系方式等相关内容,并保存相关凭证。食品添加剂经营者采购食品添加剂,应当依法查验供货者的许可证和产品合格证明文件,如实记录食品添加剂的名称、规格、数量、生产日期或者生产批号、保质期、进货日期以及供货者名称、地址、联系方式等内容,并保存相关凭证。

集中交易市场的开办者、柜台出租者和展销会举办者,应当依法审查入场食品经营者的许可证,明确其食品安全管理责任,定期对其经营环境和条件进行检查,发现其有违反规定行为的,应当及时制止并立即报告所在地县级人民政府食品安全监督管理部门;网络食品交易第三方平台提供者应当对入网食品经营者进行实名登记,明确其食品安全管理责任;依法应当取得许可证的,还应当审查其许可证;网络食品交易第三方平台提供者发现有违法行为的,应当及时制止并立即报告所在地县级人民政府食品安全监督管理部门;发现严重违法行为的,应当立即停止提供网络交易平台服务。

国家建立食品召回制度。食品生产者发现其生产的食品不符合食品安全标准或者有证据证明可能危害人体健康的,应当立即停止生产,召回已经上市销售的食品,通知相关生产经营者和消费者,并记录召回和通知情况。食品经营者发现其经营的食品有前款规定情形的,应当立即停止经营,通知相关生产经营者和消费者,并记录停止经营和通知情况。食品生产者认为应当召回的,应当立即召回。由于食品经营者的原因造成其经营的食品有前款规定情形的,食品经营者应当召回。食品生产经营者应当对召回的食品采取无害化处理、销毁等措施,防止其再次流入市场。但是,对因标签、标志或者说明书不符合食品安全标准而被召回的食品,食品生产者在采取补救措施且能保证食品安全的情况下可以继续销售;销售时应当向消费者明示补救措施。食品生产经营者应当将食品召回和处理情况向所在地县级人民政府食品安全监督管理部门报告;需要对召回的食品进行无害化处理、销毁的,应当提前报告时间、地点。食品安全监督管理部门认为必要的,可以实施现场监督。食品生产经营者未依照本条规定召回或者停止经营的,县级以上人民政府食品安全监督管理部门可以责令其召回或者停止经营。

食用农产品批发市场应当配备检验设备和检验人员或者委托符合本法规定的食品检验机构,对进入该批发市场销售的食用农产品进行抽样检验;发现不符合食品安全标准的,应当要求销售者立即停止销售,并向食品安全监督管理部门报告。食用农产品销售者应当建立食用农产品进货查验记录制度,如实记录食用农产品的名称、数量、进货日期以及供货者名称、地址、联系方式等内容,并保存相关凭证。记录和凭证保存期限不得少于6个月。进入市场销售的食用农产品在包装、保鲜、贮存、运输中使用保鲜剂、防腐剂等食品添加剂和包装材料等食品相关产品,应当符合食品安全国家标准。

（四）标签、说明书和广告

预包装食品包装上应当有标签。标签应当标明食品名称、规格、净含量、生产日期,成分或者配料表,生产者的名称、地址、联系方式,保质期,产品标准代号,贮存条件,所使用的食品添加剂在国家标准中的通用名称,生产许可证编号,法律、法规或者食品安全标准规定应当标明的其他事项。专供婴幼儿和其他特定人群的主辅食品,其标签还应当标明主要营养成分及其含量。食品安全国家标准对标签标注事项另有规定的,从其规定。生产经营转基因食品应当按照规定显著标示。

食品经营者应当按照食品标签标示的警示标志、警示说明或者注意事项的要求销售食品。食品经营者销售散装食品,应当在散装食品的容器、外包装上标明食品的名称、生产日期或者生产批号、保质期以及生产经营者名称、地址、联系方式等内容。

食品添加剂也应当有标签、说明书和包装,不仅应当载明上述事项,还应包含食品添加剂的使用范围、用量、使用方法,并在标签上载明"食品添加剂"字样。

食品和食品添加剂的标签、说明书、食品广告,不得含有虚假内容,不得涉及疾病预防、治疗功能。生产经营者对其提供的标签、说明书、食品广告的内容负责。食品和食品添加剂的标签、说明书应当清楚、明显,生产日期、保质期等事项应当显著标注,容易辨识。食品和食品添加剂与其标签、说明书的内容不符的,不得上市销售。

食品生产经营者对食品广告内容的真实性、合法性负责。县级以上人民政府食品安全监督管理部门和其他有关部门以及食品检验机构、食品行业协会不得以广告或者其他形式向消费者推荐食品。消费者组织不得以收取费用或者其他牟取利益的方式向消费者推荐食品。

（五）特殊食品

特殊食品包括保健食品、特殊医学用途配方食品和婴幼儿配方食品,国家对其实行严格监督管理。

保健食品声称保健功能,应当具有科学依据,不得对人体产生急性、亚急性或者慢性危害。列入保健食品原料目录的原料只能用于保健食品生产,不得用于其他食品生产。使用保健食品原料目录以外原料的保健食品和首次进口的保健食品应当经国务院食品安全监督管理部门注册。保健食品的标签、说明书和广告不得涉及疾病预防、治疗功能,内容应当真实,与注册或者备案的内容相一致,载明适宜人群、不适宜人群、功效成分或者标志性成分及其含量等,并声明"本品不能代替药物"。保健食品的功能和成分应当与标签、说明书相一致。其广告应当经生产企业所在地省、自治区、直辖市人民政府食品安全监督管理部门审查批准、公布,取得保健食品广告批准文件。

特殊医学用途配方食品应当经国务院食品安全监督管理部门注册。注册时,应当提交产品配方、生产工艺、标签、说明书以及表明产品安全性、营养充足性和特殊医学用途临床效果的材料。特殊医学用途配方食品广告适用《中华人民共和国广告法》和其他法律、行政法规关于药品广告管理的规定。

婴幼儿配方食品生产企业应当实施从原料进厂到成品出厂的全过程质量控制,对出厂的婴幼儿配方食品实施逐批检验,保证食品安全。婴幼儿配方乳粉的产品配方应当经国务院食品安全监督管理部门注册。婴幼儿配方食品生产企业应当将食品原料、食品添加剂、产品配方及标签等事项向省、自治区、直辖市人民政府食品安全监督管理部门备案。注册时，应当提交配方研发报告和其他表明配方科学性、安全性的材料。不得以分装方式生产婴幼儿配方乳粉，同一企业不得用同一配方生产不同品牌的婴幼儿配方乳粉。

特殊食品的注册人或者备案人应当对其提交材料的真实性负责。省级以上人民政府食品安全监督管理部门应当及时公布注册或者备案的特殊食品目录，并对注册或者备案中获知的企业商业秘密予以保密。特殊食品生产企业应当按照注册或者备案的产品配方、生产工艺等技术要求组织生产。

生产特殊食品的企业，应当按照良好生产规范的要求建立与所生产食品相适应的生产质量管理体系，定期对该体系的运行情况进行自查，保证其有效运行，并向所在地县级人民政府食品安全监督管理部门提交自查报告。

第三节　食品检验与食品进出口

一、食品检验

食品检验实行食品检验机构与检验人负责制，由食品检验机构指定的检验人独立进行。食品检验机构按照国家有关认证认可的规定取得资质认定后，方可从事食品检验活动。但是，法律另有规定的除外。食品检验机构的资质认定条件和检验规范，由国务院食品安全监督管理部门规定。符合本法规定的食品检验机构出具的检验报告具有同等效力。县级以上人民政府应当整合食品检验资源，实现资源共享。食品检验报告应当加盖食品检验机构公章，并有检验人的签名或者盖章。食品检验机构和检验人对出具的食品检验报告负责。

食品不得免检。县级以上人民政府食品安全监督管理部门应当对食品进行定期或者不定期的抽样检验，并依据有关规定公布检验结果。进行抽样检验，应当购买抽取的样品，委托符合本法规定的食品检验机构进行检验，并支付相关费用；不得向食品生产经营者收取检验费和其他费用。对依照本法规定实施的检验结论有异议的，食品生产经营者可以自收到检验结论之日起7个工作日内向实施抽样检验的食品安全监督管理部门或者其上一级食品安全监督管理部门提出复检申请，由受理复检申请的食品安全监督管理部门在公布的复检机构名录中随机确定复检机构进行复检。复检机构出具的复检结论为最终检验结论。复检机构与初检机构不得为同一机构。复检机构名录由国务院认证认可监督管理、食品安全监督管理、卫生行政、农业行政等部门共同公布。采用国家规定的快速检测方法对食用农产品进行抽查检测，被抽查人对检测结果有异议的，可以自收到检测结果时起4小时内申请复检。复检不得采用快速检测方法。

食品生产企业可以自行对所生产的食品进行检验，也可以委托符合本法规定的食品检验机构进行检验。食品行业协会和消费者协会等组织、消费者需要委托食品检验机构对食品进行检验的，应当委托符合本法规定的食品检验机构进行。食品添加剂的检验也适用本法有关食品检验的规定。

二、食品进出口

进口的食品、食品添加剂、食品相关产品应当符合我国食品安全国家标准，应当按照国家出入境检验检疫部门的要求随附合格证明材料并经出入境检验检疫机构依照进出口商品检验相关法律、行政法规的规定检验合格。进口尚无食品安全国家标准的食品，需由境外出口商、境外生产企业或者其委托的进口商向国务院卫生行政部门提交所执行的相关国家（地区）标准或者国际标准用于审查。境外出口商、境外生产企业应当保证向我国出口的食品、食品添加剂、食品相关产品符合我国有关法律、行政法规的规定和食品安全国家标准的要求，并对标签、说明书的内容负责。向我国境内出口食品的境外出口商或者代理商、进口食品的进口商应当向国家出入境检验检疫部门备案。向我国境内出口食品的境外食品生产企业应当经国家出入境检验检疫部门注册。国家出入境检验检疫部门可以对向我国境内出口食品的国家（地区）的食品安全管理体系和食品安全状况进行评估和审查，并根据评估和审查结果，确定相应检验检疫要求。进口商应当建立境外出口商、境外生产企业审核制度，审核不合格的，不得进口。发现进口食品不符合我国食品安全国家标准或者有证据证明可能危害人体健康的，进口商应当立即停止进口，并依法召回。进口商也应当建立食品、食品添加剂进口和销售记录，如实记录食品、食品添加剂的名称、规格、数量、生产日期、生产或者进口批号、保质期，境外出口商和购货者名称、地址及联系方式，交货日期等内容，并依法定期限保存相关凭证。

县级以上人民政府食品安全监督管理部门对国内市场上销售的进口食品、食品添加剂实施监督管理。发现存在严重食品安全问题的，国务院食品安全监督管理部门应当及时向国家出入境检验检疫部门通报。国家出入境检验检疫部门应当及时采取相应措施。

进口的预包装食品、食品添加剂应当有中文标签；依法应当有说明书的，还应当有中文说明书。标签、说明书应当符合我国有关法律、行政法规的规定和食品安全国家标准的要求，并载明食品的原产地以及境内代理商的名称、地址、联系方式。不得进口没有中文标签、中文说明书或者不符合规定的预包装食品。

出口食品生产企业应当保证其出口食品符合进口国（地区）的标准或者合同要求。出口食品生产企业和出口食品原料种植、养殖场应当向国家出入境检验检疫部门备案。

国家出入境检验检疫部门应当收集、汇总食品检验检疫、风险预警信息、食品安全问题等各种进出口食品安全信息，并及时通报相关部门、机构和企业；并对进出口食品的进口商、出口商和出口食品生产企业实施信用管理，建立信用记录，依法向社会公布。对有不良记录的进口商、出口商和出口食品生产企业，应当加强对其进出口食品的检验检疫。

第四节 食品安全事故处置与食品安全监督

一、食品安全事故处置

食品安全事故是指食源性疾病、食品污染等源于食品，对人体健康有危害或者可能有危害的事故。所谓食源性疾病,指食品中致病因素进入人体引起的感染性、中毒性等疾病,包括食物中毒。

国务院组织制定国家食品安全事故应急预案。县级以上地方人民政府应当根据有关法律、法规的规定和上级人民政府的食品安全事故应急预案以及本行政区域的实际情况,制定本行政区域的食品安全事故应急预案,并报上一级人民政府备案。食品生产经营企业应当制定食品安全事故处置方案,定期检查本企业各项食品安全防范措施的落实情况,及时消除事故隐患。

发生食品安全事故的单位应当立即采取措施,防止事故扩大。事故单位和接收病人进行治疗的单位应当及时向事故发生地县级人民政府食品安全监督管理、卫生行政部门报告。县级以上人民政府农业行政等部门在日常监督管理中发现食品安全事故或者接到事故举报,应当立即向同级食品安全监督管理部门通报。发生食品安全事故,接到报告的县级人民政府食品安全监督管理部门应当按照应急预案的规定向本级人民政府和上级人民政府食品安全监督管理部门报告。县级人民政府和上级人民政府食品安全监督管理部门应当按照应急预案的规定上报。任何单位和个人不得对食品安全事故隐瞒、谎报、缓报,不得隐匿、伪造、毁灭有关证据。

医疗机构发现其接收的病人属于食源性疾病病人或者疑似病人的,应当按照规定及时将相关信息向所在地县级人民政府卫生行政部门报告。县级人民政府卫生行政部门在调查处理中发现与食品安全相关的信息,应当及时通报同级食品安全监督管理部门。

县级以上人民政府食品安全监督管理部门接到食品安全事故的报告后,应当立即会同同级卫生行政、农业行政等部门进行调查处理,并采取下列措施,防止或者减轻社会危害:①开展应急救援工作,组织救治由食品安全事故导致人身伤害的人员。②封存可能导致食品安全事故的食品及其原料,并立即进行检验;对确认属于被污染的食品及其原料,责令食品生产经营者依法召回或者停止经营。③封存被污染的食品相关产品,并责令进行清洗消毒。④做好信息发布工作,依法对食品安全事故及其处理情况进行发布,并对可能产生的危害加以解释、说明。

发生食品安全事故需要启动应急预案的,县级以上人民政府应当立即成立事故处置指挥机构,启动应急预案并依法处置。县级以上疾病预防控制机构应当对食品安全事故现场进行卫生处理,并对与事故有关的因素开展流行病学调查,有关部门应当予以协助。县级以上疾病预防控制机构应当向同级食品安全监督管理、卫生行政部门提交流行病学调查报告。

发生食品安全事故,设区的市级以上人民政府食品安全监督管理部门应当立即会同有关部门进行事故责任调查,督促有关部门履行职责,向本级人民政府和上一级人民政府食品安全监督管理部门提出事故责任调查处理报告。涉及两个以上省、自治区、直辖市的重大食品安全事故由国务院食品安全监督管理部门依照前款规定组织事故责任调查。

调查食品安全事故,应当坚持实事求是、尊重科学的原则,及时、准确查清事故性质和原因,认定事故责任,提出整改措施。调查食品安全事故,除了查明事故单位的责任,还应当查明有关监督管理部门、食品检验机构、认证机构及其工作人员的责任。食品安全事故调查部门有权向有关单位和个人了解与事故有关的情况,并要求提供相关资料和样品。有关单位和个人应当予以配合,按照要求提供相关资料和样品,不得拒绝。任何单位和个人不得阻挠、干涉食品安全事故的调查处理。

二、食品安全监督管理

食品安全监督工作实施风险分级管理。县级以上地方人民政府组织制定本行政区域的食品安全年度监督管理计划，并公布实施。监督管理计划应重点监督管理专供婴幼儿和其他特定人群的主辅食品、保健食品、风险较高的食品生产经营者以及可能存在食品安全隐患的事项。食品安全风险评估结果证明食品存在安全隐患，需要制定、修订食品安全标准的，在制定、修订食品安全标准前，国务院卫生行政部门应当及时会同国务院有关部门规定食品中有害物质的临时限量值和临时检验方法，并及时制定、修订食品安全标准。

县级以上人民政府食品安全监督管理部门履行食品安全监督管理职责，有权进入生产经营场所实施现场检查；对生产经营的食品、食品添加剂、食品相关产品进行抽样检验；查阅、复制有关合同、票据、账簿以及其他有关资料；查封、扣押有证据证明不符合食品安全标准的食品，违法使用的食品原料、食品添加剂、食品相关产品，以及用于违法生产经营或者被污染的工具、设备；查封违法从事食品生产经营活动的场所。县级以上人民政府食品安全监督管理部门在食品安全监督管理工作中可以采用国家规定的快速检测方法对食品进行抽查检测并应当建立食品生产经营者食品安全信用档案，记录许可颁发、日常监督检查结果、违法行为查处等情况，依法向社会公布并实时更新；对有不良信用记录的食品生产经营者增加监督检查频次，对违法行为情节严重的食品生产经营者，可以通报投资主管部门、证券监督管理机构和有关的金融机构；可以对存在食品安全隐患未及时采取措施消除的食品生产经营者的法定代表人或者主要负责人进行责任约谈，责任约谈情况和整改情况应当纳入食品生产经营者食品安全信用档案。

县级以上人民政府食品安全监督管理等部门应当公布本部门的电子邮件地址或者电话，接受咨询、投诉、举报。接到咨询、投诉、举报，对属于本部门职责的，应当受理并在法定期限内及时答复、核实、处理；对不属于本部门职责的，应当移交有权处理的部门并书面通知咨询、投诉、举报人。有权处理的部门应当在法定期限内及时处理，不得推诿。对查证属实的举报，给予举报人奖励。有关部门应当对举报人的信息予以保密，保护举报人的合法权益。举报人举报所在企业的，该企业不得以解除、变更劳动合同或者其他方式对举报人进行打击报复。

县级以上人民政府食品安全监督管理等部门应当加强对执法人员食品安全法律、法规、标准和专业知识与执法能力等的培训，并组织考核。不具备相应知识和能力的，不得从事食品安全执法工作。食品生产经营者、食品行业协会、消费者协会等发现食品安全执法人员在执法过程中有违反法律、法规规定的行为以及不规范执法行为的，可以向本级或者上级人民政府食品安全监督管理等部门或者监察机关投诉、举报。接到投诉、举报的部门或者机关应当进行核实，并将经核实的情况向食品安全执法人员所在部门通报；涉嫌违法违纪的，按照法律和有关规定处理。

县级以上人民政府食品安全监督管理等部门未及时发现食品安全系统性风险，未及时消除监督管理区域内的食品安全隐患的，本级人民政府可以对其主要负责人进行责任约谈。地方人民政府未履行食品安全职责，未及时消除区域性重大食品安全隐患的，上级人民政府可以对其主要负责人进行责任约谈。被约谈的食品安全监督管理等部门、地方人民政府应当立即采取措施，对食品安全监督管理工作进行整改。责任约谈情况和整改情况应当纳入地方人民政府和有关部门食品安全监督管理工作评议、考核记录。

国家建立统一的食品安全信息平台，实行食品安全信息统一公布制度。国家食品安全总体情况、食品安全风险警示信息、重大食品安全事故及其调查处理信息和国务院确定需要统一公布的其他信息由国务院食品安全监督管理部门统一公布。食品安全风险警示信息和重大食品安全事故及其调查处理信息的影响限于特定区域的，也可以由有关省、自治区、直辖市人民政府食品安全监督管理部门公布。任何单位和个人未经授权不得发布上述信息，不得编造、散布虚假食品安全信息。县级以上人民政府食品安全监督管理部门发现可能误导消费者和社会舆论的食品安全信息，应当立即组织有关部门、专业机构、相关食品生产经营者等进行核实、分析，并及时公布结果。

县级以上地方人民政府食品安全监督管理、卫生行政、农业行政部门获知本法规定需要统一公布的信息，应当向上级主管部门报告，由上级主管部门立即报告国务院食品安全监督管理部门；必要时，可以直接向国务院食品安全监督管理部门报告。县级以上人民政府食品安全监督管理、卫生行政、农业行政部门应当相互通报获知的食品安全信息。

县级以上人民政府食品安全监督管理、农业行政部门依据各自职责公布食品安全日常监督管理信息，公布食品安全信息，应当做到准确、及时，并进行必要的解释说明，避免误导消费者和社会舆论。县级以上人民政府食品安全监督管理等部门发现涉嫌食品安全犯罪的，应当按照有关规定及时将案件移送公安机关。对移送的案件，公安机关应当及时审查；认为有犯罪事实需要追究刑事责任的，应当立案侦查。公安机关在食品安全犯罪案件侦查过程中认为没有犯罪事实，或者犯罪事实显著轻微，不需要追究刑事责任，但依法应当追究行政责任的，应当及时将案件移送食品安全监督管理等部门和监察机关，有关部门应当依法处理。公安机关商请食品安全监督管理、生态环境等部门提供检验结论、认定意见以及对涉案物品进行无害化处理等协助的，有关部门应当及时提供，予以协助。

第五节　法律责任

一、行政责任

《食品安全法》对于尚不构成犯罪的各种食品生产经营违法情形进行了详细规定，县级以上人民政府食品安全监督管理部门可没收违法所得和违法生产经营的食品、食品添加剂以及用于违法生产经营的工具、设备、原料等物品；可依照有关法律、法规的规定责令改正、给予警告、罚款、责令停产停业直至吊销许可证等处罚；情节严重的，可以由公安机关对其直接负责的主管人员和其他直接责任人员处以行政拘留。明知为违法行为提供生产经营场所或者其他条件的，没收违法所得，并处罚款。

食品生产经营者在1年内累计3次因违法受到责令停产停业、吊销许可证以外处罚的，由食品安全监督管理部门责令停产停业，直至吊销许可证。被吊销许可证的食品生产经营者及其法定代表人、直接负责的主管人员和其他直接责任人员自处罚决定作出之日起5年内不得申请食品生产经营许可，或者从事食品生产经营管理工作、担任食品生产经营企业食品安全管理人员。因食品安全犯罪被判处有期徒刑以上刑罚的,终身不得从事食品生产经营管理工作,也不得担任食品生产经营企业食品安全管理人员。食品生产经营者聘用人员违反前述规定的,由县级以上人民政府食品安全监督管理部门吊销许可证。

食品经营者履行了法律规定的进货查验等义务,有充分证据证明其不知道所采购的食品不符合食品安全标准,并能如实说明其进货来源的,可以免予处罚,但应当依法没收其不符合食品安全标准的食品。

承担食品安全风险监测、风险评估工作的技术机构、技术人员提供虚假监测、评估信息的,依法对技术机构直接负责的主管人员和技术人员给予撤职、开除处分;有执业资格的,由授予其资格的主管部门吊销执业证书。违反法律规定,食品检验机构、食品检验人员出具虚假检验报告的,由授予其资质的主管部门或者机构撤销该食品检验机构的检验资质,没收所收取的检验费用,并处罚款。

受到开除处分的食品检验机构人员,自处分决定作出之日起10年内不得从事食品检验工作;因食品安全违法行为受到刑事处罚或者出具虚假检验报告导致发生重大食品安全事故受到开除处分的食品检验机构人员,终身不得从事食品检验工作。食品检验机构聘用不得从事食品检验工作的人员的,由授予其资质的主管部门或者机构撤销该食品检验机构的检验资质。

认证机构出具虚假认证结论,由认证认可监督管理部门没收所收取的认证费用,并处罚款;情节严重的,责令停业,直至撤销认证机构批准文件,并向社会公布;对直接负责的主管人员和负有直接责任的认证人员,撤销其执业资格。

在广告中对食品作虚假宣传,欺骗消费者,或者发布未取得批准文件、广告内容与批准文件不一致的保健食品广告的,依照《中华人民共和国广告法》的规定给予处罚。

食品安全监督管理等部门、食品检验机构、食品行业协会以广告或者其他形式向消费者推荐食品,消费者组织以收取费用或者其他牟取利益的方式向消费者推荐食品的,由有关主管部门没收违法所得,依法对直接负责的主管人员和其他直接责任人员给予记大过、降级或者撤职处分;情节严重的,给予开除处分。

媒体编造、散布虚假食品安全信息的,由有关主管部门依法给予处罚,并对直接负责的主管人员和其他直接责任人员给予处分。

县级以上地方人民政府在食品安全监督管理中有违法行为的,对直接负责的主管人员和其他直接责任人员给予记大过处分;情节较重的,给予降级或者撤职处分;情节严重的,给予开除处分;造成严重后果的,其主要负责人应当引咎辞职。

二、民事责任

违反《食品安全法》的规定,造成人身、财产或者其他损害的,依法承担赔偿责任。生产经营者财产不足以同时承担民事赔偿责任和缴纳罚款、罚金时,先承担民事赔偿责任。消费者在法定情形下可以要求十倍价款或者三倍损失的惩罚性赔偿金。但是,食品的标签、说明书存在不影响食品安全且不会对消费者造成误导的瑕疵的除外。

接到消费者赔偿要求的生产经营者,实行首付责任制,先行赔付,不得推诿;属于生产者责任的,经营者赔偿后有权向生产者追偿;属于经营者责任的,生产者赔偿后有权向经营者追偿。

对明知为违法行为提供生产经营场所或者其他条件,网络交易第三方平台提供者未能履行法定义务,食品检验机构出具虚假检验报告,认证机构出具虚假的论证结论,广告经营者、发布者设计、制作、发布虚假食品广告,社会团体或者其他组织、个人在虚假广告或者其他虚假宣传中向消费者推荐食品,使消费者合法权益受到损害的,应与相关生产经营者承担连带责任。

编造、散布虚假食品安全信息,使公民、法人或者其他组织的合法权益受到损害的,依法承担消除影响、恢复名誉、赔偿损失、赔礼道歉等民事责任。食品安全监督管理过程中,因执法者违法行为给生产经营者造成损失的,应当依法予以赔偿。

三、刑事责任

违反《食品安全法》的规定,构成犯罪的,依法追究刑事责任。《刑法》第一百四十条、第一百四十三条、第一百四十四条、第一百四十九条、第一百五十条有具体规定。

【思考题】
1. 卫生行政部门在食品安全工作中履行哪些职责?
2. 公民依法享有哪些食品安全相关的权利和义务?

第十四章 健康产品管理法律制度

【学习目的】

　　了解药品、疫苗及医疗器械管理立法沿革及研发管理、生产经营管理；熟悉药品与医疗器械监督管理机构及其职责；熟悉药品进出口管理，执业药师与药品管理，药品监督管理机构及其职责，药品检验机构及其职责；掌握药品、疫苗及医疗器械使用管理；掌握特殊药品管理、药品标准与假药劣药界定、药品不良反应报告制度及相关法律责任。

【案情导引】

　　2002年10月29日，3岁的温宇曦被疯犬咬伤，门诊部为其做了伤口清洗和彻底消毒，并注射狂犬疫苗和干扰素各一支。但因为当时未备有抗狂犬病血清，所以无法进行血清注射。该镇政府与门诊部组织人员于当日购回血清，并在有线电台发布通知，要求未注射血清者尽快前往门诊部完成注射。后温宇曦父母赶往门诊部为其子注射血清，但温宇曦仍于11月10日狂犬病发抢救无效死亡。温宇曦父母遂将门诊部诉至法院，并申请医疗鉴定，要求赔偿。

　　最高人民法院认为，一方面，因为温宇曦注射的狂犬疫苗非来源于省、市、县逐级供应的疫苗，属于非正常渠道购买的狂犬疫苗，被广东省食品药品监督管理局认定为假药，且被告未能提供疫苗质量合格的有效证据。另一方面，温宇曦被咬伤严重，被告未及时储备抗狂犬病毒血清，未根据伤者情况加倍注射抗狂犬病毒疫苗，使温宇曦错过最佳治疗时机，属于重大过错，最终判决被告承担90%的赔偿责任。

　　问题：

　　该疫苗事件给药品监管工作带来哪些启示？

第一节 药品管理法律制度

一、药品管理立法沿革

　　药品，是指用于预防、治疗、诊断人的疾病，有目的地调节人的生理功能并规定有适应症

（证）或者功能主治、用法和用量的物质，包括中药、化学药和生物制品等。

我国药品管理立法是从20世纪80年代开始的。为了强化药品的监督管理，保证药品质量，增进药品疗效，保障公民用药安全，维护公民身体健康，1984年9月20日，第六届全国人民代表大会常务委员会第七次会议通过了《中华人民共和国药品管理法》，并于1985年7月1日开始施行。这是新中国成立以来我国第一部药品管理法律，它把党和国家有关药品监督的方针政策和原则用法律的形式确定下来，将药品质量与安全置于国家和广大人民群众的严格监督之下，为人民群众用药的合理有效提供了法律保障。为了保证药品管理法的贯彻实施，国务院批准发布和颁布了《中华人民共和国药品管理法实施条例》《医疗用毒性药品管理办法》《麻醉药品和精神药品管理条例》《放射性药品管理办法》等行政法规；国务院卫生行政部门和药品监督管理部门先后制定了《新药审批办法》《药品生产质量管理规范》《医院制剂管理办法》《进口药品管理办法》《药品监督管理行政处罚规定（暂行）》《生物制品管理办法》等20多个配套规章，形成了良好的药品管理法律体系，使药品监督管理较好地实现了有法可依。

药品管理法颁布实施后，我国的社会经济生活发生了深刻变化，科学技术有了很大的发展，原有药品管理法规已不能完全适应形势需要和人民用药日益多样化的要求，必须进行修改。1999年4月，国务院药品监督管理部门公布了新的《新药审批办法》《新生物制品审批办法》《新药保护和技术转让的规定》《仿制药品审批办法》《药品进口管理办法》等；1999年7月，国务院药品监督管理部门又发布了《药品生产质量管理规范（1998年修订）》《戒毒药品管理办法》《麻黄素管理办法》，还公布了《处方药与非处方药分类管理办法（试行）》《药品流通监督管理办法（暂行）》等。2001年2月28日，第九届全国人民代表大会常务委员会第二十次会议审议通过了经过修订的《药品管理法》，并自2001年12月1日起施行（2013年12月28日、2015年4月24日全国人民代表大会常务委员会对该法个别条款又进行过两次修正）。

《药品管理法》自2001年修订后，药品产业得到快速迅猛的发展，人民日益增长的美好生活需要对药品质量提出了更高的要求。然而，在快速发展的社会生态下，涉药违法手段也随之发展升级，原有的监管制度已然不能完全应对，药品监管问题逐渐显现。近年来问题疫苗事件频发，药品信任危机加剧，2018年的长春长生疫苗事件更是引起了全社会的高度关注，完善法律制度成为当务之急。2019年6月29日，第十三届全国人民代表大会常务委员会第十一次会议表决通过了《中华人民共和国疫苗管理法》，并自2019年12月1日起实施。这是中国首次就疫苗管理立法，对疫苗的研制、生产、流通、预防接种全过程进行监管，被称为"史上最严"。2019年8月26日，第十三届全国人民代表大会常务委员会第十二次会议表决通过《药品管理法》修订案，并自2019年12月1日起施行。新版《药品管理法》共155条，比2015年修正版新增51条，强化了药品研制管理、上市后监管、药品供应保障和严惩重处违法行为等相关规定。新法的修订坚决贯彻了"四个最严"的原则，实现全程管控，建立覆盖药品全过程、全链条治理的法律制度，倡导社会协同治理，促进和改善药品质量安全。

二、药品质量与安全控制

（一）药品研制和注册

国家鼓励研究和创制新药，支持以临床价值为导向、对人的疾病具有明确或者特殊疗效的药物创新。鼓励具有新的治疗机理、治疗严重危及生命的疾病或者罕见病、对人体具有多靶向系统性调节干预功能等的新药研制，推动药品技术进步。鼓励开展中药研究和药物开发，促进中药传承创新。鼓励儿童用药品的研制和创新，对儿童用药品予以优先审评审批。

1. 药品研制

（1）药品研制的概念及要求

药品研制是指为了探索人体疾病的本质和发生发展的规律，研制出防治疾病的有效药品和治疗途径，其根本目的是抵御疾病，增进健康，造福人类。《药品管理法》规定，从事药品研制活动，应当遵守药物非临床研究质量管理规范、药物临床试验质量管理规范，保证药品研制全过程持续符合法定要求。

（2）药品非临床研究的概念及要求

药品非临床研究是指为评价药品安全性，在实验室条件下，用实验系统进行的各种毒性试验。开展药物非临床研究，应当有与研究项目相适应的人员、场地、设备、仪器和管理制度，保证有关数据、资料和样品的真实性。

（3）药物临床试验的概念及要求

药物临床试验是指任何在人体（患者或健康志愿者）进行的药物系统性研究，以证实或揭示试验药物的作用、不良反应及（或）试验药物的吸收、分布、代谢及排泄，目的是确定试验药物的安全性和有效性。

根据《药品管理法》的规定，开展药物临床试验，应当符合以下要求：①如实报送研制方法、质量指标、药理及毒理试验结果等有关数据、资料和样品；②制定临床试验方案，经伦理委员会审查同意；③向受试者或者其监护人如实说明和解释临床试验的目的和风险等详细情况，取得受试者或者其监护人自愿签署的知情同意书，并采取有效措施保护受试者合法权益；④药物临床试验期间，发现存在安全性问题或者其他风险的，临床试验申办者应当及时调整临床试验方案、暂停或者终止临床试验，并向国务院药品监督管理部门报告，必要时，国务院药品监督管理部门可以责令调整临床试验方案、暂停或者终止临床试验；⑤对正在开展临床试验的用于治疗严重危及生命且尚无有效治疗手段的疾病的药物，经医学观察可能获益，并且符合伦理原则的，经审查、知情同意后可以在开展临床试验的机构内用于其他病情相同的患者。

2. 药品注册

（1）药品注册的概念

药品注册是指国家食品药品监督管理局根据药品注册申请人的申请，依照法定程序，对拟上市销售的药品（未实施审批管理的中药材和中药饮片除外）的安全性、有效性、质量可控性以及申请人的质量管理、风险防控和责任赔偿等能力进行系统评价，并决定是否同意其申请的审批过程。

（2）药品注册的申请与审评

申请药品注册，应当提供真实、充分、可靠的数据、资料和样品，证明药品的安全性、有效性和质量可控性。

对申请注册的药品，国务院药品监督管理部门应当组织药学、医学和其他技术人员进行审评。符合条件的，颁发药品注册证书。国务院药品监督管理部门在审批药品时，对化学原料药一并审评审批，对相关辅料、直接接触药品的包装材料和容器一并审评，对药品的质量标准、生产工艺、标签和说明书一并核准。

国务院药品监督管理部门应当完善药品审评审批工作制度,加强能力建设,建立健全沟通交流、专家咨询等机制,优化审评审批流程,提高审评审批效率。批准上市药品的审评结论和依据应当依法公开,接受社会监督。对审评审批中知悉的商业秘密应当保密。

附条件批准。国家建立附条件审批制度。对治疗严重危及生命且尚无有效治疗手段的疾病以及公共卫生方面急需的药品,药物临床试验已有数据显示疗效并能预测其临床价值的,可以附条件批准,并在药品注册证书中载明相关事项。对附条件批准的药品,药品上市许可持有人应当采取相应风险管理措施,并在规定期限内按照要求完成相关研究。逾期未完成或者不能证明其获益大于风险的,国务院药品监督管理部门应当依法处理,直至注销药品注册证书。

(3) 药品的标准和通用名称

药品标准是国家对药品质量规格及检验方法所作的技术性规定,是药品生产、使用、检验和管理部门共同遵循的法定依据。我国曾经实行两级药品标准制度,即国家标准和地方标准。国务院药品监督管理部门颁布的《中华人民共和国药典》和药品标准为国家药品标准,由国家药典委员会负责组织制定和修订;对于国家药品标准未收载的其他药品,省、自治区、直辖市可制定地方性标准。自2001年1月1日起,我国开始使用统一的国家药品标准。新《药品管理法》规定,经国务院药品监督管理部门核准的药品质量标准高于国家药品标准的,按照经核准的药品质量标准执行;没有国家药品标准的,应当符合经核准的药品质量标准。

列入国家药品标准的药品名称为药品通用名称。已经作为药品通用名称的,不得作为药品商标使用。

(二) 药品上市许可持有人制度

1. 药品上市许可持有人制度概述

药品上市许可持有人是指取得药品注册证书的企业或者药品研制机构等。

药品上市许可持有人制度是指拥有药品技术的药品研发机构、科研人员、药品生产企业等主体,通过提出药品上市许可申请,并获得药品上市许可批件,并对药品质量在药品整个生命周期内承担主要责任的制度。在该制度下,上市许可持有人和生产许可持有人可以是同一主体,也可以是两个相互独立的主体。药品上市许可持有人制度不仅将获得药品批准文件的主体由药品生产企业扩大到药品研发机构、科研人员,而且对药品质量自始至终负责的主体更为明确,从而有利于确保和提升药品质量。同时,该项制度的实施使得药品注册制度由上市许可与生产许可"捆绑制"向上市许可与生产许可分离转型,鼓励药物创新,减少低水平重复建设。

2. 药品上市许可持有人的责任

药品上市许可持有人是药品安全的第一责任人,其法定代表人、主要负责人对药品质量全面负责。药品上市许可持有人依法承担药品全生命周期的管理责任,但不一定由其承担全部的法律责任。其承担责任的范围主要包括对药品的非临床研究、临床试验、生产经营、上市后研究、不良反应监测及报告与处理等。其他从事药品研制、生产、经营、储存、运输、使用等活动的单位和个人依法承担相应责任。药品上市许可持有人为境外企业的,应当由其指定的在中国境内的企业法人履行药品上市许可持有人义务,与药品上市许可持有人承担连带责任。

3. 药品上市许可持有人的权利

（1）依法从事药品研制、生产、经营，享受鼓励性支持性政策的权利。根据《药品管理法》的规定，国家鼓励研究和创制新药，保护公民、法人和其他组织研究、开发新药的合法权益。支持药物创新，鼓励新药研制，鼓励开展中药科学技术研究和药物开发，鼓励儿童用药品的研制和创新，鼓励短缺药品的研制和生产，对临床急需的短缺药品、防治重大传染病和罕见病等疾病的新药予以优先审评审批。

（2）选择自行生产或委托生产药品的权利。药品上市许可持有人可以自行生产，也可以委托其他生产企业进行生产。血液制品、麻醉药品、精神药品、医疗用毒性药品、药品类易制毒化学品不得委托生产，法律另有规定的除外。

（3）选择自行销售或委托销售药品的权利。药品上市许可持有人可以自行销售其取得药品注册证书的药品，也可以委托药品经营企业销售。

（4）转让药品上市许可的权利。经国务院药品监督管理部门批准，药品上市许可持有人可以转让药品上市许可。

4. 药品上市许可持有人的义务

（1）建立药品质量保证体系并定期审核。药品上市许可持有人应当建立药品质量保证体系，配备专门人员独立负责药品质量管理。此外，药品上市许可持有人应当对受托药品生产企业、药品经营企业的质量管理体系进行定期审核，监督其持续具备质量保证和控制能力。药品上市许可持有人应制定药品上市后风险管理计划，主动开展药品上市后研究，对药品的安全性、有效性和质量可控性进行进一步确证，加强对已上市药品的持续管理。

（2）依法自行生产或者委托生产药品。药品上市许可持有人自行生产药品的，应当取得药品生产许可证；委托生产的，应当委托符合条件的药品生产企业，签订委托协议和质量协议，并严格履行协议约定的义务。

（3）建立药品上市放行规程并严格执行。药品上市许可持有人应当建立药品上市放行规程，对药品生产企业出厂放行的药品进行审核，经质量受权人签字后方可放行。不符合国家药品标准的，不得放行。

（4）依法自行销售或委托销售药品。药品上市许可持有人从事药品零售活动的，应当取得药品经营许可证。药品上市许可持有人自行销售药品的，应当具备相应的条件；委托销售的，应当委托符合条件的药品经营企业。药品上市许可持有人和受托经营企业应当签订委托协议，并严格履行协议约定的义务。

（5）依法委托储存、运输药品。药品上市许可持有人、药品生产企业、药品经营企业委托储存、运输药品的，应当对受托方的质量保证能力和风险管理能力进行评估，与其签订委托协议，约定药品质量责任、操作规程等内容，并对受托方进行监督。

（6）建立并实施药品追溯制度。药品上市许可持有人、药品生产企业、药品经营企业和医疗机构应当建立并实施药品追溯制度，按照规定提供追溯信息，保证药品可追溯。相关主体要以实现"一物一码，物码同追"为方向，实现全品种、全过程追溯，保障用药安全，落实主体责任。此外，中药饮片生产企业也要履行药品上市许可持有人的相关义务，对中药饮片生产、销售实行全过程管理，建立中药饮片追溯体系，保证中药饮片安全、有效、可追溯。

（7）建立年度报告制度。药品上市许可持有人应当建立年度报告制度，每年将药品生产销售、上市后研究、风险管理等情况按照规定向省级人民政府食品药品监督管理部门报告。

（三）药品生产管理

1. 从事药品生产活动的条件

药品生产企业是指生产药品的专营企业或者兼营企业。从事药品生产活动，应当具备以下条件：①有依法经过资格认定的药学技术人员、工程技术人员及相应的技术工人；②有与药品生产相适应的厂房、设施和卫生环境；③有能对所生产药品进行质量管理和质量检验的机构、人员及必要的仪器设备；④有保证药品质量的规章制度，并符合国务院药品监督管理部门依据本法制定的药品生产质量管理规范要求。

从事药品生产活动，应当经所在地省级人民政府食品药品监督管理部门批准，取得药品生产许可证。无药品生产许可证的，不得生产药品。药品生产许可证应当标明有效期和生产范围，到期重新审查发证。

2. 生产药品的质量管理

从事药品生产活动，应当遵守药品生产质量管理规范，建立健全药品生产质量管理体系，保证药品生产全过程持续符合法定要求。生产企业的法定代表人、主要负责人对药品生产活动全面负责。

药品应当按照国家药品标准和经药品监督管理部门核准的生产工艺进行生产。生产、检验记录应当完整准确，不得编造。中药饮片应当按照国家药品标准或省级人民政府食品药品监督管理部门制定的炮制规范（须报国务院药品监督管理部门备案）炮制，否则不得出厂、销售。药品生产企业应当对供应原料、辅料等的供应商进行审核，保证购进、使用的原料、辅料等符合相关要求。

对药品生产过程中的变更，按照其对药品安全性、有效性和质量可控性的风险和产生影响的程度，实行分类管理。属于重大变更的，应当经国务院药品监督管理部门批准，其他变更应当按照国务院药品监督管理部门的规定备案或者报告。药品上市许可持有人应当按照国务院药品监督管理部门的规定，全面评估、验证变更事项对药品安全性、有效性和质量可控性的影响。

药品生产企业应当对药品进行质量检验并建立药品出厂放行规程，明确出厂放行的标准、条件。符合标准、条件的，经质量受权人签字后方可放行。不符合国家药品标准的药品不得出厂。

3. 药品包装管理

《药品管理法》规定，药品包装必须适合药品质量的要求，方便储存、运输和医疗使用。直接接触药品的包装材料和容器也应符合药用要求，符合保障人体健康、安全标准；否则由药品监督管理部门责令停止使用。规定有效期的药品，必须在包装上注明有效期或失效期。发运中药材必须有包装。在每件包装上，必须注明药品的品名、产地、日期、供货单位，并附有质量合格标志。药品包装上应当印有或者贴有标签并附有说明书。标签或者说明书应当注明药品的通用名称、成份、规格、上市许可持有人及其地址、生产企业及其地址、批准文号、产品批号、生产日期、有效期、适应症或者功能主治、用法、用量、禁忌、不良反应和注意事项。标签、说明书中的文字应当清晰，生产日期、有效期等事项应当显著标注，容易辨识。麻醉药品、精神药品、医疗用毒性药品、放射性药品、外用药品和非处方药的标签、说明书，应当印有规定的标志。

4. 直接接触药品人员的健康管理

药品上市许可持有人、药品生产企业、药品经营企业和医疗机构中直接接触药品的工作人员,应当每年进行健康检查。患有传染病或者其他可能污染药品的疾病的,不得从事直接接触药品的工作。

（四）药品经营管理

1. 从事药品经营活动的条件

从事药品经营活动,应当具备以下条件:①有依法经过资格认定的药师或者其他药学技术人员;②有与所经营药品相适应的营业场所、设备、仓储设施和卫生环境;③有与所经营药品相适应的质量管理机构或者人员;④有保证药品质量的规章制度,并符合国务院药品监督管理部门依据本法制定的药品经营质量管理规范要求。

从事药品批发活动,应当经所在地省级人民政府食品药品监督管理部门批准,取得药品经营许可证。从事药品零售活动,应当经所在地县级以上地方人民政府食品药品监督管理部门批准,取得药品经营许可证。不得无证经营药品。药品经营许可证应标明有效期和经营范围,到期重新审查发证。经营许可审批应当遵循方便群众购药的原则。

2. 经营药品的质量管理

从事药品经营活动应遵守药品经营质量管理规范,建立健全药品经营质量管理体系,保证药品经营全过程持续符合法定要求。国家鼓励、引导药品零售连锁经营。从事药品零售连锁经营活动的企业总部应当建立统一的质量管理制度,对所属零售企业的经营活动履行管理责任。法定代表人、主要负责人对药品经营活动全面负责。药品经营企业应当制定和执行药品保管制度,采取必要的冷藏、防冻、防潮、防虫、防鼠等措施。药品入库和出库应当执行检查制度。药品存在质量问题或者其他安全隐患的,药品上市许可持有人应当立即停止销售,召回已售的药品,必要时立即停止生产,同时向省级药品监督管理部门和卫生健康主管部门报告药品召回和处理情况。药品生产企业、药品经营企业和医疗机构应当配合。药品上市许可持有人未依法召回的,应责令其召回。

药品上市许可持有人对已上市药品的安全性、有效性和质量可控性定期开展评价。对疗效不确切、不良反应大或者因其他原因危害人体健康的药品,应当注销药品注册证书。已被注销药品注册证书的药品,不得生产或者进口、销售和使用。对已被注销药品注册证书、超过有效期等的药品,由药品监督管理部门监督销毁或者采取其他无害化处理等措施。

3. 购进药品管理

购进药品时应当选择具有相应资格的主体,但购进未实施审批管理的中药材除外。药品经营企业建立并执行进货检查验收制度,验明药品合格证明和其他标识。对不符合要求的药品,不得购进和销售。购销药品要有真实、完整的购销记录,应注明药品的通用名称、剂型、规格、产品批号、有效期、上市许可持有人、生产企业、购销单位、购销数量、购销价格、购销日期等内容。

4. 销售药品管理

药品经营企业零售药品应当准确无误,并正确说明用法、用量和注意事项。调配处方需经核对,不得擅自更改或者代用,不得调配有配伍禁忌或者超剂量的处方。确有必要的,应当经处方医师更正或者重新签字。药师或者其他药学技术人员负责药品管理、处方审核和调配、合理用药指导等工作。

销售中药材应当标明产地。城乡集市贸易市场可以出售中药材,但国务院另有规定的除外。新发现和从境外引种的药材,经国务院药品监督管理部门批准后,方可销售。药品上市许可持有人、药品经营企业通过网络销售药品,应遵守药品经营的有关规定。疫苗、血液制品、麻醉药品、精神药品、医疗用毒性药品、放射性药品、药品类易制毒化学品等特殊管理的药品不得在网络上销售。药品网络交易第三方平台提供者要向所在地有关部门进行备案。平台提供者应对申请单位的资质进行审核,并对发生在平台的药品经营行为进行管理。发现有违法行为要及时制止并立即报告,发现严重违法行为的应立即停止提供网络交易平台服务。

5. 进口药品管理

进口药品是指原料药、制剂,包括制剂半成品和药用辅料等。药品应从允许药品进口的口岸进口,允许进口的口岸由国务院药品监督管理部门会同海关总署提出,报国务院批准。企业在进口药品时应向口岸所在地药品监督管理部门备案,并凭进口药品通关单办理通关手续。口岸所在地药品监督管理部门应当通知药品检验机构对进口药品进行抽查检验。下列药品在销售前或者进口时,应当指定药品检验机构进行检验;未经检验或者检验不合格的,不得销售或者进口:①首次在中国境内销售的药品;②国务院药品监督管理部门规定的生物制品;③国务院规定的其他药品。医疗机构因临床急需进口少量药品的,须经国务院药品监督管理部门或者国务院授权的省级人民政府批准,并在指定医疗机构内用于特定医疗目的。个人自用携带入境少量药品,按照国家有关规定办理。进口、出口麻醉药品和国家规定范围内的精神药品,应当持有进口准许证、出口准许证。禁止进口疗效不确切、不良反应大或者因其他原因危害人体健康的药品。

6. 药品价格和广告

国家对药品价格进行监测,开展成本价格调查,加强药品价格监督检查,依法查处价格垄断、哄抬价格等药品价格违法行为。对实行市场调节价的药品,应当按照公平、合理和诚实信用、质价相符的原则制定价格,禁止暴利、价格垄断和价格欺诈等行为。在药品购销中,禁止出现给予、收受回扣或者其他不正当利益的行为。

药品广告应当经广告主所在地省级人民政府确定的广告审查机关批准,未经批准不得发布。药品广告以药品说明书为准,内容应当真实、合法,不得含有虚假内容。药品广告不得含有表示功效、安全性的断言或者保证,不得利用国家机关、科研单位、学术机构、行业协会或者专家、学者、医师、药师、患者等的名义或者形象作推荐、证明。非药品广告不得有涉及药品的宣传。

(五)药品使用管理

1. 非处方药管理

非处方药,即不用医师诊断和开写处方,消费者依据自己所掌握的医药知识,并借助阅读药品标识物,对小伤小病自我诊断和选择应用的药品。非处方药在美国被称为"柜台上的药物",简称OTC。其特点是安全、有效、稳定、方便。

我国的药品过去一直处于自由买卖状态,除了特殊药品实行特殊管理外,其他药品几乎都可以在药店里买到,虽然方便但也给消费者的用药安全有效造成了较大威胁。为了对药品实行严格管理,防止消费者自我使用不当导致药物滥用甚至危害健康,同时引导消费者科学、合理地使用非处方药达到自我保健的目的,国务院药品监督管理部门于1999年6月18日发布了《处方药与非处方药分类管理办法(试行)》,自2000年1月1日起施行;并按照"应用安全、疗效确切、质量稳定、使用方便"的原则,公布了《国家非处方药目录(第一批)》。

处方药与非处方药分类管理办法规定:处方药必须凭执业医师或执业助理医师处方才可调配、购买和使用;非处方药不需要凭处方即可自行购买和使用。医疗机构根据医疗需要可以决定和推荐使用非处方药。处方药只准在专业性医药报刊上进行广告宣传,非处方药经审批可以在大众传播媒介进行广告宣传。非处方药分为甲、乙两类。经营处方药、非处方药的批发企业和经营处方药、甲类非处方药的零售企业,必须具有药品经营企业许可证。经省级药品监督管理部门或其授权的药品监督管理部门批准的其他商业企业,可以零售乙类非处方药。对处方药与非处方药进行分类管理,是我国药品监督管理方面的重大改革之一。它有助于保护药品消费者的权利和义务,对加入世界贸易组织后我国药品管理模式尽快与国际接轨也有重大帮助。

2. 医疗机构制剂管理

医疗机构制剂,是指医疗机构根据本单位临床需要经批准而配制、自用的固定处方制剂。医疗机构制剂应当是本单位临床需要而市场上没有供应的品种,须经所在地省、自治区、直辖市人民政府食品药品监督管理部门批准,取得医疗机构制剂许可证。医疗机构配制的制剂应当按照规定进行质量检验。检验合格的,凭医师处方在本单位使用。经国务院药品监督管理部门或者省、自治区、直辖市人民政府食品药品监督管理部门批准后,可以在指定的医疗机构之间调剂使用,但是不得在市场上销售。

3. 特殊药品管理

特殊药品是指国家实行特殊管理的药品,包括麻醉药品、精神药品、医疗用毒性药品、放射性药品。另外,根据国务院有关规定,对药品类易制毒化学品、戒毒药品和兴奋剂也实行一定的特殊管理。

上述特殊药品管理不善或使用不当,极易造成对人体健康、公众卫生和社会治安的危害。国务院及其相关部门根据药品管理法的规定,对上述特殊药品分别制定了管理办法,对这些药品的研制、生产、运输、销售和使用作了相应的规定。为更好地进行国际合作和加强国内管制,我国已加入了联合国《一九六一年麻醉品单一公约》《一九七一年精神药物公约》和1988年《联合国禁止非法贩运麻醉药品和精神药物公约》。

4. 药品不良反应报告

药品管理法规定,国家实行药品不良反应报告制度。药品上市许可持有人开展药品上市后不良反应监测,主动收集、跟踪分析疑似药品不良反应信息,对已识别风险的药品及时采取风险控制措施。药品上市许可持有人、药品生产企业、药品经营企业和医疗机构应当经常考察本单位所生产、经营、使用的药品质量、疗效和不良反应。发现疑似不良反应的,应当及时向药品监督管理部门和卫生健康主管部门报告。对已确认发生严重不良反应的药品,国家或者省级人民政府食品药品监督管理部门可以采取停止生产、销售、使用等紧急控制措施,并应当在5日内组织鉴定,自鉴定结论作出之日起15日内依法作出行政处理决定。

5. 药品储备与供应

国家实行药品储备制度、基本药物制度,并建立药品供求监测体系。国家建立中央和地方两级药品储备,当发生重大灾情、疫情或者其他突发事件时,可以紧急调用药品。国家遴选出适当数量的基本药物品种,加强组织生产和储备。同时,国家及时收集和汇总分析短缺药品供求信息,对短缺药品实行预警,采取应对措施。药品上市许可持有人停止生产短缺药品的,应当报告。对临床急需的短缺药品、防治重大传染病和罕见病等疾病的新药,国家予以优先审评审批。为了保障药品供应,国家可以限制或者禁止出口短缺药品,必要时可以采取组织生产、价格干预和扩大进口等措施。药品上市许可持有人、药品生产企业、药品经营企业应当保障药品的生产和供应。

（六）药品监督管理

1. 假药劣药界定

假药是指药品所含成分名称与国家药品标准或省级地方药品标准规定不符合的,以非药品冒充药品或者以他种药品冒充此种药品的。有下列情形之一的,为假药:①药品所含成份与国家药品标准规定的成份不符;②以非药品冒充药品或者以他种药品冒充此种药品;③变质的药品;④药品所标明的适应症或者功能主治超出规定范围。

劣药是指药品成份的含量不符合国家药品标准的。有下列情形之一的,为劣药:①药品成份的含量不符合国家药品标准;②被污染的药品;③未标明或者更改有效期的药品;④未注明或者更改产品批号的药品;⑤超过有效期的药品;⑥擅自添加防腐剂、辅料的药品;⑦其他不符合药品标准的药品。

国家禁止生产（包括配制）、销售、使用假药、劣药,禁止未取得药品批准证明文件生产、进口药品,禁止使用未按照规定审评、审批的原料药、包装材料和容器生产药品。

2. 药品监督管理部门及其职责

国务院药品监督管理部门主管全国药品监督管理工作。国务院有关部门在各自的职责范围内负责与药品有关的监督管理工作。省、自治区、直辖市人民政府食品药品监督管理部门负责本行政区域内的药品监督管理工作。省、自治区、直辖市人民政府有关部门在各自的职责范围内负责与药品有关的监督管理工作。

药品监督管理部门对药品研制、生产、经营和使用等活动进行监督检查,必要时可以对提供产品或者服务的单位和个人进行延伸检查,有关单位和个人应当予以配合,不得拒绝和隐瞒。对高风险的药品实施重点监督检查,对有证据证明可能存在安全隐患的采取告诫、约谈、限期整改以及暂停生产、销售、使用、进口等措施,并及时公布检查处理结果。药品监督管理部门进行监督检查时,应当出示证明文件,对监督检查中知悉的商业秘密应当保密。检查员应当熟悉药品法律法规,具备药品专业知识。药品监督管理部门应向社会公布电子邮件地址和电话,接受咨询、投诉、举报,及时答复、核实、处理。对查证属实的举报,应当给予奖励,并对举报人的信息予以保密,保护举报人合法权益。

药品监督管理部门可以对药品质量进行抽查检验。抽样应当购买样品,不得对企业收取任何费用。对有证据证明可能危害人体健康的药品及其有关材料,药品监督管理部门可以查封、扣押,并在7日内作出行政处理决定。药品需要检验的,应当自检验报告书发出之日起15日内作出行政处理决定。国家和省级药品监督管理部门定期公告抽查检验结果,公告不当的应在原公告范围内予以更正。当事人对检验结果有异议的,可以在规定期限内向有关部门申请复验,受理机构应在规定的时间内作出复验结论。

药品监督管理部门建立药品安全信用档案,记录许可颁发、日常监督检查结果、违法行为查处等情况,依法向社会公布并及时更新。对有不良信用记录的,可以增加监督检查频次,并实施联合惩戒。国家实行药品安全信息统一公布制度,未经授权不得发布。公布的信息应当及时、准确、全面,并进行必要的说明,避免误导。任何单位和个人不得编造、散布虚假药品安全信息。

县级以上人民政府应当制定药品安全事件应急预案。药品监督管理部门未及时发现药品安全系统性风险,未及时消除安全隐患的,以及地方人民政府未履行药品安全职责,未及时消除区域性重大药品安全隐患的,应当对其主要负责人进行约谈。被约谈的部门和地方人民政府应当立即采取措施,对药品监管工作进行整改。地方人民政府及其药品监督管理部门不得限制或者排斥非本地区药品进入本地区。

3. 药品检验机构及其职责

药品监督管理部门设置或者确定的药品检验机构,承担依法实施药品审批和药品质量监督检查所需的药品检验工作。药品检验机构不得参与药品生产经营活动,不得以其名义推荐或者监制、监销药品。药品检验机构工作人员不得参与药品生产经营活动。

我国药检机构分为中国药品生物制品检定所,省、自治区、直辖市药品检验所,地(市、州、盟)药品检验所和县(市、旗)药品检验所。中国药品生物制品检定所是全国药品生物制品检验的业务技术指导中心。各级药检所受同级药品监督管理部门的行政领导,在业务和技术上受上一级药检所的指导。

三、执业药师与药品管理

(一)执业药师的概念

执业药师是指经全国统一考试合格,取得执业药师资格证书并经过注册登记,在药品生产、经营、使用单位中执业的药学技术人员。凡从事药品生产、经营、使用的单位均应配备相应的执业药师,并以此作为开办药品生产、经营、使用单位的必备条件之一。国务院药品监督管理部门负责对需要由执业药师担任的岗位作出明确的规定并进行检查。人事部门和国务院药品监督管理部门共同负责全国执业药师资格制度的政策制定、组织协调、资格考试、登记注册和监督管理工作。

(二)执业药师考试

凡中华人民共和国公民和获准在我国境内就业的其他国籍的人员具备以下条件之一者,均可申请参加执业药师资格考试:①取得药学、中药学或相关专业中专学历,从事药学或中药学专业工作满7年;②取得药学、中药学或相关专业大专学历,从事药学或中药学专业工作满5年;③取得药学、中药学或相关专业大学本科学历,从事药学或中药学专业工作满3年;④取得药学、中药学或相关专业第二学士学位、研究生班毕业或取得硕士学位,从事药学或中药学专业工作满1年;⑤取得药学、中药学或相关专业博士学位。

(三)执业药师的注册

执业药师资格实行注册制度。国务院药品监督管理部门为全国执业药师资格注册管理机构,各省、自治区、直辖市药品监督管理部门为注册机构。

取得执业药师资格证书者,要按照规定向所在省(区、市)药品监督管理部门申请注册,经过注册后,方可按照注册的执业类别、执业范围从事相应的执业活动。未经注册者,不得以执业药师身份执业。

申请注册者,必须同时具备下列条件:①取得执业药师资格证书;②遵纪守法,遵守药师职业道德；③身体健康，能坚持在执业药师岗位工作；④经所在单位考核同意。

经批准注册者，由各省、自治区、直辖市药品监督管理部门在执业药师资格证书中的注册情况栏中加盖专用印章，同时发给国务院药品监督管理部门统一印制的中华人民共和国执业药师注册证，并报国家药品监督管理局备案。执业药师只能在一个省、自治区、直辖市注册，变更执业地区、执业范围应及时办理变更注册手续。执业药师注册有效期为3年，有效期满前3个月，须到注册机构办理再次注册手续，再次注册者，除了符合相关规定外，还须有参加继续教育的证明。

执业药师有下列情形之一的，由所在单位向注册机构办理注销注册手续：①死亡或被宣告失踪的；②受刑事处罚的；③受取消执业资格处分的；④因健康问题不能或不宜从事执业药师业务的。

凡注销注册的，由所在省（区、市）的注册机构向国务院药品监督管理部门备案，并由国务院药品监督管理部门定期公告。

（四）执业药师的职责

执业药师必须遵守职业道德，对药品质量负责，保证人民用药安全有效，必须严格遵守执行药品管理法及国家有关药品研究、生产、经营、使用的各项法规及政策，对违反药品管理法及有关规定的行为或决定，有责任提出劝告、制止、拒绝并向上级报告。

执业药师在执业范围内负责对药品质量的监督和管理，参与制定、实施药品全面质量管理及对本单位违反规定的处理。执业药师负责处方的审核及监督调配，提供用药咨询与信息，指导合理用药，开展治疗药物的监测及药品疗效的评价等临床药学工作。

执业药师需要掌握最新医药知识，保持较高的专业水平，必须接受继续教育。

（五）执业药师相关法律责任

对未按规定配备执业药师的单位，应限期配备，逾期将追究单位负责人的责任。对已在需由执业药师担任的岗位工作，但尚未通过执业药师资格考试的人员，要限期达到要求。对经过培训仍不能通过资格考试者，必须调离岗位。

对涂改、伪造或以虚假和不正当手段获得执业药师资格证书或执业药师注册证书的人员，发证机构应收回证书，取消其执业药师资格，注销注册。并对直接责任者根据有关规定给予行政处分，直至送交有关部门追究法律责任。

对执业药师违反相关规定的，所在单位如实上报，由药品监督管理部门根据情况予以处分。注册机构对执业药师所受处分，应及时记录在案。

执业药师在执业期间违反药品管理法及其他法律构成犯罪的，由司法机关依法追究其刑事责任。

四、法律责任

（一）行政责任

未取得药品生产许可证、药品经营许可证或者医疗机构制剂许可证（以下简称"三证"）生产、销售药品的，责令关闭，没收药品和违法所得，并处违法生产、销售的药品（包括已售出和未售出的药品，下同）货值金额15倍以上30倍以下的罚款，货值金额不足10万元的，按10万元计算。其中，货值金额以药品标价计算，没有标价的按照同类药品的市场价格计算。生产、销售假药的，没收假药和违法所得，处以罚款，责令停产停业整顿，吊销药品批准证明文件,并处药品货值金额15倍以上30倍以下的罚款。货值金额不足10万元的,按10万元计算。情节严重的,吊销"三证"。10年内不受理其相应申请。药品上市许可持有人为境外企业的,10年内禁止其药品进口。生产、销售劣药的,没收劣药和违法所得,并处药品货值金额10倍以上20倍以下的罚款。违法生产、批发的药品货值金额不足10万元的,按10万元计算。违法零售的药品货值金额不足1万元的,按1万元计算。情节严重的,责令停产停业整顿直至吊销"三证"。生产、销售的中药饮片不符合药品标准,尚不影响安全性、有效性的,责令限期改正,给予警告,可以处10万元以上50万元以下的罚款。

（二）民事责任

药品管理法规定,药品上市许可持有人、药品生产企业、药品经营企业、医疗机构违反法律规定,给用药者造成损害的,应当承担赔偿责任。因药品质量问题受到损害的,受害人既可以向药品上市许可持有人、药品生产企业请求赔偿损失,也可以向药品经营企业、医疗机构请求赔偿损失。赔偿实行首负责任制,即先行赔付,依法追偿。生产假药、劣药或者明知是假药、劣药仍然销售、使用的,除请求赔偿损失外,还可以请求支付价款10倍或者损失3倍的赔偿金,增加赔偿金额不足1 000元的,为1 000元。

（三）刑事责任

《刑法》第一百四十一条第一款规定,生产、销售假药的,处3年以下有期徒刑或者拘役,并处罚金;对人体健康造成严重危害或者有其他严重情节的,处3年以上10年以下有期徒刑,并处罚金;致人死亡或者有其他特别严重情节的,处10年以上有期徒刑、无期徒刑或者死刑,并处罚金或者没收财产。

《刑法》第一百四十二条第一款规定,生产、销售劣药,对人体健康造成严重危害的,处3年以上10年以下有期徒刑,并处罚金;后果特别严重的,处10年以上有期徒刑或者无期徒刑,并处罚金或者没收财产。

《刑法》第三百五十五条规定,依法从事生产、运输、管理、使用国家管制的麻醉药品、精神药品的人员,违反国家规定,向吸食、注射毒品的人提供国家规定管制的能够使人形成瘾癖的麻醉药品、精神药品的,处3年以下有期徒刑或者拘役,并处罚金;情节严重的,处3年以上7年以下有期徒刑,并处罚金。向走私、贩卖毒品的犯罪分子或者以牟利为目的,向吸食、注射毒品的人提供国家规定管制的能够使人形成瘾癖的麻醉药品、精神药品的,依照《刑法》第三百四十七条关于走私、贩卖、运输、制造毒品的规定定罪处罚。单位犯上述罪行的,对单位判处罚金,并对其直接负责的主管人员和其他直接责任人员,依照上述的规定处罚。

此外,违反特殊管理的药品管理规定的行为可能构成制造毒品罪、非法买卖制毒物品罪、走私制毒物品罪。

第二节 疫苗管理法律制度

一、概述

疫苗,是指为预防、控制疾病的发生、流行,用于人体免疫接种的预防性生物制品,包括免疫规划疫苗和非免疫规划疫苗。它关系到人民群众生命健康、公共卫生安全和国家安全,是国家战略性、公益性产品。

近年来疫苗相关不良事件屡有发生,对人民健康构成严重威胁。为了加强疫苗管理,保证疫苗质量和供应,规范预防接种,促进疫苗行业发展,保障公众健康,维护公共卫生安全。2019年6月29日,《中华人民共和国疫苗管理法》由第十三届全国人民代表大会常务委员会第十一次会议通过,并自2019年12月1日起正式实施。它将原先分散在《中华人民共和国药品管理法》《疫苗流通和预防接种管理条例》《预防接种工作规范》《疫苗储存和运输管理规范》《预防接种异常反应鉴定办法》等多部法律法规中的疫苗研制、生产、流通、预防接种、异常反应监测、保障措施、监督管理、法律责任等规定进行全链条统筹整合,增强疫苗立法的针对性、实效性和可操作性。

此外,《疫苗管理法》在设计思路上注重处理好与药品管理法的关系,针对疫苗特点规定具体管理制度,不简单重复药品管理的一般性规定。《疫苗管理法》的出台,使疫苗监督管理初步实现了有法可依。

二、疫苗质量与安全控制

(一)疫苗生产管理

1. 疫苗研制和注册

国家根据疾病流行情况、人群免疫状况等因素,制定相关研制规划,安排必要资金,支持多联多价等新型疫苗的研制,组织疫苗上市许可持有人、科研单位、医疗卫生机构联合攻关。疫苗研制过程中应当建立健全生物安全管理制度,严格控制生物安全风险,保护公众健康,保证用途合法、正当。

开展疫苗临床试验,应当经国务院药品监督管理部门依法批准。临床试验申办者应当制定临床试验方案,建立临床试验安全监测与评价制度,审慎选择受试者,合理设置受试者群体和年龄组,并根据风险程度采取有效措施,保护受试者合法权益。开展疫苗临床试验,应当取得受试者的书面知情同意。受试者为无民事行为能力人的,应当取得其监护人的书面知情同意。受试者为限制民事行为能力人的,应当取得本人及其监护人的书面知情同意。

在中国境内上市的疫苗应当经国务院药品监督管理部门批准,取得药品注册证书。疾病预防、控制急需的疫苗和创新疫苗可以优先审评审批。对重大突发公共卫生事件急需的疫苗,经评估获益大于风险的,可以附条件批准注册。对特别重大突发公共卫生事件,可以在一定范围和期限内紧急使用。

申请疫苗注册应提供真实、充分、可靠的数据、资料和样品。国务院药品监督管理部门应对其生产工艺、质量控制标准和说明书、标签予以核准,并在其网站上及时公布疫苗说明书、标签内容。

2. 疫苗生产和批签发

国家对疫苗生产实行严格准入制度。从事疫苗生产活动,应当经省级以上人民政府食品药品监督管理部门批准,取得药品生产许可证。从事疫苗生产活动的主体除了应符合《中华人民共和国药品管理法》从事药品生产活动的要求,还应具备《疫苗管理法》规定的条件。疫苗研发人因超出疫苗生产能力确需委托生产的,应当经国务院药品监督管理部门批准。接受委托的生产企业应当保证疫苗质量。疫苗生产全过程应符合药品生产质量管理规范的要求。疫苗上市许可持有人应当建立完整的生产质量管理体系,持续加强偏差管理,采用信息化手段如实记录生产、检验过程中形成的所有数据,确保生产全过程持续符合法定要求。

国家实行疫苗批签发制度。预防、控制传染病疫情或者应对突发事件急需的疫苗,经批准可以免予批签发。不予批签发的疫苗不得销售,并由药品监督管理部门监督销毁。疫苗批签发应当逐批进行资料审核和抽样检验。批签发机构在批签发过程中发现疫苗存在重大质量风险的,应当及时报告。接到报告的部门应当立即进行现场检查,根据检查结果不予批签发或者暂停批签发,并责令整改。

(二)疫苗流通管理

1. 免疫规划制度

免疫规划疫苗,是指居民应当按照政府的规定接种的疫苗,包括国家免疫规划确定的疫苗,省、自治区、直辖市人民政府在执行国家免疫规划时增加的疫苗,以及县级以上人民政府或者其卫生健康主管部门组织的应急接种或者群体性预防接种所使用的疫苗。非免疫规划疫苗,是指由居民自愿接种的其他疫苗。

国家实行免疫规划制度,政府免费向居民提供免疫规划疫苗,居民依法享有接种免疫规划疫苗的权利,履行接种免疫规划疫苗的义务。县级以上人民政府及其有关部门应当保障适龄儿童接种免疫规划疫苗。免疫规划疫苗实行集中招标、统一谈判、统一采购,国家免疫规划疫苗以外的其他免疫规划疫苗、非免疫规划疫苗由各省、自治区、直辖市通过省级公共资源交易平台组织采购。疫苗的价格由疫苗上市许可持有人依法自主合理制定。省级疾病预防控制机构根据国家免疫规划和本行政区域疾病预防、控制需要,制定本行政区域免疫规划疫苗使用计划。

2. 疫苗供应管理

疫苗上市许可持有人向疾病预防控制机构(简称疾控机构)供应疫苗,疾控机构向接种单位供应疫苗。疾控机构以外的单位和个人不得向接种单位供应疫苗,接种单位亦不得接收该疫苗。疫苗配送应具备疫苗冷链储存、运输条件。疫苗上市许可持有人或者疾控机构不具备该条件的,可以委托符合条件的单位配送。疾控机构配送非免疫规划疫苗可以收取储存、运输费用。疫苗配送应当遵守疫苗储存、运输管理规范,保证疫苗质量。

疫苗上市许可持有人在销售疫苗时,应提供批签发证明复印件或者电子文件。疾控机构、接种单位在接收或者购进疫苗时,应索取证明文件和全过程温度监测记录,并保存至疫苗有效期满后不少于5年备查。疾控机构、接种单位、疫苗配送单位应按照规定,建立真实、准确、完整的接收、购进、储存、配送、供应记录,并保存至疫苗有效期满后不少于5年备查。

疾控机构、接种单位应当建立疫苗定期检查制度,对存在包装无法识别、储存温度不符合要求、超过有效期等问题的疫苗,采取隔离存放、设置警示标志等措施,并按照国务院药品监督管理部门、卫生健康主管部门、生态环境主管部门的规定处置。疾控机构、接种单位应当如实记录处置情况,处置记录应当保存至疫苗有效期满后不少于5年备查。

（三）疫苗使用管理

1. 疫苗预防接种

国务院卫生健康主管部门制定国家免疫规划,制定国家免疫规划疫苗的免疫程序和非免疫规划疫苗的使用指导原则,建立国家免疫规划专家咨询委员会并建立国家免疫规划疫苗种类动态调整机制,强化预防接种规范化管理。省级人民政府在执行国家免疫规划时,可以根据本行政区域疾病预防、控制需要,增加免疫规划疫苗种类和制定接种方案,报国务院卫生健康主管部门备案并公布。各级疾控机构应当按照各自职责,开展与预防接种相关的宣传、培训、技术指导、监测、评价、流行病学调查、应急处置等工作。

根据《疫苗管理法》第四十四条规定,接种单位应当具备下列条件:①取得医疗机构执业许可证;②具有经过县级人民政府卫生健康主管部门组织的预防接种专业培训并考核合格的医师、护士或者乡村医生;③具有符合疫苗储存、运输管理规范的冷藏设施、设备和冷藏保管制度。接种单位应当加强内部管理,开展预防接种工作应当遵守预防接种工作规范、免疫程序、疫苗使用指导原则和接种方案。各级疾控机构应加强对接种单位预防接种工作的技术指导和疫苗使用的管理。

医疗卫生人员实施接种,应告知受种者或者其监护人所接种疫苗的品种、作用、禁忌、不良反应以及现场留观等注意事项,询问受种者的健康状况以及是否有接种禁忌等情况,并如实记录告知和询问情况。受种者或者其监护人应当如实提供受种者的健康状况和接种禁忌等情况。有接种禁忌不能接种的,医疗卫生人员应当向受种者或者其监护人提出医学建议,并如实记录提出医学建议情况。

医疗卫生人员在实施接种前,应当按照预防接种工作规范的要求,检查受种者健康状况、核查接种禁忌,查对预防接种证,检查疫苗、注射器的外观、批号、有效期,核对受种者的姓名、年龄和疫苗的品名、规格、剂量、接种部位、接种途径,做到受种者、预防接种证和疫苗信息相一致,确认无误后方可实施接种。受种者在现场留观期间出现不良反应的,医疗卫生人员应当按照预防接种工作规范的要求,及时采取救治等措施。接种过程中,医疗卫生人员应做好记录工作,确保接种信息可追溯、可查询。接种记录应当保存至疫苗有效期满后不少于5年备查。

国家对儿童实行预防接种证制度。在儿童出生后一个月内,其监护人应当到儿童居住地承担预防接种工作的接种单位或者出生医院为其办理预防接种证,并妥善保管。预防接种实行居住地管理,儿童离开原居住地期间,由现居住地承担预防接种工作的接种单位负责对其实施接种。儿童入托、入学时,托幼机构、学校应当查验预防接种证,发现未按照规定接种免疫规划疫苗的,应当向儿童居住地或者托幼机构、学校所在地承担预防接种工作的接种单位报告,并配合接种单位督促其监护人按照规定补种。疾控机构应当为托幼机构、学校查验预防接种证等提供技术指导。接种单位接种免疫规划疫苗不得收取任何费用。接种单位接种非免疫规划疫苗,除收取疫苗费用外,还可以收取接种服务费。

为预防、控制传染病暴发、流行,报经本级人民政府决定,省级以上人民政府卫生健康主管部门备案,可以在本行政区域进行群体性预防接种。需要在全国范围或者跨省、自治区、直辖市范围内进行群体性预防接种的,由国务院卫生健康主管部门决定。任何单位和个人不得擅自进行群体性预防接种。

2. 异常反应监测和处理

预防接种异常反应,是指合格的疫苗在实施规范接种过程中或者实施规范接种后造成受种者机体组织器官、功能损害,相关各方均无过错的药品不良反应。根据《疫苗管理法》第五十二条规定,下列情形不属于预防接种异常反应:①因疫苗本身特性引起的接种后一般反应;②因疫苗质量问题给受种者造成的损害;③因接种单位违反预防接种工作规范、免疫程序、疫苗使用指导原则、接种方案给受种者造成的损害;④受种者在接种时正处于某种疾病的潜伏期或者前驱期,接种后偶合发病;⑤受种者有疫苗说明书规定的接种禁忌,在接种前受种者或者其监护人未如实提供受种者的健康状况和接种禁忌等情况,接种后受种者原有疾病急性复发或者病情加重;⑥因心理因素发生的个体或者群体的心因性反应。

国家加强预防接种异常反应监测。接种单位、医疗机构等发现疑似预防接种异常反应的,应当向疾控机构报告。疫苗上市许可持有人应当设立专门机构,配备专职人员,主动收集、跟踪分析疑似预防接种异常反应,及时采取风险控制措施。对疑似预防接种异常反应,疾控机构应当及时报告,组织调查、诊断,并将调查、诊断结论告知受种者或者其监护人。对调查、诊断结论有争议的,可以申请鉴定。

国家实行预防接种异常反应补偿制度。实施接种过程中或者实施接种后出现受种者死亡、严重残疾、器官组织损伤等损害,属于预防接种异常反应或者不能排除的,应当给予补偿。补偿范围实行目录管理,并根据实际情况进行动态调整。接种免疫规划疫苗所需的补偿费用,由省级人民政府财政部门在预防接种经费中安排;接种非免疫规划疫苗所需的补偿费用,由相关疫苗上市许可持有人承担。国家鼓励通过商业保险等多种形式对预防接种异常反应受种者予以补偿。预防接种异常反应补偿应当及时、便民、合理。

三、疫苗监管与法律责任

（一）疫苗上市后管理

疫苗上市许可持有人应当建立健全疫苗全生命周期质量管理体系,制定并实施疫苗上市后风险管理计划,开展疫苗上市后研究,对疫苗的安全性、有效性和质量可控性进行进一步确证。生产工艺、生产场地、关键设备等发生变更的,应当进行评估、验证,并进行备案或者报告。变更可能影响疫苗安全性、有效性和质量可控性的,应当经国务院药品监督管理部门批准。同时,疫苗上市许可持有人应当建立疫苗质量回顾分析和风险报告制度,如实报告每年疫苗生产流通、上市后研究、风险管理等情况。对预防接种异常反应严重或者其他原因危害人体健康的疫苗,国务院药品监督管理部门应当注销该疫苗的药品注册证书。

国务院药品监督管理部门可以根据疾病预防、控制需要和疫苗行业发展情况,组织对疫苗品种开展上市后评价,发现该疫苗品种的产品设计、生产工艺、安全性、有效性或者质量可控性明显劣于预防、控制同种疾病的其他疫苗品种的,应当注销该品种所有疫苗的药品注册证书并废止相应的国家药品标准。

（二）疫苗保障措施

国家将疫苗安全工作、购买免疫规划疫苗和预防接种工作以及信息化建设等所需经费纳入政府预算,对从事预防接种工作的乡村医生和其他基层医疗卫生人员给予补助,根据需要对经济欠发达地区的预防接种工作给予支持。疫苗存在供应短缺风险时，相关部门应当采取有效措施，保障疫苗生产、供应。

《疫苗管理法》将疫苗纳入战略物资储备，实行中央和省级两级储备。各级财政安排用于预防接种的经费应当专款专用，任何单位和个人不得挪用、挤占。国家实行疫苗责任强制保险制度。疫苗上市许可持有人应当按照规定投保疫苗责任强制保险。因疫苗质量问题造成受种者损害的，保险公司在承保的责任限额内予以赔付。

传染病暴发、流行时，相关疫苗上市许可持有人应当及时生产和供应预防、控制传染病的疫苗。交通运输单位应当优先运输预防、控制传染病的疫苗。县级以上人民政府及其有关部门应当做好组织、协调、保障工作。

（三）疫苗监督管理

《疫苗管理法》第三条规定，国家对疫苗实行最严格的管理制度，坚持安全第一、风险管理、全程管控、科学监管、社会共治。

药品监督管理部门、卫生健康主管部门按照各自职责对疫苗研制、生产、流通和预防接种全过程进行监督管理，监督疫苗上市许可持有人、疾病预防控制机构、接种单位等依法履行义务。药品监督管理部门可以对疫苗上市许可持有人进行现场检查。必要时，可以对为疫苗研制、生产、流通等活动提供产品或者服务的单位和个人进行延伸检查。有关单位和个人应当予以配合，不得拒绝和隐瞒。药品监督管理部门建立疫苗上市许可持有人及其相关人员信用记录制度，纳入全国信用信息共享平台，按照规定公示其严重失信信息，实施联合惩戒。

国家建设中央和省级两级职业化、专业化药品检查员队伍，加强对疫苗的监督检查。疫苗存在或者疑似存在质量问题的，应立即停止销售、配送、使用，必要时立即停止生产。对已经销售的疫苗，疫苗上市许可持有人应及时召回，如实记录召回和通知情况。疫苗上市许可持有人、疾病预防控制机构、接种单位发现存在或者疑似存在质量问题的疫苗，不得瞒报、谎报、缓报、漏报，不得隐匿、伪造、毁灭有关证据。

疫苗上市许可持有人建立信息公开制度，及时公开疫苗产品信息、说明书和标签、药品相关质量管理规范执行情况、批签发情况、召回情况、接受检查和处罚情况以及投保疫苗责任强制保险情况等信息。国务院建立疫苗质量、预防接种等信息共享机制，组织疫苗上市许可持有人、疾病预防控制机构、接种单位、新闻媒体、科研单位等，就疫苗质量和预防接种等信息进行交流沟通。

国家实行疫苗安全信息统一公布制度。风险警示、重大事故等疫苗安全信息由国务院药品监督管理部门会同有关部门公布。预防接种异常反应由国务院卫生健康主管部门会同国务院药品监督管理部门统一公布。任何单位和个人不得编造、散布虚假疫苗安全信息。

国家鼓励公民参与疫苗监督管理。鼓励公民对疫苗监管工作提出意见、建议，对违法行为进行举报，举报查证属实的，对举报人给予奖励。举报人举报所在单位严重违法行为查证属实的，给予重奖。发生疫苗安全事件，疫苗上市许可持有人应当立即报告。有关单位和个人不得瞒报、谎报、缓报、漏报疫苗安全事件，不得隐匿、伪造、毁灭有关证据。

国家实行疫苗全程电子追溯制度。国务院药品监督管理部门会同国务院卫生健康主管部门制定统一的疫苗追溯标准和规范，建立全国疫苗电子追溯协同平台，整合疫苗生产、流通和预防接种全过程追溯信息，实现疫苗可追溯。疫苗上市许可持有人应当建立疫苗电子追溯系统,与全国疫苗电子追溯协同平台相衔接,实现生产、流通和预防接种全过程最小包装单位疫苗可追溯、可核查。疾病预防控制机构、接种单位应当依法如实记录疫苗流通、预防接种等情况,并按照规定向全国疫苗电子追溯协同平台提供追溯信息。

（四）疫苗违法行为法律责任

1. 行政责任

生产、销售的疫苗属于假药或者劣药的,由省级以上人民政府药品监督管理部门没收违法所得及相关物品,责令停产停业整顿,吊销相关证书,并处罚款。情节严重的,对法定代表人、主要负责人、直接负责的主管人员和关键岗位人员及其他责任人员,没收违法行为发生期间自本单位所获收入,并处罚款,终身禁止从事药品生产经营活动,由公安机关处5日以上15日以下拘留。

违反疫苗管理行为规范,有下列情形之一的,由省级以上人民政府食品药品监督管理部门没收违法所得及相关物品,责令停产停业整顿,并处罚款。情节严重的,吊销相关证书,没收相关责任人违法行为发生期间所获收入,并处罚款,10年内直至终身禁止从事药品生产经营活动,由公安机关处5日以上15日以下拘留:①申请疫苗临床试验、注册、批签发提供虚假数据、资料、样品或者有其他欺骗行为;②编造生产、检验记录或者更改产品批号;③疾病预防控制机构以外的单位或者个人向接种单位供应疫苗;④委托生产疫苗未经批准;⑤生产工艺、生产场地、关键设备等发生变更按照规定应当经批准而未经批准;⑥更新疫苗说明书、标签按照规定应当经核准而未经核准。

疫苗上市许可持有人或者其他单位违反药品相关质量管理规范的,应当承担相应的行政责任。此外,疫苗上市许可持有人不得出现下列行为:①未按照规定建立疫苗电子追溯系统;②法定代表人、主要负责人和生产管理负责人、质量管理负责人、质量受权人等关键岗位人员不符合规定条件或者未按照规定对其进行培训、考核;③未按照规定报告或者备案;④未按照规定开展上市后研究,或者未按照规定设立机构、配备人员主动收集、跟踪分析疑似预防接种异常反应;⑤未按照规定投保疫苗责任强制保险;⑥未按照规定建立信息公开制度。

批签发机构未按照规定进行审核和检验,未及时公布上市疫苗批签发结果,未按照规定进行核实或者发现疫苗存在重大质量风险未按照规定报告的,由国务院药品监督管理部门责令改正,给予警告,对主要负责人、直接负责的主管人员和其他直接责任人员依法给予警告直至降级处分。此外,批签发机构未按照规定发给批签发证明或者不予批签发通知书的,由国务院药品监督管理部门责令改正,给予警告,对相关责任人给予降级或者撤职处分;情节严重的,对相关责任人给予开除处分。

疾病预防控制机构、接种单位、疫苗上市许可持有人、疫苗配送单位违反疫苗储存、运输管理规范有关冷链储存、运输要求的,由县级以上人民政府药品监督管理部门责令改正,给予警告,对违法储存、运输的疫苗予以销毁,没收违法所得。拒不改正的,对接种单位、疫苗上市许可持有人、疫苗配送单位处以罚款。

疾病预防控制机构、接种单位未按照规定供应、接收、采购疫苗,接种疫苗未遵守预防接种工作规范、免疫程序、疫苗使用指导原则、接种方案,或者擅自进行群体性预防接种的,由县级以上人民政府卫生健康主管部门责令改正,给予警告,没收违法所得。情节严重的,对相关责任人给予警告直至撤职处分,责令负有责任的医疗卫生人员暂停1年以上18个月以下执业活动。造成严重后果的，对相关责任人给予开除处分，吊销执业证书。此外，疾病预防控制机构、接种单位未按照规定提供追溯信息，接收或者购进疫苗时未按照规定索取并保存相关证明文件、温度监测记录，未按照规定建立并保存疫苗接收、购进、储存、配送、供应、接种、处置记录，或者未按照规定告知、询问受种者或者其监护人有关情况的，也应当承担相应的行政责任。

疾病预防控制机构、接种单位、医疗机构未按照规定报告疑似预防接种异常反应、疫苗安全事件等，或者未按照规定对疑似预防接种异常反应组织调查、诊断等的，由县级以上人民政府卫生健康主管部门责令改正，给予警告。情节严重的，对接种单位、医疗机构处以罚款，对疾病预防控制机构、接种单位、医疗机构的相关责任人给予警告直至撤职处分；造成严重后果的，对相关责任人给予开除处分，吊销执业证书。疾病预防控制机构、接种单位违规收取费用的，应将违法收取的费用退还给原缴费的单位或者个人，并接受行政处罚。

监护人未依法保证适龄儿童按时接种免疫规划疫苗的，由县级人民政府卫生健康主管部门批评教育，责令改正。托幼机构、学校在儿童入托、入学时未按照规定查验预防接种证，或者发现未按照规定接种的儿童后未向接种单位报告的，由县级以上教育行政部门责令改正，给予警告，对相关责任人给予处分。

编造、散布虚假疫苗安全信息，或者在接种单位寻衅滋事，构成违反治安管理行为的，由公安机关依法给予治安管理处罚。报纸、期刊、广播、电视、互联网站等传播媒介编造、散布虚假疫苗安全信息的，由有关部门依法给予处罚，对相关责任人给予处分。

县级以上地方人民政府在疫苗监督管理工作中若出现下列行为，应当承担相应的行政责任：①履行职责不力，造成严重不良影响或者重大损失；②瞒报、谎报、缓报、漏报疫苗安全事件；③干扰、阻碍对疫苗违法行为或者疫苗安全事件的调查；④本行政区域发生特别重大疫苗安全事故，或者连续发生重大疫苗安全事故。

药品监督管理部门、卫生健康主管部门等部门在疫苗监督管理工作中若出现下列行为，应当承担相应的行政责任：①未履行监督检查职责，或者发现违法行为不及时查处；②擅自进行群体性预防接种；③瞒报、谎报、缓报、漏报疫苗安全事件；④干扰、阻碍对疫苗违法行为或者疫苗安全事件的调查；⑤泄露举报人的信息；⑥接到疑似预防接种异常反应相关报告，未按照规定组织调查、处理；⑦其他未履行疫苗监督管理职责的行为，造成严重不良影响或者重大损失。

2. 民事责任

《疫苗管理法》第九十六条规定，因疫苗质量问题造成受种者损害的，疫苗上市许可持有人应当依法承担赔偿责任。疾病预防控制机构、接种单位因违反预防接种工作规范、免疫程序、疫苗使用指导原则、接种方案，造成受种者损害的，应当依法承担赔偿责任。

3. 刑事责任

《疫苗管理法》将"构成犯罪的，依法从重追究刑事责任"列为"法律责任"章节中的第一条，这在以往的法律中是没有出现过的，可见国家严厉打击疫苗违法犯罪行为的决心。对于违反《疫苗管理法》构成犯罪的行为，在刑法的适用上要从重定罪量刑。可能涉及的相关罪名有：以危险方法危害公共安全罪，生产、销售假药罪，生产、销售劣药罪，非法经营罪以及行贿受贿和渎职类的罪名等。

第三节 医疗器械管理法律制度

一、概述

医疗器械,是指直接或者间接用于人体的仪器、设备、器具、体外诊断试剂及校准物、材料以及其他类似或者相关的物品,包括所需要的计算机软件;其效用主要通过物理等方式获得,不是通过药理学、免疫学或者代谢的方式获得,或者虽然有这些方式参与但是只起辅助作用;其目的是:①疾病的诊断、预防、监护、治疗或者缓解;②损伤的诊断、监护、治疗、缓解或者功能补偿;③生理结构或者生理过程的检验、替代、调节或者支持;④生命的支持或者维持;⑤妊娠控制;⑥通过对来自人体的样本进行检查,为医疗或者诊断目的提供信息。国务院食品药品监督管理部门负责全国的医疗器械监督管理工作。县级以上地方人民政府食品药品监督管理部门负责本行政区域内的医疗器械监督管理工作。

我国的医疗器械产业发展迅速。自20世纪90年代以来,国务院食品药品监督管理等有关职能部门先后发布了许多有关医疗器械管理的规范性文件。主要有:1996年9月,国家医药管理局发布的《医疗器械产品注册管理办法》;1995年3月,国家工商行政管理局发布的《医疗器械广告审查标准》;1997年12月,国家经济贸易委员会、国家医药管理局、财政部、中国人民银行、卫生部联合发布的《国家药品医疗器械储备管理暂行办法》;2000年1月4日,中华人民共和国国务院令第276号发布了《医疗器械监督管理条例》,自2000年4月1日起实施,该条例对医疗器械产品管理作出了系统性规定。此后,2014年2月12日国务院第39次常务会议对该条例进行了修订,修订后的条例自2014年6月1日起实施。2017年5月4日,国务院发布了《国务院关于修改〈医疗器械监督管理条例〉的决定》,对该条例再一次修订,修订后的条例自2017年5月4日起实施。2021年12月21日国务院第119次常务会议又一次对该条例进行了修订。

二、医疗器械产品分类管理制度

(一)分类管理

国家对医疗器械按照风险程度实行分类管理。第一类是风险程度低,实行常规管理可以保证其安全、有效的医疗器械。第二类是具有中度风险,需要严格控制管理以保证其安全、有效的医疗器械。第三类是具有较高风险,需要采取特别措施严格控制管理以保证其安全、有效的医疗器械。第一类医疗器械实行产品备案管理,第二类、第三类医疗器械实行产品注册管理。国务院药品监督管理部门负责制定医疗器械的分类规则和分类目录,并根据医疗器械生产、经营、使用情况,及时对医疗器械的风险变化进行分析、评价,对分类目录进行调整。制定、调整分类目录,应当充分听取医疗器械生产经营企业以及使用单位、行业组织的意见,并参考国际医疗器械分类实践。医疗器械分类目录应当向社会公布。

1. 第一类医疗器械备案

第一类医疗器械产品备案,由备案人向所在地设区的市级人民政府食品药品监督管理部门提交备案资料。其中,产品检验报告可以是备案人的自检报告;临床评价资料不包括临床试验报告,可以是通过文献、同类产品临床使用获得的数据证明该医疗器械安全、有效的资料。向我国境内出口第一类医疗器械的境外生产企业,由其在我国境内设立的代表机构或者指定我国境内的企业法人作为代理人,向国务院食品药品监督管理部门提交备案资料和备案人所在国(地区)主管部门准许该医疗器械上市销售的证明文件。

2. 第二、三类医疗器械注册

申请第二类医疗器械产品注册,注册申请人应当向所在地省级人民政府食品药品监督管理部门提交注册申请资料。申请第三类医疗器械产品注册,注册申请人应当向国务院食品药品监督管理部门提交注册申请资料。向我国境内出口第二类、第三类医疗器械的境外生产企业,应当由其在我国境内设立的代表机构或者指定我国境内的企业法人作为代理人,向国务院食品药品监督管理部门提交注册申请资料和注册申请人所在国(地区)主管部门准许该医疗器械上市销售的证明文件。第二类、第三类医疗器械产品注册申请资料中的产品检验报告应当是医疗器械检验机构出具的检验报告;临床评价资料应当包括临床试验报告,但依照有关规定免于进行临床试验的医疗器械除外。

医疗器械注册证有效期为5年。有效期届满需要延续注册的,应当在有效期届满6个月前向原注册部门提出延续注册的申请。有下列情形之一的,不予延续注册:①注册人未在规定期限内提出延续注册申请的;②医疗器械强制性标准已经修订,申请延续注册的医疗器械不能达到新要求的;③对用于治疗罕见疾病以及应对突发公共卫生事件急需的医疗器械,未在规定期限内完成医疗器械注册证载明事项的。

3. 尚未列入分类目录医疗器械的处理

对新研制的尚未列入分类目录的医疗器械,申请人可以依照本条例有关第三类医疗器械产品注册的规定直接申请产品注册,也可以依据分类规则判断产品类别并向国务院食品药品监督管理部门申请类别确认后依照本条例的规定申请注册或者进行产品备案。

(二)医疗器械产品临床试验

第一类医疗器械产品备案,不需要进行临床试验。申请第二类、第三类医疗器械产品注册,应当进行临床试验。

有下列情形之一的,可以免于进行临床试验:①工作机理明确、设计定型、生产工艺成熟,已上市的同品种医疗器械临床应用多年且无严重不良事件记录,不改变常规用途的;②通过非临床评价能够证明该医疗器械安全、有效的;③通过对同品种医疗器械临床试验或者临床使用获得的数据进行分析评价,能够证明该医疗器械安全、有效的。免于进行临床试验的医疗器械目录由国务院食品药品监督管理部门制定、调整并公布。

第三类医疗器械进行临床试验对人体具有较高风险的,应当经国务院食品药品监督管理部门批准。临床试验对人体具有较高风险的第三类医疗器械目录由国务院食品药品监督管理部门制定、调整并公布。

三、医疗器械生产经营与使用管理

(一)生产管理

从事医疗器械生产活动,应当具备下列条件:①有与生产的医疗器械相适应的生产场地、环境条件、生产设备以及专业技术人员;②有对生产的医疗器械进行质量检验的机构或者专职检验人员以及检验设备；③有保证医疗器械质量的管理制度；④有与生产的医疗器械相适应的售后服务能力；⑤产品研制、生产工艺文件规定的要求。

从事第一类医疗器械生产的，由生产企业向所在地设区的市级人民政府食品药品监督管理部门备案。从事第二类、第三类医疗器械生产的，生产企业应当向所在地省级人民政府食品药品监督管理部门申请生产许可并提交相关证明资料以及所生产医疗器械的注册证。医疗器械生产许可证有效期为5年。有效期届满需要延续的，依照有关行政许可的法律规定办理延续手续。

医疗器械生产质量管理规范应当对医疗器械的设计开发、生产设备条件、原材料采购、生产过程控制、企业的机构设置和人员配备等影响医疗器械安全、有效的事项作出明确规定。医疗器械生产企业应当按照医疗器械生产质量管理规范的要求，建立健全与所生产医疗器械相适应的质量管理体系并保证其有效运行；严格按照经注册或者备案的产品技术要求组织生产，保证出厂的医疗器械符合强制性标准以及经注册或者备案的产品技术要求。医疗器械生产企业应当定期对质量管理体系的运行情况进行自查，并向所在地省级人民政府食品药品监督管理部门提交自查报告。

（二）医疗器械经营与使用

1. 医疗器械经营基本条件

从事医疗器械经营活动，应当有与经营规模和经营范围相适应的经营场所和贮存条件，以及与经营的医疗器械相适应的质量管理制度和质量管理机构或者人员。

从事第二类医疗器械经营的，由经营企业向所在地设区的市级人民政府食品药品监督管理部门备案并提交相关的证明资料。从事第三类医疗器械经营的，经营企业应当向所在地设区的市级人民政府食品药品监督管理部门申请经营许可并提交相关证明资料。医疗器械经营许可证有效期为5年。有效期届满需要延续的，依照有关行政许可的法律规定办理延续手续。

2. 医疗器械购进、运输与贮存管理

医疗器械经营企业、使用单位购进医疗器械，应当查验供货者的资质和医疗器械的合格证明文件，建立进货查验记录制度。从事第二类、第三类医疗器械批发业务以及第三类医疗器械零售业务的经营企业，还应当建立销售记录制度。进货查验记录和销售记录应当真实，并按照国务院食品药品监督管理部门规定的期限予以保存。

运输、贮存医疗器械，应当符合医疗器械说明书和标签标示的要求；对温度、湿度等环境条件有特殊要求的，应当采取相应措施，保证医疗器械的安全、有效。

3. 医疗器械的使用管理

医疗器械使用单位应当有与在用医疗器械品种、数量相适应的贮存场所和条件。医疗器械使用单位应当加强对工作人员的技术培训，按照产品说明书、技术操作规范等要求使用医疗器械。

医疗器械使用单位配置大型医用设备，应当符合国务院卫生主管部门制定的大型医用设备配置规划，与其功能定位、临床服务需求相适应，具有相应的技术条件、配套设施和具备相应资质、能力的专业技术人员，并经省级以上人民政府卫生主管部门批准，取得大型医用设备配置许可证。

医疗器械使用单位对重复使用的医疗器械，应当按照国务院卫生主管部门制定的消毒和管理的规定进行处理。一次性使用的医疗器械不得重复使用,对使用过的应当按照国家有关规定销毁并记录。

发现使用的医疗器械存在安全隐患的,医疗器械使用单位应当立即停止使用,并通知生产企业或者其他负责产品质量的机构进行检修;经检修仍不能达到使用安全标准的医疗器械,不得继续使用。

四、不良事件的处理与医疗器械召回

国家建立医疗器械不良事件监测制度,对医疗器械不良事件及时进行收集、分析、评价、控制。医疗器械生产经营企业、使用单位应当对所生产经营或者使用的医疗器械开展不良事件监测;发现医疗器械不良事件或者可疑不良事件,应当按照国务院食品药品监督管理部门的规定,向医疗器械不良事件监测技术机构报告。任何单位和个人发现医疗器械不良事件或者可疑不良事件,有权向食品药品监督管理部门或者医疗器械不良事件监测技术机构报告。

医疗器械生产经营企业、使用单位应当对医疗器械不良事件监测技术机构、食品药品监督管理部门开展的医疗器械不良事件调查予以配合。医疗器械生产企业发现其生产的医疗器械不符合强制性标准、经注册或者备案的产品技术要求或者存在其他缺陷的,应当立即停止生产,通知相关生产经营企业、使用单位和消费者停止经营和使用,召回已经上市销售的医疗器械,采取补救、销毁等措施,记录相关情况,发布相关信息,并将医疗器械召回和处理情况向食品药品监督管理部门和卫生主管部门报告。医疗器械经营企业发现其经营的医疗器械存在前款规定情形的,应当立即停止经营,通知相关生产经营企业、使用单位、消费者,并记录停止经营和通知情况。医疗器械生产企业认为属于依照前款规定需要召回的医疗器械,应当立即召回。医疗器械生产经营企业未依照本条规定实施召回或者停止经营的,食品药品监督管理部门可以责令其召回或者停止经营。

五、法律责任

(一) 生产企业法律责任

未取得医疗器械产品生产注册证书进行生产的,由县级以上人民政府食品药品监督管理部门责令停止生产,没收违法生产的产品和违法所得并处罚款。情节严重的,由省级人民政府食品药品监督管理部门吊销其医疗器械生产许可证;构成犯罪的,依法追究刑事责任。

未取得医疗器械生产许可证生产第二类、第三类医疗器械的,由县级以上人民政府食品药品监督管理部门责令停止生产,没收违法生产的产品和违法所得并处罚款。构成犯罪的,依法追究刑事责任。

生产的医疗器械不符合国家标准或者行业标准的,由县级以上人民政府食品药品监督管理部门予以警告,责令停止生产,没收违法生产的产品和违法所得并处罚款。情节严重的,由原发证部门吊销医疗器械注册证、医疗器械生产许可证;构成犯罪的,依法追究刑事责任。

(二) 经营企业法律责任

未取得医疗器械经营许可证经营第二类、第三类医疗器械的,由县级以上人民政府食品药品监督管理部门责令停止经营,没收违法经营的产品和违法所得并处罚款。构成犯罪的,依法追究刑事责任。

经营无产品注册证书、无合格证明、过期、失效、淘汰的医疗器械的,或者从无医疗器械生产许可证、医疗器械经营许可证的企业购进医疗器械的,由县级以上人民政府食品药品监督管理部门责令停止经营,没收违法经营的产品和违法所得并处罚款。情节严重的,由原发证部门吊销医疗器械经营许可证。构成犯罪的,依法追究刑事责任。

(三)医疗机构法律责任

医疗机构使用无产品注册证书、无合格证明、过期、失效、淘汰的医疗器械的,或者从无医疗器械生产许可证、医疗器械经营许可证的企业购进医疗器械的,由县级以上人民政府食品药品监督管理部门责令改正、给予警告,没收违法使用的产品和违法所得并处罚款。对主管人员和其他直接责任人员依法给予纪律处分;构成犯罪的,依法追究刑事责任。

医疗机构重复使用一次性使用的医疗器械的,或者对应当销毁未进行销毁的,由县级以上人民政府食品药品监督管理部门责令改正,给予警告,罚款。对主管人员和其他直接责任人员依法给予纪律处分;构成犯罪的,依法追究刑事责任。

承担医疗器械临床试用或者临床验证的医疗机构提供虚假报告的,由省级以上人民政府食品药品监督管理部门责令改正,给予警告,罚款;情节严重的,撤销其临床试用或者临床验证资格,对主管人员和其他直接责任人员依法给予纪律处分;构成犯罪的,依法追究刑事责任。

(四)其他机构或人员的法律责任

医疗器械检验机构及其人员从事或者参与同检测有关的医疗器械的研制、生产、经营、技术咨询的,或者出具虚假检测报告的,由省级以上人民政府食品药品监督管理部门责令改正,给予警告,罚款。情节严重的,由国务院食品药品监督管理部门撤销该检验机构的检验资格,对主管人员和其他直接责任人员依法给予纪律处分;构成犯罪的,依法追究刑事责任。

医疗器械监督管理人员滥用职权、徇私舞弊、玩忽职守,构成犯罪的,依法追究刑事责任;尚不构成犯罪的,依法给予行政处分。

【思考题】

1. 我国当前的药品质量监管工作是否存在需要改进和完善之处?
2. 我国药品广告管理存在哪些不足之处?你认为有哪些改善途径?
3. 医疗器械生产注册的审批权限是如何划分的?

第十五章 传染病防治法律制度

【学习目的】
　　了解传染病与传染病防治立法概况,《传染病防治法》的适用范围;熟悉传染病防治监督管理、几种常见传染病防治的法律规定、国境卫生检疫相关法律规定;掌握法定传染病病种的分类与分类管理、传染病预防与控制的法律规定、违反《传染病防治法》的法律责任。

【案情导引】
　　2020年1月16日,苟某与其子自武汉乘坐火车返回西宁。回到家中后,苟某出现咳嗽、发热、乏力症状。1月18日,苟某前往城东区探望其弟并留宿一晚,次日到卫生室以自己感冒为由就诊。村医询问其返宁时间时,苟某谎称已返宁40余天。其间,苟某不主动居家隔离,随意走亲访友。1月23日,所住村村委根据省、市、县疫情防控要求,对武汉返宁人员进行排查登记,苟某未按要求登记。1月25日晚上,镇、村医护人员及村干部前往苟某家中开展疫情排查,苟某仍谎称自己回家已40余天,返回车票已撕毁。1月27日,在其妹等亲属陪同下,前往青海红十字医院就诊,经青海省疾病预防控制中心复核确认,苟某感染新型冠状病毒,核酸检查呈阳性。面对西宁市卫生健康委员会防控人员调查,苟某拒不配合,仍对其及密切接触人员的行踪和身体症状隐瞒不报,造成村民在内的共900余人整体隔离,密切接触人员中3人被确诊感染新型冠状病毒并住院治疗。
　　问题:
　　苟某违反了《传染病防治法》的哪些规定?要承担什么法律责任?

第一节　传染病防治法律制度概述

一、传染病与传染病防治立法

　　传染病是由病原性细菌、病毒、立克次体和原虫等引起的一类疾病,它可以在人与人之间、动物与动物之间或人与动物之间相互传播。由于这类疾病具有传染性、流行性和反复性等特点,因而发病率高,对人体健康和生命的威胁大,对国家经济建设的影响也最大。

传染病防治法的概念有广义和狭义之分。广义的传染病防治法是调整在预防、控制和消除传染病的发生与流行,保障人体健康和公共卫生活动中形成的各种社会关系的法律规范的总和,包括《中华人民共和国传染病防治法》《中华人民共和国国境卫生检疫法》《中华人民共和国疫苗管理法》《艾滋病防治条例》《性病防治管理办法》等专门性法律文件,以及《中华人民共和国刑法》《中华人民共和国献血法》《中华人民共和国水污染防治法》《突发公共卫生事件应急条例》《血液制品管理条例》等法律规范中有关传染病防治的法律条文。

狭义的传染病防治法仅指《中华人民共和国传染病防治法》。作为传染病防治工作的主要法律依据,《传染病防治法》于1989年2月21日在第七届全国人民代表大会常务委员会第六次会议通过,并自1989年9月1日起施行。2004年8月28日第十届全国人民代表大会常务委员会第十一次会议对该部法律进行了修订,修订后的《传染病防治法》自2004年12月1日起正式施行。修订后的《传染病防治法》体现了以下特点:①"预防为主,防治结合"的工作方针;②以人为本,强调对社会个体权利的保护;③分类管理与重点管理相结合;④分工配合,综合治理。2013年6月29日,第十二届全国人民代表大会常务委员会第三次会议对《传染病防治法》中的个别条款进行了修正。

二、《传染病防治法》的适用范围

《传染病防治法》规定,在中华人民共和国领域内的一切单位和个人,必须接受疾病预防与控制机构、医疗机构有关传染病的调查、检验、采集样本、隔离治疗等预防、控制措施,如实提供有关情况。

一切单位包括我国的一切机关、团体、企事业单位,也包括我国领域内的外资企业和中外合资、合作企业等。一切个人即我国领域内的一切自然人,包括中国人、具有外国国籍的人和无国籍人。根据我国有关法律规定和国际惯例,外交人员没有传染病防治方面的豁免权,所有驻中国的外国使领馆人员也必须遵守传染病防治法的规定。

三、传染病防治的基本原则

《传染病防治法》第二条规定,国家对传染病防治实行预防为主的方针,防治结合、分类管理、依靠科学、依靠群众。

纵观历史,传染病始终伴随着人类社会的发展。随着传统传染病的死灰复燃以及新发传染病的不断出现,我们不得不对传染病给予足够且持续的关注。特别是近年来大规模暴发的甲型H1N1流感病毒、埃博拉病毒和新冠病毒等传染病肆虐全球,我们必须采取积极措施主动应对。在传染病防治工作中,要把预防工作放在首位,通过采取各种防治措施,使传染病不发生、不流行。在传染病发生时,要及时治疗传染病患者,进而实现对其他人和社会群体的防护,将预防措施和治疗措施有机地结合起来。根据传染病不同病种的传播方式、传播速度、危害程度,采取相应级别的预防、控制、监测、报告及救治措施,促进卫生资源合理配置,实现效益最大化。传染病防治的过程中,要始终发扬科学精神,依靠科学技术,组织科学攻关。同时要充分调动广大群众的参与积极性,获得群众的支持与配合,形成全社会关注、群防群控的局面。

四、法定传染病病种的分类与分类管理

（一）法定传染病病种的分类

结合我国的实际情况,将发病率高、流行面积大、危害严重的40种传染病列为法定管理传染病。根据其传播方式、传播速度以及对人体健康、社会危害程度的不同,分为甲、乙、丙三类。

1. 甲类传染病

甲类传染病是指对人体健康和生命安全危害特别严重,可能造成重大经济损失和社会影响,需要采取强制管理、强制隔离治疗、强制卫生检疫、控制疫情蔓延的传染病,包括鼠疫、霍乱。

2. 乙类传染病

乙类传染病是指对人体健康和生命安全危害严重,可能造成较大经济损失和社会影响,需要采取严格管理,落实各项防控措施,降低发病率,减少危害的传染病,包括传染性非典型肺炎、艾滋病、病毒性肝炎、脊髓灰质炎、人感染高致病性禽流感、麻疹、流行性出血热、狂犬病、流行性乙型脑炎、登革热、炭疽、细菌性和阿米巴性痢疾、肺结核、伤寒和副伤寒、流行性脑脊髓膜炎、百日咳、白喉、新生儿破伤风、猩红热、布鲁氏菌病、淋病、梅毒、钩端螺旋体病、血吸虫病、疟疾、甲型H1N1流感、新型冠状病毒肺炎。

3. 丙类传染病

丙类传染病是指常见多发、对人体健康和生命安全造成危害,可能造成一定程度的经济损失和社会影响,需要监测管理,关注流行趋势,控制暴发流行的传染病,包括流行性感冒、流行性腮腺炎、风疹、急性出血性结膜炎、麻风病、流行性和地方性斑疹伤寒、黑热病、包虫病、丝虫病、除霍乱、细菌性和阿米巴性痢疾、伤寒和副伤寒以外的感染性腹泻病。

《传染病防治法》规定,上述规定以外的其他传染病,根据其暴发、流行情况和危害程度,需要列入乙类、丙类传染病的,由国务院卫生行政部门决定并予以公布。也就是说,国务院卫生行政部门可以根据实际情况,对乙类、丙类传染病病种进行调整。2008年5月2日,国务院卫生行政部门将手足口病列入丙类传染病进行管理。2009年4月13日和2020年1月20日,国务院卫生行政部门分别将甲型H1N1流感和新型冠状病毒肺炎列入乙类传染病进行管理。

（二）传染病的分类管理

传染病实行分类管理,对甲类、乙类、丙类传染病采取不同的管理措施。

对甲类传染病采取强制管理措施。对这类传染病病人、病原携带者、疑似病人和疑似病人的密切接触者的隔离、治疗、留验,以及对疫点、疫区的处理,均可强制执行。

对乙类传染病采取严格管理措施。国家严格按照相关规定和防治方案进行预防和控制。《传染病防治法》规定,对乙类传染病中的传染性非典型肺炎、炭疽中的肺炭疽和人感染高致病性禽流感,采取本法规定的甲类传染病的预防、控制措施。其他乙类传染病和突发原因不明的传染病需要采取甲类传染病的预防、控制措施的,由国务院卫生行政部门及时报经国务院批准后予以公布、实施。2009年4月13日和2020年1月20日,国务院卫生行政部门分别根据该项规定,在报国务院批准后,决定对乙类传染病甲型H1N1流感和新型冠状病毒肺炎采取甲类传染病的预防、控制措施。

对丙类传染病采取监测管理措施。《传染病防治法》规定，省、自治区、直辖市人民政府对本行政区域内常见、多发的其他地方性传染病，可以根据情况决定按照乙类或者丙类传染病管理并予以公布，报国务院卫生行政部门备案。

第二节 传染病预防与控制的法律规定

一、传染病的预防

传染病预防是传染病管理工作中一项极其重要的措施。做好传染病的预防工作，防患于未然，就能减少、控制和消灭传染病的发生和流行。对此，《传染病防治法》规定必须做好下列各项工作。

（一）开展预防传染病的健康教育

各级人民政府应当组织开展群众性卫生活动，进行预防传染病的健康教育，倡导文明健康的生活方式，提高公众对传染病的防治意识和应对能力。

（二）消除各种传染病传播媒介

传染病都是通过一定的传播媒介传播的，例如：蚊、蝇、蚤、虱等虫媒通过叮咬吸血可传播疟疾、流行性乙型脑炎等传染病；鼠可传播鼠疫、流行性出血热等。因此，要发动群众开展爱国卫生运动，农牧、林业、卫生、城建、水利等部门要协调配合，共同做好灭鼠、消除各种病媒昆虫以及传播传染病或引起人畜共患传染病的禽畜等宿主动物的防治管理。

（三）加强管理和改善公共卫生状况

地方各级人民政府应当有计划地建设和改造公共卫生设施，改善用水卫生条件，对污水、污物、粪便进行无害化处理。

（四）做好计划免疫工作

计划免疫是根据疫情监测和人群免疫状况分析，按照规定的免疫程序，有计划地利用生物制品进行人群预防接种，以提高人群的免疫能力，达到控制、消灭相应传染病的目的。此外，《疫苗管理法》规定，传染病暴发、流行时，相关疫苗上市许可持有人应当及时生产和供应预防、控制传染病的疫苗。交通运输单位应当优先运输预防、控制传染病的疫苗。县级以上人民政府及其有关部门应当做好组织、协调、保障工作。

国务院卫生行政部门和省、自治区、直辖市人民政府卫生行政部门，根据传染病预防、控制的需要，制定传染病预防接种规划并组织实施。医疗机构、疾病预防控制机构与儿童的监护人应当互相配合，保证儿童及时接受预防接种。需要注意的是，《疫苗管理法》规定，为预防、控制传染病暴发、流行，报经本级人民政府决定，省级以上人民政府卫生健康主管部门备案，可以在本行政区域进行群体性预防接种。需要在全国范围或者跨省、自治区、直辖市范围内进行群体性预防接种的，由国务院卫生健康主管部门决定。任何单位和个人不得擅自进行群体性预防接种。

（五）加强对传染病患者的保护和管理

国家和社会应当关心、帮助传染病病人、病原携带者和疑似传染病病人，使其得到及时救治。任何单位和个人不得歧视传染病病人、病原携带者和疑似传染病病人。

传染病病人、病原携带者和疑似传染病病人，在治愈前或者在排除传染病嫌疑前，不得从事法律、行政法规和国务院卫生行政部门规定禁止从事的易使该传染病扩散的工作。

（六）建立传染病监测、预警制度以及菌种、毒种管理制度

国务院卫生行政部门制定国家传染病监测规划和方案。省、自治区、直辖市人民政府卫生行政部门根据国家传染病监测规划和方案，制定本行政区域的传染病监测计划和工作方案。各级疾病预防控制机构对传染病的发生、流行以及影响其发生、流行的因素进行监测；对国外发生、国内尚未发生的传染病或者国内新发生的传染病进行监测。

国务院卫生行政部门和省、自治区、直辖市人民政府根据传染病发生、流行趋势的预测，及时发出传染病预警，根据情况予以公布。县级以上地方人民政府应当制定传染病预防、控制预案，报上一级人民政府备案。地方人民政府和疾病预防控制机构接到国务院卫生行政部门或者省、自治区、直辖市人民政府发出的传染病预警后，应当按照传染病预防、控制预案，采取相应的预防、控制措施。

国家建立传染病菌种、毒种库。对传染病菌种、毒种和传染病检测样本的采集、保藏、携带、运输和使用实行分类管理，建立健全严格的管理制度。对可能导致甲类传染病传播的以及国务院卫生行政部门规定的菌种、毒种和传染病检测样本，确需采集、保藏、携带、运输和使用的，须经省级以上人民政府卫生行政部门批准。

（七）加强医源性感染和医院感染防治

医疗机构必须严格执行国务院卫生行政部门规定的管理制度、操作规范，防止传染病的医源性感染和医院感染。

医疗机构应当确定专门的部门或者人员，承担传染病疫情报告、本单位的传染病预防、控制以及责任区域内的传染病预防工作；承担医疗活动中与医院感染有关的危险因素监测、安全防护、消毒、隔离和医疗废物处置工作。

疾病预防控制机构应当指定专门人员负责对医疗机构内传染病预防工作进行指导、考核，开展流行病学调查。

疾病预防控制机构、医疗机构的实验室和从事病原微生物实验的单位，应当符合国家规定的条件和技术标准，建立严格的监督管理制度，对传染病病原体样本按照规定的措施实行严格监督管理，严防传染病病原体的实验室感染和病原微生物的扩散。

（八）加强血液及血液制品的管理

采供血机构、生物制品生产单位必须严格执行国家有关规定，保证血液、血液制品的质量。禁止非法采集血液或者组织他人出卖血液。

疾病预防控制机构、医疗机构使用血液和血液制品，必须遵守国家有关规定，防止因输入血液、使用血液制品引起经血液传播疾病的发生。

（九）对传染病病原污染物严格消毒处理

对被传染病病原体污染的污水、污物、场所和物品，有关单位和个人必须在疾病预防控制机构的指导下或者按照其提出的卫生要求，进行严格消毒处理；拒绝消毒处理的，由当地卫生行政部门或者疾病预防控制机构进行强制消毒处理。

（十）自然疫源地建设项目的卫生防疫管理

在国家确认的自然疫源地计划兴建水利、交通、旅游、能源等大型建设项目的，应当事先由省级以上疾病预防控制机构对施工环境进行卫生调查。建设单位应当根据疾病预防控制机构的意见，采取必要的传染病预防、控制措施。施工期间，建设单位应当设专人负责工地上的卫生防疫工作。工程竣工后，疾病预防控制机构应当对可能发生的传染病进行监测。

二、传染病疫情的报告、通报和公布

（一）疫情的报告

1. 疫情报告人及报告方式

（1）任何单位和个人发现传染病病人或者疑似传染病病人时，应当及时向附近的疾病预防控制机构或者医疗机构报告。

（2）疾病预防控制机构、医疗机构和采供血机构及其执行职务的人员发现法定传染病疫情或者发现其他传染病暴发、流行以及突发原因不明的传染病时，应当遵循疫情报告属地管理原则，按照国务院规定的或者国务院卫生行政部门规定的内容、程序、方式和时限报告。

（3）港口、机场、铁路疾病预防控制机构以及国境卫生检疫机关发现甲类传染病病人、病原携带者、疑似传染病病人时，应当按照国家有关规定立即向国境口岸所在地的疾病预防控制机构或者所在地县级以上地方人民政府卫生行政部门报告。

（4）疾病预防控制机构接到甲类、乙类传染病疫情报告或者发现传染病暴发、流行时，应当立即报告当地卫生行政部门，由当地卫生行政部门立即报告当地人民政府，同时报告上级卫生行政部门和国务院卫生行政部门。

国家鼓励公民积极报告疫情。2019年9月国务院发布《国务院关于加强和规范事中事后监管的指导意见》，其中明确提出建立"吹哨人"制度，这是国务院层面首次对建立"吹哨人"制度作出部署。该项制度有望更好地保护举报人的权利。

2. 疫情报告时限

《传染病防治法》对传染病疫情报告时限没有作具体规定，根据2011年1月8日国务院颁布、施行修订后的《突发公共卫生事件应急条例》第十九条、第二十条的规定：①突发事件监测机构（如疾病预防控制机构等）、医疗卫生机构和有关单位发现疫情后应当在2小时内向所在地的县级人民政府卫生行政主管部门报告；②接到报告的卫生行政主管部门应当在2小时内向本级人民政府报告，并同时向上一级人民政府卫生行政主管部门和国务院卫生行政主管部门报告；③县级人民政府应当在接到报告2小时内向设区的市级人民政府或上一级人民政府报告；④设区的市级人民政府应当在接到报告2小时内向省、自治区、直辖市人民政府报告；⑤省、自治区、直辖市人民政府应当在接到报告1小时内向国务院卫生行政主管部门报告。

（二）疫情的通报

县级以上地方人民政府卫生行政部门应当及时向本行政区域内的疾病预防控制机构和医疗机构通报传染病疫情以及监测、预警的相关信息；国务院卫生行政部门应当及时向国务院其他有关部门和各省、自治区、直辖市人民政府卫生行政部门通报全国传染病疫情以及监测、预警的相关信息；毗邻的以及相关的地方人民政府卫生行政部门，应当及时互相通报本行政区域的传染病疫情以及监测、预警的相关信息；县级以上人民政府有关部门发现传染病疫情时，应当及时向同级人民政府卫生行政部门通报；中国人民解放军卫生主管部门发现传染病疫情时，应当向国务院卫生行政部门通报；动物防疫机构和疾病预防控制机构，应当及时互相通报动物间和人间发生的人畜共患传染病疫情以及相关信息。

（三）疫情的公布

定期公布信息。国务院卫生行政部门定期公布全国传染病疫情信息；省、自治区、直辖市人民政府卫生行政部门定期公布本行政区域的传染病疫情信息。

传染病暴发、流行时的信息公布。传染病暴发、流行时，国务院卫生行政部门负责向社会公布传染病疫情信息，并可以授权省、自治区、直辖市人民政府卫生行政部门向社会公布本行政区域的传染病疫情信息。

三、传染病疫情的控制

传染病疫情控制，是指当传染病发生或暴发、流行时，为了阻止传染病的扩散和蔓延而采取的措施。《传染病防治法》不仅针对不同种类的传染病规定了不同的控制措施，而且根据各个传染病预防机构的不同职责和功能赋予了它们相应的医学、行政措施权。

（一）医疗机构的控制措施权

医疗机构发现甲类传染病时，应当及时采取下列措施：①对病人、病原携带者，予以隔离治疗，隔离期限根据医学检查结果确定；②对疑似病人，确诊前在指定场所单独隔离治疗；③对医疗机构内的病人、病原携带者、疑似病人的密切接触者，在指定场所进行医学观察和采取其他必要的预防措施。拒绝隔离治疗或者隔离期未满擅自脱离隔离治疗的，可以由公安机关协助医疗机构采取强制隔离治疗措施。

医疗机构发现乙类或者丙类传染病病人，应当根据病情采取必要的治疗和控制传播措施。

（二）疾病预防控制机构的控制措施权

疾病预防控制机构发现传染病疫情或者接到传染病疫情报告时，应当及时采取下列措施：①对传染病疫情进行流行病学调查，根据调查情况提出划定疫点、疫区的建议，对被污染的场所进行卫生处理，对密切接触者，在指定场所进行医学观察和采取其他必要的预防措施，并向卫生行政部门提出疫情控制方案；②传染病暴发、流行时，对疫点、疫区进行卫生处理，向卫生行政部门提出疫情控制方案，并按照卫生行政部门的要求采取措施；③指导下级疾病预防控制机构实施传染病预防、控制措施，组织、指导有关单位对传染病疫情的处理。

对于疫情防控工作而言，疾控中心起到了十分重要的作用，它能在第一时间发现疫情。如果应对合理，就能够为疫情防控争取更多的时间。但是反观当前的体系结构，疾控中心的行政权力非常有限，其特殊地位并没有得到显现。

（三）县级以上人民政府的控制措施权

1. 对已经发生甲类传染病病例的场所或者该场所内的特定区域的人员，所在地的县级以上地方人民政府可以实施隔离措施，并同时向上一级人民政府报告；接到报告的上级人民政府应当及时作出是否批准的决定。上级人民政府作出不予批准决定的，实施隔离措施的人民政府应当立即解除隔离措施。

2. 传染病暴发、流行时，县级以上地方人民政府应当立即组织力量，按照预防、控制预案进行防治，切断传染病的传播途径，必要时，报经上一级人民政府决定，可以采取下列紧急措施并予以公告：①限制或者停止集市、影剧院演出或者其他人群聚集的活动；②停工、停业、停课；③封闭或者封存被传染病病原体污染的公共饮用水源、食品以及相关物品；④控制或者扑杀染疫野生动物、家畜家禽；⑤封闭可能造成传染病扩散的场所。

3. 甲类、乙类传染病暴发、流行时，县级以上地方人民政府报经上一级人民政府决定，可以宣布本行政区域部分或者全部为疫区；国务院可以决定并宣布跨省、自治区、直辖市的疫区。县级以上地方人民政府可以在疫区内采取上述各种紧急措施，并可以对出入疫区的人员、物资和交通工具实施卫生检疫。

4. 省、自治区、直辖市人民政府可以决定对本行政区域内的甲类传染病疫区实施封锁；但是，封锁大、中城市的疫区或者封锁跨省、自治区、直辖市的疫区，以及封锁疫区导致中断干线交通或者封锁国境的，由国务院决定。

（四）有关机构的其他控制措施权

传染病暴发、流行时，根据传染病疫情控制的需要，国务院有权在全国范围或者跨省、自治区、直辖市范围内，县级以上地方人民政府有权在本行政区域内紧急调集人员或者调用储备物资，临时征用房屋、交通工具以及相关设施、设备。

患甲类传染病、炭疽死亡的，应当将尸体立即进行卫生处理，就近火化。患其他传染病死亡的，必要时，应当将尸体进行卫生处理后火化或者按照规定深埋。

为了查找传染病病因，医疗机构在必要时可以按照国务院卫生行政部门的规定，对传染病病人尸体或者疑似传染病病人尸体进行解剖查验，并应当告知死者家属。

发生传染病疫情时，疾病预防控制机构和省级以上人民政府卫生行政部门指派的其他与传染病有关的专业技术机构，可以进入传染病疫点、疫区进行调查、采集样本、技术分析和检验。

第三节 传染病防治监督与法律责任

一、传染病防治监督管理

（一）县级以上人民政府卫生行政部门的监督检查职责

《传染病防治法》规定，县级以上人民政府卫生行政部门对传染病防治工作履行下列监督检查职责：①对下级人民政府卫生行政部门履行本法规定的传染病防治职责进行监督检查；②对疾病预防控制机构、医疗机构的传染病防治工作进行监督检查；③对采供血机构的采供血活动进行监督检查；④对用于传染病防治的消毒产品及其生产单位进行监督检查，并对饮用水供水单位从事生产或者供应活动以及涉及饮用水卫生安全的产品进行监督检查；⑤对传染病菌种、毒种和传染病检测样本的采集、保藏、携带、运输、使用进行监督检查；⑥对公共场所和有关单位的卫生条件和传染病预防、控制措施进行监督检查。

（二）县级以上人民政府卫生行政部门监督检查时享有的程序性权力

为了保证县级以上人民政府卫生行政部门能够履行以上职责，《传染病防治法》还赋予其履行职责所必需的调查取证和采取控制措施的权力。①县级以上人民政府卫生行政部门在履行监督检查职责时,有权进入被检查单位和传染病疫情发生现场调查取证,查阅或者复制有关的资料和采集样本。被检查单位应当予以配合,不得拒绝、阻挠。②县级以上地方人民政府卫生行政部门在履行监督检查职责时,发现被传染病病原体污染的公共饮用水源、食品以及相关物品,如不及时采取控制措施可能导致传染病传播、流行的,可以采取封闭公共饮用水源、封存食品以及相关物品或者暂停销售的临时控制措施,并予以检验或者进行消毒。

二、违反《传染病防治法》的法律责任

（一）行政责任

1. 地方各级人民政府相关行政责任

地方各级人民政府未依照本法的规定履行报告职责,或者隐瞒、谎报、缓报传染病疫情,或者在传染病暴发、流行时,未及时组织救治、采取控制措施的,由上级人民政府责令改正,通报批评；造成传染病传播、流行或者其他严重后果的,对负有责任的主管人员,给予行政处分。

2. 县级以上人民政府卫生行政部门相关行政责任

县级以上人民政府卫生行政部门违反本法规定,有下列情形之一的,由本级人民政府、上级人民政府卫生行政部门责令改正,通报批评；造成传染病传播、流行或者其他严重后果的,对负有责任的主管人员和其他直接责任人员,依法给予行政处分：①未依法履行传染病疫情通报、报告或者公布职责,或者隐瞒、谎报、缓报传染病疫情的；②发生或者可能发生传染病传播时未及时采取预防、控制措施的；③未依法履行监督检查职责,或者发现违法行为不及时查处的；④未及时调查、处理单位和个人对下级卫生行政部门不履行传染病防治职责的举报的；⑤违反本法的其他失职、渎职行为。

3. 县级以上人民政府其他部门相关行政责任

县级以上人民政府有关部门未依照本法的规定履行传染病防治和保障职责的,由本级人民政府或者上级人民政府有关部门责令改正,通报批评；造成传染病传播、流行或者其他严重后果的,对负有责任的主管人员和其他直接责任人员,依法给予行政处分。

4. 疾病预防控制机构相关行政责任

疾病预防控制机构违反本法规定,有下列情形之一的,由县级以上人民政府卫生行政部门责令限期改正,通报批评,给予警告；对负有责任的主管人员和其他直接责任人员,依法给予降级、撤职、开除的处分,并可以依法吊销有关责任人员的执业证书：①未依法履行传染病监测职责的；②未依法履行传染病疫情报告、通报职责,或者隐瞒、谎报、缓报传染病疫情的；③未主动收集传染病疫情信息,或者对传染病疫情信息和疫情报告未及时进行分析、调查、核实的；④发现传染病疫情时,未依据职责及时采取本法规定的措施的；⑤故意泄露传染病病人、病原携带者、疑似传染病病人、密切接触者涉及个人隐私的有关信息、资料的。

5. 医疗机构相关行政责任

医疗机构违反本法规定,有下列情形之一的,由县级以上人民政府卫生行政部门责令改正,通报批评,给予警告；造成传染病传播、流行或者其他严重后果的,对负有责任的主管人员和其他直接责任人员,依法给予降级、撤职、开除的处分,并可以依法吊销执业证书：①未按照规定承担本单位的传染病预防、控制工作,医院感染控制任务和责任区域内的传染病预

防工作的;②未按照规定报告传染病疫情,或者隐瞒、谎报、缓报传染病疫情的;③发现传染病疫情时,未按照规定对传染病病人、疑似传染病病人提供医疗救护、现场救援、接诊、转诊的,或者拒绝接受转诊的;④未按照规定对本单位内被传染病病原体污染的场所、物品以及医疗废物实施消毒或者无害化处置的;⑤未按照规定对医疗器械进行消毒,或者对按照规定一次使用的医疗器具未予销毁,再次使用的;⑥在医疗救治过程中未按照规定保管医学记录资料的;⑦故意泄露传染病病人、病原携带者、疑似传染病病人、密切接触者涉及个人隐私的有关信息、资料的。

此外,根据《传染病防治法》第七十四条的规定,疾病预防控制机构、医疗机构及从事病原微生物实验的单位对传染病病原体样本未按照规定进行严格管理,造成实验室感染和病原微生物扩散或有其他情形的,也必须承担相应的行政责任,包括暂扣或者吊销许可证、吊销执业证书等。

6. 采供血机构相关行政责任

采供血机构未按照规定报告传染病疫情,或者隐瞒、谎报、缓报传染病疫情,或者未执行国家有关规定,导致因输入血液引起经血液传播疾病发生的,由县级以上人民政府卫生行政部门责令改正,通报批评,给予警告;造成传染病传播、流行或者其他严重后果的,对负有责任的主管人员和其他直接责任人员,依法给予降级、撤职、开除的处分,并可以依法吊销采供血机构的执业许可证。

7. 国境卫生检疫机关、动物防疫机构相关行政责任

国境卫生检疫机关、动物防疫机构未依法履行传染病疫情通报职责的,由有关部门在各自职责范围内责令改正,通报批评;造成传染病传播、流行或者其他严重后果的,对负有责任的主管人员和其他直接责任人员,依法给予降级、撤职、开除的处分。

8. 其他社会主体相关行政责任

(1)铁路、交通、民用航空经营单位未依照本法的规定优先运送处理传染病疫情的人员以及防治传染病的药品和医疗器械的,由有关部门责令限期改正,给予警告;造成严重后果的,对负有责任的主管人员和其他直接责任人员,依法给予降级、撤职、开除的处分。

(2)有关单位或个人有下列情形之一,导致或者可能导致传染病传播、流行的,由县级以上人民政府卫生行政部门责令限期改正,没收违法所得,可以并处5万元以下的罚款;已取得许可证的,原发证部门可以依法暂扣或者吊销许可证:①饮用水供水单位供应的饮用水不符合国家卫生标准和卫生规范的;②涉及饮用水卫生安全的产品不符合国家卫生标准和卫生规范的;③用于传染病防治的消毒产品不符合国家卫生标准和卫生规范的;④出售、运输疫区中被传染病病原体污染或者可能被传染病病原体污染的物品,未进行消毒处理的;⑤生物制品生产单位生产的血液制品不符合国家质量标准的。

(3)未经检疫出售、运输与人畜共患传染病有关的野生动物、家畜家禽的,由县级以上地方人民政府畜牧兽医行政部门责令停止违法行为,并依法给予行政处罚。

(4)在国家确认的自然疫源地兴建水利、交通、旅游、能源等大型建设项目,未经卫生调查进行施工的,或者未按照疾病预防控制机构的意见采取必要的传染病预防、控制措施的,由县级以上人民政府卫生行政部门责令限期改正,给予警告,处5 000元以上3万元以下的罚款;逾期不改正的,处3万元以上10万元以下的罚款,并可以提请有关人民政府依据职责权限,责令停建、关闭。

（二）刑事责任

违反传染病防治法律制度情节严重或者造成严重后果的，应当追究责任人的刑事责任。主要涉及的罪名有：妨害传染病防治罪（《刑法》第三百三十条），传染病菌种、毒种扩散罪（《刑法》第三百三十一条），玩忽职守罪（《刑法》第三百九十七条）。

在司法实践中，根据犯罪的主、客观特征，触犯《传染病防治法》情节严重的行为还可能构成其他犯罪。如：以危险方法危害公共安全罪、动植物检疫徇私舞弊罪、动植物检疫失职罪、医疗事故罪等。

单位犯罪的，对单位判处罚金，并对其直接负责的主管人员和其他直接责任人员，依照规定处罚。

第四节　几种常见传染病防治的法律规定

一、结核病防治

结核病是由结核杆菌引起的慢性感染性疾病。目前，它仍然是威胁人类健康的主要疾病之一。1993年WHO宣布"结核病全球紧急状况"，并且呼吁"采取迅速行动与结核病危机作斗争"。结核病也是我国重点防治的疾病之一。新中国成立以来，我国结核病防治工作已取得了一定成绩。但是，目前全国疫情仍较严重，特别在广大农村患病率高，防治工作比较艰巨，传染源尚未能得到控制。

为预防、控制结核病的传染与流行，保障人体健康，1991年9月卫生部发布了《结核病防治管理办法》，对结核病防治机构、预防接种、调查与报告、治疗以及控制传染等作了规定。2013年2月20日，中华人民共和国卫生部令第92号公布了新的《结核病防治管理办法》，自2013年3月24日起施行。1991年的《结核病防治管理办法》予以废止。

（一）机构

国务院卫生行政部门负责全国结核病防治及监督管理工作，县级以上地方卫生行政部门负责本辖区内的结核病防治及其监督管理工作。

疾病预防控制机构协助卫生行政部门开展规划管理及评估工作；收集、分析信息，监测肺结核疫情，及时准确报告、通报疫情及相关信息；开展流行病学调查、疫情处置等工作；组织落实肺结核患者治疗期间的规范管理；组织开展肺结核或疑似肺结核患者及密切接触者的追踪工作。

结核病定点医疗机构负责肺结核患者诊断治疗，落实治疗期间的随访检查；负责肺结核患者报告、登记的相关信息的录入；对传染性肺结核患者的密切接触者进行检查；对患者及其家属进行健康教育。

非结核病定点医疗机构要指定内设职能科室和人员负责结核病疫情的报告，负责结核病患者和疑似患者的转诊工作，开展结核病防治培训和健康教育工作。

基层医疗卫生机构负责肺结核患者居家治疗期间的督导管理，负责转诊、追踪肺结核或者疑似肺结核患者及有症状的密切接触者，并对辖区居民开展结核病防治知识宣传。

（二）预防

各级各类医疗卫生机构应当开展结核病防治的宣传教育，对就诊的肺结核患者及家属进行健康教育，宣传结核病防治政策和知识。

根据国家免疫规划对适龄儿童开展卡介苗预防接种工作。承担预防接种工作的医疗卫生机构应当按照《疫苗流通和预防接种管理条例》和预防接种工作规范的要求，规范提供预防接种服务。

医疗卫生机构在对重点人群进行健康体检和预防性健康检查时，做好肺结核的筛查工作。医疗卫生机构和结核病实验室及相关工作人员，应当遵守相关规定，采取措施防止医源性感染和传播。

肺结核疫情构成突发公共卫生事件时，应当按照预案采取相应的控制措施。

（三）发现、报告与登记

各级各类医疗机构应当对肺结核可疑症状者及时进行检查，对发现的确诊和疑似肺结核患者应当按照有关规定进行疫情报告，并将其转诊到患者居住地或者就诊医疗机构所在地的结核病定点医疗机构。

基层医疗卫生机构协助县级疾病预防控制机构对转诊未到位的结核病患者或疑似患者进行追踪。

结核病定点医疗机构对肺结核患者进行管理登记。登记内容包括患者诊断、治疗及管理等相关信息。结核病定点医疗机构应当根据患者治疗管理等情况，及时更新患者管理登记内容。

（四）治疗与管理

结核病定点医疗机构应当为肺结核患者制定合理的治疗方案，提供规范化的治疗服务。各级各类医疗机构对危、急、重症肺结核患者负有救治的责任，应当及时对患者进行医学处置，不得以任何理由推诿，不得因就诊的患者是结核病病人拒绝对其其他疾病进行治疗。

疾病预防控制机构应当及时掌握肺结核患者的相关信息，督促辖区内医疗卫生机构落实肺结核患者的治疗和管理工作，对流动人口肺结核患者实行属地化管理，提供与当地居民同等的服务。基层医疗卫生机构应当对居家治疗的肺结核患者进行定期访视、督导服药等管理。

卫生行政部门指定的医疗机构应当按照有关工作规范对结核菌/艾滋病病毒双重感染患者进行抗结核和抗艾滋病病毒治疗、随访复查和管理。

（五）监督管理

卫生行政部门依法实施监管职责时，根据结核病防治工作的需要，可向有关单位和个人了解情况，索取必要的资料，对有关场所进行检查。在执行公务中应当保护患者的隐私，不得泄漏患者个人信息及相关资料等。被检查单位和个人应当予以配合，如实提供有关情况，不得拒绝、阻挠。

二、性病防治

性病是以性接触为主要传播途径的疾病，其病原体除螺旋体、细菌外，还包括病毒、衣原体、支原体、真菌、原虫和昆虫等。1975年WHO决定以"性传播疾病（STD）"一词取代"性病（VD）"一词。我国明确规定，性病包括艾滋病、淋病、梅毒、软下疳、性病性淋巴肉芽肿、非淋菌性尿道炎、尖锐湿疣和生殖器疱疹。

新中国成立后,政府通过封闭妓院,使全国主要性病的流行基本得到控制。1964年,中国向世界宣布"基本消灭"性病。随着中国对外开放和国际交往的日益频繁,加上人们对性病的无知和不重视,一些地区出现了卖淫嫖娼、性滥交、同性恋、非婚性行为和吸毒等现象,导致性病在我国死灰复燃。为预防、控制和消除性病的发生和蔓延,保护人体健康,卫生部于1986年9月发布了《卫生部性病监测工作试行方案》;1991年8月发布了《性病防治管理办法》,进一步明确国家对性病防治实行"预防为主、防治结合"的方针,并要求各级卫生行政部门在各级政府领导下,积极开展性病防治工作。2021年11月23日,中华人民共和国卫生部令第89号发布了新的《性病防治管理办法》,自2013年1月1日起实施。

（一）性病防治机构

性病防治机构主要有卫生行政部门、疾病预防控制机构和医疗机构。卫生行政部门根据当地性病防治工作需求,指定承担性病防治任务的疾病预防控制机构,合理规划开展性病诊疗业务的医疗机构。省级卫生行政部门定期组织从事性病诊断治疗和预防控制工作的专业人员进行岗位培训,并进行考核。县级以上地方卫生行政部门负责及时公布取得与性传播疾病诊疗相关科目的医疗机构信息。疾病预防控制机构负责组织、协调、指导、监督等工作,如协助同级卫生行政部门制定本行政区域性病防治计划,培训督导,开展性病的检测和性病实验室质量管理等。医疗机构应当积极提供性病诊疗服务,方便患者就医。

（二）性病的预防和控制

疾病预防控制机构和医疗机构根据当地性病流行特点,确定性病宣传和健康教育内容。疾病预防控制机构要采用多种形式在有易感染性病危险行为的人群集中的场所宣传性病防治知识,倡导安全性行为,鼓励有易感染性病危险行为的人群定期到具备性病诊疗资质的医疗机构进行性病检查。性病患者应采取必要的防护措施,防止感染他人,不得以任何方式故意传播性病。对于性病流行严重的地区,卫生行政部门可以根据当地情况,对特定人群采取普查普治的防治措施。

（三）性病的诊断和治疗

开展性病诊疗业务的医疗机构实行首诊医师负责制,建立门诊日志,对就诊者逐例登记,对有可能感染性病或者具有性病可疑症状、体征的就诊者要及时进行相关性病检查,不得以任何理由推诿。检查过程中,医疗机构及医务人员要遵循知情同意原则。医务人员对诊治的性病患者应当进行规范性治疗,规范书写病历,做好记录工作。此外,医务人员要告知患者及早通知与其有性关系者及时就医。医疗机构要采取措施预防性病的医源性感染,加强医务人员的职业安全防护。性病治疗的基本用药已纳入基本药物目录,基本诊疗服务费用可以报销。

（四）性病的监测和报告

作为性病疫情责任报告单位,医疗机构要建立健全性病疫情登记和报告制度。医务人员作为性病疫情责任报告人,在发现应当报告的性病病例时,要按照要求及时报告疫情。疫情报告应符合有关规定,不得隐瞒、谎报、缓报疫情。艾滋病自愿咨询检测机构和社区药物维持治疗门诊应按照要求收集和上报相关信息。医疗卫生机构不得泄露性病患者涉及个人隐私的有关信息、资料。

（五）性病监督管理

卫生部负责对全国性病防治工作进行监督管理，组织开展性病防治工作绩效考核和效果评估。县级以上地方卫生行政部门负责对本行政区域内性病防治工作进行监督管理，定期开展性病防治工作绩效考核与督导检查。卫生行政部门工作人员在执法时要出示证件；被检查单位应当予以配合，如实反映情况，提供必要的资料，不得拒绝、阻碍或者隐瞒。

三、艾滋病的监测管理

艾滋病（AIDS），是指人类免疫缺陷病毒（艾滋病病毒）引起的获得性免疫缺陷综合征。自1981年在美国发现第一例艾滋病病例，这种致病的传染病以不可抵挡之势，在世界各地蔓延，目前，已经威胁到我国。1985年6月，我国发现第一例艾滋病患者。艾滋病在我国已从传入期、扩散期进入快速增长期。我国发现艾滋病后，预防和控制艾滋病的工作得到了国家的关注：一是在全国各地建立了监测点，开展艾滋病的监测工作；二是成立国家预防和控制艾滋病专家委员会，制定《全国预防艾滋病规划》；三是开展健康教育宣传和科研工作；四是广泛开展国际合作，在WHO协助下，共同制定了中国预防和控制艾滋病中长期规划；五是将艾滋病管理工作逐步纳入法制轨道。1988年1月，经国务院批准，卫生部、外交部、公安部、国家教育委员会、国家旅游局、中国民用航空局、国家外国专家局联合发布了《艾滋病监测管理的若干规定》，为防治艾滋病的流行提供了必要的法律保障。2006年1月，国务院颁布了《艾滋病防治条例》，该条例自同年3月1日起施行。《艾滋病监测管理的若干规定》同时废止。2019年3月2日，国务院颁布并实施中华人民共和国国务院令第709号，修改《艾滋病防治条例》，增加脐带血等造血干细胞应用价值。

（一）艾滋病防治的宣传教育

地方各级人民政府和政府有关部门应当组织开展艾滋病防治以及关怀和不歧视艾滋病病毒感染者、艾滋病病人及其家属的宣传教育，提倡健康文明的生活方式，营造良好的艾滋病防治的社会环境。

（二）艾滋病的监测与检测

国务院卫生主管部门制定国家艾滋病监测规划和方案。省、自治区、直辖市人民政府卫生主管部门根据国家艾滋病监测规划和方案，制定本行政区域的艾滋病监测计划和工作方案，组织开展艾滋病监测和专题调查，掌握艾滋病疫情变化情况和流行趋势。疾病预防控制机构负责对艾滋病发生、流行以及影响其发生、流行的因素开展监测活动。出入境检验检疫机构负责对出入境人员进行艾滋病监测，并将监测结果及时向卫生主管部门报告。

县级以上地方人民政府卫生主管部门指定的医疗卫生机构，应当按照国务院卫生主管部门会同国务院其他有关部门制定的艾滋病自愿咨询和检测办法，为自愿接受艾滋病咨询、检测的人员免费提供咨询和初筛检测。国务院卫生主管部门会同国务院其他有关部门根据预防、控制艾滋病的需要，可以规定应当进行艾滋病检测的情形。

（三）艾滋病预防的行为干预措施

县级以上地方人民政府和政府有关部门应当依照条例规定，根据本行政区域艾滋病的流行情况，制定措施，鼓励和支持居民委员会、村民委员会以及其他有关组织和个人推广预防艾滋病的行为干预措施，帮助有易感染艾滋病病毒危险行为的人群改变行为。

有关组织和个人对有易感染艾滋病病毒危险行为的人群实施行为干预措施，应当符合艾滋病防治条例的规定以及国家艾滋病防治规划和艾滋病防治行动计划的要求。

（四）艾滋病病毒感染者和艾滋病病人的义务

艾滋病病毒感染者和艾滋病病人应当履行下列义务：①接受疾病预防控制机构或者出入境检验检疫机构的流行病学调查和指导；②将感染或者发病的事实及时告知与其有性关系者；③就医时，将感染或者发病的事实如实告知接诊医生；④采取必要的防护措施，防止感染他人。

艾滋病病毒感染者和艾滋病病人不得以任何方式故意传播艾滋病。

（五）艾滋病病毒感染者和艾滋病病人的治疗与救助

医疗机构应当为艾滋病病毒感染者和艾滋病病人提供艾滋病防治咨询、诊断和治疗服务。医疗机构不得因就诊的病人是艾滋病病毒感染者或者艾滋病病人，推诿或者拒绝对其其他疾病进行治疗。

县级以上人民政府应当采取下列艾滋病防治关怀、救助措施：①向农村艾滋病病人和城镇经济困难的艾滋病病人免费提供抗艾滋病病毒治疗药品；②对农村和城镇经济困难的艾滋病病毒感染者、艾滋病病人适当减免抗机会性感染治疗药品的费用；③向接受艾滋病咨询、检测的人员免费提供咨询和初筛检测；④向感染艾滋病病毒的孕产妇免费提供预防艾滋病母婴传播的治疗和咨询。

值得注意的是，未经本人或者其监护人同意，任何单位或者个人不得公开艾滋病病毒感染者、艾滋病病人及其家属的姓名、住址、工作单位、肖像、病史资料以及其他可能推断出其具体身份的信息。《艾滋病防治条例》还对地方各级人民政府和医疗卫生机构的违法行为，规定了详细的法律责任，包括行政责任和刑事责任。

第五节　国境卫生检疫法律制度

一、国境卫生检疫概述

国境卫生检疫是指由国境卫生检疫机关在我国国境口岸，对入境、出境的人员、交通工具、运输设备以及可能传播检疫传染病的行李、货物、邮包等物品实施传染病检疫、监测和卫生监督的行政执法活动。为了维护国家的主权和尊严，控制国际间传染病的传播，保证我国对外开放的顺利进行，1986年12月2日，第六届全国人民代表大会常务委员会第十八次会议通过了《中华人民共和国国境卫生检疫法》，自1987年5月1日起施行。1989年3月，经国务院批准，卫生部发布了《中华人民共和国国境卫生检疫法实施细则》。由此，我国历史上有了第一部综合性的国境卫生检疫基本法，形成了比较完整的国境卫生检疫法律体系。《国境卫生检疫法》于2007年12月29日、2009年8月27日分别进行了两次修正。2018年4月27日，第十三届全国人民代表大会常务委员会第二次会议又进行了第三次修正。

根据《国境卫生检疫法》的规定，国境卫生检疫的对象包括入（出）境的人员、交通工具、运输设备以及可能传播检疫传染病的行李、货物、邮包等物品。在我国国际通航的港口、机场以及陆地过境和国界江河口岸，设立国境卫生检疫机关，依法实施传染病检疫、监测和卫生监督。

二、卫生检疫的法律规定

（一）入境、出境检疫的管理

1. 对入境、出境的交通工具和人员的管理

入境的交通工具和人员，必须在最先到达的国境口岸的指定地点接受检疫。出境的交通工具和人员，必须在最后离开的国境口岸接受检疫。除引航员外，未经国境卫生检疫机关许可，任何人不得上下交通工具，不得装卸行李、货物、邮包等物品。国境卫生检疫机关依据检疫医师提供的检疫结果，对未染有检疫传染病和监测传染病或者已经实施卫生处理的交通工具，签发入境检疫证或出境检疫证。

2. 对集装箱、货物、废旧物的管理

入境、出境的集装箱、货物、废旧物等物品在到达口岸的时候，承运人、代理人或者货主，必须向卫生检疫机关申报并接受卫生检疫。对来自疫区的、被传染病污染的以及可能传播检疫传染病或者发现与人类健康有关的啮齿动物和病媒昆虫的集装箱、货物、废旧物等物品，应当实施消毒、除鼠、除虫或者其他必要的卫生处理。

集装箱、货物、废旧物等物品的货主要求在其他地方实施卫生检疫、卫生处理的，卫生检疫机关可以给予方便，并按规定办理。

3. 对特殊物品的管理

入境、出境的微生物、人体组织、生物制品、血液及其制品等特殊物品的携带人、托运人或者邮递人，必须向卫生检疫机关申报并接受卫生检疫，凭卫生检疫机关签发的特殊物品审批单办理通关手续。未经卫生检疫机关许可，不准入境、出境。

4. 对携带物品和托运物品的管理

入境、出境的旅客、员工个人携带或者托运可能传播检疫传染病的行李和物品，应当接受卫生检查。卫生检疫机关对来自疫区或者被传染病污染的各种食品、饮料、水产品等应当实施卫生处理或者销毁，并签发卫生处理证明。

（二）检疫传染病人的管理

1. 隔离

正在患检疫传染病的人，被或者经卫生检疫机关初步诊断，认为已经感染检疫传染病或者已经处于检疫传染病潜伏期的人，被称为检疫传染病染疫人。对于检疫传染病染疫人，必须立即将其隔离，收留在指定的处所，限制其活动并进行治疗，隔离期限根据医学检查结果确定。

2. 就地诊验或留验

接触过检疫传染病的感染环境，并且可能传播检疫传染病的人，被称为检疫传染病染疫嫌疑人。对于染疫嫌疑人，应当将其就地诊验和留验，留验期限根据该传染病的潜伏期确定。染疫嫌疑人在卫生检疫机关指定的期间，到就近的卫生检疫机关或其他医疗单位接受诊察和检验，或者由卫生检疫机关、其他医疗卫生单位去该人员的居留地，对其进行诊察和检验。在就地诊验或留验期间，交通工具上的工作人员除因工作需要并经卫生检疫机关许可外，不准上岸。

卫生检疫机关对接受就地诊验的人员，应当发给就地诊验记录簿。受就地诊验的人员

携带就地诊验记录簿,按指定的期间、地点,接受医学检查。如果诊验的结果为没有染疫,就地诊验期满时,受就地诊验人员应将记录簿退还卫生检疫机关。如果发现患检疫传染病或监测传染病、疑似检疫传染病或疑似监测传染病时,应当立即采取必要的卫生措施,将其就地诊验记录簿收回存查,并且报告当地卫生防疫机构和签发就地诊验记录簿的卫生检疫机关。

受留验人员在留验期间如果出现检疫传染病症状,卫生检疫机关应当立即对该人员实施隔离,对与其接触的其他受留验的人员,应当实施必要的卫生处理,并且从卫生处理完毕时算起,重新计算留验时间。

三、传染病的监测

（一）传染病监测的内容

传染病监测是指对特定环境和人群进行流行病学、血清学、病原学、临床症状以及其他有关影响因素的调查研究,预测有关传染病的发生、发展和流行,以便及时采取控制措施。

根据《国境卫生检疫法实施细则》的规定,传染病监测的内容有以下几个方面：①首发病例的个案调查；②暴发流行的流行病学调查；③传染源调查；④国境口岸内监测传染病的回顾性调查；⑤病原体的分离、鉴定,人群、有关动物血清学调查以及流行病学调查；⑥有关动物、病媒昆虫、食品、饮用水和环境因素的调查；⑦消毒、除鼠、除虫的效果观察与评价；⑧国境口岸以及国内外监测传染病疫情的收集、整理、分析和传递；⑨对监测对象开展健康检查和对监测传染病病人、疑似病人、密切接触人员的管理。

（二）传染病监测的实施

传染病监测的实施包括以下几个方面：①禁止某些疫病患者入境。卫生检疫机关应当阻止患有严重精神病、传染性肺结核病或者有可能对公共卫生造成重大危害的其他传染病的外国人入境。②填写健康申明卡,出示健康证明。受入境、出境检疫的人员,必须根据检疫医师的要求,如实填报健康申明卡,出示某种有效的传染病预防接种证书、健康证明或者其他有关证件。③发给就诊方便卡,进行健康检查。对来自检疫传染病和监测传染病疫区的人员,检疫医师可以根据流行病学和医学检查结果,发给就诊方便卡。卫生检疫机关、医疗卫生单位遇到持有就诊方便卡的人员请求医学检查时,应当视同急诊给予优先医学检查。如果发现其患检疫传染病或监测传染病、疑似检疫传染病或疑似监测传染病时,应当立即实施必要的卫生措施,并将情况报告当地卫生防疫机关和签发就诊方便卡的卫生检疫机关。

四、卫生监督与卫生处理

（一）卫生监督

1. 国境口岸的卫生监督

国境口岸是指国际通航的港口、机场、车站、陆地边境和国境江河的关口。它是一个公共场所,要特别注意环境的整洁和空气的清新,必须具备污水、垃圾、粪便无害化的处理系统。对国境口岸的卫生要求是：①国境口岸和国境口岸内涉外的宾馆、生活服务单位以及候船、候车、候机厅(室)应当有健全的卫生制度和必要的卫生设施,并保持室内外环境整洁、通风良好。②国境口岸有关部门应当采取切实可行的措施,控制啮齿动物、病媒昆虫,使其数量降低到不足为害的程度；仓库、货场必须具有防鼠设施。③国境口岸的垃圾、废物、污水、粪便必须进行无害化处理,保持国境口岸环境整洁卫生。

2. 交通工具的卫生监督

交通工具不仅能因运送病人引起疾病传播,还可能携带病媒昆虫和鼠类,直接危害人类的健康。因此,对交通工具的卫生要求是:①交通工具上的宿舱、车厢必须保持清洁卫生,通风良好;②交通工具上必须备有足够的消毒、除鼠、除虫药物及器械,并备有防鼠装置;③交通工具上的货舱、行李舱、货车车厢在装货前或卸货后应当进行彻底清扫,有毒物品和食品不得混装,防止污染;④对不符合卫生要求的入境、出境交通工具,必须接受卫生检疫机关的督导立即进行改进。

3. 饮用水、食品及从业人员的卫生监督

对饮用水、食品及从业人员的卫生要求是:①国境口岸和交通工具上的食品、饮用水必须符合有关的卫生标准;②国境口岸内的涉外宾馆,以及向入境、出境的交通工具提供饮食服务的部门,必须取得卫生检疫机关发放的卫生许可证;③国境口岸内涉外的宾馆和入境、出境交通工具上的食品、饮用水从业人员应当持有有效健康证明。

(二)卫生处理

1. 对交通工具的卫生处理

入境、出境的交通工具,有下列情形之一的,应当由卫生检疫机关实施消毒、除鼠、除虫或其他卫生处理:①来自检疫传染病疫区的;②被检疫传染病污染的;③发现有与人类健康有关的啮齿动物或者病媒昆虫,超过国家卫生标准的。

卫生检疫机关对已在到达本口岸前的其他口岸实施卫生处理的交通工具不再重复实施卫生处理。但是,如果在原实施卫生处理的口岸或者该交通工具上,发生流行病学上有重要意义的事件,或者在到达本口岸前的其他口岸实施的卫生处理没有实际效果的,仍需实施卫生处理。

2. 对废旧物品的卫生处理

卫生检疫机关对入境、出境的废旧物品和曾行驶于境外港口的废旧交通工具,根据污染程度,分别实施消毒、除鼠、除虫,对污染严重的,实施销毁。

3. 对尸体、骸骨的卫生处理

入境、出境的尸体、骸骨托运人或者代理人应当申请卫生检疫,并出示死亡证明或者其他有关证件,对不符合卫生要求的,必须接受卫生检疫机关实施的卫生处理。经卫生检疫合格后,方准运进或者运出。对因患检疫传染病而死亡的病人尸体,必须就近火化,不准移运。

4. 对其他物品的卫生处理

对染疫人、染疫嫌疑人的行李、使用过的物品、占用过的部位等要实施除鼠、除虫、消毒;对被污染或者有被污染嫌疑的饮用水、食品以及人的排泄物、垃圾、废水、废物等实施消毒;对来自霍乱疫区的水产品、水果、蔬菜、饮料以及装有这些制品的邮包,必要时可以实施卫生处理。

五、违反《国境卫生检疫法》的法律责任

(一)行政责任

《国境卫生检疫法》规定,对违反法律规定,有下列行为之一的单位和个人,国境卫生检疫机关可以根据情节轻重,给予警告或者罚款:①逃避检疫,向国境卫生检疫机关隐瞒真实情况的;②入境人员未经国境卫生检疫机关许可,擅自上下交通工具,或者装卸行李、货物、邮包等物品,不听劝阻的。

国境卫生检疫机关工作人员应当秉公执法,忠于职守。未对入境、出境的交通工具和人员及时进行检疫,违法失职的,给予行政处分。

(二)刑事责任

《刑法》第三百三十二条规定,违反国境卫生检疫规定,引起检疫传染病传播或者有传播严重危险的,处3年以下有期徒刑或拘役,并处或单处罚金。单位犯罪的,对单位判处罚金,并对其直接负责的主管人员和其他直接责任人员,依照上述规定处罚。

国境卫生检疫机关工作人员违法失职,情节严重构成犯罪的,依法追究刑事责任。

【思考题】

1.《传染病防治法》关于传染病患者权益保护的规定有哪些?保护传染病患者权益的意义何在?

2. 医疗卫生机构等有关单位发现突发公共卫生事件时,应当执行的报告程序是怎样的?

3. 他国的外交人员在出入我国国境时是否因享有外交豁免权而不适用《国境卫生检疫法》?为什么?

第十六章 职业病防治法律制度

【学习目的】

掌握职业病的概念、职业病危害申报、职业病防治监督检查的法律规定;熟悉劳动者职业卫生保护、工作场所的基本要求和建设项目的管理;了解职业病立法背景、职业病诊断与职业病病人保障。

【案情导引】

2016年2月,王某去医院检查身体,被确诊患有嗜酸细胞性胃肠炎。据患者所述,该病已反复发病3次,基本上每2年一次,医院检查尚未找出具体发病原因。因患者在一家从事抗生素原料及制剂生产的医药化工企业工作,长期接触粉尘及二氯甲烷、三氯甲烷、甲苯、甲醇、丙酮等有毒化学品,患者怀疑自身疾病与工作环境有关。

问题:

试帮助分析患者这种情况是否属于职业病?如何认定?职业病患者又应如何维权?

第一节 概 述

一、立法背景和宗旨

(一)立法背景

职业卫生立法是世界上工业革命时代的产物。20世纪初,许多国家工业污染环境现象非常严重,直接影响工人的身体健康。针对那时许多国家以污染环境、职业危害为代价,片面追求经济增长的情况,1948年联合国大会全体会议通过《全球人权宣言》,宣称所有人都有享受公正和良好工作条件的权利。1950年,国际劳工组织、世界卫生组织在第一届职业卫生联合委员会上明确提出"职业卫生"的概念和内容。

目前,全球约有70多个国家、地区和国际组织制定了有关职业卫生的法律法规。英国是世界上最早颁布职业健康安全法律法规的国家。早在19世纪30年代英国就颁布了工厂法相关法律法规，开始实行向企业派遣安全监督员制度。美国1970年颁布的《职业安全与健康法》(The Occupational Safety and Health Act, OSH Act)，是美国现有的职业健康与安全法体系的基础。在亚洲，日本政府制定了《劳动安全卫生法》《矿山安全法》等一系列法律法规。由于法律健全、措施得当、各方重视，日本的职业安全问题基本得到有效控制。

在我国，1992年全国人大代表提出制定职业病防治法的议案，呼吁加快职业病防治立法进程。2001年10月27日，《中华人民共和国职业病防治法》经第八届全国人民代表大会常务委员会第二十四次会议审议通过，自2002年5月1日起正式实施。《职业病防治法》实施至今，先后经过4次修改，现行有效的是2018年12月29日第十三届全国人民代表大会常务委员会第七次会议通过的第四次修正案。

《职业病防治法》共7章88条，内容包括总则、前期预防、劳动过程中的防护与管理、职业病诊断与职业病病人保障、监督检查、法律责任、附则等。此外，还有一系列相关法律法规及文件，如《工伤保险条例》《中华人民共和国劳动法》《中华人民共和国安全生产法》《职业病分类和目录》《职业病危害因素分类目录》《建设项目职业病危害分类管理办法》《职业健康检查管理办法》《职业病诊断与鉴定管理办法》《放射工作人员职业健康管理办法》《国家职业卫生标准管理办法》等，共同构建起我国职业病防治、劳动者权益保障法律体系。

（二）立法宗旨

为了预防、控制和消除职业病危害，防治职业病，保护劳动者健康及其相关权益，促进经济社会发展，根据宪法，制定职业病防治法。

1. 预防、控制和消除职业病危害，防治职业病

目前，我国职业病危害现状从总体上看是不容乐观的，随着对外开放和高科技产业的发展，越来越多的行业存在着较大的职业危害隐患。因此，预防、控制和消除职业病危害就成为《职业病防治法》的首要任务。法律的制定既表明国家对预防、控制和消除职业病危害的高度重视，又为今后我国预防、控制和消除职业病危害提供有力保障。

2. 保护劳动者健康及相关权益

职业病防治法的颁布实施，对于维护广大劳动者的合法权益有着重要意义。我国是社会主义国家，劳动者不仅是社会财富的创造者，而且是国家的主人。保护广大劳动者在职业活动中的安全、健康及相关权益，是我国政府的一项基本国策。保护劳动者健康及其相关权益，不仅是《职业病防治法》的重要立法原则和目的，同时也是制定相关法律、法规的基本出发点。

3. 促进经济社会发展

职业病防治工作不仅关系着劳动者的生命与健康，还直接影响着经济社会发展。作为制约企业发展的重要因素之一，职业卫生工作极大地影响着企业经济的持续、健康发展。因此，不断提高职业卫生管理水平，积极与国际职业卫生管理模式接轨，对我国经济的发展具有重要的意义。

二、法定职业病的概念及其构成要件

职业病是指企业、事业单位和个体经济组织等用人单位的劳动者在职业活动中，因接触粉尘、放射性物质和其他有毒、有害因素而引起的疾病。各国法律都有对职业病预防方面的

规定,一般来说,凡是符合法律规定的疾病才能被称为职业病。

法定职业病一般是指由国家确认并经法定程序公布的职业病,主要是列入我国《职业病分类和目录》当中的职业病种类。法定职业病应当具备以下四个条件:

1. 劳动者的疾病是在工作或其他职业活动中产生

这里的"劳动者"仅指"企业、事业单位和个体经济组织等用人单位的劳动者",具体包括我国各类性质企业(国有、集体、外资企业和个体经济组织)内的劳动者以及事业单位、社会团体中的劳动者。

2. 职业危害因素客观存在

职业危害因素按其来源可分为三类:一类是与生产过程有关联的职业危害因素,如铅、苯、一氧化碳等工业毒物;一类是与劳动过程有关联的职业危害因素,如作业时间过长、作业强度过大等;另一类是与生产环境一般状况有关联的职业危害因素,如露天作业的高气温、厂房狭小、照明不良等。

3. 职业病危害系职业危害因素直接引起

职业危害因素对接触者健康造成各种不良影响,并可能导致职业病,但职业危害,职业损害不一定都是职业病。根据职业危害因素的性质、疾病的发病机制、疾病的临床表现、影响程度,职业危害可分为职业性特征、工作有关疾病、非特异作用、职业病等四种情况。职业病是在从事生产劳动的过程中,直接由职业危害因素引起的特定疾病。导致职业病的直接原因是职业危害因素,如果劳动者的健康损害和职业危害因素之间没有因果联系,即使劳动条件中存在着职业危害因素,也不能作为认定职业病的依据。

4. 职业病的法定性

只有列入国家相关法律法规或规范性法律文件中的才是职业病。我国《职业病防治法》确定法定职业病范围的基本原则:第一,国家对职业病采取预防为主、防治结合的方针,对职业病和职业危害采取分类管理、综合治理的原则。明确职业病的法定范围,是分类管理、综合治理的基础环节。有些职业病能够用法律调整,通过法律的强制性,促使有关部门履行职责、承担义务,从而改善劳动条件,降低职业病发病率,依法保护劳动者的健康权利;有些不便于法律调整,应当通过安全和健康教育、道德感化、行政管理手段加以解决。第二,适应国民经济和社会发展的水平。由于我国尚处于社会主义初级阶段,生产力发展水平不高,因此,法定职业病的范围必须符合中国的现实国情,而不能超越中国的现实国情。范围太宽泛,即使用法律手段进行保护,但实践中执行难,同样缺乏现实意义。第三,依靠科技进步,积极与世界接轨。职业病和职业危害是随着生产发展和时代变化而变化的,它与科学进步密切相关,涉及生理、心理、人类工效学、卫生化学、毒理、卫生工程和临床等学科,在立法中应注意因时制宜,与时俱进。正是基于这种考虑,《职业病防治法》并未直接列举职业病的名单,而是进行概括式的规定:"职业病的分类和目录由国务院卫生行政部门会同国务院劳动保障行政部门规定、调整和公布。"第四,便于操作。由于产生职业危害的因素种类很多,导致职业病的范围较广,职业病的类别较多。不同类别的职业病对劳动者产生的危害差异较大,因此对各类职业病的防治也不同,不可能把所有职业病的防治都纳入法律的调整范围。

第二节 职业病的前期预防、防护和监督检查

一、职业病的前期预防

因职业病有可预防而难以治疗等特点,故要从源头控制,加强建设项目的预防性卫生审核管理是消除和控制职业危害的根本措施。对于职业病前期预防,法律主要规定的内容有:

(一)工作场所的职业卫生要求

职业病危害因素的强度或者浓度符合国家职业卫生标准;有与职业病危害防护相适应的设施;生产布局合理,符合有害与无害作业分开的原则;有配套的更衣间、洗浴间、孕妇休息间等卫生设施;设备、工具、用具等设施符合保护劳动者生理、心理健康的要求;法律、行政法规和国务院卫生行政部门关于保护劳动者健康的其他要求。

(二)建立职业病危害项目申报制度

职业病危害项目,是指可能产生国家颁布的职业病目录当中所列职业病的危害项目。

《职业病防治法》规定:国家建立职业病危害项目申报制度。用人单位工作场所存在职业病目录所列职业病的危害因素的,应当及时、如实向所在地卫生行政部门申报危害项目,接受监督。职业病危害因素分类目录由国务院卫生行政部门制定、调整并公布。职业病危害项目申报的具体办法由国务院卫生行政部门制定。

(三)职业病危害预评价

1. 职业病危害预评价报告

新建、扩建、改建建设项目和技术改造、技术引进项目(以下统称"建设项目")可能产生职业病危害的,建设单位在可行性论证阶段应当进行职业病危害预评价。

医疗机构建设项目可能产生放射性职业病危害的,建设单位应当向卫生行政部门提交放射性职业病危害预评价报告。卫生行政部门应当自收到预评价报告之日起30日内,作出审核决定并书面通知建设单位。未提交预评价报告或者预评价报告未经卫生行政部门审核同意的,不得开工建设。

为了保证预评价报告能发挥实际作用,《职业病防治法》规定,职业病危害预评价报告应当对建设项目可能产生的职业病危害因素及其对工作场所和劳动者健康的影响作出评价,确定危害类别和职业病防治措施。有关建设项目职业病危害分类目录和分类管理办法由国务院卫生行政部门制定。有了统一的标准、统一的管理办法,卫生行政部门便可充分发挥对职业病防治的监督管理职能作用。

2. 实行"三同时"制度

《职业病防治法》规定,建设项目的职业病防护设施应当与主体工程同时设计、同时施工、同时投入生产和使用;所需投入的费用应当纳入建设项目的工程预算。这里所指的职业病防护设施的建设、三个同时的步骤、费用的列支,都是法定的,带有强制性,以防止只重视主体工程而忽视职业病防护设施的片面认识和做法,是实现对职业病预防为主方针的重要保证措施。

3. 防护设施的设计和验收

建设项目的职业病防护设施设计应当符合国家职业卫生标准和卫生要求。其中,医疗机构放射性职业病危害严重的建设项目的防护设施设计,应当经卫生行政部门审查同意后,方可施工。

建设项目在竣工验收前,建设单位应当进行职业病危害控制效果评价。

医疗机构可能产生放射性职业病危害的建设项目竣工验收时,其放射性职业病防护设施经卫生行政部门验收合格后,方可投入使用;其他建设项目的职业病防护设施应当由建设单位负责依法组织验收,验收合格后,方可投入生产和使用。卫生行政部门应当加强对建设单位组织的验收活动和验收结果的监督核查。

二、劳动过程的职业病防护和管理

劳动过程的职业病防护与管理,是职业病防治中前期预防的延伸,在职业病防护中起着更为重要的作用。

(一)职业病防治管理措施

用人单位防治职业病的管理措施是指用人单位在建立现代企业制度、加强企业内部的职业卫生管理方面应当采取的管理手段和方法。其主要内容有:

设置或者指定职业卫生管理机构或者组织,配备专职或者兼职的职业卫生管理人员,负责本单位的职业病防治工作;结合本单位职业病危害的实际,制定职业病危害防治计划和实施方案;建立、健全职业卫生管理制度和操作规程;建立、健全工作场所职业病危害因素监测及评价制度和公告制度;建立、健全职业卫生档案和劳动者职业健康监护档案;建立、健全职业危害事故应急救援预案;建立、健全职业病防治责任制,实行发生职业病危害的责任追究制度,即对直接负责的主管人员和其他直接责任人员依法追究责任。

另外,用人单位应当保障职业病防治所需的资金投入,不得挤占、挪用,并对因资金投入不足导致的后果承担责任。

(二)工作环境和工作场所的防护

工作环境和工作场所是劳动者从事职业活动所在的环境,其中的危害因素和劳动者与其接触的状况是产生职业病的重要因素,必须采取防护措施消除或者减少对劳动者的危害。对此,《职业病防治法》作了如下规定:

用人单位在醒目位置设置公告栏,公布职业病防治的规章制度、操作规程、职业病危害事故应急救援措施和工作场所职业病危害因素检测结果。

对产生严重职业病危害的作业岗位,应当在其醒目位置,设置警示标识和中文警示说明,警示说明应当载明产生职业病危害的种类、后果、预防以及应急救治措施等内容。

对可能发生急性职业损伤的有毒、有害工作场所,用人单位应当设置报警装置,配置现场急救用品、冲洗设备、应急撤离通道和必要的泄险区。

对放射工作场所和放射性同位素的运输、贮存,用人单位必须配置防护设备和报警装置,保证接触放射线的工作人员佩戴个人剂量计。

用人单位应当定期对工作场所进行职业病危害因素检测、评价;检测、评价结果存入本单位的职业卫生档案,定期向所在地卫生行政部门报告并向劳动者公布。

(三）生产设备的防护

1. 用人单位应当优先采用有利于防治职业病和保护劳动者健康的新技术、新工艺、新设备、新材料，逐步替代职业病危害严重的技术、工艺、设备、材料。

2. 向用人单位提供可能产生职业病危害的设备的，应当提供中文说明书，并在设备的醒目位置设置警示标识和中文警示说明。警示说明应当载明设备性能、可能产生的职业病危害、安全操作和维护注意事项、职业病防护以及应急救治措施等内容。

3. 向用人单位提供可能产生职业病危害的化学品、放射性同位素和含有放射性物质的材料的，应当提供中文说明书。说明书应当载明产品特性、主要成分、存在的有害因素、可能产生的危害后果、安全使用注意事项、职业病防护以及应急救治措施等内容。产品包装应当有醒目的警示标识和中文警示说明。贮存上述材料的场所应当在规定的部位设置危险物品标识或者放射性警示标识。

国内首次使用或者首次进口与职业病危害有关的化学材料，使用单位或者进口单位按照国家规定经国务院有关部门批准后，应当向国务院卫生行政部门报送该化学材料的毒性鉴定以及经有关部门登记注册或者批准进口的文件等资料。

进口放射性同位素、射线装置和含有放射性物质的物品的，按照国家有关规定办理。

4. 任何单位和个人不得生产、经营、进口和使用国家明令禁止使用的可能产生职业病危害的设备或者材料。

5. 用人单位对采用的技术、工艺、设备、材料，应当知悉其产生的职业病危害，对有职业病危害的技术、工艺、设备、材料隐瞒其危害而采用的，对所造成的职业病危害后果承担责任。

（四）个人防护

在用人单位采用有效的职业病防护措施的同时，还应当重视劳动者个人的防护，对此，《职业病防治法》中做出多项规定，主要有：

用人单位必须采用有效的职业病防护设施，并为劳动者提供个人使用的职业病防护用品；用人单位为劳动者个人提供的职业病防护用品必须符合防治职业病的要求；不符合要求的，不得使用；对职业病防护设备、应急救援设施和个人使用的职业病防护用品，用人单位应当进行经常性的维护、检修，定期检测其性能和效果。

三、职业病的监督检查

（一）监督机关及监督人员

县级以上人民政府职业卫生监督管理部门依照职业病防治法律、法规，国家职业卫生标准和卫生要求，依据职责划分，对职业病防治工作进行监督检查。职业卫生监督执法人员应当依法经过资格认定。

（二）监督检查措施

卫生行政部门履行监督检查职责时，有权采取下列措施：

进入被检查单位和职业病危害现场，了解情况，调查取证；查阅或者复制与违反职业病防治法律、法规的行为有关的资料和采集样品；责令违反职业病防治法律、法规的单位和个人停止违法行为。

（三）临时控制措施

发生职业病危害事故或者有证据证明危害状态可能导致职业病危害事故发生时，卫生行政部门可以采取下列临时控制措施：

责令暂停导致职业病危害事故的作业；封存造成职业病危害事故或者可能导致职业病危害事故发生的材料和设备；组织控制职业病危害事故现场。在职业病危害事故或者危害状态得到有效控制后，卫生行政部门应当及时解除控制措施。

（四）注意事项

1. 职业卫生监督执法人员依法执行职务时，应当出示监督执法证件。

2. 职业卫生监督执法人员应当忠于职守，秉公执法，严格遵守执法规范；涉及用人单位的秘密的，应当为其保密。

3. 卫生行政部门及其职业卫生监督执法人员履行职责时，不得有下列行为：

对不符合法定条件的，发给建设项目有关证明文件、资质证明文件或者予以批准；对已经取得有关证明文件的，不履行监督检查职责；发现用人单位存在职业病危害的，可能造成职业病危害事故，不及时依法采取控制措施；其他违反《职业病防治法》的行为。

第三节　劳动者的职业卫生保护权

一、知情权

1. 用人单位与劳动者订立劳动合同（含聘用合同）时，劳动者有获得工作过程中可能产生的职业病危害及其后果、职业病防护措施和待遇等内容的权利，用人单位应在劳动合同中写明，不得隐瞒或欺骗。

2. 劳动者在已订立劳动合同期间因工作岗位或者工作内容变更，从事与所订立劳动合同中未告知的存在职业病危害的作业时，用人单位应当依照前款规定，向劳动者履行如实告知的义务，并协商变更原劳动合同相关条款。

3. 用人单位违反上述两项规定的，劳动者有权拒绝从事存在职业病危害的作业，用人单位不得因此解除与劳动者所订立的劳动合同。

4. 从事接触职业病危害作业的劳动者，有权要求用人单位组织上岗前、在岗期间和离岗时的职业健康检查，并如实获知检查结果。

5. 劳动者有权了解工作场所产生或者可能产生的职业病危害因素、危害后果和应当采取的职业病防护措施。

二、职业卫生培训权

劳动者有获得职业卫生培训、教育的权利。劳动者有获得上岗前职业卫生培训和在岗期间定期职业卫生培训的权利，用人单位应当普及职业卫生知识，督促劳动者遵守职业病防治的法律、法规、规章和操作规程，指导劳动者正确使用职业病防护设备和个人使用的职业病防护用品。

三、拒绝冒险权

劳动者有权拒绝在没有职业病防护措施下从事存在职业病危害的作业,有权拒绝违章指挥和强令的冒险作业。用人单位若与劳动者订立劳动合同时,没有将可能产生的职业病危害及其后果等告知劳动者,劳动者有权拒绝从事存在职业病危害的作业,用人单位不得因此解除或者终止与劳动者所订立的劳动合同。

四、职业健康权

1. 对从事接触职业病危害作业的劳动者,用人单位应当按照国务院卫生行政部门的规定组织上岗前、在岗期间和离岗位时的职业健康检查,并将检查结果书面告知劳动者。职业健康检查费用由用人单位承担。

2. 用人单位不得安排未经上岗前职业健康检查的劳动者从事接触职业病危害的作业;不得安排有职业禁忌的劳动者从事其所禁忌的作业;对在职业健康检查中发现有与从事的职业相关的健康损害的劳动者,应当调离原工作岗位,并妥善安置;对未进行离岗前职业健康检查的劳动者不得解除或者终止与其订立的劳动合同。职业健康检查应当由省级以上人民政府卫生行政部门批准的医疗卫生机构承担。

3. 劳动者有获得用人单位为其建立职业健康监护档案,并按照规定期限妥善保存的权利;职业健康监护档案应当包括劳动者的职业史、职业病危害接触史、职业健康检查结果和职业病诊疗等有关个人健康的资料;劳动者离开用人单位时,有权索取本人职业健康监护档案复印件,用人单位应当如实、无偿提供,并在所提供的复印件上签章。

4. 当劳动者被疑患有职业病时,《职业病防治法》规定用人单位应及时安排对病人进行诊断,在病人诊断或者医学观察期间,不得解除或者终止与其订立的劳动合同;职业病病人依法享受国家规定的职业病待遇;用人单位应按照国家有关规定,安排病人进行治疗、康复和定期检查;对不适宜继续从事原工作的病人,应调离原岗位,并妥善安置;对从事接触职业病危害作业的劳动者,应给予适当岗位津贴;职业病病人的诊疗、康复费用,伤残以及丧失劳动能力职业病病人的社会保障,按照国家有关工伤社会保障的规定执行。

五、特殊保障权

未成年人、女职工、有职业禁忌的劳动者,在《职业病防治法》中享有特殊的职业卫生保护的权利。《职业病防治法》规定:产生职业病危害的用人单位在工作场所应有配套的更衣间、洗浴间、孕妇休息间等卫生设施;国家对从事放射、高毒等作业实行特殊管理;用人单位不得安排未成年工从事接触职业病危害的作业,不得安排孕期、哺乳期的女职工从事对本人和胎儿、婴儿有危害的作业;不得安排有职业禁忌的劳动者从事其所禁忌的作业。

六、参与决策权

劳动者有权参与用人单位职业卫生工作的民主管理,并对职业病防治工作提出意见和建议。

七、检举、控告权

劳动者有权对违反职业病防治法律、法规以及危及生命健康的行为提出批评、检举和控告。用人单位不得因劳动者依法行使检举、控告权而降低其工资、福利等待遇，或者解除、终止与其订立的劳动合同。

八、损害赔偿权

职业病病人除依法享有工伤保险外，依照有关民事法律，尚有获得赔偿的权利，有权向用人单位提出赔偿要求。

为有效预防和控制职业病，《职业病防治法》不仅赋予劳动者职业卫生保护的权利，也要求劳动者对防治职业病承担如下义务：

自觉学习和掌握职业卫生知识的义务；自律遵规的义务；遵守职业病防治法律、法规和操作规程，正确使用和维护职业病防护用品的义务；报告职业病危害事故隐患的义务等。

第四节 职业病诊断与职业病病人待遇

一、职业病诊断

职业病诊断应当由取得医疗机构执业许可证的医疗卫生机构承担，组织3人以上职业病诊断医师，依据职业病防治法律法规、职业病诊断标准，对劳动者在职业活动中，因接触职业病危害因素而引起的疾病进行医学诊断。

职业病诊断不仅是一种医学诊断，也是一种归因诊断，非常重要的是在对劳动者有无疾病作出判定的基础上，还要确定职业接触与健康损害的因果关系。判定劳动者所患疾病与工作关系的条件包括：所患疾病的医学表现与所接触职业危害因素的效应一致；工作场所存在该种危害因素；有足够的证据支持所患疾病是由职业活动所引起的。所以，无论从诊断的性质、诊断的技术方法、诊断结论的效力和诊断为职业病病人后可以享受的待遇等方面都有其特殊性，与一般疾病的诊断有很大的区别，职业病诊断是一项专业性、技术性、法律性都很强的工作。

（一）职业病诊断机构

承担职业病诊断的医疗卫生机构应当具备下列条件：具有与开展职业病诊断相适应的医疗卫生技术人员；具有与开展职业病诊断相适应的仪器、设备；具有健全的职业病诊断质量管理制度。承担职业病诊断的医疗卫生机构不得拒绝劳动者进行职业病诊断的要求。劳动者可以选择在用人单位所在地、本人户籍所在地或者经常居住地依法承担职业病诊断的医疗卫生机构进行职业病诊断。

（二）职业病诊断标准

为了统一标准，统一办法，职责明确，职业病诊断标准和职业病诊断、鉴定办法由国务院卫生行政部门制定；职业病伤残等级的鉴定办法由国务院劳动保障行政部门会同国务院卫生行政部门制定。

（三）职业病诊断

1. 诊断标准

职业病诊断标准包括病人的职业史、职业病危害接触史和工作场所职业病危害因素情况、临床表现以及辅助检查结果等。

没有证据否定职业病危害因素与病人临床表现之间的必然联系的，应当诊断为职业病。

2. 诊断程序

承担职业病诊断的医疗卫生机构在进行职业病诊断时，应当组织3名以上取得职业病诊断资格的执业医师集体诊断；职业病诊断证明书应当由参与诊断的医师共同签署，并经承担职业病诊断的医疗卫生机构审核盖章。

（四）职业病诊断争议的鉴定

1. 当事人对职业病诊断有异议的，有申请鉴定的权利，可以向作出诊断的医疗卫生机构所在地地方人民政府卫生行政部门申请鉴定。职业病诊断争议鉴定由设区的市级以上地方人民政府卫生行政部门根据当事人的申请，组织职业病诊断鉴定委员会进行鉴定；当事人对设区的市级职业病诊断鉴定委员会的鉴定结论不服的，可以向省、自治区、直辖市人民政府卫生行政部门申请再鉴定。

2. 职业病诊断鉴定委员会由相关专业的专家组成。省、自治区、直辖市人民政府卫生行政部门应当设立相关的专家库。需要对职业病争议作出诊断鉴定时，由当事人或者当事人委托有关卫生行政部门从专家库中以随机抽取的方式确定参加诊断鉴定委员会的专家。

职业病诊断鉴定委员会应当按照国务院卫生行政部门颁布的职业病诊断标准和职业病诊断、鉴定办法进行职业病诊断鉴定，向当事人出具职业病诊断鉴定书。职业病诊断、鉴定费用由用人单位承担。

职业病诊断鉴定委员会组成人员应当遵守职业道德，客观、公正地进行诊断鉴定，并承担相应的责任。职业病诊断鉴定委员会组成人员不得私下接触当事人，不得收受当事人的财物或者其他好处，与当事人有利害关系的，应当回避。

人民法院受理有关案件需要进行职业病鉴定时，应当从省、自治区、直辖市人民政府卫生行政部门依法设立的相关的专家库中选取参加鉴定的专家。

3. 职业病诊断鉴定时，用人单位应当如实提供职业病诊断、鉴定所需的劳动者职业史和职业病危害接触史、工作场所职业病危害因素检测结果等资料；卫生行政部门应当监督检查和督促用人单位提供上述资料；劳动者和有关机构也应当提供与职业病诊断、鉴定有关的资料。职业病诊断、鉴定机构需要了解工作场所职业病危害因素情况时，可以对工作场所进行现场调查，也可以向卫生行政部门提出，卫生行政部门应当在10日内组织现场调查。用人单位不得拒绝、阻挠。

职业病诊断、鉴定过程中，用人单位不提供工作场所职业病危害因素检测结果等资料的，诊断、鉴定机构应当结合劳动者的临床表现、辅助检查结果和劳动者的职业史、职业病危害接触史，并参考劳动者的自述、卫生行政部门提供的日常监督检查信息等，作出职业病诊断、鉴定结论。劳动者对用人单位提供的工作场所职业病危害因素检测结果等资料有异议，或者因劳动者的用人单位解散、破产，无用人单位提供上述资料的，诊断、鉴定机构应当提请卫生行政部门进行调查，卫生行政部门应当自接到申请之日起30日内对存在异议的资料或者工作场所职业病危害因素情况作出判定；有关部门应当配合。

（五）职业病病人和疑似职业病病人的报告制度

1. 用人单位和医疗卫生机构发现职业病病人或者疑似职业病病人时，应当及时向所在地卫生行政部门报告。确诊为职业病的，用人单位还应当向所在地劳动保障行政部门报告。接到报告的部门应当依法作出处理。

2. 医疗卫生机构发现疑似职业病病人时，应当告之劳动者本人并及时通知用人单位，用人单位应当及时安排对其进行诊断，在诊断或者医学观察期间，不得解除或者终止与其订立的劳动合同。

3. 确诊为职业病的，用人单位还应当向劳动保障行政部门报告，上述两个部门接到报告后，应当依法作出处理。

二、职业病病人的待遇

罹患职业病的劳动者依法享受国家规定的职业病待遇。具体内容包括：

（一）一般规定

用人单位应当按照国家有关规定，安排职业病病人进行治疗、康复和定期检查；用人单位对不适宜继续从事原工作的职业病病人，应当调离原岗位，并妥善安置；职业病病人的诊疗、康复费用，伤残以及丧失劳动能力的职业病病人的社会保障，按照国家有关工伤保险的规定执行；职业病病人除依法享有工伤保险外，依照有关民事法律，尚有获得赔偿的权利的，有权向用人单位提出赔偿要求。

（二）特殊规定

1. 劳动者被诊断患有职业病，但用人单位没有依法参加工伤保险的，其医疗和生活保障由该用人单位承担。

2. 职业病病人变动工作单位，其依法享有的待遇不变；用人单位发生分立、合并、解散、破产等情形的，应当对从事接触职业病危害作业的劳动者进行健康检查，并按照国家有关规定妥善安置职业病病人。

3. 用人单位已经不存在或者无法确认劳动关系的职业病病人，可以向地方人民政府民政部门申请医疗救助和生活等方面的救助。

地方各级人民政府应当根据本地区的实际情况，采取其他措施，使前款规定的职业病病人获得医疗救治。

（三）疑似职业病病人待遇

医疗卫生机构发现疑似职业病病人时，应当告知劳动者本人并及时通知用人单位。用人单位应当及时安排对疑似职业病病人进行诊断；在疑似职业病病人诊断或者医学观察期间，不得解除或者终止与其订立的劳动合同。疑似职业病病人在诊断、医学观察期间的费用，由用人单位承担。

第五节　违反职业病防治法的法律责任

一、建设单位

建设单位违反《职业病防治法》规定,有下列行为之一的,由卫生行政部门给予警告,责令限期改正;逾期不改正的,处10万元以上50万元以下的罚款;情节严重的,责令停止产生职业病危害的作业,或者提请有关人民政府按照国务院规定的权限责令停建、关闭:

（1）未按照规定进行职业病危害预评价的;

（2）医疗机构可能产生放射性职业病危害的建设项目未按照规定提交放射性职业病危害预评价报告,或者放射性职业病危害预评价报告未经卫生行政部门审核同意,开工建设的;

（3）建设项目的职业病防护设施未按照规定与主体工程同时设计、同时施工、同时投入生产和使用的;

（4）建设项目的职业病防护设施设计不符合国家职业卫生标准和卫生要求,或者医疗机构放射性职业病危害严重的建设项目的防护设施设计未经卫生行政部门审查同意擅自施工的;

（5）未按照规定对职业病防护设施进行职业病危害控制效果评价的;

（6）建设项目竣工投入生产和使用前,职业病防护设施未按照规定验收合格的。

二、用人单位

1. 用人单位有下列行为之一的,由卫生行政部门给予警告,责令限期改正;逾期不改正的,处10万元以下的罚款:

（1）工作场所职业病危害因素检测、评价结果没有存档、上报、公布的;

（2）未采取《职业病防治法》第二十条规定的职业病防治管理措施的;

（3）未按照规定公布有关职业病防治的规章制度、操作规程、职业病危害事故应急救援措施的;

（4）未按照规定组织劳动者进行职业卫生培训,或者未对劳动者个人职业病防护采取指导、督促措施的;

（5）国内首次使用或者首次进口与职业病危害有关的化学材料,未按照规定报送毒性鉴定资料以及经有关部门登记注册或者批准进口的文件的。

2. 用人单位有下列行为之一的,由卫生行政部门责令限期改正,给予警告,可以并处5万元以上10万元以下的罚款:

（1）未按照规定及时、如实向卫生行政部门申报产生职业病危害的项目的;

（2）未实施由专人负责的职业病危害因素日常监测,或者监测系统不能正常监测的;

（3）订立或者变更劳动合同时,未告知劳动者职业病危害真实情况的;

（4）未按照规定组织职业健康检查、建立职业健康监护档案或者未将检查结果书面告知劳动者的；

（5）未依照《职业病防治法》规定在劳动者离开用人单位时提供职业健康监护档案复印件的。

3. 用人单位有下列行为之一的，由卫生行政部门给予警告，责令限期改正，逾期不改正的，处5万元以上20万元以下的罚款；情节严重的，责令停止产生职业病危害的作业，或者提请有关人民政府按照国务院规定的权限责令关闭：

（1）工作场所职业病危害因素的强度或者浓度超过国家职业卫生标准的；

（2）未提供职业病防护设施和个人使用的职业病防护用品，或者提供的职业病防护设施和个人使用的职业病防护用品不符合国家职业卫生标准和卫生要求的；

（3）对职业病防护设备、应急救援设施和个人使用的职业病防护用品未按照规定进行维护、检修、检测，或者不能保持正常运行、使用状态的；

（4）未按照规定对工作场所职业病危害因素进行检测、评价的；

（5）工作场所职业病危害因素经治理仍然达不到国家职业卫生标准和卫生要求时，未停止存在职业病危害因素的作业的；

（6）未按照规定安排职业病病人、疑似职业病病人进行诊治的；

（7）发生或者可能发生急性职业病危害事故时，未立即采取应急救援和控制措施或者未按照规定及时报告的；

（8）未按照规定在产生严重职业病危害的作业岗位醒目位置设置警示标识和中文警示说明的；

（9）拒绝职业卫生监督管理部门监督检查的；

（10）隐瞒、伪造、篡改、毁损职业健康监护档案、工作场所职业病危害因素检测评价结果等相关资料，或者拒不提供职业病诊断、鉴定所需资料的；

（11）未按照规定承担职业病诊断、鉴定费用和职业病病人的医疗、生活保障费用的。

4. 用人单位和医疗卫生机构未按照规定报告职业病、疑似职业病的，由有关主管部门依据职责分工责令限期改正，给予警告，可以并处1万元以下的罚款；弄虚作假的，并处2万元以上5万元以下的罚款；对直接负责的主管人员和其他直接责任人员，可以依法给予降级或者撤职的处分。

5. 有下列情形之一的，由卫生行政部门责令限期治理，并处5万元以上30万元以下的罚款；情节严重的，责令停止产生职业病危害的作业，或者提请有关人民政府按照国务院规定的权限责令关闭：

（1）隐瞒技术、工艺、设备、材料所产生的职业病危害而采用的；

（2）隐瞒本单位职业卫生真实情况的；

（3）可能发生急性职业损伤的有毒、有害工作场所、放射工作场所或者放射性同位素的运输、贮存不符合《职业病防治法》第二十五条规定的；

（4）使用国家明令禁止使用的可能产生职业病危害的设备或者材料的；

（5）将产生职业病危害的作业转移给没有职业病防护条件的单位和个人，或者没有职业病防护条件的单位和个人接受产生职业病危害的作业的；

（6）擅自拆除、停止使用职业病防护设备或者应急救援设施的；

（7）安排未经职业健康检查的劳动者、有职业禁忌的劳动者、未成年工或者孕期、哺乳期女职工从事接触职业病危害的作业或者禁忌作业的；

（8）违章指挥和强令劳动者进行没有职业病防护措施的作业的。

6. 生产、经营或者进口国家明令禁止使用的可能产生职业病危害的设备或者材料的，依照有关法律、行政法规的规定给予处罚。

7. 用人单位违反《职业病防治法》规定，已经对劳动者生命健康造成严重损害的，由卫生行政部门责令停止产生职业病危害的作业，或者提请有关人民政府按照国务院规定的权限责令关闭，并处10万元以上50万元以下的罚款。

8. 用人单位违反《职业病防治法》规定，造成重大职业病危害事故或者其他严重后果，构成犯罪的，对直接负责的主管人员和其他直接责任人员，依法追究刑事责任。

三、职业卫生技术服务机构

1. 未取得职业卫生技术服务资质认可擅自从事职业卫生技术服务的，由卫生行政部门责令立即停止违法行为，没收违法所得；违法所得5000元以上的，并处违法所得2倍以上10倍以下的罚款；没有违法所得或者违法所得不足5000元的，并处5000元以上5万元以下的罚款；情节严重的，对直接负责的主管人员和其他直接责任人员，依法给予降级、撤职或者开除的处分。

2. 从事职业卫生技术服务的机构和承担职业病诊断的医疗卫生机构违反《职业病防治法》规定，有下列行为之一的，由卫生行政部门责令立即停止违法行为，给予警告，没收违法所得；违法所得5000元以上的，并处违法所得2倍以上5倍以下的罚款；没有违法所得或者违法所得不足5000元的，并处5000元以上2万元以下的罚款；情节严重的，由原认可或者登记机关取消其相应的资格；对直接负责的主管人员和其他直接责任人员，依法给予降级、撤职或者开除的处分；构成犯罪的，依法追究刑事责任：

（1）超出资质认可或者诊疗项目登记范围从事职业卫生技术服务或者职业病诊断的；

（2）不按照本法规定履行法定职责的；

（3）出具虚假证明文件的。

四、职业病诊断鉴定委员会

职业病诊断鉴定委员会组成人员收受职业病诊断争议当事人的财物或者其他好处的，给予警告，没收收受的财物，可以并处3000元以上5万元以下的罚款，取消其担任职业病诊断鉴定委员会组成人员的资格，并从省、自治区、直辖市人民政府卫生行政部门设立的专家库中予以除名。

五、县级以上地方人民政府、卫生行政部门及职业卫生监督执法人员

1. 县级以上地方人民政府在职业病防治工作中未依照《职业病防治法》履行职责，本行政区域出现重大职业病危害事故、造成严重社会影响的，依法对直接负责的主管人员和其他直接责任人员给予记大过直至开除的处分。

2. 县级以上人民政府职业卫生监督管理部门不履行《职业病防治法》规定的职责，滥用职权、玩忽职守、徇私舞弊，依法对直接负责的主管人员和其他直接责任人员给予记大过或者降级的处分；造成职业病危害事故或者其他严重后果的，依法给予撤职或者开除的处分。

3. 卫生行政部门不按照规定报告职业病和职业病危害事故的,由上一级行政部门责令改正,通报批评,给予警告;虚报、瞒报的,对单位负责人、直接负责的主管人员和其他直接责任人员依法给予降级、撤职或者开除的处分。

六、其他

向用人单位提供可能产生职业病危害的设备、材料,未按照规定提供中文说明书或者设置警示标识和中文警示说明的,由卫生行政部门责令限期改正,给予警告,并处5万元以上20万元以下的罚款。

【思考题】
1. 如何看待职业病防治的重要性?
2. 劳动者在职业卫生方面的权利与义务有哪些?

第十七章　公共卫生监督法律制度

【学习目的】

熟悉并理解公共场所卫生管理和卫生监督的法律制度、学校卫生管理和卫生监督的法律制度、生活饮用水水质标准及监测和监督、放射卫生防护管理和监督的法律规定、医疗废物的分类及管理和监督有关法律制度。

【案情导引】

2018年6月15日,某市卫生监督部门在日常卫生监督检查中,发现某酒店自2016年8月18日开始经营一直未取得卫生许可证,遂于同日向该酒店下达办证通知。2018年10月12日,经检查发现该酒店仍未取得该年度卫生许可证,同时还存在从业人员无健康证、无空气质量监测报告的情形,遂提出监督意见,要求整改。该事实有当日的现场检查笔录、询问笔录、卫生监督意见书及2018年10月12日对负责人谌东升询问笔录加以固定。2018年10月20日,经再次现场检查发现上述监督意见仍未得到整改。

问题:

1. 该案件存在哪些违法行为?
2. 酒店应该承担哪些法律责任?

第一节　公共场所卫生监督法律制度

一、公共场所及其立法

（一）公共场所卫生管理立法

公共场所是人们聚众活动的场所,人口稠密,设施公用,其卫生状况的好坏不仅直接影响广大人民群众的生命健康,而且直接反映一个国家、一个地区的精神文明程度和卫生管理水平,是物质文明和精神文明建设的窗口。为创造良好的公共场所卫生条件,预防疾病,保障人体健康,国务院于1987年4月1日发布了《公共场所卫生管理条例》,于2016年和2019

年对《公共场所卫生管理条例》的部分条款予以修改。2011年2月14日,《公共场所卫生管理条例实施细则》经原卫生部部务会议审议通过,于2016年和2017年进行了修改。此外,公共场所卫生监督法规还有《公共场所卫生监督监测要点》《公共场所从业人员培训大纲》《旅店业卫生标准》《公共场所集中空调通风系统卫生管理办法》《住宿业卫生规范》《沐浴场所卫生规范》《美容美发场所卫生规范》和《游泳场所卫生规范》等。以上这些卫生法规、标准和文件,成为目前实施公共场所卫生监督的主要法律依据。

(二)公共场所的概念和分类

公共场所是提供给公众进行工作、学习、经济、文化、社交、娱乐、体育、参观、医疗、卫生、休息、旅游和满足部分生活需求而使用的一切公用建筑物、场所及其设施的总称。公共场所大多有围护结构和特有的功能,在一定时限内可容纳不同数量的公众,根据其各自的需求从事经济、文化、娱乐、卫生、旅游、医疗等各种活动。

目前,公共场所主要有7类28所:①宾馆、饭馆、旅店、招待所、车马店、咖啡馆、酒吧、茶座;②公共浴室、理发店、美容店;③影剧院、录像厅(室)、游艺厅(室)、舞厅、音乐厅;④体育场(馆)、游泳场(馆)、公园;⑤展览馆、博物馆、美术馆、图书馆;⑥商场(店)、书店;⑦候诊室、候车(机、船)室、公共交通工具。其他新出现的公共场所:KTV歌舞厅、洗浴中心、足浴场所、婚纱影楼、证券交易场所、网吧、洗衣店、人才市场等也列入公共场所监督管理范畴。

公共场所具有公共性、固定性、流动性和封闭性等特点,《公共场所卫生管理条例》对公共场所的卫生质量作了明确的规定,公共场所的卫生项目应符合国家卫生标准和要求,包括:①空气、微小气候(湿度、温度、风速);②水质;③采光、照明;④噪声;⑤顾客用品用具和卫生设施。

二、公共场所的卫生管理

(一)公共场所经营者的职责

1. 公共场所的法定代表人或者负责人是其经营场所卫生安全的第一责任人。公共场所经营者应当设立卫生管理部门或者配备专(兼)职卫生管理人员,具体负责本公共场所的卫生工作,建立健全卫生管理制度和卫生管理档案。

2. 公共场所经营者应当建立卫生培训制度,组织从业人员学习相关卫生法律知识和公共场所卫生知识,并进行考核。对考核不合格的,不得安排上岗。

3. 公共场所经营者应当制定公共场所危害健康事故应急预案或者方案,定期检查公共场所各项卫生制度、措施的落实情况,及时消除危害公众健康的隐患。

4. 除公园、体育场(馆)、公共交通工具外的公共场所,经营单位应当及时向卫生行政部门申请办理卫生许可证。公共场所卫生许可证有效期限为4年,每2年复核一次。

(二)公共场所卫生管理的档案内容

根据《公共场所卫生管理条例实施细则》的规定,各类公共场所经营单位必须依法建立卫生管理档案,并作为卫生行政部门执法检查的重要依据。公共场所卫生管理档案应当包括以下的9个方面的内容:

1. 卫生管理部门、人员设置情况及卫生管理制度;
2. 空气、微小气候(湿度、温度、风速)、水质、采光、照明、噪声的检测情况;
3. 顾客用品用具的清洗、消毒、更换及检测情况;

4. 卫生设施的使用、维护、检查情况；
5. 集中空调通风系统的清洗、消毒情况；
6. 安排从业人员健康检查情况和培训考核情况；
7. 公共卫生用品进货索证管理情况；
8. 公共场所危害健康事故应急预案或者方案；
9. 省、自治区、直辖市卫生行政部门要求记录的其他情况。

公共场所卫生管理档案应当有专人管理，分类记录，并至少保存2年。

（三）公共场所卫生要求

1. 公共场所的选址、设计、装修应当符合国家相关标准和规范要求。公共场所室内装饰装修期间不得营业。进行局部装饰装修的，经营者应当采取有效措施，保证营业的非装饰装修区域室内空气质量合格。

2. 公共场所经营者应当保持公共场所空气流通，室内空气质量应当符合国家卫生标准和要求。公共场所采用集中空调通风系统的，应当符合公共场所集中空调通风系统相关卫生规范和规定的要求。

3. 公共场所经营者提供给顾客使用的生活饮用水应当符合国家生活饮用水卫生标准要求。游泳场（馆）和公共浴室水质应当符合国家卫生标准和要求。

4. 公共场所的采光照明、噪声应当符合国家卫生标准和要求。公共场所应当尽量采用自然光。自然采光不足的，公共场所经营者应当配置与其经营场所规模相适应的照明设施。公共场所经营者应当采取措施降低噪声。

5. 公共场所经营者提供给顾客使用的用品用具应当保证卫生安全，可以反复使用的用品用具应当一客一换，按照有关卫生标准和要求清洗、消毒、保洁。禁止重复使用一次性用品用具。

6. 公共场所经营者应当根据经营规模、项目设置清洗、消毒、保洁、盥洗等设施设备和公共卫生间。公共场所经营者应当建立卫生设施设备维护制度，定期检查卫生设施设备，确保其正常运行，不得擅自拆除、改造或者挪作他用。公共场所设置的卫生间，应当有单独通风排气设施，保持清洁无异味。

7. 公共场所经营者应当配备安全、有效的预防控制蚊、蝇、蟑螂、鼠和其他病媒生物的设施设备及废弃物存放专用设施设备，并保证相关设施设备的正常使用，及时清运废弃物。

8. 室内公共场所禁止吸烟。公共场所经营者应当设置醒目的禁止吸烟警语和标志。室外公共场所设置的吸烟区不得位于行人必经的通道上。公共场所不得设置自动售烟机。公共场所经营者应当开展吸烟危害健康的宣传，并配备专（兼）职人员对吸烟者进行劝阻。

9. 公共场所经营者应当按照卫生标准、规范的要求对公共场所的空气、微小气候、水质、采光、照明、噪声、顾客用品用具等进行卫生检测，检测每年不得少于一次；检测结果不符合卫生标准、规范要求的应当及时整改。公共场所经营者不具备检测能力的，可以委托检测。公共场所经营者应当在醒目位置如实公示检测结果，并对其卫生检测的真实性负责，依法依规承担相应后果。

（四）公共场所从业人员的相关要求

从业人员每年应进行健康检查，从业人员在取得有效健康合格证明后方可上岗。患有痢疾、伤寒、甲型病毒性肝炎、戊型病毒性肝炎等消化道传染病的人员，以及患有活动性肺结核、化脓性或者渗出性皮肤病等疾病的人员,治愈前不得从事直接为顾客服务的工作。

（五）公共场所危害健康事故的预案与报告

公共场所经营者应当制定公共场所危害健康事故应急预案或者方案,定期检查公共场所各项卫生制度、措施的落实情况,及时消除危害公众健康的隐患。公共场所发生危害健康事故的,经营者应当立即处置,防止危害扩大,并及时向县级人民政府卫生行政部门报告。任何单位或者个人对危害健康事故不得隐瞒、缓报、谎报或者授意他人隐瞒、缓报、谎报。

三、公共场所的卫生监督

（一）公共场所卫生许可证

国家对除公园、体育场馆、公共交通工具外的公共场所实行卫生许可证管理。公共场所经营者取得工商行政管理部门颁发的营业执照后,还应当按照规定向县级以上地方人民政府卫生行政部门申请卫生许可证,方可营业。公共场所卫生监督的具体范围由省、自治区、直辖市人民政府卫生行政部门公布。公共场所经营者申请卫生许可证的,应当提交下列资料:

（1）卫生许可证申请表;
（2）法定代表人或者负责人身份证明;
（3）公共场所地址方位示意图、平面图和卫生设施平面布局图;
（4）公共场所卫生检测或者评价报告;
（5）公共场所卫生管理制度;
（6）省、自治区、直辖市卫生行政部门要求提供的其他材料。

县级以上地方人民政府卫生行政部门应当自受理公共场所卫生许可申请之日起20日内,对申报资料进行审查,对现场进行审核,符合规定条件的,作出准予公共场所卫生许可的决定;对不符合规定条件的,作出不予行政许可的决定并书面说明理由。公共场所卫生许可证应当载明编号、单位名称、法定代表人或者负责人、经营项目、经营场所地址、发证机关、发证时间、有效期限。公共场所卫生许可证有效期为4年。公共场所卫生许可证应当在经营场所醒目位置公示。

公共场所经营者变更单位名称、法定代表人或者负责人的,应当向原发证卫生行政部门办理变更手续。公共场所经营者变更经营项目、经营场所地址的,应当向县级以上地方人民政府卫生行政部门重新申请卫生许可证。公共场所经营者需要延续卫生许可证的,应当在卫生许可证有效期届满30日前,向原发证卫生行政部门提出申请。

公共场所进行新建、改建、扩建的,应当符合有关卫生标准和要求,经营者应当按照有关规定办理预防性卫生审查手续。预防性卫生审查程序和具体要求由省、自治区、直辖市人民政府卫生行政部门制定。

（二）公共场所卫生监督机构职责

1. 县级以上人民政府卫生行政部门应当组织对公共场所的健康危害因素进行监测、分析,为制定法律法规、卫生标准和实施监督管理提供科学依据。县级以上疾病预防控制机构应当承担卫生行政部门下达的公共场所健康危害因素监测任务。

2. 县级以上地方人民政府卫生行政部门应当对公共场所卫生监督实施量化分级管理,促进公共场所自身卫生管理,增强卫生监督信息透明度。

3. 县级以上地方人民政府卫生行政部门应当根据卫生监督量化评价的结果确定公共场所的卫生信誉度等级和日常监督频次。公共场所卫生信誉度等级应当在公共场所醒目位置公示。

4. 县级以上地方人民政府卫生行政部门对公共场所进行监督检查，应当依据有关卫生标准和要求，采取现场卫生监测、采样、查阅和复制文件、询问等方法，有关单位和个人不得拒绝或者隐瞒。

5. 县级以上人民政府卫生行政部门应当加强公共场所卫生监督抽检，并将抽检结果向社会公布。

6. 县级以上地方人民政府卫生行政部门对发生危害健康事故的公共场所，可以依法采取封闭场所、封存相关物品等临时控制措施。经检验，属于被污染的场所、物品，应当进行消毒或者销毁；对未被污染的场所、物品或者经消毒后可以使用的物品，应当解除控制措施。

7. 开展公共场所卫生检验、检测、评价等业务的技术服务机构，应当具有相应专业技术能力，按照有关卫生标准、规范的要求开展工作，不得出具虚假检验、检测、评价等报告。

四、法律责任

（一）公共场所经营者的法律责任

1. 对未依法取得公共场所卫生许可证擅自营业的，由县级以上地方人民政府卫生行政部门责令限期改正，给予警告，并处以五百元以上五千元以下罚款；有下列情形之一的，处以五千元以上三万元以下罚款：①擅自营业曾受过卫生行政部门处罚的；②擅自营业时间在三个月以上的；③以涂改、转让、倒卖、伪造的卫生许可证擅自营业的。对涂改、转让、倒卖有效卫生许可证的，由原发证的卫生行政部门予以注销。

2. 公共场所经营者有下列情形之一的，由县级以上地方人民政府卫生行政部门责令限期改正，给予警告，并可处以二千元以下罚款；逾期不改正，造成公共场所卫生质量不符合卫生标准和要求的，处以二千元以上二万元以下罚款；情节严重的，可以依法责令停业整顿，直至吊销卫生许可证：①未按照规定对公共场所的空气、微小气候、水质、采光、照明、噪声、顾客用品用具等进行卫生检测的；②未按照规定对顾客用品用具进行清洗、消毒、保洁，或者重复使用一次性用品用具的。

3. 公共场所经营者有下列情形之一的，由县级以上地方人民政府卫生行政部门责令限期改正；逾期不改的，给予警告，并处以一千元以上一万元以下罚款；对拒绝监督的，处以一万元以上三万元以下罚款；情节严重的，可以依法责令停业整顿，直至吊销卫生许可证：①未按照规定建立卫生管理制度、设立卫生管理部门或者配备专（兼）职卫生管理人员，或者未建立卫生管理档案的；②未按照规定组织从业人员进行相关卫生法律知识和公共场所卫生知识培训，或者安排未经相关卫生法律知识和公共场所卫生知识培训考核的从业人员上岗的；③未按照规定设置与其经营规模、项目相适应的清洗、消毒、保洁、盥洗等设施设备和公共卫生间，或者擅自停止使用、拆除上述设施设备，或者挪作他用的；④未按照规定配备预防控制鼠、蚊、蝇、蟑螂和其他病媒生物的设施设备以及废弃物存放专用设施设备，或者擅自停止使用、拆除预防控制鼠、蚊、蝇、蟑螂和其他病媒生物的设施设备以及废弃物存放专用设施设备的；⑤未按照规定索取公共卫生用品检验合格证明和其他相关资料的；⑥未按照规定对公共场所新建、改建、扩建项目办理预防性卫生审查手续的；⑦公共场所集中空调通风系统未经卫生检测或者评价不合格而投入使用的;⑧未按照规定公示公共场所卫生许可证、卫生检测结果和卫生信誉度等级的。

4. 公共场所经营者安排未获得有效健康合格证明的从业人员从事直接为顾客服务工作的,由县级以上地方人民政府卫生行政部门责令限期改正,给予警告,并处以五百元以上五千元以下罚款;逾期不改正的,处以五千元以上一万五千元以下罚款。

5. 公共场所经营者对发生的危害健康事故未立即采取处置措施,导致危害扩大,或者隐瞒、缓报、谎报的,由县级以上地方人民政府卫生行政部门处以五千元以上三万元以下罚款;情节严重的,可以依法责令停业整顿,直至吊销卫生许可证。构成犯罪的,依法追究刑事责任。

6. 公共场所经营者违反其他卫生法律、行政法规规定,应当给予行政处罚的,按照有关卫生法律、行政法规规定进行处罚。

(二)卫生行政部门的法律责任

县级以上人民政府卫生行政部门及其工作人员玩忽职守、滥用职权、收取贿赂的,由有关部门对单位负责人、直接负责的主管人员和其他责任人员依法给予行政处分。构成犯罪的,依法追究刑事责任。

第二节 学校卫生监督法律制度

一、学校卫生概述

学校卫生,是根据儿童和青少年生长发育特点,研究和预防在学习和生活环境中各种有害因素对儿童、青少年学生健康的影响,制定相应的卫生措施,改善条件和环境,消除不利因素,以达到卫生防病,促进儿童、青少年的正常发育和健康成长。学校卫生既是预防医学的一个重要组成部门,也是教育管理的组成部分。

新中国成立以来,为加强学校卫生工作,提高学生的健康水平,国务院及有关部门相继颁布了30余项学校卫生方面的规范性文件。1990年6月4日,国家教育委员会和卫生部联合颁发《学校卫生工作条例》,标志着我国学校卫生制度逐渐趋向规范化、法制化。与学校卫生相关的法律、法规、条例、标准还有《学生集体用餐卫生监督办法》、《健康促进学校工作实施方案》、《关于加强学校预防艾滋病健康教育工作的通知》、《卫生部 教育部关于进一步加强学校食品卫生监督管理工作的通知》、《中小学生健康检查表规范》、《学校卫生监督工作规范》、《学校体育工作条例》、《中小学校教室换气卫生标准》、《中小学校设计规范》、《学校课桌椅卫生标准》、《中小学校教室采暖温度标准》(GB/T 17225—1998)、《小学生一日学习时间卫生标准》(GB/T 17223—2012)、《中小学校教室采光和照明卫生标准》(GB 7793—2010)、《黑板安全卫生要求》、《铅笔涂漆层中含铅量卫生标准》、《电视教室座位布置范围和照度卫生标准》、《采光测量方法》、《标准对数视力表》等。这些规范性文件对于加强学校卫生工作、提高学生的健康水平、促进学校卫生工作法制化起着十分重要的作用。

二、学校卫生工作的任务

学校卫生服务的对象是学龄儿童和青少年,即从小学一年级到大学毕业的学生。这里所称的学校,是指普通中小学、农业中学、职业中学、中等专业学校、技工学校、普通高等学校。学校卫生工作的服务对象有三个明显的特点:一是服务对象是十分庞大的特殊人群;二是特殊人群处在特殊生长发育阶段;三是生活在学校的特殊环境中,受特殊环境的影响。因此,要从总体上明确学校卫生的工作要求。根据《学校卫生工作条例》的规定,学校卫生工作的主要任务是:监测学生健康状况;对学生进行健康教育,培养学生良好的卫生习惯;改善学校卫生环境和教学卫生条件;加强对传染病、学生常见病的预防和治疗。卫生行政部门负责对学校卫生工作的监督指导,教育行政部门负责学校卫生工作的行政管理。

三、学校卫生的工作内容

(一)教学过程卫生

1. 教学、作息卫生

教学过程要严格遵守卫生保健原则,根据学生年龄,合理安排教学进度和作息时间,使学生学习能力保持在最佳状态。学生每日学习时间(包括自习),小学不超过6小时,中学不超过8小时,大学不超过10小时。学校或教师不得以任何理由和方式,增加授课时间和作业量,加重学生学习负担。

2. 劳动卫生

普通中小学校组织学生参加活动,不得让学生接触有毒有害物质或从事不安全工种的作业,不得让学生参加夜班劳动。普通高等学校、中等专业学校、技工学校、农业中学、职业中学组织学生参加生产劳动,接触有毒有害物质的,按照国家有关规定,提供保健待遇,定期对他们进行体格检查。学校组织学生参加劳动时,安排适合学生年龄、性别的劳动,并对学生进行安全教育以及提供必要的安全和卫生防护措施。

3. 体育卫生

体育卫生主要指体育课、课外体育和假期活动卫生。运动项目和运动强度应适合学生的生理承受能力和体质健康状况,尤其要注意女学生的生理特点,防止发生伤害事故。为此,必须加强学校体育医务监督,如发动学生进行锻炼时的自我观察、定期及比赛前后体检、预防运动创伤以及提出运动场地与设施的卫生要求等。

(二)教学建筑和设施卫生

新建、改建、扩建校舍,其选址、设计应当符合国家卫生标准,并取得当地卫生行政部门许可,竣工验收应当有当地卫生行政部门参加。学校校址应选择在环境清洁、远离喧闹区、地面平坦、便于活动、地下水位低、便于排水的地方。校内要有足够的场地供绿化、体育活动和休息之用。学校教学建筑、环境噪声、室内微小气候、采光、照明等环境质量及黑板、课桌椅的设置应符合国家有关卫生标准。学校要按照有关规定为学生设置厕所和洗手设施;寄宿制学校应当为学生提供相应的洗漱、洗澡等卫生设施;为学生提供充足的符合卫生标准的饮用水。学校应当建立卫生制度,加强对学生个人卫生、环境卫生以及教室、宿舍卫生的管理。

（三）卫生保健和疾病预防

学校应当根据条件定期进行健康检查。每年对中、小学生做一次体检；暂时无条件的地区可在学生进入初小、高小及初中时进行一次，初中及高中毕业时再进行一次。认真做好大学新生入学体检复查工作。学校要建立学生健康管理制度，建立学生体质健康卡片，纳入学生档案。对体格检查中发现学生有器质性疾病的，要配合学生家长做好转诊治疗。对残疾、体弱学生要加强照顾和做好心理卫生工作。

积极做好近视、弱视、龋齿、寄生虫、营养不良、贫血、脊柱弯曲、神经衰弱等常见病和急慢性传染病的防治工作，同时做好地方病的预防和控制。

（四）营养与饮食卫生

学校应当认真贯彻执行食品安全法律、法规，加强饮食卫生管理，办好学生膳食，加强营养指导，做好食源性传染病和食物中毒防控工作；做好学校食堂食品安全量化分级管理；加强学校的食品安全培训工作。

（五）健康教育

健康教育应纳入教学计划。普通中小学必须开设健康教育课，普通高等学校、中等专业学校、技工学校、农业中学、职业中学要开设健康教育选修课或讲座；同时开展学生健康咨询活动。艾滋病健康教育应纳入教学计划，落实教学计划和时间。卫生行政部门要为教育行政部门和学校提供预防艾滋病健康教育的信息资料，协助培训预防艾滋病健康教育的师资。

四、学校卫生工作管理法律规定

各级教育行政部门负责学校卫生管理。大、中、小学校要设立卫生管理机构，管理学校卫生工作。普通高等学校设校医院或卫生科，校医院应当设有保健科，负责师生的卫生保健工作。城市普通中小学、农村中心小学和普通中学设卫生室，按人数600∶1的比例配备专职卫生技术人员。学生人数不足600人的学校，可以配备专职或兼职保健教师，开展学校卫生工作。经当地卫生行政机构批准，教育行政部门可设立区域性中小学卫生保健机构，它的任务是调查与研究本地区中小学生体质健康状况，开展中小学生常见疾病的预防与矫治，对中小学卫生技术人员进行技术指导和业务培训。

各级疾病预防控制机构负责的学校卫生工作任务：实施学校卫生监测，掌握本地区学生生长发育和健康状况，掌握学生常见病、传染病、地方病动态；制订学生常见病、传染病、地方病的防治计划；对本地区学校卫生工作进行技术指导；开展学校卫生服务。

五、学校卫生工作监督法律规定

（一）学校卫生工作监督机构及其职责

县级以上卫生行政部门对学校卫生工作行使监督职权，其职责是：①对新建、改建、扩建校舍的选址、设计实行预防性卫生监督；②对学校内影响学生健康的学习、生活、劳动、环境、食品等方面的卫生和传染病防治工作实行卫生监督；③对学生使用的文具、娱乐器具、保健用品实行卫生监督。国务院卫生行政部门可以委托国务院其他有关部门的卫生主管机构，在本系统内对上述①②两项职责行使学校卫生监督职权。

（二）学校卫生监督员职责

行使学校卫生监督职权的机构可设立监督员，由省级以上卫生行政部门聘任，并颁发学校卫生监督员证书。学校卫生监督员有权查阅与卫生监督有关的资料，搜集与卫生监督有关的情况，被监督的单位或个人应当给予配合。卫生监督员对所掌握的资料、情况负有保密责任。

六、法律责任

未经卫生行政部门许可新建、改建、扩建校舍的，由卫生行政部门对直接责任单位或个人给予警告、责令停止施工或限期改建。对学校教学建筑、环境噪声、室内微小气候、采光、照明等环境质量以及黑板、课桌椅的设置没有符合国家有关标准的，没有按照有关规定为学生设置厕所和洗手设施的，寄宿制学校没有为学生提供相应的洗漱、洗澡等卫生设施的，学校体育场地和器材不符合卫生和安全要求的，由卫生行政部门对直接责任单位或个人给予警告，并责令限期改进。情节严重的，可以会同工商行政部门没收其不符合国家有关卫生标准的物品，并处以罚款。

对学校组织学生参加生产劳动，致使学生健康受到损害的，由卫生行政部门对直接责任单位或个人给予警告，责令限期改进。对学校提供学生使用的文具、娱乐器具、保健用品，不符合国家有关卫生标准的，由卫生行政部门对直接责任单位和个人给予警告。情节严重的，可以会同工商行政部门没收其不符合国家有关卫生标准的物品，并处以非法所得2倍以下的罚款。

拒绝或妨碍学校卫生监督员实施卫生监督的，由卫生行政部门对直接责任单位或个人给予警告。情节严重的，可以建议教育行政部门给予行政处分或200元以下的罚款。

第三节　生活饮用水卫生监督法律制度

一、生活饮用水及其立法

生活饮用水是人类生活的必需品，它的卫生质量直接关系到人民的健康。开展饮用水卫生管理，保证人民群众能获得安全、卫生的饮用水，是卫生部门义不容辞的一项职责。饮用水的有关法律、法规、规章，既规定了卫生部门在饮用水管理中的任务，同时也为卫生部门开展饮用水管理提供了法律依据。为保证生活饮用水（简称"饮用水"）卫生安全，保障人体健康，原建设部、卫生部两部委根据《中华人民共和国传染病防治法》及《城市供水条例》的有关规定，制定《生活饮用水卫生监督管理办法》。2016年4月17日，住房城乡建设部、国家卫生计生委（现国家卫生健康委）决定对《生活饮用水卫生监督管理办法》做出修改，自2016年6月1日起施行。

二、生活饮用水水质标准

（一）生活饮用水水质标准制定的原则和方法

生活饮用水要求水质在流行病学上安全，所含化学物质及放射性物质对人体健康无害，确保水的感官性状良好。此外，在选择指标和确定标准限量值时要考虑经济技术上的可行性。

（二）生活饮用水水质标准

2007年7月1日，由国家标准化管理委员会和卫生部联合发布的《生活饮用水卫生标准》（GB 5749—2006）使强制性国家标准和13项生活饮用水卫生检验国家标准正式实施。该标准具有以下三个特点：一是加强了对水质有机物、微生物和水质消毒等方面的要求。标准中的饮用水水质指标有106项。其中，微生物指标6项，饮用水消毒剂指标4项，毒理指标中无机化合物21项，毒理指标中有机化合物53项，感官性状和一般理化指标有20项，放射性指标为2项。二是统一了城镇和农村饮用水卫生标准。三是实现饮用水标准与国际接轨。

三、饮用水卫生的管理和监督

（一）饮用水卫生监督和管理部门

国务院卫生主管部门主管全国饮用水卫生监督工作，县级以上地方人民政府卫生主管部门主管本行政区域内饮用水卫生监督工作。国务院住房城乡建设主管部门主管全国城市饮用水卫生管理工作。县级以上地方人民政府住房城乡建设主管部门主管本行政区域内城镇饮用水卫生管理工作。

（二）饮用水的卫生管理

1. 供水单位供应的饮用水必须符合国家生活饮用水卫生标准。

2. 集中式供水单位取得工商行政管理部门颁发的营业执照后，还应当取得县级以上地方人民政府卫生主管部门颁发的卫生许可证，方可供水。

3. 供水单位新建、改建、扩建的饮用水供水工程项目，应当符合卫生要求，选址和设计审查、竣工验收必须有建设、卫生主管部门参加。

4. 供水单位应建立饮用水卫生管理规章制度，配备专职或兼职人员，负责饮用水卫生管理工作。

5. 集中式供水单位必须有水质净化消毒设施及必要的水质检验仪器、设备和人员，对水质进行日常性检验，并向当地人民政府卫生主管部门和住房城乡建设主管部门报送检测资料。城市自来水供水企业和自建设施对外供水的企业，其生产管理制度的建立和执行、人员上岗的资格和水质日常检测工作由城市住房城乡建设主管部门负责管理。

6. 直接从事供、管水的人员必须取得体检合格证后方可上岗工作，并每年进行一次健康检查。凡患有痢疾、伤寒、病毒性肝炎、活动性肺结核、化脓性或渗出性皮肤病及其他有碍饮用水卫生的疾病的和病原携带者，不得直接从事供、管水工作。直接从事供、管水的人员，未经卫生知识培训不得上岗工作。

7. 生产涉及饮用水卫生安全的产品的单位和个人，必须按规定向政府卫生主管部门申请办理产品卫生许可批准文件，取得批准文件后，方可生产和销售。任何单位和个人不得生产、销售、使用无批准文件的前款产品。

8. 饮用水水源地必须设置水源保护区。保护区内严禁修建任何可能危害水源水质卫生的设施及一切有碍水源水质卫生的行为。

9. 二次供水设施选址、设计、施工及所用材料,应保证不使饮用水水质受到污染,并有利于清洗和消毒。各类蓄水设施要加强卫生防护,定期清洗和消毒。具体管理办法由省、自治区、直辖市根据本地区情况另行规定。

10. 当饮用水被污染,可能危及人体健康时,有关单位或责任人应立即采取措施,消除污染,并向当地人民政府卫生主管部门和住房城乡建设主管部门报告。

（三）饮用水的卫生监督

1. 新建、改建、扩建集中式供水项目时,当地人民政府卫生主管部门应做好预防性卫生监督工作,并负责本行政区域内饮用水的水源水质监督监测和评价。

2. 医疗单位发现因饮用水污染出现的介水传染病或化学中毒病例时,应及时向当地人民政府卫生主管部门和卫生防疫机构报告。

3. 县级以上地方人民政府卫生主管部门负责本行政区域内饮用水污染事故对人体健康影响的调查。当发现饮用水污染危及人体健康,须停止使用时,对二次供水单位应责令其立即停止供水,对集中式供水单位应当会同城市住房城乡建设主管部门报同级人民政府批准后停止供水。

4. 供水单位卫生许可证由县级以上人民政府卫生主管部门按照《生活饮用水卫生监督管理办法》第十六条规定的管理范围发放,有效期4年。有效期满前6个月重新提出申请换发新证。

5. 涉及饮用水卫生安全的产品,应当按照有关规定进行卫生安全性评价,符合卫生标准和卫生规范要求。利用新材料、新工艺和新化学物质生产的涉及饮用水卫生安全产品应当取得国务院卫生主管部门颁发的卫生许可批准文件;除利用新材料、新工艺和新化学物质外生产的其他涉及饮用水卫生安全产品应当取得省级人民政府卫生主管部门颁发的卫生许可批准文件。涉及饮用水卫生安全产品的卫生许可批准文件的有效期为4年。

6. 凡取得卫生许可证的单位或个人,以及取得卫生许可批准文件的饮用水卫生安全的产品,经日常监督检查,发现已不符合卫生许可证颁发条件或不符合卫生许可批准文件颁发要求的,原批准机关有权收回有关证件或批准文件。

7. 县级以上人民政府卫生主管部门设饮用水卫生监督员,负责饮用水卫生监督工作。县级人民政府卫生主管部门可聘任饮用水卫生检查员,负责乡、镇饮用水卫生检查工作。饮用水卫生监督员由县级以上人民政府卫生主管部门发给证书,饮用水卫生检查员由县级人民政府卫生主管部门发给证书。铁道、交通、民航的饮用水卫生监督员,由其上级行政主管部门发给证书。

8. 饮用水卫生监督员应秉公执法,忠于职守,不得利用职权谋取私利。

四、法律责任

1. 集中式供水单位安排未取得体检合格证的人员从事直接供、管水工作或安排患有有碍饮用水卫生疾病的或病原携带者从事直接供、管水工作的,县级以上地方人民政府卫生主管部门应当责令限期改进,并可对供水单位处以20元以上1 000元以下的罚款。

2. 违反《生活饮用水卫生监督管理办法》规定，有下列情形之一的，县级以上地方人民政府卫生主管部门应当责令限期改进，并可处以20元以上5 000元以下的罚款：①在饮用水水源保护区修建危害水源水质卫生的设施或进行有碍水源水质卫生的作业的；②新建、改建、扩建的饮用水供水项目未经卫生主管部门参加选址、设计审查和竣工验收而擅自供水的；③供水单位未取得卫生许可证而擅自供水的；④供水单位供应的饮用水不符合国家规定的生活饮用水卫生标准的。

3. 违反《生活饮用水卫生监督管理办法》规定，生产或者销售无卫生许可批准文件的涉及饮用水卫生安全的产品的，县级以上地方人民政府卫生主管部门应当责令改进，并可处以违法所得3倍以下的罚款，但最高不超过3万元，或处以500元以上1万元以下的罚款。

4. 城市自来水供水企业和自建设施对外供水的企业，有下列行为之一的，由住房城乡建设主管部门责令限期改进，并可处以违法所得3倍以下的罚款，但最高不超过3万，没有违法所得的可处以1万元以下罚款：①新建、改建、扩建的饮用水供水工程项目未经住房城乡建设主管部门设计审查和竣工验收而擅自建设并投入使用的；②未按规定进行日常性水质检验工作的。

第四节 放射卫生监督法律制度

一、放射卫生及其立法

（一）我国放射卫生立法的状况

我国对放射防护工作十分重视。放射卫生立法经历了逐步发展的过程。1989年10月，国务院发布了《放射性同位素与射线装置放射防护条例》，它是一部重要的放射卫生法规。《放射性同位素与射线装置安全和防护条例》自2005年12月1日起施行，于2014年、2019年做出修订。为了加强放射性同位素与射线装置的安全和防护管理，根据《中华人民共和国放射性污染防治法》和《放射性同位素与射线装置安全和防护条例》，制定《放射性同位素与射线装置安全和防护管理办法》，自2011年5月1日起施行。2002年5月，卫生部根据《中华人民共和国职业病防治法》制定了49项强制性放射卫生标准和9项推荐性放射卫生标准。为了加强放射诊疗工作的管理，保证医疗质量和医疗安全，保障放射诊疗工作人员、患者和公众的健康权益，2006年1月，卫生部颁发了《放射诊疗管理规定》。该规定于2016年1月19日根据《国家卫生计生委关于修改〈外国医师来华短期行医暂行管理办法〉等8件部门规章的决定》（国家卫生和计划生育委员会令第8号）进行了修正。此外，各省、自治区、直辖市根据国家放射卫生标准结合本地区的特点和具体情况，制定发布地方性放射卫生管理办法和标准。目前，我国的放射卫生防护已建立了比较完整的业务和管理体系，并初步形成了放射卫生法规和标准体系。

（二）放射法规的概述

放射性同位素与射线装置已广泛应用于医学、工业、农业、科研和教育等各个领域，给人类带来了许多益处，但是人体受过量的放射性物质照射，会产生各种放射性损伤，甚至引起恶性肿瘤。为了加强对放射性同位素、射线装置安全和防护的监督管理,促进放射性同位素、射线装置的安全应用,保障人体健康,保护环境,制定《放射性同位素与射线装置安全和防护条例》。在中华人民共和国境内生产、销售、使用放射性同位素和射线装置,以及转让、进出口放射性同位素的,应当遵守本条例。本条例所称放射性同位素包括放射源和非密封放射性物质。

国务院生态环境主管部门对全国放射性同位素、射线装置的安全和防护工作实施统一监督管理。国务院公安、卫生等部门按照职责分工和本条例的规定,对有关放射性同位素、射线装置的安全和防护工作实施监督管理。县级以上地方人民政府生态环境主管部门和其他有关部门,按照职责分工和本条例的规定,对本行政区域内放射性同位素、射线装置的安全和防护工作实施监督管理。

国家对放射源和射线装置实行分类管理。根据放射源、射线装置对人体健康和环境的潜在危害程度,从高到低将放射源分为Ⅰ类、Ⅱ类、Ⅲ类、Ⅳ类、Ⅴ类,具体分类办法由国务院生态环境主管部门制定;将射线装置分为Ⅰ类、Ⅱ类、Ⅲ类,具体分类办法由国务院生态环境主管部门商国务院卫生主管部门制定。

二、放射卫生防护的管理

(一)许可登记制度

国家对放射工作实行许可制度,生产、销售、使用放射性同位素和射线装置的单位,应当取得许可证,必须具备下列相应条件:

(1)有与所从事的生产、销售、使用活动规模相适应的,具备相应专业知识和防护知识及健康条件的专业技术人员;

(2)有符合国家环境保护标准、职业卫生标准和安全防护要求的场所、设施和设备;

(3)有专门的安全和防护管理机构或者专职、兼职安全和防护管理人员,并配备必要的防护用品和监测仪器;

(4)有健全的安全和防护管理规章制度、辐射事故应急措施;

(5)产生放射性废气、废液、固体废物的,具有确保放射性废气、废液、固体废物达标排放的处理能力或者可行的处理方案。

生产、销售、使用放射性同位素和射线装置的单位,应当事先向有审批权的环境保护主管部门提出许可申请,并提交符合上述规定条件的证明材料。使用放射性同位素和射线装置进行放射诊疗的医疗卫生机构,还应当获得放射源诊疗技术和医用辐射机构许可。生态环境主管部门应当自受理申请之日起20个工作日内完成审查,符合条件的,颁发许可证,并予以公告;不符合条件的,书面通知申请单位并说明理由。

(二)安全和防护

生产、销售、使用放射性同位素和射线装置的单位,应当对本单位的放射性同位素、射线装置的安全和防护工作负责,并依法对其造成的放射性危害承担责任。生产放射性同位素的单位的行业主管部门,应当加强对生产单位安全和防护工作的管理,并定期对其执行法律、法规和国家标准的情况进行监督检查。

1. 设置放射性危险标志

(1)生产、销售、使用、贮存放射性同位素和射线装置的场所,应当按照国家有关规定设置明显的放射性标志,其入口处应当按照国家有关安全和防护标准的要求,设置安全和防护设施以及必要的防护安全联锁、报警装置或者工作信号。射线装置的生产调试和使用场所,应当具有防止误操作、防止工作人员和公众受到意外照射的安全措施。

（2）放射性同位素的包装容器、含放射性同位素的设备和射线装置,应当设置明显的放射性标识和中文警示说明;放射源上能够设置放射性标识的,应当一并设置。运输放射性同位素和含放射源的射线装置的工具,应当按照国家有关规定设置明显的放射性标志或者显示危险信号。

（3）在室外、野外使用放射性同位素和射线装置的,应当按照国家安全和防护标准的要求划出安全防护区域,设置明显的放射性标志,必要时设专人警戒。在野外进行放射性同位素示踪试验的,应当经省级以上人民政府生态环境主管部门商同级有关部门批准方可进行。

2. 放射性物品的管理

（1）放射性同位素应当单独存放,不得与易燃、易爆、腐蚀性物品等一起存放,并指定专人负责保管。贮存、领取、使用、归还放射性同位素时,应当进行登记、检查,做到账物相符。对放射性同位素贮存场所应当采取防火、防水、防盗、防丢失、防破坏、防射线泄漏的安全措施。对放射源还应当根据其潜在危害的大小,建立相应的多层防护和安全措施,并对可移动的放射源定期进行盘存,确保其处于指定位置,具有可靠的安全保障。

（2）辐射防护器材、含放射性同位素的设备和射线装置,以及含有放射性物质的产品和伴有产生X射线的电器产品,应当符合辐射防护要求。不合格的产品不得出厂和销售。

（3）使用放射性同位素和射线装置进行放射诊疗的医疗卫生机构,应当依据国务院卫生主管部门有关规定和国家标准,制定与本单位从事的诊疗项目相适应的质量保证方案,遵守质量保证监测规范,按照医疗照射正当化和辐射防护最优化的原则,避免一切不必要的照射,并事先告知患者和受检者辐射对健康的潜在影响。

（4）金属冶炼厂回收冶炼废旧金属时,应当采取必要的监测措施,防止放射性物质熔入产品中。监测中发现问题的,应当及时通知所在地设区的市级以上人民政府生态环境主管部门。

3. 放射性产品的管理

（1）生产放射性同位素的单位,应当建立放射性同位素产品台账,并按照国务院生态环境主管部门制定的编码规则,对生产的放射源统一编码。放射性同位素产品台账和放射源编码清单应当报国务院生态环境主管部门备案。生产的放射源应当有明确标号和必要说明文件。其中,Ⅰ类、Ⅱ类、Ⅲ类放射源的标号应当刻制在放射源本体或者密封包壳体上,Ⅳ类、Ⅴ类放射源的标号应当记录在相应说明文件中。国务院生态环境主管部门负责建立放射性同位素备案信息管理系统,与有关部门实行信息共享。未列入产品台账的放射性同位素和未编码的放射源,不得出厂和销售。

（2）辐射防护器材、含放射性同位素的设备和射线装置,以及含有放射性物质的产品和伴有产生X射线的电器产品,应当符合辐射防护要求。不合格的产品不得出厂和销售。

（3）生产、进口放射源的单位销售Ⅰ类、Ⅱ类、Ⅲ类放射源给其他单位使用的,应当与使用放射源的单位签订废旧放射源返回协议;使用放射源的单位应当按照废旧放射源返回协议规定将废旧放射源交回生产单位或者返回原出口方。确实无法交回生产单位或者返回原出口方的,送交有相应资质的放射性废物集中贮存单位贮存。使用放射源的单位应当按照国务院生态环境主管部门的规定,将Ⅳ类、Ⅴ类废旧放射源进行包装整备后送交有相应资质的放射性废物集中贮存单位贮存。

4. 放射治疗的管理

使用放射性同位素和射线装置进行放射诊疗的医疗卫生机构,应当依据国务院卫生主管部门有关规定和国家标准,制定与本单位从事的诊疗项目相适应的质量保证方案,遵守质量保证监测规范,按照医疗照射正当化和辐射防护最优化的原则,避免一切不必要的照射,并事先告知患者和受检者辐射对健康的潜在影响。

5. 放射工作人员的健康管理

对直接从事生产、销售、使用活动的工作人员进行安全和防护知识教育培训,并进行考核;考核不合格的,不得上岗。辐射安全关键岗位应当由注册核安全工程师担任。生产、销售、使用放射性同位素和射线装置的单位,应当严格按照国家关于个人剂量监测和健康管理的规定,对直接从事生产、销售、使用活动的工作人员进行个人剂量监测和职业健康检查,建立个人剂量档案和职业健康监护档案。

(三)放射事故管理

1. 事故分级与报告

根据辐射事故的性质、严重程度、可控性和影响范围等因素,从重到轻将辐射事故分为特别重大辐射事故、重大辐射事故、较大辐射事故和一般辐射事故四个等级。特别重大辐射事故,是指Ⅰ类、Ⅱ类放射源丢失、被盗、失控造成大范围严重辐射污染后果,或者放射性同位素和射线装置失控导致3人以上(含3人)急性死亡。重大辐射事故,是指Ⅰ类、Ⅱ类放射源丢失、被盗、失控,或者放射性同位素和射线装置失控导致2人以下(含2人)急性死亡或者10人以上(含10人)急性重度放射病、局部器官残疾。较大辐射事故,是指Ⅲ类放射源丢失、被盗、失控,或者放射性同位素和射线装置失控导致9人以下(含9人)急性重度放射病、局部器官残疾。一般辐射事故,是指Ⅳ类、Ⅴ类放射源丢失、被盗、失控,或者放射性同位素和射线装置失控导致人员受到超过年剂量限值的照射。

发生辐射事故时,生产、销售、使用放射性同位素和射线装置的单位应当立即启动本单位的应急方案,采取应急措施,并立即向当地生态环境主管部门、公安部门、卫生主管部门报告。生态环境主管部门、公安部门、卫生主管部门接到辐射事故报告后,应当立即派人赶赴现场,进行现场调查,采取有效措施,控制并消除事故影响,同时将辐射事故信息报告本级人民政府和上级人民政府生态环境主管部门、公安部门、卫生主管部门。县级以上地方人民政府及其有关部门接到辐射事故报告后,应当按照事故分级报告的规定及时将辐射事故信息报告上级人民政府及其有关部门。发生特别重大辐射事故和重大辐射事故后,事故发生地省、自治区、直辖市人民政府和国务院有关部门应当在4小时内报告国务院;特殊情况下,事故发生地人民政府及其有关部门可以直接向国务院报告,并同时报告上级人民政府及其有关部门。禁止缓报、瞒报、谎报或者漏报辐射事故。

2. 事故应急处理

在发生辐射事故或者有证据证明辐射事故可能发生时,县级以上人民政府生态环境主管部门有权采取下列临时控制措施:①责令停止导致或者可能导致辐射事故的作业;②组织控制事故现场。

辐射事故发生后,有关县级以上人民政府应当按照辐射事故的等级,启动并组织实施相应的应急预案。县级以上人民政府生态环境主管部门、公安部门、卫生主管部门,按照职责分工做好相应的辐射事故应急工作:①环境保护主管部门负责辐射事故的应急响应、调查处理和定性定级工作,协助公安部门监控追缴丢失、被盗的放射源;②公安部门负责丢失、被盗放射源的立案侦查和追缴;③卫生主管部门负责辐射事故的医疗应急。

生态环境主管部门、公安部门、卫生主管部门应当及时相互通报辐射事故应急响应、调查处理、定性定级、立案侦查和医疗应急情况。国务院指定的部门根据生态环境主管部门确定的辐射事故的性质和级别,负责有关国际信息通报工作。

3. 医疗救治

发生辐射事故的单位应当立即将可能受到辐射伤害的人员送至当地卫生主管部门指定的医院或者有条件救治辐射损伤病人的医院,进行检查和治疗,或者请求医院立即派人赶赴事故现场,采取救治措施。

三、放射卫生防护的监督检查

(一)放射卫生防护监督机构及其职责

县级以上人民政府生态环境主管部门和其他有关部门应当按照各自职责对生产、销售、使用放射性同位素和射线装置的单位进行监督检查。被检查单位应当予以配合,如实反映情况,提供必要的资料,不得拒绝和阻碍。县级以上人民政府生态环境主管部门在监督检查中发现生产、销售、使用放射性同位素和射线装置的单位有不符合原发证条件的情形的,应当责令其限期整改。

(二)放射卫生防护监督员及其职责

县级以上人民政府生态环境主管部门应当配备辐射防护安全监督员。辐射防护安全监督员由从事辐射防护工作、具有辐射防护安全知识并经省级以上人民政府生态环境主管部门认可的专业人员担任。辐射防护安全监督员应当定期接受专业知识培训和考核。监督检查人员依法进行监督检查时,应当出示证件,并为被检查单位保守技术秘密和业务秘密。

四、法律责任

对违反放射卫生法规的单位和个人,由县级以上人民政府生态环境主管部门,视其情节轻重给予警告、责令限期改正,构成犯罪的,依法追究刑事责任。因违反放射卫生法规,给他人造成损害的放射工作单位或个人依法承担民事责任。

生态环境主管部门和其他有关部门在执法活动中或查处放射事故中有违法行为的,对直接负责的主管人员和其他直接责任人员,依法给予行政处分;构成犯罪的,依法追究刑事责任。

第五节　医疗废物管理法律制度

一、概述

医疗废物,是指医疗卫生机构在医疗、预防、保健以及其他相关活动中产生的具有直接或者间接感染性、毒性以及其他危害性的废物。

为了加强医疗废物的安全管理,防止疾病传播,保护环境和保障人体健康,国务院于2003年6月16日发布施行了《医疗废物管理条例》,根据2011年1月8日《国务院关于废止和修改部分行政法规的决定》修订,该条例包括医疗废物管理的一般规定、医疗卫生机构对医疗废物的管理、医疗废物的集中处置、监督管理、法律责任等内容。这部法规体现了以下四个基本原则。

（一）全程管理的原则

长期以来,有关医疗废弃物管理的规定散见于不同的法律法规中,这些分散于不同法律法规中的规定未能涵盖医疗废物管理的全部内容,对医疗废物的界定和分类不明确。而该条例突出体现了医疗废物从产生到处置的全过程管理原则。

（二）集中处置的原则

该条例规定对医疗废物进行处置,可以收取医疗废物处置费,但禁止任何单位和个人转让、买卖医疗废物。在尚无集中处置设施或者处置能力不足的城市,应当在1年内建成医疗废物集中处置设施,县级市应当在2年内建成医疗废物集中处置设施。鉴于各地区、城市与农村经济发展的差异,允许未实施医疗废物集中处置的地区,在依照无害化处置原则下,由医疗废物产生单位处置医疗废物。

（三）强化监督管理的原则

该条例特别突出了对医疗废物产生和医疗废物集中处置两个部分的监督管理。卫生行政部门及计划生育、科技、教育行政部门分别负责对医疗卫生机构、计划生育技术服务机构及科研、教育机构等医疗废物产生单位的监管；环境保护行政部门负责医疗废物集中处置单位的许可和监管；工商、公安、财政、邮电、铁路、民航等部门予以配合、支持。

（四）分工负责的原则

医疗废物产生单位负责医疗废物产生后的分类收集管理,医疗废物集中处置单位负责医疗废物从医疗废物产生单位收集转运到医疗废物集中处置地的贮存和处置的管理,其他任何单位和个人不得从事上述活动。这样,既能够减少中间管理环节和医疗废物流失的机会,又有利于监控和管理,责任明确。

二、医疗废物分类目录

医疗废物分类目录,由国务院卫生行政主管部门和环境保护行政主管部门共同制定、公布。

1. 感染性废物,即携带病原微生物,具有引发感染性疾病传播危险的医疗废物。其包括：①被病人血液、体液、排泄物污染的物品。②医疗机构收治的隔离传染病病人或者疑似传染病病人产生的生活垃圾。③病原体的培养基、标本和菌种、毒种保存液。④各种废弃的医学标本。⑤废弃的血液、血清。⑥使用后的一次性使用医疗用品及一次性医疗器械等。

2. 病理性废物，即诊疗过程中产生的人体废弃物和医学实验动物尸体等。其包括：①手术及其他诊疗过程中产生的废弃的人体组织、器官等。②医学实验动物的组织、尸体。③病理切片后废弃的人体组织、病理腊块等。

3. 损伤性废物，即能够刺伤或者割伤人体的废弃的医用锐器。其包括：①医用针头、缝合针。②各类医用锐器，如：解剖刀、手术刀、备皮刀、手术锯等。③载玻片、玻璃试管、玻璃安瓿等。

4. 药物性废物，即过期、淘汰、变质或者被污染的废弃的药品。其包括：①废弃的一般性药品。②废弃的细胞毒性药物和遗传毒性药物。③废弃的疫苗、血液制品等。

5. 化学性废物，即具有毒性、腐蚀性、易燃易爆性的废弃的化学物品。其包括：①医学影像室、实验室废弃的化学试剂。②废弃的过氧乙酸、戊二醛等化学消毒剂。③废弃的汞血压计、汞温度计。

三、医疗废物管理的一般规定

《医疗废物管理条例》明确规定了医疗卫生机构和医疗废物集中处置单位的法定职责：

1. 建立、健全医疗废物管理责任制，其法定代表人为第一责任人，切实履行职责，防止医疗废物导致传染病传播和环境污染事故。

2. 制定与医疗废物安全处置有关的规章制度和在发生意外事故时的应急方案；设置监控部门或者专（兼）职人员，负责检查、督促、落实本单位医疗废物的管理工作，防止违反本条例的行为发生。

3. 对本单位从事医疗废物收集、运送、贮存、处置等工作的人员和管理人员，进行相关法律和专业技术、安全防护以及紧急处理等知识的培训。

4. 采取有效的职业卫生防护措施，为从事医疗废物收集、运送、贮存、处置等工作的人员和管理人员，配备必要的防护用品，定期进行健康检查；必要时，对有关人员进行免疫接种，防止其受到健康损害。

5. 应当依照《中华人民共和国固体废物污染环境防治法》的规定，执行危险废物转移联单管理制度。

6. 医疗卫生机构和医疗废物集中处置单位，应当对医疗废物进行登记，登记内容应当包括医疗废物的来源、种类、重量或者数量、交接时间、处置方法、最终去向以及经办人签名等项目。登记资料至少保存3年。

7. 采取有效措施，防止医疗废物流失、泄漏、扩散。发生医疗废物流失、泄漏、扩散时，医疗卫生机构和医疗废物集中处置单位应当采取减少危害的紧急处理措施，对致病人员提供医疗救护和现场救援；同时向所在地的县级人民政府卫生行政主管部门、环境保护行政主管部门报告，并向可能受到危害的单位和居民通报。

《医疗废物管理条例》明确规定：禁止任何单位和个人转让、买卖医疗废物；禁止在运送过程中丢弃医疗废物；禁止在非贮存地点倾倒、堆放医疗废物或者将医疗废物混入其他废物和生活垃圾；禁止邮寄医疗废物；禁止通过铁路、航空运输医疗废物；有陆路通道的，禁止通过水路运输医疗废物;没有陆路通道必须经水路运输医疗废物的,应当经设区的市级以上人民政府环境保护行政主管部门批准,并采取严格的环境保护措施后,方可通过水路运输;禁止将医疗废物与旅客在同一运输工具上载运;禁止在饮用水源保护区的水体上运输医疗废物。

四、行政监督管理

卫生行政主管部门、环境保护行政主管部门履行监督检查职责时,可以对有关单位进行实地检查,了解情况,现场监测,调查取证;查阅或者复制医疗废物管理的有关资料,采集样品;责令违反《医疗废物管理条例》规定的单位和个人停止违法行为;查封或者暂扣涉嫌违反《医疗废物管理条例》规定的场所、设备、运输工具和物品;对违反《医疗废物管理条例》规定的行为进行查处。医疗卫生机构和医疗废物集中处置单位,对有关部门的检查、监测、调查取证,应当予以配合,不得拒绝和阻碍,不得提供虚假材料。县级以上地方人民政府卫生行政主管部门、环境保护行政主管部门,应当依照《医疗废物管理条例》的规定,按照职责分工,对医疗卫生机构和医疗废物集中处置单位进行监督检查。

五、法律责任

1. 县级以上地方人民政府未依照《医疗废物管理条例》的规定,组织建设医疗废物集中处置设施或者组织制定医疗废物过渡性处置方案的,由上级人民政府通报批评,责令限期建成医疗废物集中处置设施或者组织制定医疗废物过渡性处置方案;并可以对政府主要领导人、负有责任的主管人员,依法给予行政处分。

2. 县级以上各级人民政府卫生行政主管部门、环境保护行政主管部门或者其他有关部门,未按照《医疗废物管理条例》的规定履行监督检查职责,发现医疗卫生机构和医疗废物集中处置单位的违法行为不及时处理,发生或者可能发生传染病传播或者环境污染事故时未及时采取减少危害措施,以及有其他玩忽职守、失职、渎职行为的,由本级人民政府或者上级人民政府有关部门责令改正,通报批评;造成传染病传播或者环境污染事故的,对主要负责人、负有责任的主管人员和其他直接责任人员依法给予降级、撤职、开除的行政处分;构成犯罪的,依法追究刑事责任。

3. 县级以上人民政府环境保护行政主管部门,违反《医疗废物管理条例》的规定发给医疗废物集中处置单位经营许可证的,由本级人民政府或者上级人民政府环境保护行政主管部门通报批评,责令收回违法发给的证书;并可以对主要负责人、负有责任的主管人员和其他直接责任人员依法给予行政处分。

4. 医疗卫生机构、医疗废物集中处置单位违反《医疗废物管理条例》规定的,由县级以上地方人民政府卫生行政主管部门或者环境保护行政主管部门按照各自的职责责令限期改正,给予警告,并按具体情况处以相应数额的罚款。导致传染病传播或者发生环境污染事故,给他人造成损害的,依法承担民事赔偿责任;触犯《中华人民共和国治安管理处罚法》,构成违反治安管理行为的,由公安机关依法予以处罚;构成犯罪的,依法追究刑事责任。造成传染病传播或者环境污染事故的,由原发证部门暂扣或者吊销执业许可证件或者经营许可证件;构成犯罪的,依法追究刑事责任。

5. 未取得经营许可证从事医疗废物的收集、运送、贮存、处置等活动的,由县级以上地方人民政府环境保护行政主管部门责令立即停止违法行为,没收违法所得,可以并处违法所得1倍以下的罚款。转让、买卖医疗废物,邮寄或者通过铁路、航空运输医疗废物,或者违反《医疗废物管理条例》规定通过水路运输医疗废物的,由县级以上地方人民政府环境保护行政主管部门责令转让、买卖双方,邮寄人,托运人立即停止违法行为,给予警告,没收违法所得,并处以相应数额的罚款。

【思考题】
1. 学校卫生工作的主要任务和内容是什么?
2. 放射卫生防护监督有哪些法律规定?

第十八章 红十字会法律制度

【学习目的】

了解国际红十字运动的起源与发展;熟悉国际红十字和红新月运动的基本原则;理解《红十字会法》的概念;明确中国红十字会的性质和组织;掌握中国红十字会的职责和权利;掌握红十字会标志的使用以及违反《红十字会法》应承担的法律责任。

【案情导引】

张某,男,2011年1月任汉中市红十字会办公室副主任;2013年2月至案发前任汉中市红十字会办公室主任、汉中市卫生局医政与医疗服务监管科副科长。黎某某,男,2008年6月为汉中市红十字会副会长、秘书长人选,主持汉中市红十字会日常工作。

2012年春节前,中国银行汉中分行工作人员罗某的朋友谢某想注册成立汉中市天正电力工程有限责任公司,需要注册资金600万元,请罗某帮忙筹措资金,罗某答应帮忙。2012年3月的一天,罗某到黎某某办公室请黎某某帮忙,黎某某在罗某保证资金安全的情况下,同意借给300万元并授意张某给罗某办理300万元的转款手续用于注册验资,当天因张某有事未办理。后罗某、谢某找到张某,表示事后感谢张某。2012年3月20日,张某从汉中市红十字会专户给陕西省汉中市天正电力工程有限责任公司转款300万元。谢某将这300万元的资金转入汉中市天正电力工程有限责任公司验资账户用于注册验资。验资结束后,于2012年4月1日将300万元转还到汉中市红十字会专户。事后,罗某为了表示感谢,从谢某给其的40 000元现金中取出10 000元在黎某某办公室送给了黎某某,黎某某予以收受,从中取出5 000元在张某办公室送给了张某,张某予以收受。

问题:
1. 张某和黎某某的行为构成何种犯罪,为什么?
2. 张某和黎某某是否属于共同犯罪,为什么?

第一节 概 述

一、国际红十字运动的起源与发展

国际红十字运动起源于19世纪中叶欧洲的战争救护,瑞士人亨利·杜南开创了以人道、博爱、和平、进步为宗旨的红十字事业。亨利·杜南原是瑞士日内瓦的一位商人。1859年6月24日,奥地利陆军与法国—撒丁联军激战于意大利北部村庄索尔弗利诺,因缺乏医疗救护,士兵伤亡惨重,约有4万多名受伤或垂死之人被遗弃在战场。杜南路过此地,为此惨象所震惊,立即停驻在邻近的卡斯蒂廖村,组织村民进行力所能及的救护,并安排当地一所教堂作为临时救护所,与法军军医总监取得联系,释放数名奥军军医俘虏,负责治疗工作,并劝导双方医护人员一视同仁、不带成见地医治所有的伤病员。

这次经历深深触动了杜南的良知和思维。他回到日内瓦后立即撰写了《索尔弗利诺回忆录》一书,把在索尔弗利诺见到的一切场景,以直观感人的方式叙述出来。此书出版后在欧洲引起强烈反响。杜南在书中提出两项重要建议:一是在各国设立全国性的志愿伤病救护组织,平时开展救护技能训练,战时支援军队医疗工作;二是签订一份国际公约给予军事医务人员和医疗机构及各国志愿的伤兵救护组织以中立的地位。杜南的这个设想,首先得到日内瓦的4位知名公民,即日内瓦公共福利会会长莫瓦尼埃(Moynier)、杜福尔将军(Dufour)、阿皮亚(Appia)医生和莫诺瓦(Maunoir)医生的赞赏和支持,于1863年初与杜南一起成立"伤兵救护国际委员会"(即所谓"五人委员会")。

1863年10月,由瑞士发起在日内瓦召开了由欧洲16个国家代表参加的首次外交会议,并一致通过《红十字决议》,决定在各国建立救护团体。为表示对瑞士的敬意,会议将标志定为"白底红十字"。1864年,在日内瓦召开了一次国际会议,共同签署了《关于改善战地陆军伤者境遇之日内瓦公约》,该公约被各国相继承认,使红十字工作作为一个国际性的运动开始运作起来,从此,国际红十字会作为从事人道主义工作的组织得到了国际法的保障。1875年,伤兵救护国际委员会更名为红十字国际委员会,但由于宗教和历史的因素,一些国家(如伊斯兰国家)不愿接受十字的符号,1876年奥斯曼帝国采用了"红新月"标志,波斯帝国采用古老的狮子和太阳图案,1929年国际红十字会承认了这两个符号。1949年8月签订的日内瓦4项公约,即《改善战地武装部队伤者病者境遇之日内瓦公约》《改善海上武装部队伤者病者及遇船难者境遇之日内瓦公约》《关于战俘待遇之日内瓦公约》《关于战时保护平民之日内瓦公约》及其附加议定书《关于保护国际性武装冲突受难者的附加议定书》《关于保护非国际性武装冲突受难者的附加议定书》,进一步确认了红十字运动的原则和精神,成为红十字运动的国际性准则。1986年在日内瓦召开的第25届红十字与红新月国际大会上通过了《国际红十字和红新月运动章程》,将国际红十字运动改称为国际红十字和红新月运动。1991年红十字会联合会改名为红十字会与红新月会国际联合会。现在,国际红十字会(International Red Cross,IRC)是世界上三大国际组织之一,由红十字国际委员会、红十字会与红新月会国际联合会、各国红十字会和红新月会组成,有成员国170多个。

为了表彰红十字运动的创始人亨利·杜南的功绩,红十字会与红新月会国际联合会于1948年决定将他的生日——5月8日命名为世界红十字日。

二、国际红十字与红新月运动的基本原则

红十字与红新月国际大会声明:各国红十字会和红新月会、红十字国际委员会、红十字会与红新月会国际联合会在一起构成了一个世界性的人道主义运动,其任务是:防止并减轻无论发生在何处的人类疾苦;保护人的生命和健康;保障人类尊严,尤其是在发生武装冲突和其他紧张情况的时候;为预防疾病、增进健康和社会福利而工作;鼓励志愿服务,鼓励本运动的成员随时做好准备提供帮助,鼓励对那些需要本运动保护和帮助的人持有普遍的同情感。1965年,第20届红十字与红新月国际大会通过了国际红十字运动的七项基本原则。

人道(humanity):国际红十字与红新月运动的宗旨是:保护人的生命健康,保障人类的尊严;促进人与人之间的相互了解、友谊和合作,促进持久和平。其本意是不加歧视地救护战地伤员,不管是国际冲突还是国内冲突;努力防止并减轻人们的疾苦,不论这种疾苦发生在什么地方。

公正(impartiality):本运动不因国籍、种族、宗教信仰、政治见解而有所歧视,仅根据需要,努力减轻人们的痛苦,优先救济困难最紧迫的人。

中立(neutrality):为了继续得到所有人的信任,本运动在冲突双方之间不采取立场,任何时候也不参与涉及政治、种族、宗教或意识形态的争论。

独立(independence):本运动是独立的。虽然各国红十字会或红新月会是本国政府人道工作的助手并受本国法律的制约,但必须始终保持独立,以便任何时候都按本运动的原则行事。

志愿服务(voluntary service):本运动是志愿救济运动,绝不期望以任何形式得到好处。

统一(unity):任何一个国家只能拥有一个红十字会或红新月会。它必须向所有人开放,必须在全国范围内开展人道工作。

普遍(universality):国际红十字与红新月运动是世界性的。在这个运动中,所有的红十字会或红新月会都享有同等的地位,负有同样的责任和义务,并相互支援。

三、中国红十字会

中国红十字会是国际红十字运动的重要成员,是中华人民共和国统一的红十字组织,是从事人道主义工作的社会救助团体,以弘扬"人道、博爱、奉献"的红十字精神,保护人的生命和健康,促进人类和平进步事业为宗旨。

(一)中国红十字会的诞生和发展

中国红十字会诞生于1904年,当时被称为上海万国红十字会,1907年改称大清红十字会,1912年改称中国红十字会,并得到红十字国际委员会的承认。1919年红十字会国际协会成立后,中国红十字会于当年7月8日正式加入该协会。1933年,中国红十字会改称为中华民国红十字会。新中国成立后,它于1950年改称中国红十字会。1952年8月,第18届红十字与红新月国际大会承认中国红十字会是中国唯一合法的全国性红十字会,中国红十字会因而成为新中国在国际组织中第一个恢复合法席位的团体。

(二)中国红十字会立法

为了更好地开展红十字运动,促进和平进步事业,发扬人道主义精神,保障中国红十字会依法履行职责,1993年10月31日第八届全国人民代表大会常务委员会第四次会议通过了《中华人民共和国红十字会法》。1996年1月29日,国务院、中央军事委员会发布了《中华人民共和国红十字标志使用办法》(简称《红十字标志使用办法》)。1994年4月25日中国红十字会第六次全国会员代表大会依照《红十字会法》制定了《中国红十字会章程》,中国红十字会还根据《红十字会法》和《红十字与红新月灾害救济原则与条例》制定了《中国红十字会灾害救济原则与条例》,发布了《中国红十字会募捐和接受捐赠工作条例》。根据2009年8月27日中华人民共和国主席令第十八号第十一届全国人民代表大会常务委员会第十次会议《全国人民代表大会党务委员会关于修改部分法律的决定》对《中华人民共和国红十字会法》作了修正,2017年2月24日第十二届全国人民代表大会常务委员会第二十六次会议再次对其作了修订,并自2017年5月8日起正式施行。中国《红十字会法》及其他相关法规的颁布实施,使我国红十字会事业走上了法制轨道,也促进了世界和平进步事业的发展。

四、《红十字会法》的概念

《红十字会法》是调整保护人的生命和健康,发扬人道主义精神,促进和平进步事业,保障和规范红十字会依法履行职责活动中产生的各种社会关系的法律规范的总称。

第二节 中国红十字会的性质和组织

一、红十字会的性质

《红十字会法》规定,中国红十字会是中华人民共和国统一的红十字组织,是从事人道主义工作的社会救助团体。它的宗旨是为了保护人的生命和健康,发扬人道主义精神,促进和平进步事业,保障和规范红十字会依法履行职责。

中国红十字会遵守宪法和法律,遵循国际红十字和红新月运动确立的七项基本原则,依照中国批准加入的日内瓦公约及其附加议定书和《中国红十字会章程》,独立自主地开展工作;在中央和地方各级人民政府的支持、资助和监督下,协助人民政府开展与其职责有关的活动。中国红十字会根据独立、平等、互相尊重的原则,发展同各国红十字会和红新月会的友好合作关系。

二、红十字会的组织

中华人民共和国公民不分民族、职业、种族、性别、宗教信仰、教育程度,承认《中国红十字会章程》并缴纳会费的,可以自愿参加中国红十字会。企业、事业单位及有关团体通过申请可以成为红十字会的团体会员。国家鼓励自然人、法人以及其他组织参与红十字志愿服务。国家支持在学校开展红十字青少年工作。

全国建立中国红十字会总会,具有社会团体法人资格,中国红十字会总会对外代表中国红十字会。县级以上地方按行政区域建立地方各级红十字会,根据实际工作需要配备专职工作人员。全国性的行业根据需要可以建立行业红十字会。地方各级红十字会、行业红十字会依法取得社会团体法人资格。上级红十字会指导下级红十字会工作。

各级红十字会设立理事会、监事会。理事会、监事会由会员代表大会选举产生,向会员代表大会负责并报告工作,接受其监督。理事会民主选举产生会长和副会长。理事会执行会员代表大会的决议。执行委员会是理事会的常设执行机构,其人员组成由理事会决定,向理事会负责并报告工作。监事会民主推选产生监事长和副监事长。理事会、执行委员会工作受监事会监督。中国红十字会总会可以设名誉会长和名誉副会长。名誉会长和名誉副会长由中国红十字会总会理事会聘请。

第三节 中国红十字会的职责和权利

一、红十字会的职责

1. 开展救援、救灾的相关工作,建立红十字应急救援体系。在战争、武装冲突和自然灾害、事故灾难、公共卫生事件等突发事件中,对伤病人员和其他受害者提供紧急救援和人道救助。
2. 开展应急救护培训,普及应急救护、防灾避险和卫生健康知识,组织志愿者参与现场救护。
3. 参与、推动无偿献血、遗体和人体器官捐献工作,参与开展造血干细胞捐献的相关工作。
4. 组织开展红十字志愿服务、红十字青少年工作。
5. 参加国际人道主义救援工作。
6. 宣传国际红十字和红新月运动的基本原则和日内瓦公约及其附加议定书。
7. 依照国际红十字和红新月运动的基本原则,完成人民政府委托事宜。
8. 依照日内瓦公约及其附加议定书的有关规定开展工作。
9. 协助人民政府开展与其职责相关的其他人道主义服务活动。

二、红十字会的权利

1. 优先通行权。在战争、武装冲突和自然灾害、事故灾难、公共卫生事件等突发事件中,执行救援、救助任务并标有红十字标志的人员、物资和交通工具有优先通行的权利。
2. 法律保障权。任何组织和个人不得拒绝、阻碍红十字会工作人员依法履行职责。
3. 税收优惠权。红十字会依法接受自然人、法人以及其他组织捐赠的款物,应当向捐赠人开具由财政部门统一监(印)制的公益事业捐赠票据。捐赠人依法享受税收优惠。

三、红十字会的财产来源和使用监管

1. 红十字会财产的主要来源为红十字会会员缴纳的会费、境内外组织和个人捐赠的款

物、动产和不动产的收入、人民政府的拨款以及其他合法收入。

2. 国家对红十字会兴办的与其宗旨相符合的公益事业给予扶持。红十字会为开展救助工作，可以进行募捐活动，接受用于救助和公益事业的捐赠物资。红十字会应当按照募捐方案、捐赠人意愿或者捐赠协议处分其接受的捐赠款物。捐赠人有权查询、复制其捐赠财产管理使用的有关资料，红十字会应当及时主动向捐赠人反馈有关情况。

3. 红十字会财产的使用监管。红十字会应当建立财务管理、内部控制、审计公开和监督检查制度。红十字会的财产使用应当与其宗旨相一致。红十字会对接受的境外捐赠款物，应当建立专项审查监督制度。红十字会应当及时聘请依法设立的独立第三方机构，对捐赠款物的收入和使用情况进行审计，将审计结果向红十字会理事会和监事会报告，并向社会公布。红十字会应当建立健全信息公开制度，规范信息发布，在统一的信息平台及时向社会公布捐赠款物的收入和使用情况，接受社会监督。红十字会财产的收入和使用情况依法接受人民政府审计等部门的监督。红十字会接受社会捐赠及其使用情况，依法接受人民政府民政部门的监督。任何组织和个人不得私分、挪用、截留或者侵占红十字会的财产。

第四节 红十字标志的使用

红十字标志是国际人道主义保护标志，是武装力量医疗机构的特定标志，是红十字会的专用标志。它的存在和正确使用，对于执行人道主义保护任务起着至关重要的作用。红十字标志是白底红十字，是为了对红十字发祥地瑞士表示敬意，掉转瑞士国旗的颜色而成。中国红十字会使用白底红十字标志。红十字标志具有保护和标明作用，禁止任何组织和个人随意使用。

一、红十字标志的保护性使用

红十字标志的保护性使用，是指在武装冲突中，冲突各方对依照规定佩带红十字标志的人员和标有红十字标志的处所及其物品、医务运输工具，必须予以保护和尊重。

（一）使用红十字标志的注意事项

红十字作为保护性标志使用时，不得在标志上添加任何内容。用在旗帜上，红十字不得触及旗帜边缘；用在臂章上，红十字应当置于臂章的中间部位；用在建筑物上，红十字应当置于建筑物顶部的明显部位。红十字作为保护性标志使用时，应当在尽可能远的地方或者不同的方向得以辨认；在夜间或者能见度低时，应当以灯光照明或者用发光物装饰。

（二）有权使用红十字标志的人员

在武装冲突中，下列人员可以使用保护性红十字标志：

1. 武装力量医疗机构的医务人员和工作人员；

2. 红十字会的工作人员和医务人员；

3. 经国务院或者中央军事委员会批准的国际红十字会组织和外国红十字会组织的工作人员和医务人员；

4. 军用的和民用的医务运输工具上的医务人员和工作人员；

5. 经国务院或者中央军事委员会批准的国内外的志愿救助团体人员和民用医疗机构的医务人员。

6. 使用保护性红十字标志的人员，必须随身携带由国务院或者中央军事委员会授权的部门签发的身份证明。

（三）有权使用红十字标志的组织和机构

在武装冲突中，下列机构或者组织及其处所、物品、医务运输工具可以使用保护性红十字标志：

1. 武装力量的医疗机构；

2. 参加救助活动的红十字会；

3. 经国务院或者中央军事委员会批准的国内外的志愿救助团体和医疗机构；

4. 经国务院或者中央军事委员会批准的国际组织。

此外，在上述保护性红十字标志的使用机构或者组织中，武装力量医疗机构的人员、处所及其物品、医务运输工具，和平时期也可以使用保护性红十字标志作为标记。

二、红十字标志的标明性使用

红十字标志的标明性使用，是指对与红十字活动有关的人或者物的标示。红十字作为标明性标志使用时，在红十字下方必须伴以红十字会的名称或者名称缩写，并不得将红十字置于建筑物顶部。

红十字会的工作人员、会员和其他有关人员履行职责时，应当佩戴标有红十字的小尺寸臂章；不履行职责时，可以佩戴标有红十字的小尺寸胸针或者胸章。

（一）有权使用标明性红十字标志的人员

1. 红十字会工作人员；

2. 红十字会员；

3. 红十字青少年会员。

（二）有权使用标明性红十字标志的场所

1. 红十字会使用的建筑物；

2. 红十字会所属的医疗机构；

3. 红十字会开展符合其宗旨的活动场所。

（三）有权使用标明性红十字标志的物品、运输工具

1. 红十字会的徽章、奖章、证章；

2. 红十字会的印刷品、宣传品；

3. 红十字会的救灾、救护物资及运输工具。

在上述规定的范围以外需要使用标明性红十字标志的，由红十字会总会批准。

三、红十字标志的禁止使用

《红十字标志使用办法》规定，红十字标志不得用于下列情形：①商标或者商业性广告；②非红十字会或者非武装力量的医疗机构；③药店、兽医站；④商品的包装；⑤公司的标志；⑥工程设计、产品设计；⑦《红十字标志使用办法规定》可以使用红十字标志以外的其他情形。

第五节　法律责任

一、红十字会及其工作人员的法律责任

《红十字会法》规定，红十字会及其工作人员有下列情形之一的，由同级人民政府审计、民政等部门责令改正；情节严重的，对直接负责的主管人员和其他直接责任人员依法给予处分；造成损害的，依法承担民事责任；构成犯罪的，依法追究刑事责任：

1. 违背募捐方案、捐赠人意愿或者捐赠协议，擅自处分其接受的捐赠款物的；
2. 私分、挪用、截留或者侵占财产的；
3. 未依法向捐赠人反馈情况或者开具捐赠票据的；
4. 未依法对捐赠款物的收入和使用情况进行审计的；
5. 未依法公开信息的；
6. 法律、法规规定的其他情形。

二、自然人、法人或者其他组织的法律责任

《红十字会法》规定，自然人、法人或者其他组织有下列情形之一，造成损害的，依法承担民事责任；构成违反治安管理行为的，依法给予治安管理处罚；构成犯罪的，依法追究刑事责任：

1. 冒用、滥用、篡改红十字标志和名称的；
2. 利用红十字标志和名称牟利的；
3. 制造、发布、传播虚假信息，损害红十字会名誉的；
4. 盗窃、损毁或者以其他方式侵害红十字会财产的；
5. 阻碍红十字会工作人员依法履行救援、救助、救护职责的；
6. 法律、法规规定的其他情形。

三、各级人民政府有关部门及其工作人员的法律责任

《红十字会法》规定，各级人民政府有关部门及其工作人员在实施监督管理中滥用职权、玩忽职守、徇私舞弊的，对直接负责的主管人员和其他直接责任人员依法给予处分；构成犯罪的，依法追究刑事责任。

【思考题】

1. 红十字运动的基本原则是什么？
2. 违反中国《红十字会法》的法律责任有哪些？

第十九章　中医药法律制度

【学习目的】

理解中医药在我国卫生事业中的地位和中医药发展的方针政策;了解中医药服务体系建设、中医药从业人员管理、药用资源管理、中药饮片及中药加工生产管理和配制中药制剂管理的主要举措;熟悉放宽中医药服务准入方面的规定。

【案情导引】

2006年7月18日,王某因吃葡萄引起腹泻,到嘉兴市中医院内科就诊,医师张某开具处方:熟附片30 g(先煎)、枳实15 g、红花10 g、干良姜15 g、厚朴12 g、丹参20 g、茯苓20 g、桃仁15 g、郁金20 g、木香15 g、白芍20 g、甘草6 g,二剂。王某持方到该院中药房取药时,药师朱某未将熟附片分开包装并标明"先煎",也没有告诉王某熟附片必须先煎,将各药全部包在一起交给王某。王某当日煎服后出现心跳加速、视力骤退等异常反应,便到该院急诊科急诊,经急诊科初诊后以"视力模糊"收入五官科病房。住院期间,王某找医师张某询问为何出现异常反应,张某问王某有一味药有没有先煎,王某说发药的人没有讲。王某住院6天出院,自感视力仍未恢复,住院费用3 700元。王某与嘉兴市中医院交涉,提出其在该院就诊取药时发药人员没有将熟附片另包并嘱其作"先煎"处理,导致了附子中毒,已产生的医药费和以后出现的后遗症医院必须负责。院方认为,对于熟附片先煎,药典中并无规定,且该院其他中医师开的处方中亦有熟附片不注明先煎,患者服用后没有发生问题,因此,责任不在院方。王某与院方协商不成,向嘉兴市卫生局投诉,在卫生局的协调下,嘉兴市中医院同意退还王某的住院费用,承担今后眼睛治疗的其他费用。

问题:

1. 院方是否违反了中药调配方面的规范?
2. 中药传统制剂——汤剂的煎煮有哪些要求?

第一节 概 述

一、中医药概念

中医药,是包括汉族和少数民族医药在内的我国各民族医药的统称,是反映中华民族对生命、健康和疾病的认识,具有独特理论和技术方法的医药学体系。

中医药具有灿烂而悠久的历史,是举世公认的中国灿烂传统文化的重要组成部分,它是中国各民族人民几千年来同疾病作斗争的智慧结晶,为中华民族的繁衍昌盛做出了巨大贡献,且对人类健康和世界文明也产生了积极影响。

中医药也被称为中国传统医药,《中华人民共和国宪法》第二十一条规定,国家发展医疗卫生事业,发展现代医药和我国传统医药。曾有观点认为,中国传统医药包括中医药和少数民族的医药,中医药主要是指汉族人民数千年社会积累形成和发展起来的医药体系。而中医药法中中医药概念,则涵括了汉族和少数民族医药,是中华民族传统医药的统称。

二、中医药法立法进程

新中国成立以来,党和政府重视中医药,制定了一系列方针政策,中医药事业发展取得了显著成就。中医药发展面临的主要问题是:中医药特色优势逐渐淡化,服务领域趋于萎缩;老中医药专家很多学术思想和经验得不到传承,一些特色诊疗技术、方法濒临失传;中医药理论和技术方法创新不足;中医中药发展不协调;野生中药资源破坏严重;中医药发展基础条件差,人才匮乏,不能满足人民群众对中医药服务的需求;中医药法制建设明显滞后。国务院分别在1987年、1992年颁布了《野生药材资源保护管理条例》《中药品种保护条例》两部中药方面的行政法规,而长期以来,我国作为中医药大国却没有一部综合性的、全局性的中医药法律。据世界卫生组织统计,目前已有54个国家制定了传统医学法案,92个国家颁布了草药相关法律法规。因此,为保障和促进中医药的发展,十分需要制定一部中医药法律。

20世纪80年代后,中医药立法一直受到广泛关注。1983年董建华、程莘农等全国人大代表和全国政协委员提出中医药立法议案以来,每年都有人大代表、政协委员附议中医药立法。中国卫生法学会等社会组织曾经自行起草了《中医药法》草案,上报国务院法制办公室。国务院法制办公室研究认为,制定《中医药法》难度很大,某些认识难统一,一些技术问题难解决。为了缓解中医药无法可依的局面,2003年国务院颁布了《中华人民共和国中医药条例》。2008年10月,《中医药法》列入第十一届全国人民代表大会常务委员会立法规划;2013年底,《中医药法》继续列入第十二届全国人民代表大会常务委员会立法规划一类项目,随后,国务院法制办公室牵头组织了《中医药法》起草工作。2014年7月24日,国务院法制办公室公布《中华人民共和国中医药法(征求意见稿)》,向社会公开征求意见;2015年12月9日,国务院常务会议通过《中华人民共和国中医药法(草案)》,决定将草案提交全国人民代表大会常务委员会审议;当月,第十二届全国人民代表大会常务委员会第十八次会议初次审议《中华人民共和国中医药法(草案)》,在人大网公布,继续向社会公开征求意见;

2016年8月29日,第十二届全国人民代表大会常务委员会第二十二次会议第二次审议《中华人民共和国中医药法(草案)》;2016年12月25日,第十二届全国人民代表大会常务委员会第二十五次会议通过《中华人民共和国中医药法》,自2017年7月1日起施行。

三、中医药地位和发展中医药的方针政策

1. 国家大力发展中医药事业,实行中西医并重的方针。积极建立符合中医药特点的管理制度,充分发挥中医药在我国医疗卫生事业中的作用。国家鼓励中医西医相互学习,相互补充,协调发展,发挥各自优势,促进中西医结合。在2016年8月19日召开的全国卫生与健康大会上,习近平提出新时期我国卫生与健康工作新方针:"以基层为重点,以改革创新为动力,预防为主,中西医并重,将健康融入所有政策,人民共建共享。"坚持中西医并重,必须平等对待中西医,在政策、投入、管理体制、人才培养等方面保证中医药与现代医药的相对均衡。中西医结合是在我国既有中医又有西医的历史条件下产生的,是我国卫生事业的一大特点。随着经济发展、社会进步和生活水平的不断提高,人们的健康观念和生活方式发生转变,人类疾病谱的改变和老龄化社会的到来,使得现有的疾病防治模式和手段已不能适应日益增长的社会需求。实行中西医结合,东西方医学优势互补、相互融合,有利于积极利用现代科学技术,充分发挥中医、西医两种医学特长,更好地保障民众健康。

2. 国家发展中医药事业坚持继承和创新相结合的方针。应当遵循中医药发展规律,保持和发挥中医药特色和优势,运用现代科学技术,促进中医药理论和实践的发展。继承是中医药发展的基础,创新是中医药发展的动力。在系统继承中医药学术思想和宝贵经验、保持中医药优势特色的基础上,加强自主创新,挖掘中医药的科学内涵,丰富和完善其理论和技术体系,使中医药特色和优势长盛不衰。现代化是中医药发展的必由之路,通过与现代科学技术结合,与现代学术思想结合,与现代科学文化结合,并借鉴国际上认可的标准和规范,让中医药更符合现代社会的需要和现代人的标准。

3. 国家加强中医药服务体系建设,形成多元中医药服务格局。合理规划和配置中医药服务资源,为公民获得中医药服务提供保障。国家支持社会力量投资中医药事业,采取措施支持组织、个人捐赠、资助中医药事业。

目前,我国的中医药城乡、区域发展不平衡,农村、社区基层中医药缺乏,现有中医药资源多数集中在公立中医医疗机构,这种发展模式制约了中医药事业的发展。按照深化医疗卫生体制改革的精神,中医药事业发展需要依靠政府主导与发挥市场机制相结合,在坚持公立医院主导地位的同时,充分调动社会力量举办中医药机构,形成多元化中医药服务格局。

4. 国家支持中医药的国际传播和应用。随着经济全球化带来的多元文化相互交流的不断扩展、医学模式的转变、人类疾病谱的变化和医疗费用不断上涨,许多发展中国家和发达国家都在重新关注传统医药的作用和价值,世界卫生组织也提出,为了实现"人人享有卫生保健"的目标,应当推广使用传统医药,从而给以中医药为代表的传统医药带来了广阔的发展前景。尤其是中医药在防治艾滋病和"非典"方面的功效,中国药学家屠呦呦凭借治疗疟疾的药物"青蒿素"的研发获得诺贝尔生理学或医学奖等后,中医药在世界范围的传播与影响日益扩大,中医药医疗、教育、科研和产品必然走向国际。

四、中医药管理体制

国务院中医药主管部门负责全国的中医药管理工作。国务院其他有关部门在各自职责范围内负责与中医药管理有关的工作。县级以上地方人民政府中医药主管部门负责本行政区域的中医药管理工作。县级以上地方人民政府其他有关部门在各自职责范围内负责与中医药管理有关的工作。

目前,国务院设置的国家中医药管理局(1988年由国家中医管理局改为国家中医药管理局)负责全国的中医药管理工作,各省、自治区、直辖市人民政府也相应设有中医药管理局,市、县(市、区)两级多数地方没有专门设置中医药管理机构。

第二节 中医药服务管理

一、中医药服务体系建设

县级以上人民政府应当加强中医药服务体系建设,合理规划和配置中医药服务资源,将中医医疗机构建设纳入医疗机构设置规划,举办规模适宜的中医医疗机构,扶持有中医药特色和优势的医疗机构发展。政府举办的综合医院、妇幼保健机构和有条件的专科医院、社区卫生服务中心、乡镇卫生院,应当设置中医药科室。县级以上人民政府应当采取措施,增强社区卫生服务站和村卫生室提供中医药服务的能力。

举办中医医疗机构,除了遵循《医疗机构管理条例》外,还要按照《中医医疗机构管理办法》的规定办理审批手续,取得医疗机构执业许可证方可从事执业活动。但是,举办中医诊所的,将诊所的名称、地址、诊疗范围、人员配备情况等报所在地县级人民政府中医药主管部门备案后即可开展执业活动。

社区卫生服务中心、乡镇卫生院、社区卫生服务站以及有条件的村卫生室应当合理配备中医药专业技术人员,并运用和推广适宜的中医药技术方法。

为继续深化医改,特别是"十二五"取得成效基础上,中医的公平性、可及性和便利性得到明显改善,为进一步加大工作力度,持续提升基层中医药服务能力,自2016年继续启动基层中医药服务能力提升工程"十三五"行动计划。主要目标是到2020年,以社区卫生服务中心、社区卫生服务站、乡镇卫生院、村卫生室为主体,县级中医类医院(含中医、中西医结合、民族医医院)为龙头,县级综合医院、妇幼保健机构等非中医类医疗机构中医药科室为骨干,中医门诊部、诊所为补充的基层中医药服务网络基本完善,服务设施设备明显改善,人员配备较为合理,管理更加规范,服务能力有较大提升,较好地满足城乡居民对中医药服务的需求,实现人人基本享有中医药服务。具体目标是到2020年,所有社区卫生服务机构、乡镇卫生院和70%的村卫生室具备中医药服务能力;85%以上的社区卫生服务中心和70%以上的乡镇卫生院设立中医馆、国医堂等中医综合服务区;基层医疗卫生机构中医诊疗量在"十三五"期间有明显提升,占基层医疗卫生机构诊疗总量比例力争达到30%。

国家中医药管理局还启动了中医临床适宜技术推广计划项目,自2000年起,对中医临床诊疗技术进行系统的整理与科学严谨的技术规范研究，分批共筛选出30项临床安全、有效、规范的诊疗技术，加以推广。《中共中央　国务院关于促进中医药传承创新发展的意见》明确，要健全中医药服务体系，到2022年，基本实现县办中医医疗机构全覆盖，力争实现全部社区卫生服务中心和乡镇卫生院设置中医馆、配备中医医师。

中医医疗广告应当经医疗机构所在地省、自治区、直辖市人民政府中医药主管部门审查批准。未经审查批准，不得发布中医医疗广告。发布的中医医疗广告内容应当与经审查批准的内容一致。

县级以上人民政府中医药主管部门应当加强对中医药服务的监督检查，并将下列事项作为监督检查的重点：①中医医疗机构、中医医师是否超出规定的范围开展医疗活动；②开展中医药服务是否符合国务院中医药主管部门制定的中医药服务基本要求；③中医医疗广告发布行为是否符合《中医药法》的规定。根据《医疗机构管理条例》，县级以上人民政府中医药主管部门行使对中医药机构监督管理的职权。《中医药法》着重明确了对中医药机构服务的监督检查的重点。

二、中医药从业人员的管理

从事中医医疗活动的人员应当依照《中华人民共和国医师法》的规定取得中医医师资格并进行执业注册。中医医师资格考试的内容应当体现中医药特点。但是，以师承方式学习中医或者经多年实践医术确有专长的人员，由至少两名中医医师推荐，经省、自治区、直辖市人民政府中医药主管部门组织实践技能和效果考核合格后，可取得中医医师资格。通过考核取得中医医师资格的人员在考核、注册的执业范围内，以个人开业的方式或者在医疗机构内从事中医医疗活动。

具有中医专业中专以上学历的人员从事中医医疗活动的基本途径是依照《中华人民共和国医师法》的规定参加中医医师资格考试取得资格，并进行执业注册。

我国实际上还有一条不同于中医药院校培养中医师的途径——中医传承。中医传承的传统模式是师承，即师徒相授。师徒相授即师承教育，是千百年来中医药人才培养的重要途径，也是传承中医药学术思想、经验和技术专长的有效方式，为中医药学的继承与发展，曾作出不可磨灭的贡献。此外，民间还存在一部分既没有接受过系统的中医药学历教育，也没有通过正式的师承方式学习中医药学，但能够提供中医药服务并得到所在地民众认可，经多年实践医术确有专长的人员。

考虑到中医师承和确有专长人员有相当一部分因不具备中医专业学历，不能参加中医医师资格考试，《中医药法》调整为至少经过两名中医医师推荐并考核合格，可取得中医医师资格。为弥补人才培养认定的不足，2017年12月20日，作为《中医药法》配套文件之一，国家卫生计生委正式发布《中医医术确有专长人员医师资格考核注册管理暂行办法》，之后各地相继推出《中医医术确有专长人员医师资格考核注册管理实施细则》，截至2020年7月，已有20个省份完成了第一批中医医术确有专长人员医师资格的考核工作，有近3 800多人通过了第一批中医医术确有专长人员医师资格考核。

三、中医药技术的运用和推广

县级以上人民政府发展中医药预防、保健服务，并按照国家有关规定将其纳入基本公共卫生服务项目统筹实施。

中医药服务在预防、保健领域同样大有可为。国家发布的基本公共卫生服务项目计12类,45项。其中第10类中医药健康管理2项为:①老年人中医体质辨识(辖区内65岁及以上常住居民);②儿童中医调养(0~36个月儿童)。此外,还将耳穴压豆预防控制高血压和糖尿病确定作为新的试点项目。

县级以上人民政府应当发挥中医药在突发公共卫生事件应急工作中的作用,加强中医药应急物资、设备、设施、技术与人才资源储备。医疗卫生机构应当在疾病预防与控制中积极运用中医药理论和技术方法。

我国公共卫生不安全因素增加。近年来,SARS、人感染高致病性禽流感、手足口病、甲型H1N1流感以及2020年新冠肺炎等突发公共卫生事件频发,对人民群众生活和经济社会发展造成严重不良影响。在抗击甲型H1N1流感的战役中,一些中药如清开灵、双黄连等,以及莲花清瘟胶囊等复方中成药均取得了很好的疗效。在防治新冠肺炎过程中,中医诊断、中药方剂、针灸、耳穴压豆、中药香囊等中医药治疗手段与方法,再一次向世界展示了其独特疗效以及中西医协同作战的积极成果,给出了独具特色的中国方案,彰显了中医药在防治病毒感染性疾病方面的独特优势。中医医院进入当地紧急救援网络,建立中医药应急救治专业队伍,开展中医方面的紧急病症的学术研究,可以大大提高应对突发公共卫生事件的能力和效果。尤其结合新冠肺炎疫情防控经验,各地方法规对中医药参与疫情防控给予高度重视。如北京市第十五届人民代表大会常务委员会第二十六次会议表决通过的《北京市中医药条例》已公布,自2021年5月1日起正式施行。该条例明确将中医药防治纳入北京市突发公共卫生事件应急机制。2020年10月1日起正式实施的《江苏省中医药条例》要求县级以上地方人民政府应当将中医医疗机构纳入传染病防治、公共卫生应急管理体系,建立中西医协同机制、中医药参与应急救治工作协调机制;要求将中医药专业技术人员纳入紧急医学救援队伍等。

第三节　中药保护发展

中药是指在中医理论指导下,运用独特的传统方法进行加工炮制并用于疾病的预防、诊断和治疗,有明确适应证和用法、用量的植物、动物和矿物质及其天然加工品等。

中医、中药是中医药体系不可分割的两个部分,具有自然形成的"药为医用、医因药存"的内在联系,中药发展是中医药事业发展的必要组成部分。中药是在中医药基本理论指导下用于防病治病的物质,其特色与作用有别于西药,决定了中药的管理有其自身的特殊性。《中医药法》在与《药品管理法》等相关法律法规衔接的基础上,着重在药用野生动植物资源保护、扶持道地药材生产、发展医疗机构中药制剂、促进中药产业发展等方面作出了规定。

一、药用资源的管理

国家鼓励发展中药材规范化种植养殖,严格管理农药、肥料等农业投入品的使用,禁止在中药材种植过程中使用剧毒、高毒农药,支持中药材良种繁育,提高中药材质量。

国家建立道地中药材评价体系,支持道地中药材品种选育,扶持道地中药材生产基地建设,加强道地中药材生产基地生态环境保护,鼓励采取地理标志产品保护等措施保护道地中药材。

国务院药品监督管理部门应当组织并加强对中药材质量的监测,定期向社会公布监测结果。国务院有关部门应当协助做好中药材质量监测有关工作。

国家保护药用野生动植物资源,对药用野生动植物资源实行动态监测和定期普查,建立药用野生动植物资源种质基因库,鼓励发展人工种植养殖,支持依法开展珍贵、濒危药用野生动植物的保护、繁育及其相关研究。

我国的中药资源丰富,品种繁多,中药资源普查证明中药资源品种达12 807种,其中药用植物11 146种,药用动物1 581种,药用矿物80种。由于种种原因,药用野生动植物资源总量日趋减少,需要发展人工种植养殖。新中国成立以来,特别是改革开放以来,我国的中药材生产技术有了长足的发展,许多品种如天麻、黄连、西洋参、金银花、猪苓等栽培技术得到大面积推广和应用,取得了良好的经济和社会效益。目前,全国中药材生产基地600多个,中药材家种品种达300多种,种植面积500万亩以上,年产量5亿多公斤。国家大力推进中药材基地建设与产业扶贫相结合。中共中央、国务院发布《中共中央 国务院关于打赢脱贫攻坚战三年行动的指导意见》指出:要实施中药材产业扶贫行动计划,鼓励中医药企业到贫困地区建设中药材基地;确保每个贫困县建好1～2所县级公立医院(含中医院)。这也为中药资源的保护与延续奠定了坚实基础。

中药材讲究道地,所谓道地药材是指在一特定自然条件和生态环境的区域内所产的药材,因生产较为集中,栽培技术、采收加工也都有一定的讲究,较同种药材在其他地区所产者品质佳、疗效好。为了保护包括道地药材在内的地理优势产品,我国从1999年起实施地理标志产品保护制度,即针对产自特定地域,所具有的质量、声誉或其他特性本质上取决于该产地的自然因素和人文因素,经审核批准以地理名称进行命名的产品,进行地域专利保护。实施地理标志产品保护制度以来,我国已对1 170个产品实施了地理标志保护。其中,中药材有铁力平贝母、西峡山茱萸、嵩县柴胡、巴东独活、利川黄连、霍山石斛、金寨天麻、亳州白芍、新会陈皮、桂林罗汉果、涪城麦冬、旺苍杜仲、江油附子、中江丹参、南江金银花、西和半夏、礼县大黄、民勤甘草、商洛丹参、宁夏枸杞等60多种。

我国《药品管理法》第四条第二款规定:"国家保护野生药材资源和中药品种,鼓励培育道地中药材。"为保护和合理利用野生药材资源,适应人民医疗保健事业的需要,1987年10月30日,国务院发布了《野生药材资源保护管理条例》,该条例第三条规定,国家对野生药材资源实行保护、采猎相结合的原则,并创造条件开展人工种养。条例将国家重点保护的野生药材物种分为三级。1993年5月29日,《国务院关于禁止犀牛角和虎骨贸易的通知》申明禁止犀牛角和虎骨的一切贸易活动,由此,中药行业取消了犀牛角和虎骨药用标准,不再用犀牛角和虎骨制药。

二、中药饮片和中药加工生产的管理

国家保护中药饮片传统炮制技术和工艺,支持应用传统工艺炮制中药饮片,鼓励运用现代科学技术开展中药饮片炮制技术研究。

对市场上没有供应的中药饮片,医疗机构可以根据本医疗机构医师处方的需要,在本医疗机构内炮制、使用。医疗机构应当遵守中药饮片炮制的有关规定,对其炮制的中药饮片的质量负责,保证药品安全。医疗机构炮制中药饮片,应当向所在地设区的市级人民政府食品药品监督管理部门备案。

根据临床用药需要,医疗机构可以凭本医疗机构医师的处方对中药饮片进行再加工。

中药饮片,是根据调配或制剂的需要,对经产地加工的净药材进一步切制、炮炙而成的成品,可直接应用于临床。千百年来,在历代医家的医疗实践中,积累了丰富的中药材加工经验,形成了独特的制剂技术,诸如修治、水制、火制、水火共制等传统炮制技术和工艺。2006年5月20日,中医传统制剂方法经国务院批准列入第一批国家级非物质文化遗产名录,经原文化部确定,中国中医科学院的颜正华和中国中药协会的张伯礼为该文化遗产项目代表性传承人,并被列入第一批国家级非物质文化遗产项目226名代表性传承人名单。

中药是防病治病的特殊商品,必须加强生产经营管理。国家药品监督管理局于2002年4月发布《中药材生产质量管理规范(试行)》(GAP),实行中药材生产质量管理规范(GAP)认证,旨在推动药材规范化种植与加工,建立保证药材质量的非强制性行业标准。10多年来,共有70余家企业、95个基地、60多个中药材品种通过中药材GAP认证,对保障中药材的生产质量起到了积极作用。2016年2月,国务院进一步深化行政审批制度改革,发布《国务院关于取消13项国务院部门行政许可事项的决定》,规定取消中药材生产质量管理规范(GAP)认证。取消中药材GAP认证后,将由中药生产企业(包括饮片、中成药生产企业)对产品生产全过程的质量保证负责,确保供应临床、医药市场的所有药品质量信息可溯源,同时,国家相关管理部门将会进一步加强监管。

国家制定中药材种植养殖、采集、贮存和初加工的技术规范、标准,加强对中药材生产流通全过程的质量监督管理,保障中药材质量安全。

采集、贮存中药材以及对中药材进行初加工,应当符合国家有关技术规范、标准和管理规定。

中药材的种植、采集和饲养过程,即中药材的生产过程。一方面,中药材属于药品,原则上中药材的生产也应当依照《药品管理法》规定进行监督管理,但中药材的生产,即中药材的种植、采集和饲养活动,又明显不同于一般药品的生产活动。一般药品的生产活动属于工业化生产,质量可控性强;而中药材的生产一般属于农业生产活动,质量可控性与工业化生产相比,因影响因素更多而更为困难。因此《药品管理法》对一般药品生产活动监督管理的规定,难以完全适用于中药材的种植、采集和饲养及初加工,国家有必要另行制定针对性的管理规定。2019年10月,国家出台《中共中央 国务院关于促进中医药传承创新发展的意见》,提出到2022年,基本建立道地药材生产技术标准体系、等级评价制度。

《中医药法》第二十四条第三款明确指出:"国家鼓励发展中药材现代流通体系,提高中药材包装、仓储等技术水平,建立中药材流通追溯体系。药品生产企业购进中药材应当建立进货查验记录制度。中药材经营者应当建立进货查验和购销记录制度,并标明中药材产地。"中药材现代流通体系建设是现代社会中医药事业持续健康发展的必要措施,国家商务部门提出的中药材现代物流体系建设的目标是:到2020年,建设一批集仓储运输、质量检验、追溯管理等多功能于一体的中药材物流基地,力争流通环节中药材规范化集中仓储率达到70%,初步形成中药材现代物流体系与流通网络。到目前为止,以道地产地为主建设的全国中药材物流基地初具规模。在中药材物流基地建立统一的出入库及在库管理制度,运用信息系统实施专业化、社会化的仓储管理,按照相关标准进行中药材在库养护,按照《中华人民共和国药典》要求对中药材进行质量检验,并按照相关标准赋予统一的流通追溯编码。质量检验委托具备专业质检资质的第三方质检机构承担。

在村医疗机构执业的中医医师、具备中药材知识和识别能力的乡村医生,按照国家有关规定可以自种、自采地产中药材并在其执业活动中使用。自种、自采地产中药材并在其执业活动中使用,曾经是民间中医的传统习惯,现行法律授予乡村医生、中医医师这一特权的前提是要具备中药材知识和识别能力,当然也必须对使用造成的不良后果负责。

国家对研制和生产中药新药、使用传统中药加工技术和工艺、生产传统剂型中成药采取多种保护措施。《中药品种保护条例》规定,国家对质量稳定、疗效确切的中药品种实行分级保护制度。可以申请一级保护的中药品种的条件:对特定疾病有特殊疗效的;相当于国家一级保护野生药材物种的人工制成品;用于预防和治疗特殊疾病的。可以申请二级保护的中药品种的条件:符合一级保护的条件中药品种或者已经解除一级保护的品种;对特定疾病有显著疗效的;从天然药物中提取的有效物质及特殊制剂。批准受保护的中药品种,由国务院卫生行政部门发给中药保护品种证书,在保护期内限于由获得中药保护品种证书的企业生产。

三、配制中药制剂的管理

国家鼓励医疗机构根据本医疗机构临床用药需要配制和使用中药制剂,支持应用传统工艺配制中药制剂,支持以中药制剂为基础研制中药新药。

医疗机构配制中药制剂,应当依照《药品管理法》的规定取得医疗机构制剂许可证,或者委托取得药品生产许可证的药品生产企业、取得医疗机构制剂许可证的其他医疗机构配制中药制剂。医疗机构对其配制的中药制剂的质量负责;委托配制中药制剂的,委托方和受托方对所配制的中药制剂的质量分别承担相应责任。委托配制中药制剂,应当向委托方所在地省、自治区、直辖市人民政府食品药品监督管理部门备案。医疗机构应当加强对备案的中药制剂品种的不良反应监测,并按照国家有关规定进行报告。药品监督管理部门应当加强对备案的中药制剂品种配制、使用的监督检查。

医疗机构配制的中药制剂品种,应当依法取得制剂批准文号。但是,仅应用传统工艺配制的中药制剂品种,向医疗机构所在地省、自治区、直辖市人民政府食品药品监督管理部门备案即可配制,不需要取得制剂批准文号。另外,生产符合国家规定条件的来源于古代经典名方的中药复方制剂,在申请药品批准文号时,可以仅提供非临床安全性研究资料。

为了推广、普及中药的应用,满足临床需要,现行法律鼓励医疗机构在规定的前提下自行炮制中药饮片和对中药饮片进行再加工。鼓励医疗机构配制和使用中药制剂。

《药品管理法》对医疗机构配制制剂,实行严格的准入控制,除了要取得医疗机构制剂许可证外,还应取得制剂批准文号。《中医药法》规定仅应用传统工艺配制的中药制剂品种,无需取得制剂批准文号,只要备案即可,同时要求医疗机构应当加强对备案的中药制剂品种的不良反应监测,并按照国家有关规定进行报告。药品监督管理部门应当加强对备案的中药制剂品种配制、使用的监督检查。

第四节　中医药人才培养与科学研究

现阶段我国的中医药人才培养主要依靠现行中医药学校教育体系,中医药学校教育至为重要的是遵循中医药人才成长规律,突出中医药特色,避免现代医学教育的统一模式。此外,师承教育亦是中医药人才培养、中医药学术传承的重要途径。学校教育与师承教育并存,相互补充,不断完善,以培养优秀的中医药人才。中医药发展必须坚持继承与创新并重。继承是中医药发展的基础,创新是中医药发展的动力。要在系统继承中医药的学术思想和宝贵经验、保持中医药优势特色的基础上,切实加强自主创新,挖掘中医药的科学内涵,丰富和完善其理论和技术体系,进而厘清中医药整体发展新思路,探索新方法,开展新实践,争取新突破。

一、中医药教育

中医药教育应当遵循中医药人才成长规律,以中医药内容为主,体现中医药文化特色,注重中医药经典理论和中医药临床实践、现代教育方式和传统教育方式相结合。

国家完善中医药学校教育体系,支持专门实施中医药教育的高等学校、职业学校和其他教育机构的发展。

中医药学校教育的培养目标、修业年限、教学形式、教学内容、教学评价、学历教育及学术水平评价标准等,应当体现中医药学科特色,符合中医药学科发展规律。

国家发展中医药师承教育,支持有丰富临床经验和技术专长的中医医师、中药专业技术人员在执业、业务活动中带徒授业,传授中医药理论和技术方法,培养中医药专业技术人员。

县级以上地方人民政府中医药主管部门应当组织开展中医药继续教育,加强对医务人员,特别是城乡基层医务人员中医药基本知识和技能的培训。

中医药专业技术人员应当按照规定参加继续教育,所在机构应当为其接受继续教育创造条件。

现阶段我国的中医药人才培养偏重于大众化的素质教育,强调综合素质,易忽视中医药经典和宝贵的临床经验的学习,同时由于受西医药教育模式的影响,在中医药教育中融入了较多的西医药理论与技术。因此,必须不断完善中医药教育,使其符合中医药人才成长规律,体现中医药文化特色。

师承教育是历史证明行之有效的培养中医药人才的重要途径。国家建立中医药学术传承制度,省级以上人民政府建立中医药学术传承项目名录,省级以上人民政府中医药管理部门负责认定传承人,并对传承人的权利和义务作出规定;国家建立中医药师承教育制度,鼓励具备条件的中医执业医师作为师承教育的指导老师,带徒授业,培养中医专业技术人员。《国家中医药管理局关于深化中医药师承教育的指导意见》指出,到2025年,师承教育在院校教育、毕业后教育和继续教育中的作用充分发挥,师承教育指导老师队伍不断壮大,以师承教育为途径的中医药人才培养模式不断丰富,基本实现师承教育常态化和制度化。

二、中医药科学研究

国家鼓励科研机构、高等学校、医疗机构和药品生产企业等，运用现代科学技术和传统中医药研究方法，开展中医药科学研究，加强中西医结合研究，促进中医药理论和技术方法的继承和创新。

国家采取措施支持对中医药古籍文献、著名中医药专家的学术思想和诊疗经验以及民间中医药技术方法的整理、研究和利用。

国家鼓励组织和个人捐献有科学研究和临床应用价值的中医药文献、秘方、验方、诊疗方法和技术。

国家建立和完善符合中医药特点的科学技术创新体系、评价体系和管理体制，推动中医药科学技术进步与创新。

国家采取措施，加强对中医药基础理论和辨证论治方法，常见病、多发病、慢性病和重大疑难疾病、重大传染病的中医药防治，以及其他对中医药理论和实践发展有重大促进作用的项目的科学研究。

中医药科学研究主要是从中医药学的理论和实践出发，探索生命和疾病过程的规律，提高中医药防治疾病的疗效。一方面要对传统的中医药学理论和实践进行系统的整理，另一方面要在探索中获得创新和突破。

中医药科学研究在总体上可分为医学研究和药学研究两大门类；根据研究性质又可分为临床研究（应用研究）、基础理论研究和开发研究三类。具体内容有：①各科临床研究，包括对内、外、骨伤、妇产、儿、眼、耳鼻喉、口腔、皮肤、肿瘤、肛肠等科的各种病证辨证论治规律的研究。②著名中医师临床经验的整理研究及对民间疗法的继承、发掘和整理研究。③基础理论的继承和发展研究，包括对脏腑、经络、气血、营卫、津液、四诊八纲、五运六气等的研究。④治则和治法的原理及应用研究。⑤临床辨证施护的研究。⑥药物基础理论及应用的整理与提高研究。如中药药性理论、中药炮制、中药实验药理学及中药资源、栽培、鉴定的研究等。⑦方剂学的基础理论及应用研究。如方剂配伍原理、剂型改革及制剂工艺的研究，药品质量控制检测原理研究等。⑧中西医结合防治疾病的临床应用和基础理论研究。⑨中国医学史研究。⑩历代医学流派学术理论研究。

新中国成立以来，中医药科学研究取得很大成就。针刺镇痛机理、骨折治疗、急腹症治疗等成果处于国际领先地位；基础理论研究中有关肾虚、脾虚的研究，活血化瘀、扶正培本、通里攻下、清热解毒等治则的研究，舌诊和脉诊的研究等方面，均有显著进展。在经络研究方面，肯定了经络感传现象的存在，总结出感传规律，针刺镇痛得到了有力的科学论证。在中药研究方面，从中药青蒿中提取的青蒿素，是抗疟药物史上继喹啉类药物后的一项重大突破，对抗喹啉型疟疾、脑型疟疾的治疗效果达国际先进水平，挽救了全球数百万人的生命。按国际标准研制出的抗疟新药青蒿素和双氢青蒿素具有高效、速效、低毒、与氯喹无交叉抗药性以及使用方便的特点，其临床研究达到世界卫生组织对抗疟新药的临床研究技术要求。2015年10月，发现青蒿素的中国药学家屠呦呦因此获得诺贝尔生理学或医学奖，成为第一个获得诺贝尔自然科学奖的中国人。

第五节 中医药传承与文化传播

一、中医药传承

国家建立中医药传统知识保护数据库、保护名录和保护制度。中医药传统知识持有人对其持有的中医药传统知识享有传承使用的权利,对他人获取、利用其持有的中医药传统知识享有知情同意和利益分享等权利。国家对经依法认定属于国家秘密的传统中药处方组成和生产工艺实行特殊保护。

对具有重要学术价值的中医药理论和技术方法,省级以上人民政府中医药主管部门应当组织遴选本行政区域内的中医药学术传承项目和传承人,并为传承活动提供必要的条件。传承人应当开展传承活动,培养后继人才,收集整理并妥善保存相关的学术资料。属于非物质文化遗产代表性项目的,依照《中华人民共和国非物质文化遗产法》的有关规定开展传承活动。

国家发展中医养生保健服务,支持社会力量举办规范的中医养生保健机构。

传承中医药的宝贵知识和经验是中医药发展创新的源泉和基础。做好中医药传承工作的主要任务:对中医药理论进行系统整理和现代诠释,研究挖掘中医药科学文献和古典医籍,构建中医药知识库;收集整理名老中医的学术思想、临床经验和用药方法并进行系统研究,建立高效的传承方法和个性化诊疗体系;对传统制药技术和老药工经验进行深入研究,使之成为规范化的工艺技术;对民族、民间医药传统知识和技术逐步开展系统的继承、整理和挖掘研究。中医药创新的主要任务:充分运用中国所具有的中医、西医和中西医结合三支力量共同发展的历史积累和独特经验,以及现代系统科学与复杂科学等理论和方法,对中医药学蕴含的生命科学问题开展广泛深入的研究和探索,在丰富和发展中医药理论和方法体系的同时,争取在与中医药科学内涵相关的若干问题上取得突破;加强中药作用的物质基础和作用机理的研究,运用现代科学方法和技术诠释中医药理论,并指导创新药物的开发;探索建立系统和综合的医学方法学体系,对个体生命的健康、亚健康和疾病发生、发展、演变、转归过程进行认知和干预,促进中西医药学的优势互补及相互融合,为创建具有中国特色的新医药学奠定基础。

中医药传统知识是一个庞大而复杂的知识体系,有丰富的内容和形式多样的存续、表达方式以及与之相关的资源等。保护对象中比较核心和重要并具有相当商业价值的主要有:

(1)中医药理论知识,如药物理论、方剂理论、疾病与诊疗理论等;

(2)中药资源,如数量众多的中药材物种资源和基因资源;

(3)中药材加工炮制技术,如中药材的栽培、养殖;

(4)中医方剂,如处方和制剂,包括古籍中已记载的9万余首医方;

(5)中医诊疗技术,如望、闻、问、切四诊法、针灸、火罐、推拿、按摩、气功、理疗、火疗、脐疗、耳疗、刺血疗法、熏蒸等;

(6)中医养生保健,如推拿、导引、刮痧、食疗、药浴、太极、五禽戏等;

（7）中医药特有的标记、符号，如扁鹊、华佗、张仲景等名医的名称，人参、当归、何首乌等中药的名称，十全大补汤、六神丸等方剂名，同仁堂、雷允上等传统药铺，经络图、铜人等图谱。

对中药知识产权的保护有专利保护、商标保护、行政保护、商业秘密保护和新药保护等措施。在国际上获得普遍认可的、法律效力最高的是专利保护。但实践中对中药传统知识采用专利保护的现行法律尚有局限性，目前主要采取的是行政性非物质文化遗产保护，即将一部分有代表性的中药传统知识列入国家或省级非物质文化遗产代表性项目，依照《中华人民共和国非物质文化遗产法》的有关规定开展传承活动。

二、中医药文化传播

县级以上人民政府应当加强中医药文化宣传，普及中医药知识，鼓励组织、个人创作中医药文化和科普作品。

开展中医药文化宣传和知识普及活动，应当遵守国家有关规定。任何组织、个人不得对中医药作虚假、夸大宣传，不得冒用中医药名义牟取不正当利益。

广播、电视、报刊、互联网等媒体开展中医药养生知识宣传，应当聘请中医药专业技术人员进行。

第六节　中医药发展保障措施

发展中医药是各级政府义不容辞的责任。政府需要在经费投入、政策扶持、组织协调等方面为中医药发展提供保障。

一、政府的支持和保障

县级以上人民政府应当将中医药事业纳入国民经济和社会发展规划，建立健全中医药管理体系，统筹推进中医药事业发展。

县级以上人民政府应当为中医药事业发展提供政策支持和条件保障，将中医药事业发展经费纳入财政预算。

县级以上人民政府及其有关部门制定基本医疗保险支付政策、药物政策等医药卫生政策，应当有中医药主管部门参加，注重发挥中医药的优势，支持提供和利用中医药服务。

县级以上地方人民政府有关部门应当按照国家规定，将符合条件的中医医疗机构纳入基本医疗保险定点医疗机构范围，将符合条件的中医诊疗项目、中药饮片、中成药和医疗机构中药制剂纳入基本医疗保险基金支付范围。

开展法律、行政法规规定的与中医药有关的评审、评估、鉴定活动，应当成立中医药评审、评估、鉴定的专门组织，或者有中医药专家参加。

国家采取措施，加大对少数民族医药传承创新、应用发展和人才培养的扶持力度，加强少数民族医疗机构和医师队伍建设，促进和规范少数民族医药事业发展。

二、中医药标准体系建设

国家加强中医药标准体系建设,根据中医药特点对需要统一的技术要求制定标准并及时修改。中医药国家标准、行业标准由国务院有关部门依据职责制定或者修改,并在其网站上公布,供公众免费查阅。

国家推动建立中医药国际标准体系。

目前,我国的中医药标准分为国家标准和行业及行业组织标准两个层次,中医药标准体系框架已基本形成,中医药标准体系表草案已经完成。中医药各方面技术标准的制定,将为中医药走向规范化、现代化打下坚实基础。

促进中医药的国际传播和应用,除了使中医药独特的医疗保健康复模式及其价值被国际社会所理解和接受外,至为重要的是要建立符合中医药特点的标准规范并争取成为传统医药的国际标准,进而努力使中医药服务与产品符合国际标准,奠定中医药的合法地位,这样才能使中医药知识与文化得到有效的传播。国际标准化组织(ISO)2016年4月发布了由中国专家主导制定的5项中医药国际标准:《一次性使用无菌针灸针》《中医药——人参种子种苗——第一部分:亚洲人参》《中医药学语言系统语义网络框架》《中医药文献元数据》《中药编码系统——第一部分:中药编码规则》。这些标准是推动中医实现国际化、现代化、标准化、规范化和信息化实质性的关键措施。

第七节　法律责任

一、政府有关部门的法律责任

县级以上人民政府中医药主管部门及其他有关部门未履行《中医药法》规定的职责的,由本级人民政府或者上级人民政府有关部门责令改正;情节严重的,对负有责任的主管人员和其他直接责任人员,依法给予处分。

二、中医医疗机构、中医药从业人员的法律责任

中医诊所超出备案的诊疗范围开展医疗活动的,由所在地县级人民政府中医药主管部门责令改正,没收违法所得,并处1万元以上3万元以下罚款;情节严重的,责令停止执业活动。中医诊所被责令停止执业活动的,其直接负责的主管人员自处罚决定作出之日起5年内不得在医疗机构内从事管理工作。医疗机构聘用上述不得从事管理工作的人员从事管理工作的,由原发证部门吊销执业许可证或者由原备案部门责令停止执业活动。

经考核取得医师资格的中医医师超出注册的执业范围从事医疗活动的,由县级以上人民政府中医药主管部门责令暂停6个月以上1年以下执业活动,并处1万元以上3万元以下罚款;情节严重的,吊销执业证书。

举办中医诊所、炮制中药饮片、委托配制中药饮片应当备案而未备案,或者备案时提供虚假材料的,由中医药主管部门和药品监督管理部门按照各自职责分工责令改正,没收违法

所得,并处3万元以下罚款,向社会公告相关信息。

发布的中医医疗广告内容与经审查批准的内容不相符的,由原审查部门撤销该广告的审查批准文件,一年内不受理该医疗机构的广告审查申请。

【思考题】

1.《中医药法》在放宽中医药服务准入方面的规定有哪些?

2. 为什么在现代医学日益发达的情况下,还要继承弘扬中医药?

第二十章 现代医学与法律

【学习目的】

本章讲述了现代医学的发展及其相关国内外立法。通过对本章的学习,掌握人体器官移植的概念,禁止人体器官买卖、人体器官捐献的原则,熟悉人类辅助生殖技术、基因工程、脑死亡、安乐死的概念,了解各国相关立法。

【案例】

据某网媒报道,2018年,来自中国深圳的科学家某某在第二届国际人类基因组编辑峰会召开前一天宣布,一对名为露露和娜娜的基因编辑婴儿于11月在中国诞生。这对双胞胎的一个基因经过修改,使她们出生后即能天然抵抗艾滋病。

问题:"基因编辑婴儿"的行为合法吗?

第一节 人类辅助生殖技术与法律

一、人类辅助生殖技术概述

人类辅助生殖技术(Assisted Reproductive Technology,ART),又称人工生殖技术,一般指运用医学技术和方法对配子、合子、胚胎进行人工操作,以达到受孕目的的技术,分为人工授精和体外受精-胚胎移植技术及其各种衍生技术。

人类辅助生殖技术的出现为不孕不育家庭带来了福音。但是,人类在改变自然生殖过程、造福人类的同时,也使传统社会赖以维系运转的身份、家庭、血缘等社会基础面临前所未有的挑战,可能也会打开"潘多拉魔盒"。

我国《民法典》规定,从事与人体基因、人体胚胎等有关的医学和科研活动,应当遵守法律、行政法规和国家有关规定,不得危害人体健康,不得违背伦理道德,不得损害公共利益。

（一）人工授精

人工授精（Artificial Insemination, AI），是指用人工方式将精液注入女性体内以取代性交途径使其妊娠的一种方法。根据精液来源不同，人工授精可以分为丈夫精液人工授精、供精人工授精和混合人工授精三种。另外，还可根据精液贮存时间的长短，将人工授精分为鲜精人工授精和冻精人工授精。

丈夫精液人工授精（AIH），又称夫精人工授精、同质人工授精、同源人工授精或配偶间人工授精，是指用丈夫的精液注入配偶的体内进行人工授精的技术。

供精人工授精（AID），又称异质人工授精、异源人工授精或非配偶间人工授精，是指用丈夫以外的其他供精者提供的精液注入女性体内进行人工授精的技术。

混合人工授精，是指将丈夫的精液与供精者的精液混合后注入女性体内进行人工授精的技术。

人类人工授精的记录，可以追溯到18世纪，至今已有200余年的历史。1770年，英国伦敦的约翰·亨特（John Hunter）将一位尿道下裂且不能正常性交的患者的精液移注到其妻子的阴道内，成功地使其妻子怀孕并产下了一个正常的婴儿，从而完成有文字记载的人类第一例人工授精手术。1884年，美国费城的医生威廉·潘科斯特（William Pancoast）用一位捐赠者的精子使一位无精子症男子的夫人受孕，这是人类历史上文字记载的最早成功进行的供精人工授精记录。1953年，美国阿肯色大学医学中心的谢尔曼（Sherman）和布奇（Bunge）博士宣布超低温长期冷冻精液获得成功，并为3名妇女成功进行人工授精，由此推动了冷冻精子库的建立，使AID技术得以广泛应用。

（二）体外受精－胚胎移植技术

体外受精－胚胎移植技术（In Vitro Fertilization and Embryo Transfer, IVF-ET）及其各种衍生技术，是指从女性体内取出卵子，在器皿内培养后，加入经技术处理的精子，待卵子受精后，继续培养，到形成早早期胚胎时，再转移到子宫内着床，发育成胎儿直至分娩的技术。由于这个过程的最早阶段在试管内进行，人们将通过这种技术而诞生的婴儿称为"试管婴儿"。

1978年7月25日，英国学者斯蒂普特（Steptoe）和爱德华兹（Edwards）合作开创体外受精－胚胎移植技术，世界上第一个试管婴儿路易丝·布朗在英国的奥尔德海姆诞生。1988年3月，我国内地（大陆）首例试管婴儿在北京医科大学附属第三医院诞生。体外受精－胚胎移植技术为不孕夫妇带来了福音，每年出生的试管婴儿数量呈几何级数增长。

（三）代孕

代孕（Surrogacy），是指女性接受他人委托，通过人工辅助生殖技术代他人妊娠并生育子女的行为。接受委托代他人生育的女性又称代孕母亲、代理母亲（Surrogate Mother, SM）。代孕主要有两种形式：一种是完全代孕，即代孕母亲用自己的卵子人工受精后妊娠，分娩后将孩子交给委托人抚养；另一种是部分代孕，即代孕母亲利用他人的受精卵植入自己的子宫妊娠，分娩后将孩子交给委托人抚养。

二、人类辅助生殖技术的法律问题

"科学技术是一柄双刃剑"，为避免或减少科学技术对社会的损害，《中华人民共和国科学技术进步法》（自2008年7月1日起施行）作出"国家禁止危害国家安全、损害社会公共利益、危害人体健康、违反伦理道德的科学技术研究开发活动"的规定。人类辅助生殖技术在屡屡创造生命奇迹的同时，也给人们带来了诸多困惑和争议，它拷问着人类的智慧与选择。

（一）夫精人工授精的法律问题

根据法律事实发生时间的不同，夫精人工授精的法律问题可以划分为两类：一是AIH子女出生后的法律地位问题；二是夫精人工授精过程中的法律问题。

关于AIH子女的法律地位问题。一般认为，应当给予AIH子女正常的法律地位，理由是夫精人工授精使用的是丈夫的精子，AIH子女的出生对以血缘为纽带组成的社会细胞——家庭的稳定性没有造成根本性的冲击，没有割断或打乱父母子女之间的血缘伦理关系，因此，没有理由否定AIH婴儿的法律地位。

关于夫精人工授精过程中的法律问题。虽然夫精人工授精所引起的伦理与法律问题与供精人工授精和混合人工授精相比较为缓和，但也引起了传统社会中前所未遇的一系列伦理与法律问题，这类问题主要是由授精过程所引发，主要包括：冷冻精子的保存年限过长必然会引起子女与父母巨大的年龄差距，这是否会影响子女的健康成长？冷冻精子的使用权是否应由夫妻共同行使？丈夫死亡以后，妻子是否有权动用丈夫的冷冻精子？被限制人身自由的罪犯是否可以通过人工授精的方式行使生育权？冷冻受精卵是人还是物？

（二）供精人工授精的法律问题

根据法律事实发生时间的不同，供精人工授精的法律问题也可以划分为两类：一是AID子女出生后的法律地位问题；二是供精人工授精过程中的法律问题。

关于AID子女的法律地位问题。与AIH子女不同，由于使用丈夫以外的其他供精者提供的精液注入女性体内，AID子女与生母之夫没有自然血缘关系，供精者不是"丈夫"，而是"第三者"，这就对以血缘为纽带组成的社会细胞——家庭的稳定性造成了前所未有的冲击，因此必须确定AID子女与"丈夫"和"第三者"之间的法律关系内容。就目前世界上的立法来看，大多数国家和地区明确规定受精妇女和知情同意的"丈夫"为AID子女的法定父母，即在知情同意的前提下，"丈夫"承担"父亲"的法律义务。例如，1972年，美国《统一亲子法》规定："在供精人工授精情形下，丈夫须书面承诺，经夫妻双方签字，法律将丈夫和胎儿的自然父亲同样对待，供精人被视为胎儿的自然父亲。"在我国，AID子女的法律地位已为法律实践所确认。1991年7月8日，最高人民法院在答复河北省高级人民法院的《最高人民法院关于夫妻离婚后人工授精所生子女的法律地位如何确定的复函》中指出，在夫妻关系存续期间，双方一致同意进行人工授精，所生子女应视为夫妻双方的婚生子女，父母子女之间权利义务关系适用《中华人民共和国婚姻法》的有关规定。

关于供精人工授精过程中的法律问题。这类问题同样是由授精过程所引发，主要包括：对供精者是否应进行资格审查？供精者是否享有匿名权？精子是否可以买卖？如何管理供精者的精子？"名人精子库""博士精子库""明星精子库"应如何对待？

（三）体外受精-胚胎移植技术的法律问题

与AIH和AID相比，IVF-ET引发的法律问题更为复杂，这是由于这种技术的实施更多地代替了人的自然生殖过程。在实施过程中，卵子受精过程在妇女体外完成，因此，必然会产生与此相关的有关供卵和胚胎的法律问题。

关于IVF-ET子女的法律地位问题。由于IVF-ET的技术特点，IVF-ET子女的产生可能会有四种情形：妻卵与夫精相结合；妻卵与供精相结合；供卵与夫精相结合；供卵与供精相结合。前两种情形分别与AIH和AID相类似,所引发的父母子女之间的伦理关系在本质上并无区别,可以分别采用相应的方式加以确认。对于供卵与夫精相结合,这类IVF(试管婴儿)子女会有"两个"母亲——遗传学意义上的母亲和生育母亲,一般认为,生育母亲是其合法母亲,而不是供卵者。例如,英国1990年通过的《人类受精和胚胎法案》规定,一个由植入体内的胚胎或卵子而孕育孩子的妇女应被视为该孩子的母亲,而非其他妇女。对于供卵与供精相结合的情形,依然可采生育母亲是IVF子女的合法母亲的原则,再结合AID子女的解决原则,即可得到处理。一般认为,供卵者与供精者仅仅是孩子的遗传学意义上的父母,而十月怀胎孕育孩子的过程,使生育母亲和子女之间的关系更加贴近传统的血缘伦理关系,这与传统法律中的"抚养关系",有着相似之处。

(四)代孕的法律问题

代孕技术自出现之日就引起了医学界、法学界、伦理学界等社会各界的广泛争议,支持和反对代孕技术的双方之间的争论远未平息。

反对代孕技术的理由是,首先,代孕技术引起社会伦理新的混乱,孩子可能会面临同时有三个"母亲"(遗传学意义上的母亲、生育母亲、抚养母亲)的尴尬局面。另外,亲属之间的代孕也会产生新的伦理问题。如据媒体报道,英国莱斯特市一对年轻夫妇因为患上不孕症,妻子的母亲当"代孕妈妈",生下一对双胞胎孩子,"代孕妈妈"就成了孩子的外婆。其次,代孕技术损害了妇女的人格尊严,将妇女沦为生育工具。然后,代孕技术难以避免商业化,如果允许收取报酬,则将妇女甚至婴儿商品化,显然为现代文明所反对,如果禁止收取报酬,则又难以制定出具有可操作性的行为规范。最后,不孕夫妇完全可以通过收养而实现自己拥有孩子的梦想。

支持代孕技术的理由主要是,首先,代孕技术有助于公民生育权的实现。如果女性公民先天或后天具有子宫或卵巢缺陷,将无法拥有带有自己全部或部分血缘的孩子,无法实现其生育权,代孕技术则可以帮助这种有缺陷的公民实现其生育权。其次,代孕技术是医学的巨大进步,可以通过完善立法等行为规范来避免代孕技术产生的弊端,而不是因噎废食。

我国原卫生部发布的《人类辅助生殖技术管理办法》明文禁止实施任何形式的代孕技术。

三、我国人类辅助生殖技术的立法现状

为了防止人类辅助生殖技术的滥用,原卫生部于2001年颁布了《人类辅助生殖技术管理办法》和《人类精子库管理办法》两个规章,2003年实施了新的《人类辅助生殖技术与人类精子库评审、审核和审批管理程序》《人类辅助生殖技术规范》《人类精子库基本标准和技术规范》《人类辅助生殖技术和人类精子库伦理原则》。2015年,原国家卫生计生委颁发了《关于印发人类辅助生殖技术配置规划指导原则(2015版)的通知》《关于加强人类辅助生殖技术与人类精子库管理的指导意见》《关于规范人类辅助生殖技术与人类精子库审批的补充规定》。

四、人类辅助生殖技术管理办法

为保证人类辅助生殖技术安全、有效和健康发展,规范人类辅助生殖技术的应用和管理,保障人民健康,原卫生部颁布了《人类辅助生殖技术管理办法》,自2001年8月1日起施

行。

(一)适用范围、基本原则及监管体制

本办法适用范围是,适用于开展人类辅助生殖技术的各类医疗机构。

基本原则包括以医疗为目的的原则、非商业利用的原则以及禁止代孕的原则。人类辅助生殖技术的应用应当在医疗机构中进行,以医疗为目的,并符合国家计划生育政策、伦理原则和有关法律规定。禁止以任何形式买卖配子、合子、胚胎。医疗机构和医务人员不得实施任何形式的代孕技术。

卫生部主管全国人类辅助生殖技术应用的监督管理工作。县级以上地方人民政府卫生行政部门负责本行政区域内人类辅助生殖技术的日常监督管理。

(二)人类辅助生殖技术的审批

申请人条件。申请开展人类辅助生殖技术的医疗机构应当符合下列条件:具有与开展技术相适应的卫生专业技术人员和其他专业技术人员;具有与开展技术相适应的技术和设备;设有医学伦理委员会;符合卫生部制定的《人类辅助生殖技术规范》的要求。

申请文件。申请开展人类辅助生殖技术的医疗机构应当向所在地省、自治区、直辖市人民政府卫生行政部门提交下列文件:可行性报告;医疗机构基本情况(包括床位数、科室设置情况、人员情况、设备和技术条件情况等);拟开展的人类辅助生殖技术的业务项目和技术条件、设备条件、技术人员配备情况;开展人类辅助生殖技术的规章制度;省级以上卫生行政部门规定提交的其他材料。

申请程序。申请开展丈夫精液人工授精技术的医疗机构,由省、自治区、直辖市人民政府卫生行政部门审查批准。省、自治区、直辖市人民政府卫生行政部门收到前条规定的材料后,可以组织有关专家进行论证,并在收到专家论证报告后30个工作日内进行审核,审核同意的,发给批准证书;审核不同意的,书面通知申请单位。对申请开展供精人工授精和体外受精-胚胎移植技术及其衍生技术的医疗机构,由省、自治区、直辖市人民政府卫生行政部门提出初审意见,卫生部审批。卫生部收到省、自治区、直辖市人民政府卫生行政部门的初审意见和材料后,聘请有关专家进行论证,并在收到专家论证报告后45个工作日内进行审核,审核同意的,发给批准证书;审核不同意的,书面通知申请单位。

变更登记。批准开展人类辅助生殖技术的医疗机构应当按照《医疗机构管理条例》的有关规定,持省、自治区、直辖市人民政府卫生行政部门或者卫生部的批准证书到核发其医疗机构执业许可证的卫生行政部门办理变更登记手续。

校验。人类辅助生殖技术批准证书每2年校验一次,校验由原审批机关办理。校验合格的,可以继续开展人类辅助生殖技术;校验不合格的,收回其批准证书。

(三)人类辅助生殖技术的实施

实施机构和技术规范要求。人类辅助生殖技术必须在经过批准并进行登记的医疗机构中实施,未经卫生行政部门批准,任何单位和个人不得实施人类辅助生殖技术;实施人类辅助生殖技术应当符合《人类辅助生殖技术规范》的规定。

知情同意原则。实施人类辅助生殖技术应当遵循知情同意原则,并签署知情同意书。涉及伦理问题的,应当提交医学伦理委员会讨论。

精子使用制度。实施供精人工授精和体外受精-胚胎移植技术及其各种衍生技术的医疗机构应当与卫生部批准的人类精子库签订供精协议。严禁私自采精。医疗机构在实施人类辅助生殖技术时应当索取精子检验合格证明。

保密和档案管理规范。实施人类辅助生殖技术的医疗机构应当为当事人保密，不得泄漏有关信息；不得进行性别选择，法律法规另有规定的除外；应当建立健全技术档案管理制度，供精人工授精医疗行为方面的医疗技术档案和法律文书应当永久保存。

培训和质量管理。实施人类辅助生殖技术的医疗机构应当对实施人类辅助生殖技术的人员进行医学业务和伦理学知识的培训。卫生部指定卫生技术评估机构对开展人类辅助生殖技术的医疗机构进行技术质量监测和定期评估。技术评估的主要内容为人类辅助生殖技术的安全性、有效性、经济性和社会影响。监测结果和技术评估报告报医疗机构所在地的省、自治区、直辖市人民政府卫生行政部门和卫生部备案。

第二节　人类基因工程与法律

一、基因工程概述

（一）基因与人类基因组计划

基因（Gene），也被称为遗传因子，是具有遗传效应的DNA或RNA片段，是控制生物性状的基本遗传单位。它是含特定遗传信息的核苷酸序列，对生物遗传信息的传递、表达、形状控制起着决定性的作用。

1953年4月25日，英国《自然》杂志刊登了美国分子生物学家沃森（Watson）和英国分子生物学家克里克（Crick）合作研究的成果——DNA双螺旋结构的分子模型，开创了分子遗传学发展的新时代，这一成就后来被誉为20世纪生物学方面最伟大的发现。

人类基因组计划（Human genome project, HGP）旨在对构成人类基因组的30多亿个碱基精确测序，从整体上破译人类遗传信息，使得人类第一次在分子水平全面地认识自我。1990年10月1日，历经5年辩论之后，美国国会批准美国的"人类基因组计划"正式启动。随后，中、日、德、法、英等国也纷纷加入，于2003年4月13日首次公布了人类的完整基因组信息。人类基因组计划耗资30亿美元，与曼哈顿原子弹计划、阿波罗登月计划一起被称为20世纪三大科学工程。它同时将贯穿于整个21世纪，被认为是21世纪最伟大的科学工程。

2016年6月，伯克（Jef D. Boeke）、丘奇（George Church）等25人在《科学》杂志上公布了"人类基因组编写计划"（HGP-write），探讨人工合成人类基因组的可能性。一石激起千层浪，消息传出就引发各界广泛争议，很多科学家对该做法可能会引发的伦理问题表示了担忧。

人类基因组计划大大增进了人类对基因的认识，同时也加速了基因技术在医学领域的应用。

（二）基因工程

基因工程（Genetic Engineering），又称基因拼接技术和DNA重组技术，包括利用载体系统的重组体DNA技术，以及利用物理或者化学方法把异源DNA直接导入有机体的技术。基因工程的对象可以是一切生物体，包括微生物、植物、动物、人类。由于采用工程方法，能使基因技术得到广泛应用,在造福人类的同时,潜在的危害也因此而增大。

基因工程是20世纪下半叶蓬勃兴起和发展的现代生物技术的最前沿领域。20世纪60年代末至70年代初,阿尔伯(Arber)和史密斯(Smith)发现细胞中有两种"工具酶",能对DNA进行"剪切"和"连接",内森斯(Nathans)则使用工具酶首次实现了DNA切割和组合,三位科学家因此而获得1978年诺贝尔生理学或医学奖,为基因工程的产生拉开了序幕。

(三)基因工程的各国立法

为了保障基因工程技术在发展的同时最大限度地消除它的负面影响,世界各国纷纷制定相应的规则予以规范。

1976年6月23日,针对重组DNA研究工作的潜在危险性,美国国家卫生研究院(NIH)制定并公布了世界上第一个实验室基因工程应用法规——《重组DNA分子实验室准则》,2009年,《反基因歧视法》生效。德、英、日、奥等国也先后制定了关于基因技术安全方面的法律。欧盟于1997年通过了《欧洲人权和生物医学公约》。国际人类基因组组织(HUGO)伦理委员会也发表了一系列声明。1992年,联合国环境与发展大会通过了《生物多样性公约》。

1997年11月11日,联合国教科文组织大会第29届会议通过了《世界人类基因组与人权宣言》,规定了基因研究应遵循的原则:①每个人都有权使其尊严和权利受到尊重;②事先、自愿和明确同意;③任何人都不应因其遗传特征而受到歧视;④必须以尊重人的人权、基本自由和尊严为前提;⑤不允许进行任何有损于人类尊严的科研活动,例如运用克隆技术复制人;⑥不用于非和平目的。这些基本原则对保护人权、防止和抑制基因技术的滥用都具有重大的指导意义,也成为世界各国立法的基础。

2005年,联合国大会通过的《联合国关于人的克隆的宣言》,要求各国考虑禁止违背人类尊严的各种形式的克隆人。

二、人类基因工程的法律问题

基因工程中,人类基因工程引起的法律问题更为引人注目,包括基因工程药物、基因诊断、基因治疗、人类遗传资源、克隆人等。

(一)基因诊断的法律问题

基因诊断又称DNA诊断、基因探针技术,指用基因检测的方法对人们的精神和体质状态作出判断。人类的许多疾病都与自身的基因有关。目前,已发现的遗传病有6 500多种,其中由单基因缺陷引起的就有3 000多种。因此,基因诊断技术的出现,对于人类预防、诊断疾病具有重大意义。

基因诊断在给人们带来福祉的同时,也引发了社会对它的法律争论。比如:个人对基因是否具有隐私权?谁对患者的基因信息享有知情权?在基因诊断中,医生是否应当对患者的基因信息负有保密的义务?医生能否对在诊断中获取的基因信息加以利用?对某些患有遗传缺陷的人的基因信息,是否可以出于公共利益的目的而予以公开?

上述问题的核心是基因诊断中的患者隐私权问题。一般认为,在基因诊断中,患者对其基因享有隐私权。1997年,联合国教科文组织大会第29届会议上一致通过了《世界人类基因组与人权宣言》。该宣言规定:"为研究或其他任何目的而与个人有关的或存储处理的基因数据均应依法保密。遗传学资料依法律要求应被保守秘密。"虽然每个人的基因都不同,但作为"人",其基因必然会与家庭成员、宗族、民族、种族具有共同性,因此,个人的基因隐私权必然会受到这些共同性的限制。

基因的检测和诊断还会引起基因歧视问题。人与人的基因存在着一定差异,这种差异可以表现为不同的生理、行为、智力特征。随着基因技术的发展,可以从一根头发、一片皮屑中方便地了解到一个人全部的基因特征,因此,如果不予保护,将在教育、就医、保险、婚姻、家庭等方面不可避免地带来基因歧视问题。而《世界人类基因组与人权宣言》中,明确宣称"任何人不应因其基因特征受到歧视,否则将会侵害或具有侵犯人权、基本自由及人类尊严的作用"。

个人的平等权利是现代社会正常运转的基石,现代文明不允许类似"二战"中的"种族灭绝"的历史悲剧重演。

(二)基因治疗的法律问题

基因治疗,是指通过基因的添加和表达来治疗或预防疾病,这些基因片段能够重新构成或纠正那些缺失的或异常的基因功能,或者能够干预致病过程。

基因治疗的出现,对人类健康有重要意义。首先,基因治疗为治疗疾病提供了新途径;其次,基因治疗使遗传病等的治疗面临重大转机;最后基因治疗使得给药更加高效。许多疾病是局部组织器官结构和功能障碍,不需全身用药,基因治疗技术可以利用基因枪传送药物到人体内的特定部位,局部用药可以达到相同的疗效。基因治疗被称为人类医疗史上的第四次革命,而通过基因治疗将使人类的许多不治之症得以克服。

基因治疗面临较多的法律问题。基因治疗自问世以来,有关的法律争论从未停止。为此,人类基因组计划在开始时就包含一个子计划,即人类基因组计划的ELSI(Ethcal, legal and social Implications)研究,专门用来研究它所带来的伦理、法律和社会问题,其经费占人类基因组计划总计划经费的5%。这也是人类基因组计划与曼哈顿原子弹计划和阿波罗登月计划等20世纪人类史上其他特大科学工程相比一个很大的不同。基因治疗面临的法律问题主要包括:什么是正常基因?什么是残疾或缺陷?残疾和缺陷由谁来决定?需要治疗或预防它们吗?是否应当允许基因增强——不涉及疾病治疗或预防的基因治疗,如改变身高特征之类?如果基因增强成为常事,会对基因库的多样性造成什么样的影响?现阶段,谁将利用昂贵的基因技术?谁来支付使用这些技术的费用?

(三)克隆与克隆人的法律问题

1. 克隆与克隆人

"克隆"(Clone)一词起源于希腊文"Klone",一般指用无性生殖产生个体有机体或细胞的遗传拷贝,涉及一系列技术,包括胚胎分裂、将体细胞核转移到去核卵以及用细胞培养建立来源于一个体细胞的细胞系。人的克隆(Humancloning)是生物体克隆的一种。

1997年2月23日,英国苏格兰罗斯林研究所的科学家伊恩·威尔穆特宣布,他们的研究小组利用一只绵羊的乳腺上皮细胞成功地"克隆"出世界上第一只体细胞克隆动物——克隆羊"多莉"(Dolly)。"多莉"的诞生,突破了利用胚胎细胞进行核移植的传统方式,科学家预测,从技术层面说,"克隆人"的诞生是可以实现的。

人的克隆,按照克隆的目的可分为基础性研究、治疗性克隆和生殖性克隆。基础性研究是指利用克隆技术探讨种种科学问题。治疗性克隆,指出于医疗目的的克隆,如使用克隆技术产生出特定细胞和组织用于治疗。生殖性克隆,是指出于生殖目的的克隆,如使用克隆技术在实验室制造人类胚胎,然后将胚胎置入人类子宫发育成胎儿和婴儿的过程。一般认为,后二者的界限在于胚胎的存活时间是否超过14天,超过14天,即被认为属于生殖性克隆。我国于2003年颁布的《人胚胎干细胞研究伦理指导原则》明确指出,进行人胚胎干细胞研究,囊胚的体外培养期限自受精或核移植开始不得超过14天。从理论上讲,"克隆人"的诞生是可以实现的,但基于尊重人类尊严的伦理学考虑,目前世界各国政府严禁生殖性克隆。

2. 克隆技术的法律问题

克隆技术引发的法律问题主要是"克隆人"的法律问题。微生物克隆、生物技术克隆以及人以外的动物克隆主要引发的是环境、食品、物种等问题,不直接涉及改变人自身的问题。而克隆羊"多莉"的诞生在世界范围引起激烈争论,是因为人们从这一事件中,已经预见到"克隆人"距离人类社会已经不远了,人们必须作出选择:是否愿意和"克隆人"一起分享现在的世界。

人们面临的法律问题主要包括以下几个方面。①"克隆人"的法律地位问题,如:"克隆人"是人吗?"克隆人"和"人"的界限是什么?②"克隆人"与被克隆人之间关系的处理问题,如:克隆人与被克隆人的关系是母子关系或父子关系,还是兄弟姐妹关系?③"克隆人"与其他社会成员之间关系的处理问题,如:"克隆人"的抚养、婚姻、继承等问题如何解决?谁有资格决定进行克隆人的行为?

关于克隆人的争论,主要存在着全面禁止和部分禁止两种观点。

3. 禁止生殖性克隆人

由于生殖性克隆人涉及伦理、法律、技术等复杂问题,目前国际社会普遍反对生殖性克隆人。

反对生殖性克隆人的主要理由:①克隆人的出现是对人类尊严、个性的破坏。人不是工具,不能复制来复制去,同时,相同的遗传特征将使得人丧失个性,这是人们所难以忍受的。②克隆人的出现会动摇、改变人类社会的存续基础。人类社会一直以来以有性生殖作为繁衍后代的唯一方式,这种繁衍方式是家庭、宗族、社会得以构建和运行的基石。一旦克隆人出现,人类繁殖后代的过程不再需要两性共同参与,则所有这一切都可能因之改变。③克隆人技术还不成熟。就目前的技术水平而言,盲目克隆人会使人类面临许多现实或可能的危险,如丧失遗传多样性的危险、技术被滥用的危险、克隆人早衰的危险等。著名的"多莉"羊是克隆277个绵羊胚胎后唯一的"硕果"。2003年2月14日,培育出"多莉"的苏格兰罗斯林研究所发表新闻公报说,由于发现"多莉"患有进行性肺病,研究人员对它实施了"安乐死"。这再次引发人们对克隆技术所引发的遗传缺陷、早衰的争论。如果等技术成熟了再来规范禁止克隆人,可能将为此付出巨大的代价,为防范或控制这些风险,必须防患于未然。④克隆人会引发诸多法律、伦理难题。如:"克隆人"是人吗?如何处理"克隆人"与人的关系?我们能"销毁"实际上是作为主体的"克隆人"吗?

目前,对人类进行生殖性克隆在英、德、美、加、日等30多个国家被宣布为非法。1998年,欧洲19个国家在法国巴黎签署了一项有关严格禁止克隆人的协议。1997年11月11日,联合国教科文组织大会第29届会议通过了《世界人类基因组与人权宣言》,指出:"违背人的尊严的一些做法,如用克隆技术繁殖人的做法,是不被允许的。"

2005年3月8日,第59届联合国大会批准了联合国大会法律委员会通过的《联合国关于人的克隆的宣言》,该宣言提出:"会员国应当考虑禁止违背人类尊严和对人的生命的保护的一切形式的人的克隆。"中国、英国等赞成治疗性克隆的国家投了反对票。中国投反对票并不意味着支持克隆人,而是反对禁止治疗性克隆研究。

三、我国人类基因工程的立法

我国关于人类基因工程的立法也在逐步推进。1993年,国家科委颁布了《基因工程安全管理办法》,1998年,科学技术部、卫生部颁布了《人类遗传资源管理暂行办法》,另外,卫生部还颁布了《人的体细胞治疗及基因治疗临床研究质控要点》(1993年),科学技术部、卫生部颁布了《中华人民共和国人胚胎干细胞研究伦理指导原则》(2003年),国家食品药品监督管理总局、国家卫生和计划生育委员会颁布了《关于加强临床使用基因测序相关产品和技术管理的通知》(2014年)等规范性文件。2009年,国务院办公厅颁发了《促进生物产业加快发展的若干政策》。国务院颁布的《中华人民共和国人类遗传资源管理条例》自2019年7月1日起实施。《中华人民共和国专利法》《中华人民共和国环境保护法》等法律中也有涉及生物技术的相关法律规定。总的来说,我国的基因工程相关立法还有待进一步完善。

第三节 器官移植的法律问题

一、器官移植概述

(一)器官移植

器官移植(Organ transplantation),是用健康的器官代替人的病损器官的医学技术。器官移植是移植术的一种,区别于细胞移植、组织移植。

根据供体与受体关系的不同,器官移植可以分为自体移植、异体移植与异种移植。自体移植是指供体与受体为同一人的器官移植。异体移植是指供体与受体为不同人的器官移植。异种移植,又称跨种移植,是指不同种属的个体之间的移植,临床异种移植指将动物的器官移植给人类。根据器官来源不同,可分为活体器官移植、遗体器官移植、人造器官移植和克隆器官移植。

(二)器官移植的发展概况

器官移植是人类自古以来的梦想,中外都曾有关于器官移植的传说。我国《列子·汤问》曾记载过战国时期的"神医"扁鹊为鲁公扈和赵齐婴换心的故事,"遂饮二人毒酒,迷死三日,剖胸探心,易而置之"。公元前12世纪,古印度神话故事中曾描述,湿婆神曾一怒之下将其子的头砍掉,尔后将一头犯禁的大象的头安在他身上,让其获得新生,成为"象头神"伽内沙。埃及著名的斯芬克斯狮身人面像,也反映了人类对器官移植的渴望。

器官移植的实现,离不开医学技术的发展。直到20世纪,器官移植才成为现实。一般说来,器官移植必须解决几个关键问题:①血液循环的重建;②移植器官活力的保持;③器官的排斥反应的克服。1902年,法国医生卡雷尔发明了血管缝合技术,美国的贝尔泽和科林斯分别于1967年和1969年创造出实用的降温灌洗技术,1978年,新一代免疫抑制剂环孢素问世,使移植的器官长期存活率大大提高。1954年,美国波士顿的医生默里成功地做了世界上第一例同卵双胞胎之间的肾移植手术,接受手术者活了8年,成为移植医学史上首例获得长期有功能存活的病例,从而开启了人类器官移植的先河。2013年,世界卫生组织称,全球一年实施近12万个器官移植手术。

至2018年底,我国公民逝世后器官捐献已累计突破1.51万例,捐献大器官5.8万个。2018年度,我国完成器官捐献6 302例,实施器官移植手术超过2万例,捐献数与移植数均位居世界第2位,每百万人口年捐献率(PMP)达到4.53,器官移植术后生存率达到国际先进水平。

（三）器官移植的各国立法

为了防范器官买卖等危害行为的发生,使器官移植技术造福人类,世界各国普遍重视人体器官移植立法,将器官移植的发展纳入法制的轨道。

大多数开展器官移植的国家,已基本完成了器官移植的立法工作。

各国的器官移植立法模式基本上分为两种:一是统一立法模式;二是单行立法模式。大多数国家采用统一立法模式,即制定统一的器官移植法法典,如美国于1968通过了《统一组织捐献法》,又于1984年颁布了《全美器官移植法》,加拿大、英国、法国、西班牙、新加坡、瑞典和挪威等国也采用这种模式。日本早期采用单行立法模式,后于1997年颁布了《器官移植法》(2009年修订),废止了1979年《角膜和肾脏移植法》,实现了器官捐献和移植的统一立法。

世界卫生组织于1991年制定了《世界卫生组织人体器官移植指导原则(草案)》,并于2008年修改为《世界卫生组织人体细胞、组织和器官移植指导原则(草案)》,内容分为序言和11项指导原则,规定了自愿捐献、医师回避、禁止器官买卖、保护非完全民事行为能力人、公正和平等分配等原则。

二、器官移植的法律问题

器官移植不仅面临供体器官缺乏的难题,同时,作为现代医学新技术,也面临着诸多法律、伦理等问题:如何确定器官的法律属性？可否允许异种器官移植？如何确定遗体器官捐献的主体？供体死亡采用何种标准？如何分配可获得的器官？器官移植是否可以商业化？如何保障器官移植中的公民的隐私权？另外,还有器官移植中的预防犯罪问题等等。

大多数开展器官移植的国家,在20世纪80年代以前就已基本完成了器官移植的立法工作。相对于其它现代医学技术而言,立法较为成熟。自愿捐献、禁止器官买卖、保护非完全民事行为能力人等原则得到普遍承认。

三、我国器官移植立法概况

近年来,随着我国器官移植技术的快速发展,器官移植法律体系已初步建立。

我国港、澳、台地区的器官移植立法起步较早。1987年,台湾地区率先通过了《人体器官移植条例》(2003年修订),1988年又颁布了《人体器官移植条例实施细则》等,构成了较为完整的器官移植立法体系。香港地区于1995年颁布了《人体器官移植条例》,并于1999年进行了修订。澳门地区于1996年颁布了《规范人体器官及组织之捐赠、摘取及移植》。

我国内地(大陆)也逐渐加快了器官移植立法的进程。2000年,上海市颁布的《上海市遗体捐献条例》是我国内地(大陆)地区关于遗体捐献的第一部地方法规。2003年,深圳市通过了《深圳经济特区人体器官捐献移植条例》，这是我国第一部全面规定人体器官移植和遗体捐献的地方法规。2006年，卫生部通过了《人体器官移植技术临床应用管理暂行规定》，这是关于器官移植的第一次全国性的立法。同年，卫生部发布了《关于印发肝脏、肾脏、心脏、肺脏移植技术管理规范的通知》。2007年，国务院通过了《人体器官移植条例》，这是我国关于器官移植的第一部行政法规。近年来，又陆续颁布了《关于规范活体器官移植的若干规定》（2009年）、《人体器官移植医师培训与认定管理办法（试行）》《人体器官移植医师培训基地基本要求》（2016年）、《中国人体器官分配与共享基本原则和核心政策》（2018年）、《人体捐献器官获取与分配管理规定》（2019年）和《人体器官移植技术临床应用管理规范（2020年版）》等系列规范性文件。

我国的《民法典》对人体器官的捐献等也作出了规定。第一千零六条规定：完全民事行为能力人有权依法自主决定无偿捐献其人体细胞、人体组织、人体器官、遗体。任何组织或者个人不得强迫、欺骗、利诱其捐献。完全民事行为能力人依据前款规定同意捐献的，应当采用书面形式，也可以订立遗嘱。自然人生前未表示不同意捐献的，该自然人死亡后，其配偶、成年子女、父母可以共同决定捐献，决定捐献应当采用书面形式。第一千零七条规定：禁止以任何形式买卖人体细胞、人体组织、人体器官、遗体。违反前款规定的买卖行为无效。

四、人体器官移植条例

为了规范人体器官移植，保证医疗质量，保障人体健康，维护公民的合法权益，国务院通过了《人体器官移植条例》（自2007年5月1日起施行，以下简称《条例》）。

（一）《条例》的适用范围、管理体制

关于适用范围。在中华人民共和国境内从事人体器官移植，适用该条例；从事人体细胞和角膜、骨髓等人体组织移植，不适用本条例；人体器官移植，是指摘取人体器官捐献人具有特定功能的心脏、肺脏、肝脏、肾脏或者胰腺等器官的全部或者部分，将其植入接受人身体以代替其病损器官的过程。

关于管理体制。根据《条例》，国务院卫生主管部门负责全国人体器官移植的监督管理工作，县级以上地方人民政府卫生主管部门负责本行政区域人体器官移植的监督管理工作。各级红十字会依法参与人体器官捐献的宣传等工作。

（二）禁止人体器官买卖

任何组织或者个人不得以任何形式买卖人体器官，不得从事与买卖人体器官有关的活动。

为了防止买卖、变相买卖人体器官行为的发生，《条例》作出了两方面的具体规定：

一方面，对收取人体器官移植手术费用的范围作出明确规定：从事人体器官移植的医疗机构实施人体器官移植手术，除向接受人收取下列费用外，不得收取或者变相收取所移植人体器官的费用：①摘取和植入人体器官的手术费；②保存和运送人体器官的费用；③摘取、植入人体器官所发生的药费、检验费、医用耗材费。费用的收取标准，依照有关法律、行政法规的规定确定并予以公布。

另一方面，对活体器官接受人的范围予以严格限制：活体器官的接受人限于活体器官捐献人的配偶、直系血亲或者三代以内旁系血亲，或者有证据证明与活体器官捐献人存在因帮扶等形成亲情关系的人员。

另外,《条例》还规定,人体器官移植技术临床应用与伦理委员会审查摘取人体器官审查申请时,应审查有无买卖或者变相买卖人体器官的情形。

2011年5月1日,《中华人民共和国刑法修正案(八)》施行,规定了组织出卖人体器官罪:组织他人出卖人体器官的,处5年以下有期徒刑,并处罚金;情节严重的,处5年以上有期徒刑,并处罚金或者没收财产。未经本人同意摘取其器官,或者摘取不满18周岁的人的器官,或者强迫、欺骗他人捐献器官的,依照故意杀人罪、故意伤害罪的规定定罪处罚。违背本人生前意愿摘取其尸体器官,或者本人生前未表示同意,违反国家规定,违背其近亲属意愿摘取其尸体器官的,依照盗窃、侮辱、故意毁坏尸体、尸骨、骨灰罪的规定定罪处罚。

(三)人体器官的捐献

人体器官捐献应当遵循自愿、无偿的原则。

自愿捐献原则是器官移植法律的基本原则,为保障公民捐献人体器官的合法权益,《条例》对此作了五个方面的规定。

1. 自由同意。公民享有捐献或者不捐献其人体器官的权利,任何组织或者个人不得强迫、欺骗或者利诱他人捐献人体器官。

2. 完全民事行为能力和书面形式。捐献人体器官的公民应当具有完全民事行为能力;公民捐献其人体器官应当有书面形式的捐献意愿,对已经表示捐献其人体器官的意愿,有权予以撤销。

3. 遗体捐献。公民生前表示不同意捐献其人体器官的,任何组织或者个人不得捐献、摘取该公民的人体器官,公民生前未表示不同意捐献其人体器官的,该公民死亡后,其配偶、成年子女、父母可以以书面形式共同表示同意捐献该公民人体器官的意愿。

4. 保护未成年人。任何组织或者个人不得摘取未满18周岁公民的活体器官用于移植。

5. 活体器官的接受人与捐献人之间须存在法定关系。活体器官的接受人限于活体器官捐献人的配偶、直系血亲或者三代以内旁系血亲,或者有证据证明与活体器官捐献人存在因帮扶等形成亲情关系的人员。

(四)开展人体器官移植医疗机构的资格

人体器官移植事关人的生命安全,并涉及有限器官资源的分配,为了确保医疗机构提供的人体器官移植医疗服务安全、有效,《条例》规定了开展人体器官移植医疗机构的准入和退出制度。

1. 符合法定条件。医疗机构从事人体器官移植,应当具备下列条件:①有与从事人体器官移植相适应的执业医师和其他医务人员;②有满足人体器官移植所需要的设备、设施;③有由医学、法学、伦理学等方面专家组成的人体器官移植技术临床应用与伦理委员会,该委员会中从事人体器官移植的医学专家不超过委员人数的1/4;④有完善的人体器官移植质量监控等管理制度。

2. 申请诊疗科目登记。医疗机构从事人体器官移植,应当依照《医疗机构管理条例》的规定,向所在地省、自治区、直辖市人民政府卫生主管部门申请办理人体器官移植诊疗科目登记;省、自治区、直辖市人民政府卫生主管部门进行人体器官移植诊疗科目登记时,应当考虑本行政区域人体器官移植的医疗需求和合法的人体器官来源情况,并及时公布已经办理人体器官移植诊疗科目登记的医疗机构名单。

3. 诊疗科目登记的注销。已经办理人体器官移植诊疗科目登记的医疗机构不再具备法定条件的,应当停止从事人体器官移植,并向原登记部门报告;原登记部门应当自收到报告之日起2日内注销该医疗机构的人体器官移植诊疗科目登记,并予以公布。

4. 医疗机构的报告与评估。从事人体器官移植的医疗机构应当定期将实施人体器官移植的情况向所在地省、自治区、直辖市人民政府卫生主管部门报告。具体办法由国务院卫生主管部门制定。省级以上人民政府卫生主管部门应当定期组织专家根据人体器官移植手术成功率、植入的人体器官和术后患者的长期存活率,对医疗机构的人体器官移植临床应用能力进行评估,并及时公布评估结果;对评估不合格的,由原登记部门撤销人体器官移植诊疗科目登记。

(五)人体器官的移植

医疗机构及其医务人员从事人体器官移植,应当遵守伦理原则和人体器官移植技术管理规范。

1. 医学检查和风险评估。实施人体器官移植手术的医疗机构及其医务人员应当对人体器官捐献人进行医学检查,对接受人因人体器官移植感染疾病的风险进行评估,并采取措施,降低风险。

2. 提出摘取人体器官审查申请。在摘取活体器官前或者尸体器官捐献人死亡前,负责人体器官移植的执业医师应当向所在医疗机构的人体器官移植技术临床应用与伦理委员会提出摘取人体器官审查申请;人体器官移植技术临床应用与伦理委员会不同意摘取人体器官的,医疗机构不得做出摘取人体器官的决定,医务人员不得摘取人体器官。

3. 审查同意。人体器官移植技术临床应用与伦理委员会收到摘取人体器官审查申请后,应当对下列事项进行审查,并出具同意或者不同意的书面意见:①人体器官捐献人的捐献意愿是否真实;②有无买卖或者变相买卖人体器官的情形;③人体器官的配型和接受人的适应证是否符合伦理原则和人体器官移植技术管理规范。经2/3以上委员同意,人体器官移植技术临床应用与伦理委员会方可出具同意摘取人体器官的书面意见。

4. 摘取活体器官。从事人体器官移植的医疗机构及其医务人员摘取活体器官前,应当履行下列义务:①向活体器官捐献人说明器官摘取手术的风险、术后注意事项、可能发生的并发症及其预防措施等,并与活体器官捐献人签署知情同意书;②查验活体器官捐献人同意捐献其器官的书面意愿、活体器官捐献人与接受人存在本条例法定关系的证明材料;③确认除摘取器官产生的直接后果外不会损害活体器官捐献人其他正常的生理功能。从事人体器官移植的医疗机构应当保存活体器官捐献人的医学资料,并进行随访。

5. 摘取尸体器官。摘取尸体器官,应当在依法判定尸体器官捐献人死亡后进行;从事人体器官移植的医务人员不得参与捐献人的死亡判定。从事人体器官移植的医疗机构及其医务人员应当尊重死者的尊严;对摘取器官完毕的尸体,应当进行符合伦理原则的医学处理,除用于移植的器官以外,应当恢复尸体原貌。

6. 器官的分配。申请人体器官移植手术患者的排序,应当符合医疗需要,遵循公平、公正和公开的原则。

另外,《条例》还规定,从事人体器官移植的医务人员应当对人体器官捐献人、接受人和申请人体器官移植手术的患者的个人资料保密。

第四节 脑死亡与法律

一、脑死亡概述

脑死亡是包括脑干在内的全脑功能不可逆转的丧失,即死亡。脑死亡如同心跳和呼吸停止一样,是人的生命现象的终止,是个体死亡的一种类型。

脑死亡的概念最早见于1968年美国哈佛大学医学院死亡定义审查特别委员会的一份报告,该报告第一次正式把脑死亡作为判断死亡的又一标准。因为脑功能一旦停止,则不可逆转,现代医学技术不能使其恢复。医学上传统判断人死亡的呼吸死(肺死亡)和心脏死标准,由于医学的发展、人工心肺技术和人体器官移植技术的发展而受到了冲击:呼吸和心跳停止并不一定意味着人已死亡;反之,借助人工抢救设施维持心肺功能的人并不等于活着。同时,人工心肺机对严重脑损伤病人的有效应用,使得即使病人大脑的功能已经全部丧失,也可以维持其心肺功能,从而出现了"有脉搏的尸体"的现象。因此,西方医学界认为有必要重新审查死亡的定义和标准,并提出了脑死亡的概念与诊断标准。

二、脑死亡的法律问题

脑死亡的法律问题主要是脑死亡的诊断标准问题。

死亡的概念问世以来,就在医学、法学、伦理学领域以及社会各界引起广泛的讨论,人们对脑死亡的概念和判断标准方面的意见各不相同,先后出现了"脑波停止说""大脑死说""脑干死说""全脑死说""高级脑死亡说"等理论,其中,各国立法主要采纳两种判断标准:全脑死亡标准和脑干死亡标准。

全脑死亡标准。1968年,在第二十二届世界医学大会上,美国哈佛大学医学院死亡定义审查特别委员会指出,脑死亡是指包括脑干在内的全部脑功能的不可逆丧失,并提出四项具体标准:不可逆转的深度昏迷;自主呼吸消失;脑干反射消失;脑电波平直。凡符合上述四条标准,并在24小时或72小时内观察及反复测试,结果无变化,即可宣布死亡,但要排除低体温($<32.2\ ℃$)或刚服用过巴比妥类药物等中枢神经抑制剂的病例。同年,世界卫生组织建立的国际医学科学组织委员会发布新的死亡标准,其内容与哈佛大学标准基本相同。1978年,美国统一州法全国委员会通过《统一脑死亡法》,将脑死亡定义为,全脑功能包括脑干功能的不可逆终止,以法律的形式确认了全脑死亡判定标准。目前,大多数国家的立法适用全脑死亡标准,如日本、西班牙、瑞典、格鲁吉亚、澳大利亚、新加坡等采用全脑死亡标准。

脑干死亡标准。1976年,英国皇家医学会制定了脑死亡标准,提出脑干死亡为脑死亡,判断脑死亡的主要标准包括:深昏迷;自主呼吸极微弱或停止,需呼吸机维持;所有脑干反射消失。1979年,英国皇家医学会进一步明确提出,病人一旦发生了脑死亡便可宣告其已死亡。1995年,英国皇家医学会又提出脑干死亡标准。主张脑干死亡标准的理论认为:脑干是中枢神经至关重要的部位,它是意识的"开关",又是心跳、呼吸中枢。一旦脑干被损害,一切脑干反射和呼吸功能就会完全丧失,并且由于上行性网状结构激动系统的损害将导致大脑皮层意识和认知功能的丧失,因此必将导致患者因全脑功能的丧失而死亡。因而,如果一个人"脑干死亡",实际上就可以宣布其"脑死亡"。1998年,英国卫生部又制定了《脑干死亡诊断之准则:包含确定和管理潜在的器官与组织捐赠者的方针》,正式以立法的形式对脑干死亡的概念进行了确认。

目前,除英国以外,还有部分国家立法采用脑干死亡标准,如德国、比利时等国以及我国的台湾地区等。

三、国外脑死亡立法

目前,脑死亡标准作为一种死亡标准,已被90多个国家所承认。国外有关脑死亡法律地位的规定,大致有三种情况:

国家制定有关脑死亡的法律,承认脑死亡是宣布死亡的依据。例如芬兰、美国等10多个国家。

国家虽然没有制定正式的法律条文承认脑死亡,但在临床上已承认脑死亡状态并以之作为宣布死亡的依据。如比利时、德国等10多个国家。

脑死亡的概念为医学界所接受,但由于缺乏法律对脑死亡的承认,医生不敢依据脑死亡来宣布一个人的死亡。

各国有关脑死亡的法律,一般都将死亡定义为全脑死亡,即大脑、中脑、小脑和脑干的不可逆的死亡(坏死)。

四、我国脑死亡立法

我国内地(大陆)尚无关于脑死亡的立法,有待立法和完善。

我国台湾和澳门地区制定了脑死亡法。1987年,台湾地区制定了《人体器官移植条例》,同年9月,通过了《脑死亡判定步骤》,规定脑死亡是认定死亡事实的标准之一,但同时,该法规定了严格的脑死亡判定程序,并采用了二元死亡判定标准,即脑死亡判定标准与传统心肺死亡认定标准并存。2016年,澳门特区卫生局公布了《证实脑死亡的标准及规则》。

我国内地(大陆)地区尚未出台脑死亡法,但相关的讨论和研究自20世纪80年代已经开始。1986年6月,在南京召开了"肺脑复苏座谈会",与会的学者倡议并草拟了我国第一个《脑死亡诊断标准(草案)》。1999年,在武汉召开的"全国器官移植法律沟通专家研讨会"上,学者又提出了《脑死亡标准及实施办法(草案)》。2004年,在中华医学会第七次全国神经病学学术会议上,又通过了《脑死亡判定标准(成人)》和《脑死亡判定技术规范》。

2011年,卫生部办公厅发布了《卫生部办公厅关于启动心脏死亡捐献器官移植试点工作的通知》。根据该通知,我国现阶段公民逝世后心脏死亡器官捐献分为三大类:一类是国际标准化脑死亡器官捐献(DBD);二类是国际标准化心死亡器官捐献(DCD),三类是中国过渡时期脑—心双死亡标准器官捐献。但同时规定,判定脑死亡并用于器官移植有三个条件:①经过严格医学检查后,各项指标符合脑死亡国际现行标准和国内最新脑死亡标准,由通过原卫生部委托机构培训认证的脑死亡专家明确判定为脑死亡;②家属完全理解并选择按脑死亡标准停止治疗、捐献器官;③同时获得案例所在医院和相关领导部门的同意和支持。

第五节 安乐死与法律

一、安乐死概述

安乐死一词源出希腊文Euthanasia,是由"美好"和"死亡"两个字所组成。其原意是指舒适或无痛苦地死亡、安然去世。

安乐死的渊源可以追溯到史前时代。在史前时代,一些游牧部落迁徙时常常把病人、老人留下来任其自生自灭。在受佛教影响的国家,曾出现佛教徒以"圆寂""坐化"等方式结束生命的做法。

现代意义上的安乐死,兴起于西方社会。17世纪,英国的哲学家弗朗西斯·培根就曾主张人们有权控制自己的生命过程,可以通过"无痛致死术"结束痛苦的生命。19世纪20至30年代,西方兴起了安乐死运动,主张安乐死的人士认为,选择理性、有尊严的死亡方式是人的权利和自由,并成立了"安乐死协会""争取死亡的权利"等安乐死运动组织。当时的安乐死运动在西方社会造成了较为广泛的影响,安乐死在社会上引起了广泛的讨论和关注。但在"二战"期间,德国纳粹推行"安乐死计划",打着安乐死的名义实施种族灭绝政策,屠杀所谓的劣等人、慢性病患者、精神病患者及犹太人,使安乐死声名狼藉,时至今日,人们仍对安乐死心有余悸。安乐死运动也因此而暂时平息。

20世纪60年代以来,随着医学技术的发展和人们对生活质量的重视,安乐死又重新回到人们的视野。对于康复无望的濒死病人来说,难以承受的病痛折磨,无疑会降低生活的质量,人们进一步思考,是否可以结束"低质量"的生命、选择尊严的死亡方式。

安乐死尚未形成一个能为大众所普遍接受的确切定义。对安乐死最常见的分类是,根据安乐死实施中的"作为"和"不作为",将其分为主动安乐死和被动安乐死的。

主动安乐死(Positive Euthanasia),也称积极安乐死,是指医务人员或其他人在无法挽救病人生命的情况下采取措施主动结束病人的生命或加速病人死亡的过程。结合病人的意愿和执行者的不同,主动安乐死又可分为:自愿—自己执行的主动安乐死、自愿—他人执行的主动安乐死、非自愿—他人执行的主动安乐死三类。

被动安乐死(Negative Euthanasia),也称消极安乐死,是指终止维持病人生命的一切治疗措施,任其自然死亡。被动安乐死在国内外不少医院实际上已不鲜见。

二、安乐死的法律问题

安乐死是现代医学发展所面临的一个无法避免的问题,它涉及社会学、伦理学、心理学、法学等方面的问题,而分歧最大的是关于主动安乐死。

赞同安乐死的人认为,人的生理层次的生命价值不是绝对的。人有权利选择有尊严的死亡,以科学和理性的态度对待死亡。当病人感到生不如死时,死亡比生存对他更人道,同时也可以减轻家庭财力和精神上的负担,节省有限的医药资源,对社会有利。但是,如在没有法律可依的前提下主动采用安乐死停止一个人的生命,就会导致法律上的责任。有关人员也许可以不必承担道义责任,却要受到法律制裁。至于被动安乐死并不需要法律作出规定使其合法化,何时停止治疗或抢救是医生职责内的事。

反对安乐死的人认为,每个人都有维持生存的权利,安乐死不仅与医生的职责相冲突,而且还可能成为病人子女、配偶等亲属为了减轻自己的负担或为了瓜分遗产等其他问题变相杀人的借口。如果安乐死得到法律认可,就会给其滥用大开方便之门。或许立法刚开始时,执法可能较为严格,但一旦安乐死成为社会现象,标准就有可能降低,走向滑坡,甚至出现草菅人命的情况。

三、国外安乐死立法

在有安乐死相关立法的国家大多是对被动安乐死的认可,而对于主动安乐死,则在法律上受到限制和禁止。

1976年,首届安乐死国际会议在日本东京召开,美、日、荷、英、澳等国的代表共同签署了《东京宣言》,宣言称选择死亡方式是人的权利,标志着关于安乐死的讨论在世界范围内进一步展开。2001年4月1日,荷兰国会参议院以46票赞成、28票反对、1票弃权的压倒多数票表决通过了新的安乐死法案,使荷兰成为世界上第一个正式在法律上将安乐死合法化的国家。比利时、瑞士也通过了安乐死立法。2009年2月10日,韩国首尔高等法院作出裁决,允许对一位77岁的女植物人实施安乐死,这为韩国首例准许安乐死的案例。安乐死合法化在世界范围内呈现出进一步发展的趋势。而关于安乐死的争论,还远未结束。

四、我国安乐死立法

安乐死在我国引起医学界、法学界、伦理学界、社会学界和公众的关注和讨论,始于20世纪80年代中期发生在陕西省汉中市一家医院的安乐死事件。此后有关安乐死在悄悄进行及安乐死案件的报道也见于报端。

在司法实践中,对于被动的消极安乐死,无论是病人或其家属主动要求中止治疗,还是医院或医生动员病人出院或撤除病人的生命维持装置,一般都不需承担责任。但是在尚未立法的情况下,主动安乐死的非法性是不容否定的。同时,病人家属要求司法机关批准施行安乐死或办理安乐死公证的事也有发生。1989年安徽省司法厅向司法部提交《公证机关能否办理"安乐死"公证证明的请示报告》,司法部在复函中明确表示,我国对安乐死尚无法律规定,所以公证机关不宜办理无法律依据的安乐死方面的公证事项。

2000年,我国台湾地区通过了《安宁缓和医疗条例》(数次修订),规定"末期病人得立意愿书选择安宁缓和医疗或作维生医疗抉择",该法案没有被称为"安乐死法",但实际上即允许"末期病人"可以选择"尊严的死亡"。

目前,我国内地(大陆)地区还没有进行安乐死立法,但安乐死引起了社会各界的广泛关注和讨论。1986年,陕西省汉中市的医师蒲连升应患者亲属要求,对患者夏素文注射复方冬眠灵实施安乐死,后被检察院以涉嫌"故意杀人罪"批准逮捕,经过了历时6年的漫长诉讼,于1992年被宣判无罪。该案被称之为"中国安乐死第一案",在社会上引起了关于安乐死的大讨论。此后,我国还进行了数次关于安乐死的讨论,并且近年来一些人大代表多次提出关于安乐死的议案,但立法部门始终保持谨慎的立法态度,没有制定安乐死法律。

【思考题】

1. 是否应该禁止生殖性克隆人?
2. 如何理解人体器官捐献的原则?
3. 我国器官捐献采用何种死亡判断标准?

第二十一章 国际卫生法

【学习目的】

理解国际卫生法的概念、特征及渊源；熟悉联合国、世界卫生组织、世界贸易组织以及国际劳工组织作为国际卫生法的主要主体在促进国际卫生以及国际卫生法方面做出的贡献。

【案情导引】

德国拜耳公司（Bayer）在印度持有化学药物复合索拉非尼（Sorafenib Tosylate）的专利，该药物的商品名称为"多吉美"（Nexavar），可以被用来治疗肝癌与肾癌。这项专利技术由拜耳公司与美国加州一家名为"Onyx Pharmaceuticals"的生物科技公司共同研制，可以延长肝、肾癌症晚期患者的寿命约3个月。在印度医药市场中，由于该药品价格昂贵，很快便出现了一家名为"拿特科公司"（Natco Pharma）的印度公司生产的廉价仿制药品。尽管从德国拜耳公司"多吉美"在印度的贸易额来看，其在印度的销量目前还是微不足道的，但这一做法影响了拜耳公司潜在的贸易利润。于是，拜耳公司决定对拿特科公司发起专利侵权诉讼。2012年3月12日，印度专利管理局（Office of the Controller General of Patents）颁布了印度历史上首个强制许可给拿特科公司，允许其使用拜耳公司持有的化学药物复合索拉非尼专利技术，生产仿制"多吉美"的廉价药品，旋即，拜耳公司就此强制许可令，向位于陈奈市（Chennai）的印度知识产权上诉委员会（Intellectual Property Appellate Board，简称IPAB）提起上诉。与此同时，拜耳公司在印度改变了其价格策略，"多吉美"在印度市场上1个月剂量的价格，从拜耳公司官方原议定的280 000卢比（约5 098美元）降至仿制药的8 800卢比（约160美元）。

问题：

如何平衡掌握药品专利的发达国家与专利占有量低的发展中国家之间的利益关系？

第一节 国际卫生法概述

公共卫生是人类一直关注的问题。实际上，人类从童年时代走到现代社会的整个过程都和对公共卫生的关注相伴而行。从1796年詹纳发现可以预防天花的牛痘接种方法到1885年巴斯德发现狂犬病疫苗再到1928年青霉素应用于治疗,直至今天,在磺胺药物和青霉素成功地应用于临床之后,合成各种化学药物、寻找能产生高效的具有广谱杀菌作用的抗生素成为药物研究的重要内容,并取得了丰硕的成果,过去的许多不治之症变成了可治之症。人类不仅在医疗技术上突飞猛进,而且还在国内和国际的制度上进行充分建构,力求在全国乃至全球的范围内维护公共健康。但是,随着地球人口的快速膨胀,人类自身已经成为病毒和细菌增长、演变和蔓延的巨大培养钵。人类的许多活动都在不断产生有利于病毒、细菌和害虫生存的环境。而社会交往的复杂化使流行病毒的入侵比军事入侵更难防范。20世纪80年代以后,艾滋病病毒、埃博拉病毒、西尼罗病毒、疯牛病、炭疽热病菌、SARS、禽流感病毒以及新型冠状病毒(COVID-19)的出现,再一次拉响了人类同瘟疫斗争的警报。

全球是一个命运共同体,人类生活在共同的生态环境中,全球卫生状况的好坏,关系到各国人民的根本利益。健康问题已成为全人类面临的共同问题,没有一个国家能够单独解决这个问题。随着全球经济一体化,各国之间相互依存关系的加强,有必要加强国际间的交流与合作。因此,为了使全世界人民获得可能的最高水平的健康,有必要对保护人体健康活动中产生的国际关系进行调整,确定一些各国在改善生活、劳动卫生环境,保护人体健康活动中需要共同遵循的基本原则、规则和制度,这就导致了国际卫生法的产生。国际卫生法坚持全人类达到尽可能高水平健康的原则、人体健康保护原则、相互尊重互利共赢原则以及公平分配卫生资源原则,其目的就在于保护人类健康,保障全球经济和社会的持续发展。

一、国际卫生法的概念

国际卫生法(International Health Law)是指调整国际卫生法主体之间,主要是国家(包括国际组织以及类似国家的政治实体)之间的,在保护人体健康活动中所产生的各种权利义务关系的有法律拘束力的原则、规则和制度的总称。

早在1851年,在巴黎举行的第一次国际卫生会议上,产生了第一个区域性的《国际卫生公约》,这是为了协调国际贸易及减轻战争带来的疾病而达成的国际检疫协议。1905年,美洲24个国家签订了泛美卫生法规。第二次世界大战后,特别是1948年世界卫生组织成立后,为实现其"使全世界人民获得可能的最高水平的健康",提出了一系列的国际公约、协定,使国际卫生法得到了迅速发展。

目前,国际卫生法的内容已涉及公共卫生与疾病控制、临床医疗、职业卫生、人口和生殖健康、特殊人群健康保护、精神卫生、卫生资源、药物管理、食品卫生、传统医学等诸多方面。国际卫生立法为各国卫生立法提供了借鉴和依据,对保护人类健康和幸福、促进各国经济的持续稳定发展发挥了十分重要的作用。我国已成为WHO和WTO的正式成员,必须遵守有关国际卫生法的规定,同时要根据国际卫生法的原则,维护我国人民的合法权益。

二、国际卫生法的特征

国际卫生法与一般的法,有共同性,也有特殊性,表现在它与国内法相比有一系列特征。

1. 国际卫生法的主体主要是国家,此外,还有政府间的国际组织,特别是世界性的国际组织和民族解放运动组织。个人不能被认为是国际卫生法的主体。

2. 国际卫生法的制定主要是通过国家之间的协议来实现的,国际社会没有专门的立法机关,即便是世界卫生组织也只是倡导和提出建议。

3. 国际卫生法的调整对象是国际卫生法主体之间的权利义务关系。

4. 对于国际卫生法的实施,没有居于国家之上的强制机关,联合国国际法院也没有强制管辖权,而是依靠国际卫生法主体的承诺和遵守,并善意履行。

5. 在国际卫生法与国内卫生法的关系方面,国际卫生法对国家用什么方式方法在国内予以实施没有特别的要求,各国如何在其内部法律秩序的框架内适用国际法规则不完全一致。我国采取的是除我国声明保留的条款外,国际卫生法优于国内卫生法的原则。其他国家也有采取国内卫生法优先或两者地位相当的原则。

三、国际卫生法的渊源

国际卫生法的渊源是指国际卫生法规范的表现形式或形成的过程、程序。国际卫生法的渊源主要是各类国际卫生条约、协定和有关国际卫生法的宣言与决议。

（一）国际卫生条约或协定

国际卫生条约是国家之间、国家与国际组织之间或国际组织之间缔结的为确定它们之间维护人体健康的权利义务关系而达成的协议,其名称各异,如条约、协定、公约、议定书。按缔结主体的个数不同,可分为双边条约和多边条约。如《一九六一年麻醉品单一公约》《国际卫生条例》《联合国禁止非法贩运麻醉药品和精神药物公约》等,表明参加条例或公约的国家都直接受其约束。

（二）国际组织和国际会议的有关决议

国际组织,特别是联合国,在其职权范围内作出的涉及国际卫生关系方面的决定或决议,包括采取"宣言"形式的决议,构成国际卫生法渊源的重要补助资料。有时一些有明确主题的国际会议也会通过有关决议,一般是建议性质,没有法律拘束力,不构成法律规范。如《儿童生存、保护和发展世界宣言》《阿拉木图宣言》《国际人口与发展大会行动纲领》等。这些决议虽然是原则性的规定,有待具体化,但仍是不可忽视的国际卫生法渊源的重要补助资料。

第二节 联合国与国际卫生法

一、联合国

联合国（the United Nations, UN）是当今世界上最普遍、最重要、最权威的一般政治性国际组织,其会员国目前是185个。1945年4月25日,"联合国国际组织会议"在美国旧金山召开,6月25日,与会代表一致通过《联合国宪章》,10月24日,经中、法、苏、美、英五国和其他过半数签署国交存批准书,《联合国宪章》开始生效,联合国正式宣告成立。联合国的宗旨是"维持国际和平与安全""发展各国间友好关系""促进国际合作,以解决国际间属于经济、社会、文化及人类福利性质之国际问题,并促进对人权的尊重""构成协调各国行为的中心"。它在维护世界和平与安全、缓解国际冲突、反对种族歧视和压迫、推进世界非殖民化进程以及在协调解决世界共同面临的全球性问题上开展了大量有益而又颇有成效的工作,为推动全球经济和社会的发展进行了不懈的努力。

二、联合国与国际卫生法

联合国通过和制定了一系列尊重人权,改善人类环境、工作和生活环境的宣言、决议,如《儿童生存、保护和发展世界宣言》《国际人口与发展大会行动纲领》《一九六一年麻醉药品单一公约》《一九七一年精神药物公约》《联合国禁止非法贩运麻醉药品和精神药物公约》《世界人类组基因与人权宣言》等,为保护人类健康作出了重大贡献。

(一)《儿童生存、保护和发展世界宣言》

《儿童生存、保护和发展世界宣言》(简称《宣言》)指出,世界上的儿童是纯洁、脆弱、需要依靠的。他们还充满好奇,充满生气,充满希望。儿童时代应该是欢乐、和平、游戏、学习和生长的时代。但是,现在世界上还有无数的儿童面临危险、战争和暴力、种族歧视、种族隔离、贫穷饥饿、无家可归、营养不良和疾病,这是对政治领袖们的挑战。各国政府应当运用一切手段来保护儿童的生命,减轻他们的苦难,促进他们的发展潜力,并使他们认识到自己的需要、权利和机会。

《宣言》倡议通过国家行动和国际合作,达到以下目标:①改善儿童健康状况和营养;②给予残疾儿童和处境非常困难的儿童更多的关心、照顾和支持;③普遍加强妇女的作用,确保她们的平等权利,将有利于全世界的儿童;④为所有儿童提供基本教育和识字;⑤必须用一切可能的方法来促进母亲的安全;⑥家庭是儿童成长和幸福的基本群体和自然环境,应予以所有必要的保护;⑦使儿童在一个安全的、有保护性的环境中能够发现自己的特性,认识到自己的价值;⑧参与他们社会的文化生活;⑨保证或恢复所有国家的持久和持续的经济增长和发展,并继续迫切注意及早、广泛和持久地解决发展中负债国所面临的外债问题。

《宣言》要求各国政府对保护儿童权利和改善生活的十点方案做出承诺:①努力推动尽早批准和执行《儿童权利公约》;②增进儿童健康、提高产前保健水平,并降低所有国家、所有民族的婴儿和儿童死亡率;③采取消除饥饿、营养不良和饥荒的措施,使儿童获得最大程度的成长和发展;④加强妇女的作用和地位,促进负责任的生育数量、生育间隔、母乳喂养和母亲安全计划;⑤尊重家庭在抚养儿童方面的作用,并支持父母、其他保育人员和社区对儿童从早期童年至青春期的养育和照料;⑥减少文盲,并为所有儿童,无论其背景和性别,提供教育机会;⑦努力改善千百万生活在特殊困难环境中的儿童的命运;⑧保护儿童免遭战争之灾祸;⑨在所有层次保护环境,从而使所有儿童享有一个更为安全健康的未来;⑩向贫穷发起全球性进攻,促进儿童的福利。

中国是提出通过《儿童权利公约》的决议草案的共同提案国之一。1990年12月29日,中国正式签署了该公约。翌年,中华人民共和国全国人民代表大会批准该公约,公约于1992年4月2日正式对中国生效。该公约是国际社会为保护儿童权利制定的一项普遍适用的标准,中国政府承担并认真履行公约规定的各项义务。

(二)《国际人口与发展大会行动纲领》

《国际人口与发展大会行动纲领》(简称《行动纲领》)包括序言,原则,人口、持续经济增长和可持续发展之间的关系,男女平等、公平和妇女权利,家庭及其作用、权利、组成和结构,人口的增长及其结构,生殖权利和生殖健康,保健、发病率和死亡率,人口分布、城市化和国内迁徙,国际移徙,人口、发展和教育,技术、研究与开发,国家行动,国际合作,与非政府组织的伙伴关系以及会议的后续安排等16个部分。

《行动纲领》在第二章"原则"中,第八项原则以其最长的篇幅全面阐述了健康特别是生殖健康及计划生育方面的人权,尤其是生殖健康这个新概念的出现,说明了国际社会对生殖健康问题的重视,也说明实现生殖健康在人口与发展中的重要地位,标志着生殖健康已经跨出医学范畴而成为全球的共同承诺。

在《行动纲领》第七章对生殖健康作了如下定义:"生殖健康是指于生殖系统及其功能和过程所涉一切事宜上身体、精神和社会等方面的健康状态,而不仅仅指没有疾病或不虚弱。因此,生殖健康表示人们能够有满意而且安全的性生活,有生育能力,可以自由决定是否和何时生育及生育多少。最后所述的这一条件意指男女均有权获知并能实际获取他们所选择的安全、有效、负担得起的和可接受的计划生育方法,以及他们所选定的、不违反法律的调节生育率方法,有权获得适当的保健服务,使妇女能够安全地怀孕和生育,向夫妇提供生育健康婴儿的最佳机会。"

《行动纲领》要求"所有国家应尽早(不迟于2015年)通过初级保健制度,为年龄适合的所有人提供生殖保健"。生殖保健服务范围包括:计划生育咨询、教育和服务;围产期保健教育和服务、母乳喂养、母婴保健;不孕症的防治;流产的预防和流产后的康复与流产并发症的防治;生殖系统感染的检查;乳腺及生殖系统肿瘤、性传播疾病和HIV/艾滋病的初步检查;性及性生活的咨询与教育等。

我国政府赞同生殖健康概念,对实现生殖保健要求作出承诺,并致力于生殖健康研究与发展。为此,原国家计生委提出了20世纪末和到21世纪中叶我国人口与计划生育工作的奋斗目标,对育龄夫妇享有生殖保健服务提出了分阶段目标,即到2000年育龄夫妇享有初级生殖保健服务,2010年享有基本生殖保健服务,2021年普遍享受优质生殖保健服务。

(三)《修正一九六一年麻醉品单一公约》

该公约限定了麻醉品的范围,并分别列入四个表格,规定给予不同级别的管制;规定了缔约国的一般义务;规定联合国经济及社会理事会麻醉药品委员会及国际麻醉品管制局执行公约分别被授予的职权和职能;规定了对各类麻醉品如鸦片、古柯与古柯叶、大麻等在生产、种植、制造、国际贸易、分配、持有、使用中的限制、管制、监察和检查的措施;规定了对违反公约规定应给予的处罚;规定了防止滥用麻醉品的措施。

(四)《一九七一年精神药物公约》

该公约限定了精神药物的范围;明确了精神药物的管制措施;规定了各缔约国应向联合国的药品管制机构报送本公约在其领土实施的情况资料;规定各缔约国为防止滥用精神药物及取缔非法产销应制定严格的措施;规定了对违反公约的罚则。

(五)《联合国禁止非法贩运麻醉药品和精神药物公约》(简称"88国际禁毒公约")

该公约规定了有关毒品犯罪及制裁措施;规定在一定具体情况下,各缔约国应采取可能必要的措施对毒品犯罪确定本国的管辖权;就没收毒品犯罪非法收益和财产、对毒品犯罪的引渡、缔约国间相互法律协助、移交诉讼、支援过境国、控制下交付以及国际合作等问题作出了具体规定;缔约国应向联合国经济及社会理事会麻醉药品委员会提供关于在其境内执行公约的情况等。

第三节 世界卫生组织与国际卫生法

一、世界卫生组织

世界卫生组织(World Health Organization, WHO),是与联合国建立协商关系的独立的政府间国际组织,是对卫生这一特定领域负有责任的专门性组织。1946年7月,64个国家的代表在纽约举行国际卫生会议,签署《世界卫生组织法》。1948年4月7日,该法经26个国家批准后生效,世界卫生组织宣告成立,同年9月成为联合国专门机构。世界卫生组织充当国际卫生工作的指导和协调机构;协助各国政府加强卫生业务;提供适当的技术援助和必要的救济,促进消灭流行病;提议国际公约、协定和规章的签订;提供卫生领域的情报、咨询和协助;发展建立食品、药物等的国际标准。

二、世界卫生组织与国际卫生法

WHO为了实现其"使全世界人民获得可能的最高水平的健康"的宗旨,在卫生立法方面做了以下工作:

1. 把提出国际卫生公约、规则和协定,制定食品、生物制品、药品的国际标准以及制定诊断方法的国际规范和标准,作为自己的任务之一。在防止传染病在国际间传播方面,制定了《国际卫生条例》,该条例已成为世界各国在开展国际卫生检疫、防止传染病在国际间传播、保障人体健康方面共同遵守的法规和制定本国有关卫生法规的重要依据;在药品质量控制方面,倡导药品生产质量管理规范(GMP),编辑和出版国际药典,建立药品的国际质量标准,主持药品的统一国际命名。

2. 世界卫生大会相继通过了规定人体试验原则的《赫尔辛基宣言》(1964年),关于死亡确定问题的《悉尼宣言》(1968年),明确对被拘留人员和囚犯给予非人道待遇和惩罚时医生行为准则的《东京宣言》(1975年)等。

3. 世界卫生组织和联合国系统的有关组织以及其他国际组织合作,共同努力,制定相关国际卫生法规和准则。1978年与联合国儿童基金会(NUICEF)提出《阿拉木图宣言》,呼请各国政府制定国家政策、战略和行动,开展和持久开展作为国家综合卫生体制组成部分的且与其他部门协调的初级卫生保健,以实现人人享有卫生保健的权利。它和国际放射防护委员会(ICRP)合作制定了放射防护基本安全标准;和联合国粮食及农业组织(FAO)合作建立了国际食品法典委员会(CAC),制定并公布食品卫生标准,对农药残留量、食品添加剂开展毒理学研究和评价,规定最高容许量标准;和国际医学科学组织理事会(CIOMS)合作制定了《流行病学研究中伦理审查的国际准则》(1991年)、《涉及人的生物医学研究的国际伦理准则》(2002年)。

4. 编辑出版《国际卫生立法汇编》(International Digest of Health Legislation)季刊,加强对卫生立法的研究和探讨,并主持召开了一系列国际卫生立法会议,积极推动国家之间卫生立法的交流合作,如2002年3月在中国举办的第32届食品添加剂和污染法典大会等。

（一）《国际卫生条例》

1951年第4届世界卫生大会通过了《国际公共卫生条例》，将鼠疫、天花、黄热病、斑疹伤寒、回归热、霍乱六种疾病规定为检疫传染病。第22届世界卫生大会于1969年7月25日通过的《国际卫生条例》，是对原《国际公共卫生条例》修改与充实后的版本，自1971年1月1日起生效。1973年和1981年世界卫生大会两次修改《国际卫生条例》，其中1973年修改了关于霍乱的条款，1981年删除了天花的条款，通过了《国际卫生条例》补充条例，规定检疫传染病为鼠疫、黄热病、霍乱，监测传染病为流行性感冒、疟疾、脊髓灰质炎、斑疹伤寒、回归热。2005年5月23日，第58届世界卫生大会通过了新修订的《国际卫生条例》（以下简称"新条例"），并于2007年正式生效。根据世界卫生组织和国际社会近30年来在公共卫生领域取得的新经验及教训，新条例增加了全球应对突发传染病跨境蔓延的新机制和协调措施，强调对非典、禽流感、艾滋病等当今全球流行的传染病进行检疫与控制，纳入了尊重人权、尊重各国主权、遵守《联合国宪章》以及普遍适用等四项原则。新条例的通过是在发现和应对公共卫生突发事件方面加强国际合作的一个重要步骤，这成为世界公共卫生史上的一个里程碑。

新条例在内容和格式上作了重大调整，纳入了许多新的观点和内容，突破了传统的传染病管理模式，以适应当前国际疾病防控、交通和贸易发展的新形势。与旧条例相比，新条例在结构和内容上变化很大，将原来的94条、4个附录、5个附件修改为现在的66条、9个附件。其中有多个主要变化，如基本概念、宗旨和原则的变化，设置了负责当局，对信息和公共卫生应对措施做出了明确规定，增加了WHO建议方面的内容，规定了对成员国机场和港口的要求和主管当局的作用，成立了突发事件委员会和审查委员会，确定了监测、应对的核心要求，提供了评估和通报可能构成突发公共卫生事件情况的决策文件，扩大了医学媒介生物监测范围，扩大了疫苗接种和预防措施的范围，充实了"航海健康申报单"等内容。

新条例侧重于保护人类健康行动、全球卫生管理和应对普遍关注的突发公共卫生事件，并为之提供了新的国际法律依据。新条例改变了传统的卫生管理模式，由小卫生扩大到大卫生观念；由仅管理三个检疫传染病到管理生物、化学和核放射危害等引起的更广泛的卫生问题，对促进世界卫生组织和各成员国疾病防控能力的提高、更有效地控制疾病暴发流行发挥更大的作用；同时，也为世界卫生组织和各成员国疾病控制明确了新的任务和职责。新条例有以下突出特点：一是突破传统疾病的概念，适用范围扩大，具有很强的灵活性；二是强调流行病预警和应对战略；三是显现了WHO干预国际公共卫生问题的作用；四是通过提出长期建议和临时建议，对国际关注的公共卫生危害或突发事件进行干预；五是对检查、监督对象的公共卫生状况与基本能力的要求进一步提高；六是体现了对人权的尊重；七是突出了合作与援助机制。

因此，新条例的颁布实施给我国的卫生检疫监管工作带来了更大的压力和挑战，同时也带来了新的课题和发展契机。我们必须加快卫生检疫工作职能的调整，改变传统卫生检疫模式，建立口岸突发公共卫生事件监测与应对机制，提高口岸卫生控制的核心能力，以适应当前国际疾病防控、交通和贸易发展的新形势，积极探索出一条适合我国国境卫生检疫监管工作的新模式。

（二）《阿拉木图宣言》

初级卫生保健（Primary Health Care，PHC）是世界卫生组织提出的一项全球性战略目标，它得到了联合国和世界多数国家政府的认同和承诺，是世界人民健康迈向21世纪的必要保障,为人类的健康事业作出了重要贡献。

早在1977年5月,第30届世界卫生大会通过了WHO提出的决议,确定了各国政府和世界卫生组织在未来几十年的主要社会目标:到2000年世界全体人民都应达到具有能使他们的社会和经济生活富有成效的那种健康水平,即通常所说的"2000年人人享有卫生保健"。这就是世界卫生组织在总结世界各国几十年卫生服务提供方式、效果和经验的基础上,经过认真的调查分析,针对世界各国面临的卫生问题而提出的一项全球性战略目标。1978年9月,世界卫生组织和联合国儿童基金会联合在苏联的阿拉木图主持召开国际初级卫生保健大会,通过了著名的《阿拉木图宣言》,明确了初级卫生保健是实现"2000年人人享有卫生保健"全球战略目标的基本途径和根本策略。1979年的联合国大会和1980年的联合国特别会议,分别表示了对《阿拉木图宣言》的赞同,使初级卫生保健活动得到了联合国的承诺。我国政府分别于1983年、1986年、1988年明确表示了对"2000年人人享有卫生保健"战略目标的承诺。

《阿拉木图宣言》对初级卫生保健作了如下定义,即初级卫生保健是一种基本的卫生保健。其含义包括:①是由社区通过个人和家庭的积极参与,依靠科学的又受社会欢迎的方法和技术,费用也是社区或国家在各个发展时期依靠自力更生和自觉精神能够负担得起的,普遍能够享受的卫生保健;②是国家卫生系统的中心职能和主要要素;③是国家卫生系统和社区经济发展的组成部分;④是个人、家庭和社区同国家系统保持接触,使卫生保健深入居民生活与劳动的第一环节。

《阿拉木图宣言》还指出,健康是一项基本的人权。就国家而言,实施初级卫生保健是政府的职责。就人民群众而言,人人都有权享受初级卫生保健服务,人人都有义务参与初级卫生保健工作并为之作贡献。就卫生工作而言,实施初级卫生保健是为全体居民提供最基本的卫生保健服务,以保障全体居民享有健康的权利。根据《阿拉木图宣言》,初级卫生保健可分为4个方面的工作目标和8项急需开展的工作内容。

1. 4个方面的工作目标

(1)促进健康:包括健康教育、保护环境、合理营养、饮用安全卫生水,改善卫生设施,开展体育锻炼,促进心理卫生,养成良好生活方式等。

(2)预防保健:在研究社会人群健康和疾病的客观规律及它们和人群所处的内外环境、人类社会活动的相互关系的基础上,采取积极有效的措施,预防各种疾病的发生、发展和流行。

(3)合理治疗:及时发现疾病,及时提供医疗服务和有效药品,以避免疾病的发展与恶化,促使早日好转痊愈,防止带菌(虫)和向慢性发展。

(4)社区康复:对丧失了正常功能或功能上有缺陷的残疾者,通过医学的、教育的、职业的和社会的措施,尽量恢复其功能,使他们重新获得生活、学习和参加社会活动的能力。

2. 8项具体工作内容

(1)对当前主要卫生问题及其预防和控制方法的健康教育。

(2)改善食品供应和合理营养。

(3)供应足够的安全卫生水和基本环境卫生设施。

(4)妇幼保健和计划生育。

(5)主要传染病的预防接种。

（6）预防和控制地方病。

（7）常见病和外伤的合理治疗。

（8）提供基本药物。

1981年第34届世界卫生大会上，除上述8项具体工作内容外，又增加了"使用一切可能的方法，通过影响生活方式、控制自然和社会心理环境来预防和控制非传染疾病和促进精神卫生"一项内容。我国卫生部在此基础上在20世纪90年代初已分别制定了城市和农村初级卫生保健的评价指标体系。

第四节 世界贸易组织与国际卫生法

一、世界贸易组织

世界贸易组织（World Trade Organization，WTO），其前身为1947年成立的关税与贸易总协定（GATT，简称"关贸总协定"）。1995年1月1日，世界贸易组织取代关贸总协定并正式开始运作。其宗旨是：提高生活水平，保证充分就业，大幅度和稳定地增加实际收入和有效需求，扩大货物和服务的生产与贸易，按照可持续发展的目的，最优运用世界资源，保护和维护环境，并以不同经济发展水平下各自需要的方式，加强采取各种相应的措施；积极努力，确保发展中国家，尤其是最不发达国家在国际贸易增长中获得与其经济发展需要相称的份额。目标是：建立一个完整的、更具有活力的和永久性的多边贸易体制，以巩固原来的关贸总协定为贸易自由化所作的努力和乌拉圭回合多边贸易谈判的所有成果。为实现这些目标，各成员应通过互惠互利的安排，切实降低关税和其他贸易壁垒，在国际贸易关系中消除歧视性待遇。中国是关贸总协定的原始缔约方，也是谈判、组织活动的签约者。但是，在新中国成立后，在当时特定的历史背景和政治环境下，中国与关贸总协定的关系长期中断。随着改革开放政策的实行，我国和世界各国经济往来的加强，1986年7月，中国政府正式提出恢复关贸总协定席位的申请。2001年12月11日，中国正式成为世界贸易组织成员国。

二、世界贸易组织与国际卫生法

世界贸易组织的协议是由大大小小的多边贸易协议所构成的一套贸易规则，目前由20多个主要协议组成。在WTO协议中，与健康卫生领域最为相关的协议包括：《关税与贸易总协定》（GATT）、《服务贸易总协定》（GATS）、《与贸易有关的知识产权协议》（TRIPS协议）、《实施卫生与植物卫生措施协议》（SPS协议）、《技术性贸易壁垒协议》（TBT）、《关于TRIPS协议与公共健康的宣言》等。

（一）《实施卫生与植物卫生措施协议》（SPS协议）

SPS协议是世界贸易组织（WTO）诸多协议之一，中文译名《实施卫生与植物卫生措施协议》，英文缩写简称SPS，内容涉及动植物、动植物产品和食品的进出口规则。

SPS协议共有14个条款和3个附件，主要内容包括：制定协议的目的，成员方的权利和义务，卫生和植物卫生保护水平的确定、协调和风险评估，透明度，控制、检验和批准程序，技术援助,特殊和差别待遇、磋商和争端解决等。

成员方的权利和义务:世贸组织成员实施SPS措施时要遵守非歧视原则,即不能在情形相同或相似的成员,包括本国与其他WTO成员之间造成任意或不合理的歧视,尤其是在有关控制、检验和批准程序方面,要给予外国产品国民待遇。凡符合协议相关规定的措施应以科学原理为依据,没有充分科学依据的SPS措施就不再实施或停止实施。

1. 标准确定。各成员应根据现行的国际标准制定本国的SPS措施。国际标准通常以其他相关国际组织,特别是食品法典委员会(CAC)、世界动物卫生组织(OIE)和《国际植物保护公约》(IPPC)秘书处制定的相应的食品安全、动物卫生和植物卫生方面的标准为准。如果出口成员对出口产品所采取的SPS措施,客观上达到了进口成员适当的SPS保护水平,那么进口成员就应当接受这种SPS措施。

2. 风险评估。协议规定各成员在制定SPS措施时应以有害生物风险分析为基础,同时考虑有关国际组织制定的有害生物风险分析技术。在做有害生物风险分析时要考虑:可获得的科学依据;有关加工工序和生产方法;有关检验、抽样和检测方法;检疫性病虫害的流行;病虫害非疫区的存在;有关生态和环境条件;检疫或其他检疫处理方法;有害生物的传入途径、定居、传播、控制和根除有关有害生物的经济成本等。

3. 法规的透明度。各成员应确保及时公布所有有关SPS措施的法律和法规。除紧急情况外,各成员应允许在SPS措施法规的公布和生效之间留出一段合理的时间间隔,以便让出口成员,尤其是发展中国家成员的生产商有足够的时间调整其产品和生产方法,以适应进口成员的要求。各成员应建立咨询机构,负责回答有关成员提出的问题及提供有关检疫文件和通知有关情况。

4. 技术援助。各成员同意以双边的形式或适当的国际组织向发展中国家提供技术援助,包括:加工技术、科研和基础设施领域、建立国家机构、咨询、信贷、捐赠、设备和培训等。当发展中国家的出口成员为满足进口成员的SPS要求而需要大量投资时,后者应提供技术援助。各成员应鼓励和便利发展中国家成员积极参与有关国际组织。

5. 发展中国家享有的特殊和差别待遇。在制定和实施SPS措施时,各成员应考虑发展中国家的特殊需要,当分阶段采用新的SPS措施时,应给予发展中国家成员有利害关系的出口产品更长的时间去符合进口成员的SPS措施要求,从而维持其出口机会。对SPS协议的执行,发展中国家可延迟2年,不发达国家可延迟5年。

6. SPS对等同对待的要求。成员各方所采取的措施不应对条件相同或相似的成员之间构成不公正的对待。出口成员的检疫措施达到进口国相当的检疫保护水平,进口方应等同地接受这些检疫措施(即使这些措施不同于自己的措施)。对进口产品实施检查程序的待遇,不应低于相似的国内产品。

7. 磋商和争端解决。为监督WTO成员执行SPS协议的各项规定,并为其提供一个经常性的磋商场所或论坛,推动实现各成员采取协调一致的SPS措施这一目标,WTO设立了SPS措施委员会。WTO成员间有关SPS问题的争端,应通过WTO的争端解决机制解决,如涉及科学或技术问题,则可咨询技术专家或有关的国际组织。

(二)《关于TRIPS协议与公共健康的宣言》

该宣言的目标在于对TRIPS协议所关注的关于药品使用的可能性作出回应,其内容主要包括:

1. 承认公共健康问题严重影响许多发展中国家和最不发达国家,特别是影响那些遭受艾滋病、结核病、疟疾和其他传染病的国家。

2. 强调需要将WTO协议下的TRIPS协议作为国家的和国际社会的广泛举措中的一部分来解决这些问题。

3. 承认知识产权保护对于发展新药的重要性,同时也承认对有关知识产权对价格所产生影响的关注。

4. 同意TRIPS协议不论现在还是将来都不能妨碍成员国为维护公共健康而采取措施。因此,在重申承担TRIPS协议所规定义务的同时,确认该协议可以也应当以一种有助于成员国维护公共健康的权利,特别是促进所有的人获得药品的权利的方式进行解释和实施。在这一方面,重申WTO成员有权充分运用TRIPS协议中为此而给予灵活性的条款。

5. 根据上述第4款,在维持TRIPS协议所规定的义务的同时,承认上述灵活措施包括:

(1)在应用国际法的习惯解释规则过程中,TRIPS协议的每一条均应当根据协议所表达的目标和意图,特别是协议规定的目的和原则来进行理解。

(2)各成员国有权批准强制许可,并且可以自由决定批准强制许可的理由。

(3)各成员国有权决定构成国家紧急状况或其他紧急情况的条件,可以理解公共健康危机,包括艾滋病、结核病、疟疾以及其他传染病,构成了上述国家紧急状况或其他紧急情况。

(4)在TRIPS协议有关最惠国待遇和国民待遇原则规定的前提下,TRIPS协议中有关知识产权权利用尽的规定应当使各成员国能够自由地、不受干扰地建立其权利用尽体系。承认其制药企业没有制造能力或制造能力不足的WTO成员按照TRIPS协议的规定有效利用强制许可时有可能会遇到困难。

(5)重申依照TRIPS协议第66条第2款的规定,发达国家成员有义务鼓励其企业和公共机构,促进向最不发达成员国转让技术。关于药品,同意在2016年1月1日之前不强迫最不发达成员国实施或适用TRIPS协议第二部分第5节和第7节的规定,同时不排除最不发达成员国寻求延长TRIPS协议第66条第1款规定的过渡期,责成TRIPS理事会采取必要措施,使之与TRIPS协议的第66条第1款相容。

第五节 国际劳工组织与国际卫生法

一、国际劳工组织

该组织于1919年根据《凡尔赛和约》作为国际联盟系统内的一个自主机构成立,1946年12月同联合国签订协定,成为联合国的一个专门机构。国际劳工组织(International Labour Organization,ILO)的宗旨是:通过采取国际行动,改善劳动条件和生活水平;促进经济和社会的稳定;促进社会正义,为建立持久和平作出贡献。1984年6月,中国恢复参加国际劳工组织的活动。

二、国际劳工组织与国际卫生法

国际劳工组织的主要活动：①国际劳工立法，制定国际劳工公约和建议书供成员国批准实施，如《1981年职业安全和卫生公约》《1985年职业卫生设施建议书》等；②通过技术合作方案派遣该组织专家，在职业培训、管理方法、人力规划、就业政策、职业安全和保健、社会保障制度、合作社和小型手工业等领域，协助成员国。

国际卫生立法还得到了国际性非政府组织的大力支持。其中影响较大的是世界医学会（WMA），它所制定的一系列世界性的医学原则为国际卫生立法奠定了良好的基础。例如，1948年通过的《医学伦理学国际法》，即著名的医学伦理学《日内瓦宣言》；关于医学流产问题的《奥斯陆宣言》（1970年），关于人人享有卫生保健的《2000年人人享有卫生保健的决定》（1977年）、《病人权利宣言》（1981年）、《医师专业之独立与自由宣言》（1986年）、《献血与输血的道德规范》、《烟草控制框架公约》等。此外，还有国际护士会议上通过的《护士伦理学国际法》（1953年），第6届世界精神病学大会通过的对待精神病患者伦理准则的《夏威夷宣言》（1977年）等。

【思考题】
1. 公共健康与国际贸易的关系如何？
2. 我国医事法与国际卫生法有何联系？

附录一

常用医事法律法规

中华人民共和国基本医疗卫生与健康促进法

（2019年12月28日第十三届全国人民代表大会常务委员会第十五次会议通过）

第一章 总　则

第一条　为了发展医疗卫生与健康事业，保障公民享有基本医疗卫生服务，提高公民健康水平，推进健康中国建设，根据宪法，制定本法。

第二条　从事医疗卫生、健康促进及其监督管理活动，适用本法。

第三条　医疗卫生与健康事业应当坚持以人民为中心，为人民健康服务。

医疗卫生事业应当坚持公益性原则。

第四条　国家和社会尊重、保护公民的健康权。

国家实施健康中国战略，普及健康生活，优化健康服务，完善健康保障，建设健康环境，发展健康产业，提升公民全生命周期健康水平。

国家建立健康教育制度，保障公民获得健康教育的权利，提高公民的健康素养。

第五条　公民依法享有从国家和社会获得基本医疗卫生服务的权利。

国家建立基本医疗卫生制度，建立健全医疗卫生服务体系，保护和实现公民获得基本医疗卫生服务的权利。

第六条　各级人民政府应当把人民健康放在优先发展的战略地位，将健康理念融入各项政策，坚持预防为主，完善健康促进工作体系，组织实施健康促进的规划和行动，推进全民健身，建立健康影响评估制度，将公民主要健康指标改善情况纳入政府目标责任考核。

全社会应当共同关心和支持医疗卫生与健康事业的发展。

第七条　国务院和地方各级人民政府领导医疗卫生与健康促进工作。

国务院卫生健康主管部门负责统筹协调全国医疗卫生与健康促进工作。国务院其他有关部门在各自职责范围内负责有关的医疗卫生与健康促进工作。

县级以上地方人民政府卫生健康主管部门负责统筹协调本行政区域医疗卫生与健康促进工作。县级以上地方人民政府其他有关部门在各自职责范围内负责有关的医疗卫生与健康促进工作。

第八条 国家加强医学基础科学研究,鼓励医学科学技术创新,支持临床医学发展,促进医学科技成果的转化和应用,推进医疗卫生与信息技术融合发展,推广医疗卫生适宜技术,提高医疗卫生服务质量。

国家发展医学教育,完善适应医疗卫生事业发展需要的医学教育体系,大力培养医疗卫生人才。

第九条 国家大力发展中医药事业,坚持中西医并重、传承与创新相结合,发挥中医药在医疗卫生与健康事业中的独特作用。

第十条 国家合理规划和配置医疗卫生资源,以基层为重点,采取多种措施优先支持县级以下医疗卫生机构发展,提高其医疗卫生服务能力。

第十一条 国家加大对医疗卫生与健康事业的财政投入,通过增加转移支付等方式重点扶持革命老区、民族地区、边疆地区和经济欠发达地区发展医疗卫生与健康事业。

第十二条 国家鼓励和支持公民、法人和其他组织通过依法举办机构和捐赠、资助等方式,参与医疗卫生与健康事业,满足公民多样化、差异化、个性化健康需求。

公民、法人和其他组织捐赠财产用于医疗卫生与健康事业的,依法享受税收优惠。

第十三条 对在医疗卫生与健康事业中做出突出贡献的组织和个人,按照国家规定给予表彰、奖励。

第十四条 国家鼓励和支持医疗卫生与健康促进领域的对外交流合作。

开展医疗卫生与健康促进对外交流合作活动,应当遵守法律、法规,维护国家主权、安全和社会公共利益。

第二章 基本医疗卫生服务

第十五条 基本医疗卫生服务,是指维护人体健康所必需、与经济社会发展水平相适应、公民可公平获得的,采用适宜药物、适宜技术、适宜设备提供的疾病预防、诊断、治疗、护理和康复等服务。

基本医疗卫生服务包括基本公共卫生服务和基本医疗服务。基本公共卫生服务由国家免费提供。

第十六条 国家采取措施,保障公民享有安全有效的基本公共卫生服务,控制影响健康的危险因素,提高疾病的预防控制水平。

国家基本公共卫生服务项目由国务院卫生健康主管部门会同国务院财政部门、中医药主管部门等共同确定。

省、自治区、直辖市人民政府可以在国家基本公共卫生服务项目基础上,补充确定本行政区域的基本公共卫生服务项目,并报国务院卫生健康主管部门备案。

第十七条 国务院和省、自治区、直辖市人民政府可以将针对重点地区、重点疾病和特定人群的服务内容纳入基本公共卫生服务项目并组织实施。

县级以上地方人民政府针对本行政区域重大疾病和主要健康危险因素,开展专项防控工作。

第十八条 县级以上人民政府通过举办专业公共卫生机构、基层医疗卫生机构和医院,或者从其他医疗卫生机构购买服务的方式提供基本公共卫生服务。

第十九条 国家建立健全突发事件卫生应急体系,制定和完善应急预案,组织开展突发事件的医疗救治、卫生学调查处置和心理援助等卫生应急工作,有效控制和消除危害。

第二十条 国家建立传染病防控制度,制定传染病防治规划并组织实施,加强传染病监测预警,坚持预防为主、防治结合,联防联控、群防群控、源头防控、综合治理,阻断传播途径,保护易感人群,降低传染病的危害。

任何组织和个人应当接受、配合医疗卫生机构为预防、控制、消除传染病危害依法采取的调查、检验、采集样本、隔离治疗、医学观察等措施。

第二十一条 国家实行预防接种制度,加强免疫规划工作。居民有依法接种免疫规划疫苗的权利和义务。政府向居民免费提供免疫规划疫苗。

第二十二条 国家建立慢性非传染性疾病防控与管理制度,对慢性非传染性疾病及其致病危险因素开展监测、调查和综合防控干预,及时发现高危人群,为患者和高危人群提供诊疗、早期干预、随访管理和健康教育等服务。

第二十三条 国家加强职业健康保护。县级以上人民政府应当制定职业病防治规划,建立健全职业健康工作机制,加强职业健康监督管理,提高职业病综合防治能力和水平。

用人单位应当控制职业病危害因素,采取工程技术、个体防护和健康管理等综合治理措施,改善工作环境和劳动条件。

第二十四条 国家发展妇幼保健事业,建立健全妇幼健康服务体系,为妇女、儿童提供保健及常见病防治服务,保障妇女、儿童健康。

国家采取措施,为公民提供婚前保健、孕产期保健等服务,促进生殖健康,预防出生缺陷。

第二十五条 国家发展老年人保健事业。国务院和省、自治区、直辖市人民政府应当将老年人健康管理和常见病预防等纳入基本公共卫生服务项目。

第二十六条 国家发展残疾预防和残疾人康复事业,完善残疾预防和残疾人康复及其保障体系,采取措施为残疾人提供基本康复服务。

县级以上人民政府应当优先开展残疾儿童康复工作,实行康复与教育相结合。

第二十七条 国家建立健全院前急救体系,为急危重症患者提供及时、规范、有效的急救服务。

卫生健康主管部门、红十字会等有关部门、组织应当积极开展急救培训,普及急救知识,鼓励医疗卫生人员、经过急救培训的人员积极参与公共场所急救服务。公共场所应当按照规定配备必要的急救设备、设施。

急救中心(站)不得以未付费为由拒绝或者拖延为急危重症患者提供急救服务。

第二十八条 国家发展精神卫生事业,建设完善精神卫生服务体系,维护和增进公民心理健康,预防、治疗精神障碍。

国家采取措施,加强心理健康服务体系和人才队伍建设,促进心理健康教育、心理评估、心理咨询与心理治疗服务的有效衔接,设立为公众提供公益服务的心理援助热线,加强未成年人、残疾人和老年人等重点人群心理健康服务。

第二十九条 基本医疗服务主要由政府举办的医疗卫生机构提供。鼓励社会力量举办的医疗卫生机构提供基本医疗服务。

第三十条 国家推进基本医疗服务实行分级诊疗制度,引导非急诊患者首先到基层医疗卫生机构就诊,实行首诊负责制和转诊审核责任制,逐步建立基层首诊、双向转诊、急慢分治、上下联动的机制,并与基本医疗保险制度相衔接。

县级以上地方人民政府根据本行政区域医疗卫生需求,整合区域内政府举办的医疗卫生资源,因地制宜建立医疗联合体等协同联动的医疗服务合作机制。鼓励社会力量举办的医疗卫生机构参与医疗服务合作机制。

第三十一条 国家推进基层医疗卫生机构实行家庭医生签约服务,建立家庭医生服务团队,与居民签订协议,根据居民健康状况和医疗需求提供基本医疗卫生服务。

第三十二条 公民接受医疗卫生服务,对病情、诊疗方案、医疗风险、医疗费用等事项依法享有知情同意的权利。

需要实施手术、特殊检查、特殊治疗的,医疗卫生人员应当及时向患者说明医疗风险、替代医疗方案等情况,并取得其同意;不能或者不宜向患者说明的,应当向患者的近亲属说明,并取得其同意。法律另有规定的,依照其规定。

开展药物、医疗器械临床试验和其他医学研究应当遵守医学伦理规范,依法通过伦理审查,取得知情同意。

第三十三条 公民接受医疗卫生服务,应当受到尊重。医疗卫生机构、医疗卫生人员应当关心爱护、平等对待患者,尊重患者人格尊严,保护患者隐私。

公民接受医疗卫生服务,应当遵守诊疗制度和医疗卫生服务秩序,尊重医疗卫生人员。

第三章　医疗卫生机构

第三十四条　国家建立健全由基层医疗卫生机构、医院、专业公共卫生机构等组成的城乡全覆盖、功能互补、连续协同的医疗卫生服务体系。

国家加强县级医院、乡镇卫生院、村卫生室、社区卫生服务中心（站）和专业公共卫生机构等的建设，建立健全农村医疗卫生服务网络和城市社区卫生服务网络。

第三十五条　基层医疗卫生机构主要提供预防、保健、健康教育、疾病管理，为居民建立健康档案，常见病、多发病的诊疗以及部分疾病的康复、护理，接收医院转诊患者，向医院转诊超出自身服务能力的患者等基本医疗卫生服务。

医院主要提供疾病诊治，特别是急危重症和疑难病症的诊疗，突发事件医疗处置和救援以及健康教育等医疗卫生服务，并开展医学教育、医疗卫生人员培训、医学科学研究和对基层医疗卫生机构的业务指导等工作。

专业公共卫生机构主要提供传染病、慢性非传染性疾病、职业病、地方病等疾病预防控制和健康教育、妇幼保健、精神卫生、院前急救、采供血、食品安全风险监测评估、出生缺陷防治等公共卫生服务。

第三十六条　各级各类医疗卫生机构应当分工合作，为公民提供预防、保健、治疗、护理、康复、安宁疗护等全方位全周期的医疗卫生服务。

各级人民政府采取措施支持医疗卫生机构与养老机构、儿童福利机构、社区组织建立协作机制，为老年人、孤残儿童提供安全、便捷的医疗和健康服务。

第三十七条　县级以上人民政府应当制定并落实医疗卫生服务体系规划，科学配置医疗卫生资源，举办医疗卫生机构，为公民获得基本医疗卫生服务提供保障。

政府举办医疗卫生机构，应当考虑本行政区域人口、经济社会发展状况、医疗卫生资源、健康危险因素、发病率、患病率以及紧急救治需求等情况。

第三十八条　举办医疗机构，应当具备下列条件，按照国家有关规定办理审批或者备案手续：

（一）有符合规定的名称、组织机构和场所；

（二）有与其开展的业务相适应的经费、设施、设备和医疗卫生人员；

（三）有相应的规章制度；

（四）能够独立承担民事责任；

（五）法律、行政法规规定的其他条件。

医疗机构依法取得执业许可证。禁止伪造、变造、买卖、出租、出借医疗机构执业许可证。

各级各类医疗卫生机构的具体条件和配置应当符合国务院卫生健康主管部门制定的医疗卫生机构标准。

第三十九条　国家对医疗卫生机构实行分类管理。

医疗卫生服务体系坚持以非营利性医疗卫生机构为主体、营利性医疗卫生机构为补充。政府举办非营利性医疗卫生机构，在基本医疗卫生事业中发挥主导作用，保障基本医疗卫生服务公平可及。

以政府资金、捐赠资产举办或者参与举办的医疗卫生机构不得设立为营利性医疗卫生机构。

医疗卫生机构不得对外出租、承包医疗科室。非营利性医疗卫生机构不得向出资人、举办者分配或者变相分配收益。

第四十条　政府举办的医疗卫生机构应当坚持公益性质，所有收支均纳入预算管理，按照医疗卫生服务体系规划合理设置并控制规模。

国家鼓励政府举办的医疗卫生机构与社会力量合作举办非营利性医疗卫生机构。

政府举办的医疗卫生机构不得与其他组织投资设立非独立法人资格的医疗卫生机构，不得与社会资本合作举办营利性医疗卫生机构。

第四十一条　国家采取多种措施，鼓励和引导社会力量依法举办医疗卫生机构，支持和规范社会力量举办的医疗卫生机构与政府举办的医疗卫生机构开展多种类型的医疗业务、学科建设、人才培养等合作。

社会力量举办的医疗卫生机构在基本医疗保险定点、重点专科建设、科研教学、等级评审、特定医疗技术准入、医疗卫生人员职称评定等方面享有与政府举办的医疗卫生机构同等的权利。

社会力量可以选择设立非营利性或者营利性医疗卫生机构。社会力量举办的非营利性医疗卫生机构按照规定享受与政府举办的医疗卫生机构同等的税收、财政补助、用地、用水、用电、用气、用热等政策，并依法接受监督管理。

第四十二条　国家以建成的医疗卫生机构为基础，合理规划与设置国家医学中心和国家、省级区域性医疗中心，诊治疑难重症，研究攻克重大医学难题，培养高层次医疗卫生人才。

第四十三条　医疗卫生机构应当遵守法律、法规、规章，建立健全内部质量管理和控制制度，对医疗卫生服务质量负责。

医疗卫生机构应当按照临床诊疗指南、临床技术操作规范和行业标准以及医学伦理规范等有关要求，合理进行检查、用药、诊疗，加强医疗卫生安全风险防范，优化服务流程，持续改进医疗卫生服务质量。

第四十四条　国家对医疗卫生技术的临床应用进行分类管理，对技术难度大、医疗风险高，服务能力、人员专业技术水平要求较高的医疗卫生技术实行严格管理。

医疗卫生机构开展医疗卫生技术临床应用，应当与其功能任务相适应，遵循科学、安全、规范、有效、经济的原则，并符合伦理。

第四十五条　国家建立权责清晰、管理科学、治理完善、运行高效、监督有力的现代医院管理制度。

医院应当制定章程，建立和完善法人治理结构，提高医疗卫生服务能力和运行效率。

第四十六条　医疗卫生机构执业场所是提供医疗卫生服务的公共场所，任何组织或者个人不得扰乱其秩序。

第四十七条　国家完善医疗风险分担机制，鼓励医疗机构参加医疗责任保险或者建立医疗风险基金，鼓励患者参加医疗意外保险。

第四十八条　国家鼓励医疗卫生机构不断改进预防、保健、诊断、治疗、护理和康复的技术、设备与服务，支持开发适合基层和边远地区应用的医疗卫生技术。

第四十九条　国家推进全民健康信息化，推动健康医疗大数据、人工智能等的应用发展，加快医疗卫生信息基础设施建设，制定健康医疗数据采集、存储、分析和应用的技术标准，运用信息技术促进优质医疗卫生资源的普及与共享。

县级以上人民政府及其有关部门应当采取措施，推进信息技术在医疗卫生领域和医学教育中的应用，支持探索发展医疗卫生服务新模式、新业态。

国家采取措施，推进医疗卫生机构建立健全医疗卫生信息交流和信息安全制度，应用信息技术开展远程医疗服务，构建线上线下一体化医疗服务模式。

第五十条　发生自然灾害、事故灾难、公共卫生事件和社会安全事件等严重威胁人民群众生命健康的突发事件时，医疗卫生机构、医疗卫生人员应当服从政府部门的调遣，参与卫生应急处置和医疗救治。对致病、致残、死亡的参与人员，按照规定给予工伤或者抚恤、烈士褒扬等相关待遇。

第四章　医疗卫生人员

第五十一条　医疗卫生人员应当弘扬敬佑生命、救死扶伤、甘于奉献、大爱无疆的崇高职业精神，遵守行业规范，恪守医德，努力提高专业水平和服务质量。

医疗卫生行业组织、医疗卫生机构、医学院校应当加强对医疗卫生人员的医德医风教育。

第五十二条　国家制定医疗卫生人员培养规划，建立适应行业特点和社会需求的医疗卫生人员培养机制和供需平衡机制，完善医学院校教育、毕业后教育和继续教育体系，建立健全住院医师、专科医师规范化培训制度，建立规模适宜、结构合理、分布均衡的医疗卫生队伍。

国家加强全科医生的培养和使用。全科医生主要提供常见病、多发病的诊疗和转诊、预防、保健、康复，以及慢性病管理、健康管理等服务。

第五十三条　国家对医师、护士等医疗卫生人员依法实行执业注册制度。医疗卫生人员应当依法取得相应的职业资格。

第五十四条 医疗卫生人员应当遵循医学科学规律，遵守有关临床诊疗技术规范和各项操作规范以及医学伦理规范，使用适宜技术和药物，合理诊疗，因病施治，不得对患者实施过度医疗。

医疗卫生人员不得利用职务之便索要、非法收受财物或者牟取其他不正当利益。

第五十五条 国家建立健全符合医疗卫生行业特点的人事、薪酬、奖励制度，体现医疗卫生人员职业特点和技术劳动价值。

对从事传染病防治、放射医学和精神卫生工作以及其他在特殊岗位工作的医疗卫生人员，应当按照国家规定给予适当的津贴。津贴标准应当定期调整。

第五十六条 国家建立医疗卫生人员定期到基层和艰苦边远地区从事医疗卫生工作制度。

国家采取定向免费培养、对口支援、退休返聘等措施，加强基层和艰苦边远地区医疗卫生队伍建设。

执业医师晋升为副高级技术职称的，应当有累计一年以上在县级以下或者对口支援的医疗卫生机构提供医疗卫生服务的经历。

对在基层和艰苦边远地区工作的医疗卫生人员，在薪酬津贴、职称评定、职业发展、教育培训和表彰奖励等方面实行优惠待遇。

国家加强乡村医疗卫生队伍建设，建立县乡村上下贯通的职业发展机制，完善对乡村医疗卫生人员的服务收入多渠道补助机制和养老政策。

第五十七条 全社会应当关心、尊重医疗卫生人员，维护良好安全的医疗卫生服务秩序，共同构建和谐医患关系。

医疗卫生人员的人身安全、人格尊严不受侵犯，其合法权益受法律保护。禁止任何组织或者个人威胁、危害医疗卫生人员人身安全，侵犯医疗卫生人员人格尊严。

国家采取措施，保障医疗卫生人员执业环境。

第五章　药品供应保障

第五十八条 国家完善药品供应保障制度，建立工作协调机制，保障药品的安全、有效、可及。

第五十九条 国家实施基本药物制度，遴选适当数量的基本药物品种，满足疾病防治基本用药需求。

国家公布基本药物目录，根据药品临床应用实践、药品标准变化、药品新上市情况等，对基本药物目录进行动态调整。

基本药物按照规定优先纳入基本医疗保险药品目录。

国家提高基本药物的供给能力，强化基本药物质量监管，确保基本药物公平可及、合理使用。

第六十条 国家建立健全以临床需求为导向的药品审评审批制度，支持临床急需药品、儿童用药品和防治罕见病、重大疾病等药品的研制、生产，满足疾病防治需求。

第六十一条 国家建立健全药品研制、生产、流通、使用全过程追溯制度，加强药品管理，保证药品质量。

第六十二条 国家建立健全药品价格监测体系，开展成本价格调查，加强药品价格监督检查，依法查处价格垄断、价格欺诈、不正当竞争等违法行为，维护药品价格秩序。

国家加强药品分类采购管理和指导。参加药品采购投标的投标人不得以低于成本的报价竞标，不得以欺诈、串通投标、滥用市场支配地位等方式竞标。

第六十三条 国家建立中央与地方两级医药储备，用于保障重大灾情、疫情及其他突发事件等应急需要。

第六十四条 国家建立健全药品供求监测体系，及时收集和汇总分析药品供求信息，定期公布药品生产、流通、使用等情况。

第六十五条 国家加强对医疗器械的管理，完善医疗器械的标准和规范，提高医疗器械的安全有效水平。

国务院卫生健康主管部门和省、自治区、直辖市人民政府卫生健康主管部门应当根据技术的先进性、适宜性和可及性，编制大型医用设备配置规划，促进区域内医用设备合理配置、充分共享。

第六十六条　国家加强中药的保护与发展,充分体现中药的特色和优势,发挥其在预防、保健、医疗、康复中的作用。

第六章　健康促进

第六十七条　各级人民政府应当加强健康教育工作及其专业人才培养,建立健康知识和技能核心信息发布制度,普及健康科学知识,向公众提供科学、准确的健康信息。

医疗卫生、教育、体育、宣传等机构、基层群众性自治组织和社会组织应当开展健康知识的宣传和普及。医疗卫生人员在提供医疗卫生服务时,应当对患者开展健康教育。新闻媒体应当开展健康知识的公益宣传。健康知识的宣传应当科学、准确。

第六十八条　国家将健康教育纳入国民教育体系。学校应当利用多种形式实施健康教育,普及健康知识、科学健身知识、急救知识和技能,提高学生主动防病的意识,培养学生良好的卫生习惯和健康的行为习惯,减少、改善学生近视、肥胖等不良健康状况。

学校应当按照规定开设体育与健康课程,组织学生开展广播体操、眼保健操、体能锻炼等活动。

学校按照规定配备校医,建立和完善卫生室、保健室等。

县级以上人民政府教育主管部门应当按照规定将学生体质健康水平纳入学校考核体系。

第六十九条　公民是自己健康的第一责任人,树立和践行对自己健康负责的健康管理理念,主动学习健康知识,提高健康素养,加强健康管理。倡导家庭成员相互关爱,形成符合自身和家庭特点的健康生活方式。

公民应当尊重他人的健康权利和利益,不得损害他人健康和社会公共利益。

第七十条　国家组织居民健康状况调查和统计,开展体质监测,对健康绩效进行评估,并根据评估结果制定、完善与健康相关的法律、法规、政策和规划。

第七十一条　国家建立疾病和健康危险因素监测、调查和风险评估制度。县级以上人民政府及其有关部门针对影响健康的主要问题,组织开展健康危险因素研究,制定综合防治措施。

国家加强影响健康的环境问题预防和治理,组织开展环境质量对健康影响的研究,采取措施预防和控制与环境问题有关的疾病。

第七十二条　国家大力开展爱国卫生运动,鼓励和支持开展爱国卫生月等群众性卫生与健康活动,依靠和动员群众控制和消除健康危险因素,改善环境卫生状况,建设健康城市、健康村镇、健康社区。

第七十三条　国家建立科学、严格的食品、饮用水安全监督管理制度,提高安全水平。

第七十四条　国家建立营养状况监测制度,实施经济欠发达地区、重点人群营养干预计划,开展未成年人和老年人营养改善行动,倡导健康饮食习惯,减少不健康饮食引起的疾病风险。

第七十五条　国家发展全民健身事业,完善覆盖城乡的全民健身公共服务体系,加强公共体育设施建设,组织开展和支持全民健身活动,加强全民健身指导服务,普及科学健身知识和方法。

国家鼓励单位的体育场地设施向公众开放。

第七十六条　国家制定并实施未成年人、妇女、老年人、残疾人等的健康工作计划,加强重点人群健康服务。

国家推动长期护理保障工作,鼓励发展长期护理保险。

第七十七条　国家完善公共场所卫生管理制度。县级以上人民政府卫生健康等主管部门应当加强对公共场所的卫生监督。公共场所卫生监督信息应当依法向社会公开。

公共场所经营单位应当建立健全并严格实施卫生管理制度,保证其经营活动持续符合国家对公共场所的卫生要求。

第七十八条　国家采取措施,减少吸烟对公民健康的危害。

公共场所控制吸烟,强化监督执法。

烟草制品包装应当印制带有说明吸烟危害的警示。

禁止向未成年人出售烟酒。

第七十九条 用人单位应当为职工创造有益于健康的环境和条件,严格执行劳动安全卫生等相关规定,积极组织职工开展健身活动,保护职工健康。

国家鼓励用人单位开展职工健康指导工作。

国家提倡用人单位为职工定期开展健康检查。法律、法规对健康检查有规定的,依照其规定。

第七章 资金保障

第八十条 各级人民政府应当切实履行发展医疗卫生与健康事业的职责,建立与经济社会发展、财政状况和健康指标相适应的医疗卫生与健康事业投入机制,将医疗卫生与健康促进经费纳入本级政府预算,按照规定主要用于保障基本医疗服务、公共卫生服务、基本医疗保障和政府举办的医疗卫生机构建设和运行发展。

第八十一条 县级以上人民政府通过预算、审计、监督执法、社会监督等方式,加强资金的监督管理。

第八十二条 基本医疗服务费用主要由基本医疗保险基金和个人支付。国家依法多渠道筹集基本医疗保险基金,逐步完善基本医疗保险可持续筹资和保障水平调整机制。

公民有依法参加基本医疗保险的权利和义务。用人单位和职工按照国家规定缴纳职工基本医疗保险费。城乡居民按照规定缴纳城乡居民基本医疗保险费。

第八十三条 国家建立以基本医疗保险为主体,商业健康保险、医疗救助、职工互助医疗和医疗慈善服务等为补充的、多层次的医疗保障体系。

国家鼓励发展商业健康保险,满足人民群众多样化健康保障需求。

国家完善医疗救助制度,保障符合条件的困难群众获得基本医疗服务。

第八十四条 国家建立健全基本医疗保险经办机构与协议定点医疗卫生机构之间的协商谈判机制,科学合理确定基本医疗保险基金支付标准和支付方式,引导医疗卫生机构合理诊疗,促进患者有序流动,提高基本医疗保险基金使用效益。

第八十五条 基本医疗保险基金支付范围由国务院医疗保障主管部门组织制定,并应当听取国务院卫生健康主管部门、中医药主管部门、药品监督管理部门、财政部门等的意见。

省、自治区、直辖市人民政府可以按照国家有关规定,补充确定本行政区域基本医疗保险基金支付的具体项目和标准,并报国务院医疗保障主管部门备案。

国务院医疗保障主管部门应当对纳入支付范围的基本医疗保险药品目录、诊疗项目、医疗服务设施标准等组织开展循证医学和经济性评价,并应当听取国务院卫生健康主管部门、中医药主管部门、药品监督管理部门、财政部门等有关方面的意见。评价结果应当作为调整基本医疗保险基金支付范围的依据。

第八章 监督管理

第八十六条 国家建立健全机构自治、行业自律、政府监管、社会监督相结合的医疗卫生综合监督管理体系。

县级以上人民政府卫生健康主管部门对医疗卫生行业实行属地化、全行业监督管理。

第八十七条 县级以上人民政府医疗保障主管部门应当提高医疗保障监管能力和水平,对纳入基本医疗保险基金支付范围的医疗服务行为和医疗费用加强监督管理,确保基本医疗保险基金合理使用、安全可控。

第八十八条 县级以上人民政府应当组织卫生健康、医疗保障、药品监督管理、发展改革、财政等部门建立沟通协商机制,加强制度衔接和工作配合,提高医疗卫生资源使用效率和保障水平。

第八十九条 县级以上人民政府应当定期向本级人民代表大会或者其常务委员会报告基本医疗卫生与健康促进工作,依法接受监督。

第九十条 县级以上人民政府有关部门未履行医疗卫生与健康促进工作相关职责的,本级人民政府或者上级人民政府有关部门应当对其主要负责人进行约谈。

地方人民政府未履行医疗卫生与健康促进工作相关职责的,上级人民政府应当对其主要负责人进行约谈。

被约谈的部门和地方人民政府应当立即采取措施，进行整改。

约谈情况和整改情况应当纳入有关部门和地方人民政府工作评议、考核记录。

第九十一条　县级以上地方人民政府卫生健康主管部门应当建立医疗卫生机构绩效评估制度，组织对医疗卫生机构的服务质量、医疗技术、药品和医用设备使用等情况进行评估。评估应当吸收行业组织和公众参与。评估结果应当以适当方式向社会公开，作为评价医疗卫生机构和卫生监管的重要依据。

第九十二条　国家保护公民个人健康信息，确保公民个人健康信息安全。任何组织或者个人不得非法收集、使用、加工、传输公民个人健康信息，不得非法买卖、提供或者公开公民个人健康信息。

第九十三条　县级以上人民政府卫生健康主管部门、医疗保障主管部门应当建立医疗卫生机构、人员等信用记录制度，纳入全国信用信息共享平台，按照国家规定实施联合惩戒。

第九十四条　县级以上地方人民政府卫生健康主管部门及其委托的卫生健康监督机构，依法开展本行政区域医疗卫生等行政执法工作。

第九十五条　县级以上人民政府卫生健康主管部门应当积极培育医疗卫生行业组织，发挥其在医疗卫生与健康促进工作中的作用，支持其参与行业管理规范、技术标准制定和医疗卫生评价、评估、评审等工作。

第九十六条　国家建立医疗纠纷预防和处理机制，妥善处理医疗纠纷，维护医疗秩序。

第九十七条　国家鼓励公民、法人和其他组织对医疗卫生与健康促进工作进行社会监督。

任何组织和个人对违反本法规定的行为，有权向县级以上人民政府卫生健康主管部门和其他有关部门投诉、举报。

第九章　法律责任

第九十八条　违反本法规定，地方各级人民政府、县级以上人民政府卫生健康主管部门和其他有关部门，滥用职权、玩忽职守、徇私舞弊的，对直接负责的主管人员和其他直接责任人员依法给予处分。

第九十九条　违反本法规定，未取得医疗机构执业许可证擅自执业的，由县级以上人民政府卫生健康主管部门责令停止执业活动，没收违法所得和药品、医疗器械，并处违法所得五倍以上二十倍以下的罚款，违法所得不足一万元的，按一万元计算。

违反本法规定，伪造、变造、买卖、出租、出借医疗机构执业许可证的，由县级以上人民政府卫生健康主管部门责令改正，没收违法所得，并处违法所得五倍以上十五倍以下的罚款，违法所得不足一万元的，按一万元计算；情节严重的，吊销医疗机构执业许可证。

第一百条　违反本法规定，有下列行为之一的，由县级以上人民政府卫生健康主管部门责令改正，没收违法所得，并处违法所得二倍以上十倍以下的罚款，违法所得不足一万元的，按一万元计算；对直接负责的主管人员和其他直接责任人员依法给予处分：

（一）政府举办的医疗卫生机构与其他组织投资设立非独立法人资格的医疗卫生机构；

（二）医疗卫生机构对外出租、承包医疗科室；

（三）非营利性医疗卫生机构向出资人、举办者分配或者变相分配收益。

第一百零一条　违反本法规定，医疗卫生机构等的医疗信息安全制度、保障措施不健全，导致医疗信息泄露，或者医疗质量管理和医疗技术管理制度、安全措施不健全的，由县级以上人民政府卫生健康等主管部门责令改正，给予警告，并处一万元以上五万元以下的罚款；情节严重的，可以责令停止相应执业活动，对直接负责的主管人员和其他直接责任人员依法追究法律责任。

第一百零二条　违反本法规定，医疗卫生人员有下列行为之一的，由县级以上人民政府卫生健康主管部门依照有关执业医师、护士管理和医疗纠纷预防处理等法律、行政法规的规定给予行政处罚：

（一）利用职务之便索要、非法收受财物或者牟取其他不正当利益；

（二）泄露公民个人健康信息；

（三）在开展医学研究或提供医疗卫生服务过程中未按照规定履行告知义务或者违反医学伦理规范。

前款规定的人员属于政府举办的医疗卫生机构中的人员的,依法给予处分。

第一百零三条 违反本法规定,参加药品采购投标的投标人以低于成本的报价竞标,或者以欺诈、串通投标、滥用市场支配地位等方式竞标的,由县级以上人民政府医疗保障主管部门责令改正,没收违法所得;中标的,中标无效,处中标项目金额千分之五以上千分之十以下的罚款,对法定代表人、主要负责人、直接负责的主管人员和其他责任人员处对单位罚款数额百分之五以上百分之十以下的罚款;情节严重的,取消其二年至五年内参加药品采购投标的资格并予以公告。

第一百零四条 违反本法规定,以欺诈、伪造证明材料或者其他手段骗取基本医疗保险待遇,或者基本医疗保险经办机构以及医疗机构、药品经营单位等以欺诈、伪造证明材料或者其他手段骗取基本医疗保险基金支出的,由县级以上人民政府医疗保障主管部门依照有关社会保险的法律、行政法规规定给予行政处罚。

第一百零五条 违反本法规定,扰乱医疗卫生机构执业场所秩序,威胁、危害医疗卫生人员人身安全,侵犯医疗卫生人员人格尊严,非法收集、使用、加工、传输公民个人健康信息,非法买卖、提供或者公开公民个人健康信息等,构成违反治安管理行为的,依法给予治安管理处罚。

第一百零六条 违反本法规定,构成犯罪的,依法追究刑事责任;造成人身、财产损害的,依法承担民事责任。

第十章 附 则

第一百零七条 本法中下列用语的含义:
(一)主要健康指标,是指人均预期寿命、孕产妇死亡率、婴儿死亡率、五岁以下儿童死亡率等。
(二)医疗卫生机构,是指基层医疗卫生机构、医院和专业公共卫生机构等。
(三)基层医疗卫生机构,是指乡镇卫生院、社区卫生服务中心(站)、村卫生室、医务室、门诊部和诊所等。
(四)专业公共卫生机构,是指疾病预防控制中心、专科疾病防治机构、健康教育机构、急救中心(站)和血站等。
(五)医疗卫生人员,是指执业医师、执业助理医师、注册护士、药师(士)、检验技师(士)、影像技师(士)和乡村医生等卫生专业人员。
(六)基本药物,是指满足疾病防治基本用药需求,适应现阶段基本国情和保障能力,剂型适宜,价格合理,能够保障供应,可公平获得的药品。

第一百零八条 省、自治区、直辖市和设区的市、自治州可以结合实际,制定本地方发展医疗卫生与健康事业的具体办法。

第一百零九条 中国人民解放军和中国人民武装警察部队的医疗卫生与健康促进工作,由国务院和中央军事委员会依照本法制定管理办法。

第一百一十条 本法自2020年6月1日起施行。

中华人民共和国医师法

(2021年8月20日第十三届全国人民代表大会常务委员会第三十次会议通过)

第一章 总 则

第一条 为了保障医师合法权益,规范医师执业行为,加强医师队伍建设,保护人民健康,推进健康中国建设,制定本法。

第二条 本法所称医师,是指依法取得医师资格,经注册在医疗卫生机构中执业的专业医务人员,包括执业医师和执业助理医师。

第三条 医师应当坚持人民至上、生命至上，发扬人道主义精神，弘扬敬佑生命、救死扶伤、甘于奉献、大爱无疆的崇高职业精神，恪守职业道德，遵守执业规范，提高执业水平，履行防病治病、保护人民健康的神圣职责。

医师依法执业，受法律保护。医师的人格尊严、人身安全不受侵犯。

第四条 国务院卫生健康主管部门负责全国的医师管理工作。国务院教育、人力资源社会保障、中医药等有关部门在各自职责范围内负责有关的医师管理工作。

县级以上地方人民政府卫生健康主管部门负责本行政区域内的医师管理工作。县级以上地方人民政府教育、人力资源社会保障、中医药等有关部门在各自职责范围内负责有关的医师管理工作。

第五条 每年8月19日为中国医师节。

对在医疗卫生服务工作中做出突出贡献的医师，按照国家有关规定给予表彰、奖励。

全社会应当尊重医师。各级人民政府应当关心爱护医师，弘扬先进事迹，加强业务培训，支持开拓创新，帮助解决困难，推动在全社会广泛形成尊医重卫的良好氛围。

第六条 国家建立健全医师医学专业技术职称设置、评定和岗位聘任制度，将职业道德、专业实践能力和工作业绩作为重要条件，科学设置有关评定、聘任标准。

第七条 医师可以依法组织和参加医师协会等有关行业组织、专业学术团体。

医师协会等有关行业组织应当加强行业自律和医师执业规范，维护医师合法权益，协助卫生健康主管部门和其他有关部门开展相关工作。

第二章 考试和注册

第八条 国家实行医师资格考试制度。

医师资格考试分为执业医师资格考试和执业助理医师资格考试。医师资格考试由省级以上人民政府卫生健康主管部门组织实施。

医师资格考试的类别和具体办法，由国务院卫生健康主管部门制定。

第九条 具有下列条件之一的，可以参加执业医师资格考试：

（一）具有高等学校相关医学专业本科以上学历，在执业医师指导下，在医疗卫生机构中参加医学专业工作实践满一年；

（二）具有高等学校相关医学专业专科学历，取得执业助理医师执业证书后，在医疗卫生机构中执业满二年。

第十条 具有高等学校相关医学专业专科以上学历，在执业医师指导下，在医疗卫生机构中参加医学专业工作实践满一年的，可以参加执业助理医师资格考试。

第十一条 以师承方式学习中医满三年，或者经多年实践医术确有专长的，经县级以上人民政府卫生健康主管部门委托的中医药专业组织或者医疗卫生机构考核合格并推荐，可以参加中医医师资格考试。

以师承方式学习中医或者经多年实践，医术确有专长的，由至少二名中医医师推荐，经省级人民政府中医药主管部门组织实践技能和效果考核合格后，即可取得中医医师资格及相应的资格证书。

本条规定的相关考试、考核办法，由国务院中医药主管部门拟订，报国务院卫生健康主管部门审核、发布。

第十二条 医师资格考试成绩合格，取得执业医师资格或者执业助理医师资格，发给医师资格证书。

第十三条 国家实行医师执业注册制度。

取得医师资格的，可以向所在地县级以上地方人民政府卫生健康主管部门申请注册。医疗卫生机构可以为本机构中的申请人集体办理注册手续。

除有本法规定不予注册的情形外，卫生健康主管部门应当自受理申请之日起二十个工作日内准予注册，将注册信息录入国家信息平台，并发给医师执业证书。

未注册取得医师执业证书，不得从事医师执业活动。

医师执业注册管理的具体办法，由国务院卫生健康主管部门制定。

第十四条 医师经注册后,可以在医疗卫生机构中按照注册的执业地点、执业类别、执业范围执业,从事相应的医疗卫生服务。

中医、中西医结合医师可以在医疗机构中的中医科、中西医结合科或者其他临床科室按照注册的执业类别、执业范围执业。

医师经相关专业培训和考核合格,可以增加执业范围。法律、行政法规对医师从事特定范围执业活动的资质条件有规定的,从其规定。

经考试取得医师资格的中医医师按照国家有关规定,经培训和考核合格,在执业活动中可以采用与其专业相关的西医药技术方法。西医医师按照国家有关规定,经培训和考核合格,在执业活动中可以采用与其专业相关的中医药技术方法。

第十五条 医师在二个以上医疗卫生机构定期执业的,应当以一个医疗卫生机构为主,并按照国家有关规定办理相关手续。国家鼓励医师定期定点到县级以下医疗卫生机构,包括乡镇卫生院、村卫生室、社区卫生服务中心等,提供医疗卫生服务,主执业机构应当支持并提供便利。

卫生健康主管部门、医疗卫生机构应当加强对有关医师的监督管理,规范其执业行为,保证医疗卫生服务质量。

第十六条 有下列情形之一的,不予注册:

(一)无民事行为能力或者限制民事行为能力;

(二)受刑事处罚,刑罚执行完毕不满二年或者被依法禁止从事医师职业的期限未满;

(三)被吊销医师执业证书不满二年;

(四)因医师定期考核不合格被注销注册不满一年;

(五)法律、行政法规规定不得从事医疗卫生服务的其他情形。

受理申请的卫生健康主管部门对不予注册的,应当自受理申请之日起二十个工作日内书面通知申请人和其所在医疗卫生机构,并说明理由。

第十七条 医师注册后有下列情形之一的,注销注册,废止医师执业证书:

(一)死亡;

(二)受刑事处罚;

(三)被吊销医师执业证书;

(四)医师定期考核不合格,暂停执业活动期满,再次考核仍不合格;

(五)中止医师执业活动满二年;

(六)法律、行政法规规定不得从事医疗卫生服务或者应当办理注销手续的其他情形。

有前款规定情形的,医师所在医疗卫生机构应当在三十日内报告准予注册的卫生健康主管部门;卫生健康主管部门依职权发现医师有前款规定情形的,应当及时通报准予注册的卫生健康主管部门。准予注册的卫生健康主管部门应当及时注销注册,废止医师执业证书。

第十八条 医师变更执业地点、执业类别、执业范围等注册事项的,应当依照本法规定到准予注册的卫生健康主管部门办理变更注册手续。

医师从事下列活动的,可以不办理相关变更注册手续:

(一)参加规范化培训、进修、对口支援、会诊、突发事件医疗救援、慈善或者其他公益性医疗、义诊;

(二)承担国家任务或者参加政府组织的重要活动等;

(三)在医疗联合体内的医疗机构中执业。

第十九条 中止医师执业活动二年以上或者本法规定不予注册的情形消失,申请重新执业的,应当由县级以上人民政府卫生健康主管部门或者其委托的医疗卫生机构、行业组织考核合格,并依照本法规定重新注册。

第二十条 医师个体行医应当依法办理审批或者备案手续。

执业医师个体行医,须经注册后在医疗卫生机构中执业满五年;但是,依照本法第十一条第二款规定取得中医医师资格的人员,按照考核内容进行执业注册后,即可在注册的执业范围内个体行医。

县级以上地方人民政府卫生健康主管部门对个体行医的医师,应当按照国家有关规定实施监督检查,发现有本法规定注销注册的情形的,应当及时注销注册,废止医师执业证书。

第二十一条　县级以上地方人民政府卫生健康主管部门应当将准予注册和注销注册的人员名单及时予以公告,由省级人民政府卫生健康主管部门汇总,报国务院卫生健康主管部门备案,并按照规定通过网站提供医师注册信息查询服务。

第三章　执业规则

第二十二条　医师在执业活动中享有下列权利:

(一)在注册的执业范围内,按照有关规范进行医学诊查、疾病调查、医学处置、出具相应的医学证明文件,选择合理的医疗、预防、保健方案;

(二)获取劳动报酬,享受国家规定的福利待遇,按照规定参加社会保险并享受相应待遇;

(三)获得符合国家规定标准的执业基本条件和职业防护装备;

(四)从事医学教育、研究、学术交流;

(五)参加专业培训,接受继续医学教育;

(六)对所在医疗卫生机构和卫生健康主管部门的工作提出意见和建议,依法参与所在机构的民主管理;

(七)法律、法规规定的其他权利。

第二十三条　医师在执业活动中履行下列义务:

(一)树立敬业精神,恪守职业道德,履行医师职责,尽职尽责救治患者,执行疫情防控等公共卫生措施;

(二)遵循临床诊疗指南,遵守临床技术操作规范和医学伦理规范等;

(三)尊重、关心、爱护患者,依法保护患者隐私和个人信息;

(四)努力钻研业务,更新知识,提高医学专业技术能力和水平,提升医疗卫生服务质量;

(五)宣传推广与岗位相适应的健康科普知识,对患者及公众进行健康教育和健康指导;

(六)法律、法规规定的其他义务。

第二十四条　医师实施医疗、预防、保健措施,签署有关医学证明文件,必须亲自诊查、调查,并按照规定及时填写病历等医学文书,不得隐匿、伪造、篡改或者擅自销毁病历等医学文书及有关资料。

医师不得出具虚假医学证明文件以及与自己执业范围无关或者与执业类别不相符的医学证明文件。

第二十五条　医师在诊疗活动中应当向患者说明病情、医疗措施和其他需要告知的事项。需要实施手术、特殊检查、特殊治疗的,医师应当及时向患者具体说明医疗风险、替代医疗方案等情况,并取得其明确同意;不能或者不宜向患者说明的,应当向患者的近亲属说明,并取得其明确同意。

第二十六条　医师开展药物、医疗器械临床试验和其他医学临床研究应当符合国家有关规定,遵守医学伦理规范,依法通过伦理审查,取得书面知情同意。

第二十七条　对需要紧急救治的患者,医师应当采取紧急措施进行诊治,不得拒绝急救处置。

因抢救生命垂危的患者等紧急情况,不能取得患者或者其近亲属意见的,经医疗机构负责人或者授权的负责人批准,可以立即实施相应的医疗措施。

国家鼓励医师积极参与公共交通工具等公共场所急救服务;医师因自愿实施急救造成受助人损害的,不承担民事责任。

第二十八条　医师应当使用经依法批准或者备案的药品、消毒药剂、医疗器械,采用合法、合规、科学的诊疗方法。

除按照规范用于诊断治疗外,不得使用麻醉药品、医疗用毒性药品、精神药品、放射性药品等。

第二十九条　医师应当坚持安全有效、经济合理的用药原则,遵循药品临床应用指导原则、临床诊疗指南和药品说明书等合理用药。

在尚无有效或者更好治疗手段等特殊情况下,医师取得患者明确知情同意后,可以采用药品说明书中未明确但具有循证医学证据的药品用法实施治疗。医疗机构应当建立管理制度,对医师处方、用药医嘱的适宜性进行审核,严格规范医师用药行为。

第三十条 执业医师按照国家有关规定,经所在医疗卫生机构同意,可以通过互联网等信息技术提供部分常见病、慢性病复诊等适宜的医疗卫生服务。国家支持医疗卫生机构之间利用互联网等信息技术开展远程医疗合作。

第三十一条 医师不得利用职务之便,索要、非法收受财物或者牟取其他不正当利益;不得对患者实施不必要的检查、治疗。

第三十二条 遇有自然灾害、事故灾难、公共卫生事件和社会安全事件等严重威胁人民生命健康的突发事件时,县级以上人民政府卫生健康主管部门根据需要组织医师参与卫生应急处置和医疗救治,医师应当服从调遣。

第三十三条 在执业活动中有下列情形之一的,医师应当按照有关规定及时向所在医疗卫生机构或者有关部门、机构报告:

(一)发现传染病、突发不明原因疾病或者异常健康事件;
(二)发生或者发现医疗事故;
(三)发现可能与药品、医疗器械有关的不良反应或者不良事件;
(四)发现假药或者劣药;
(五)发现患者涉嫌伤害事件或者非正常死亡;
(六)法律、法规规定的其他情形。

第三十四条 执业助理医师应当在执业医师的指导下,在医疗卫生机构中按照注册的执业类别、执业范围执业。

在乡、民族乡、镇和村医疗卫生机构以及艰苦边远地区县级医疗卫生机构中执业的执业助理医师,可以根据医疗卫生服务情况和本人实践经验,独立从事一般的执业活动。

第三十五条 参加临床教学实践的医学生和尚未取得医师执业证书、在医疗卫生机构中参加医学专业工作实践的医学毕业生,应当在执业医师监督、指导下参与临床诊疗活动。医疗卫生机构应当为有关医学生、医学毕业生参与临床诊疗活动提供必要的条件。

第三十六条 有关行业组织、医疗卫生机构、医学院校应当加强对医师的医德医风教育。

医疗卫生机构应当建立健全医师岗位责任、内部监督、投诉处理等制度,加强对医师的管理。

第四章 培训和考核

第三十七条 国家制定医师培养规划,建立适应行业特点和社会需求的医师培养和供需平衡机制,统筹各类医学人才需求,加强全科、儿科、精神科、老年医学等紧缺专业人才培养。

国家采取措施,加强医教协同,完善医学院校教育、毕业后教育和继续教育体系。

国家通过多种途径,加强以全科医生为重点的基层医疗卫生人才培养和配备。

国家采取措施,完善中医西医相互学习的教育制度,培养高层次中西医结合人才和能够提供中西医结合服务的全科医生。

第三十八条 国家建立健全住院医师规范化培训制度,健全临床带教激励机制,保障住院医师培训期间待遇,严格培训过程管理和结业考核。

国家建立健全专科医师规范化培训制度,不断提高临床医师专科诊疗水平。

第三十九条 县级以上人民政府卫生健康主管部门和其他有关部门应当制定医师培训计划,采取多种形式对医师进行分级分类培训,为医师接受继续医学教育提供条件。

县级以上人民政府应当采取有力措施,优先保障基层、欠发达地区和民族地区的医疗卫生人员接受继续医学教育。

第四十条 医疗卫生机构应当合理调配人力资源,按照规定和计划保证本机构医师接受继续医学教育。

县级以上人民政府卫生健康主管部门应当有计划地组织协调县级以上医疗卫生机构对乡镇卫生院、

村卫生室、社区卫生服务中心等基层医疗卫生机构中的医疗卫生人员开展培训，提高其医学专业技术能力和水平。

有关行业组织应当为医师接受继续医学教育提供服务和创造条件，加强继续医学教育的组织、管理。

第四十一条　国家在每年的医学专业招生计划和教育培训计划中，核定一定比例用于定向培养、委托培训，加强基层和艰苦边远地区医师队伍建设。

有关部门、医疗卫生机构与接受定向培养、委托培训的人员签订协议，约定相关待遇、服务年限、违约责任等事项，有关人员应当履行协议约定的义务。县级以上人民政府有关部门应当采取措施，加强履约管理。协议各方违反约定的，应当承担违约责任。

第四十二条　国家实行医师定期考核制度。

县级以上人民政府卫生健康主管部门或者其委托的医疗卫生机构、行业组织应当按照医师执业标准，对医师的业务水平、工作业绩和职业道德状况进行考核，考核周期为三年。对具有较长年限执业经历、无不良行为记录的医师，可以简化考核程序。

受委托的机构或者组织应当将医师考核结果报准予注册的卫生健康主管部门备案。

对考核不合格的医师，县级以上人民政府卫生健康主管部门应当责令其暂停执业活动三个月至六个月，并接受相关专业培训。暂停执业活动期满，再次进行考核，对考核合格的，允许其继续执业。

第四十三条　省级以上人民政府卫生健康主管部门负责指导、检查和监督医师考核工作。

第五章　保障措施

第四十四条　国家建立健全体现医师职业特点和技术劳动价值的人事、薪酬、职称、奖励制度。

对从事传染病防治、放射医学和精神卫生工作以及其他特殊岗位工作的医师，应当按照国家有关规定给予适当的津贴。津贴标准应当定期调整。

在基层和艰苦边远地区工作的医师，按照国家有关规定享受津贴、补贴政策，并在职称评定、职业发展、教育培训和表彰奖励等方面享受优惠待遇。

第四十五条　国家加强疾病预防控制人才队伍建设，建立适应现代化疾病预防控制体系的医师培养和使用机制。

疾病预防控制机构、二级以上医疗机构以及乡镇卫生院、社区卫生服务中心等基层医疗卫生机构应当配备一定数量的公共卫生医师，从事人群疾病及危害因素监测、风险评估研判、监测预警、流行病学调查、免疫规划管理、职业健康管理等公共卫生工作。医疗机构应当建立健全管理制度，严格执行院内感染防控措施。

国家建立公共卫生与临床医学相结合的人才培养机制，通过多种途径对临床医师进行疾病预防控制、突发公共卫生事件应对等方面业务培训，对公共卫生医师进行临床医学业务培训，完善医防结合和中西医协同防治的体制机制。

第四十六条　国家采取措施，统筹城乡资源，加强基层医疗卫生队伍和服务能力建设，对乡村医疗卫生人员建立县乡村上下贯通的职业发展机制，通过县管乡用、乡聘村用等方式，将乡村医疗卫生人员纳入县域医疗卫生人员管理。

执业医师晋升为副高级技术职称的，应当有累计一年以上在县级以下或者对口支援的医疗卫生机构提供医疗卫生服务的经历；晋升副高级技术职称后，在县级以下或者对口支援的医疗卫生机构提供医疗卫生服务，累计一年以上的，同等条件下优先晋升正高级技术职称。

国家采取措施，鼓励取得执业医师资格或者执业助理医师资格的人员依法开办村医疗卫生机构，或者在村医疗卫生机构提供医疗卫生服务。

第四十七条　国家鼓励在村医疗卫生机构中向村民提供预防、保健和一般医疗服务的乡村医生通过医学教育取得医学专业学历；鼓励符合条件的乡村医生参加医师资格考试，依法取得医师资格。

国家采取措施，通过信息化、智能化手段帮助乡村医生提高医学技术能力和水平，进一步完善对乡村医生的服务收入多渠道补助机制和养老等政策。

乡村医生的具体管理办法,由国务院制定。

第四十八条 医师有下列情形之一的,按照国家有关规定给予表彰、奖励:

(一)在执业活动中,医德高尚,事迹突出;

(二)在医学研究、教育中开拓创新,对医学专业技术有重大突破,做出显著贡献;

(三)遇有突发事件时,在预防预警、救死扶伤等工作中表现突出;

(四)长期在艰苦边远地区的县级以下医疗卫生机构努力工作;

(五)在疾病预防控制、健康促进工作中做出突出贡献;

(六)法律、法规规定的其他情形。

第四十九条 县级以上人民政府及其有关部门应当将医疗纠纷预防和处理工作纳入社会治安综合治理体系,加强医疗卫生机构及周边治安综合治理,维护医疗卫生机构良好的执业环境,有效防范和依法打击涉医违法犯罪行为,保护医患双方合法权益。

医疗卫生机构应当完善安全保卫措施,维护良好的医疗秩序,及时主动化解医疗纠纷,保障医师执业安全。

禁止任何组织或者个人阻碍医师依法执业,干扰医师正常工作、生活;禁止通过侮辱、诽谤、威胁、殴打等方式,侵犯医师的人格尊严、人身安全。

第五十条 医疗卫生机构应当为医师提供职业安全和卫生防护用品,并采取有效的卫生防护和医疗保健措施。

医师受到事故伤害或者在职业活动中因接触有毒、有害因素而引起疾病、死亡的,依照有关法律、行政法规的规定享受工伤保险待遇。

第五十一条 医疗卫生机构应当为医师合理安排工作时间,落实带薪休假制度,定期开展健康检查。

第五十二条 国家建立完善医疗风险分担机制。医疗机构应当参加医疗责任保险或者建立、参加医疗风险基金。鼓励患者参加医疗意外保险。

第五十三条 新闻媒体应当开展医疗卫生法律、法规和医疗卫生知识的公益宣传,弘扬医师先进事迹,引导公众尊重医师、理性对待医疗卫生风险。

第六章 法律责任

第五十四条 在医师资格考试中有违反考试纪律等行为,情节严重的,一年至三年内禁止参加医师资格考试。

以不正当手段取得医师资格证书或者医师执业证书的,由发给证书的卫生健康主管部门予以撤销,三年内不受理其相应申请。

伪造、变造、买卖、出租、出借医师执业证书的,由县级以上人民政府卫生健康主管部门责令改正,没收违法所得,并处违法所得二倍以上五倍以下的罚款,违法所得不足一万元的,按一万元计算;情节严重的,吊销医师执业证书。

第五十五条 违反本法规定,医师在执业活动中有下列行为之一的,由县级以上人民政府卫生健康主管部门责令改正,给予警告;情节严重的,责令暂停六个月以上一年以下执业活动直至吊销医师执业证书:

(一)在提供医疗卫生服务或者开展医学临床研究中,未按照规定履行告知义务或者取得知情同意;

(二)对需要紧急救治的患者,拒绝急救处置,或者由于不负责任延误诊治;

(三)遇有自然灾害、事故灾难、公共卫生事件和社会安全事件等严重威胁人民生命健康的突发事件时,不服从卫生健康主管部门调遣;

(四)未按照规定报告有关情形;

(五)违反法律、法规、规章或者执业规范,造成医疗事故或者其他严重后果。

第五十六条 违反本法规定,医师在执业活动中有下列行为之一的,由县级以上人民政府卫生健康主管部门责令改正,给予警告,没收违法所得,并处一万元以上三万元以下的罚款;情节严重的,责令暂停六个月以上一年以下执业活动直至吊销医师执业证书:

(一)泄露患者隐私或者个人信息;

(二)出具虚假医学证明文件,或者未经亲自诊查、调查,签署诊断、治疗、流行病学等证明文件或者有关出生、死亡等证明文件;

(三)隐匿、伪造、篡改或者擅自销毁病历等医学文书及有关资料;

(四)未按照规定使用麻醉药品、医疗用毒性药品、精神药品、放射性药品等;

(五)利用职务之便,索要、非法收受财物或者牟取其他不正当利益,或者违反诊疗规范,对患者实施不必要的检查、治疗造成不良后果;

(六)开展禁止类医疗技术临床应用。

第五十七条 违反本法规定,医师未按照注册的执业地点、执业类别、执业范围执业的,由县级以上人民政府卫生健康主管部门或者中医药主管部门责令改正,给予警告,没收违法所得,并处一万元以上三万元以下的罚款;情节严重的,责令暂停六个月以上一年以下执业活动直至吊销医师执业证书。

第五十八条 严重违反医师职业道德、医学伦理规范,造成恶劣社会影响的,由省级以上人民政府卫生健康主管部门吊销医师执业证书或者责令停止非法执业活动,五年直至终身禁止从事医疗卫生服务或者医学临床研究。

第五十九条 违反本法规定,非医师行医的,由县级以上人民政府卫生健康主管部门责令停止非法执业活动,没收违法所得和药品、医疗器械,并处违法所得二倍以上十倍以下的罚款,违法所得不足一万元的,按一万元计算。

第六十条 违反本法规定,阻碍医师依法执业,干扰医师正常工作、生活,或者通过侮辱、诽谤、威胁、殴打等方式,侵犯医师人格尊严、人身安全,构成违反治安管理行为的,依法给予治安管理处罚。

第六十一条 违反本法规定,医疗卫生机构未履行报告职责,造成严重后果的,由县级以上人民政府卫生健康主管部门给予警告,对直接负责的主管人员和其他直接责任人员依法给予处分。

第六十二条 违反本法规定,卫生健康主管部门和其他有关部门工作人员或者医疗卫生机构工作人员弄虚作假、滥用职权、玩忽职守、徇私舞弊的,依法给予处分。

第六十三条 违反本法规定,构成犯罪的,依法追究刑事责任;造成人身、财产损害的,依法承担民事责任。

第七章 附 则

第六十四条 国家采取措施,鼓励具有中等专业学校医学专业学历的人员通过参加更高层次学历教育等方式,提高医学技术能力和水平。

在本法施行前以及在本法施行后一定期限内取得中等专业学校相关医学专业学历的人员,可以参加医师资格考试。具体办法由国务院卫生健康主管部门会同国务院教育、中医药等有关部门制定。

第六十五条 中国人民解放军和中国人民武装警察部队执行本法的具体办法,由国务院、中央军事委员会依据本法制定。

第六十六条 境外人员参加医师资格考试、申请注册、执业或者从事临床示教、临床研究、临床学术交流等活动的具体管理办法,由国务院卫生健康主管部门制定。

第六十七条 本法自2022年3月1日起施行。《中华人民共和国执业医师法》同时废止。

中华人民共和国传染病防治法

（1989年2月21日第七届全国人民代表大会常务委员会第六次会议通过，2004年8月28日第十届全国人民代表大会常务委员会第十一次会议修订，根据2013年6月29日第十二届全国人民代表大会常务委员会第三次会议《关于修改〈中华人民共和国文物保护法〉等十二部法律的决定》修正）

第一章 总 则

第一条 为了预防、控制和消除传染病的发生与流行，保障人体健康和公共卫生，制定本法。

第二条 国家对传染病防治实行预防为主的方针，防治结合、分类管理、依靠科学、依靠群众。

第三条 本法规定的传染病分为甲类、乙类和丙类。

甲类传染病是指：鼠疫、霍乱。

乙类传染病是指：传染性非典型肺炎、艾滋病、病毒性肝炎、脊髓灰质炎、人感染高致病性禽流感、麻疹、流行性出血热、狂犬病、流行性乙型脑炎、登革热、炭疽、细菌性和阿米巴性痢疾、肺结核、伤寒和副伤寒、流行性脑脊髓膜炎、百日咳、白喉、新生儿破伤风、猩红热、布鲁氏菌病、淋病、梅毒、钩端螺旋体病、血吸虫病、疟疾。

丙类传染病是指：流行性感冒、流行性腮腺炎、风疹、急性出血性结膜炎、麻风病、流行性和地方性斑疹伤寒、黑热病、包虫病、丝虫病、除霍乱、细菌性和阿米巴性痢疾、伤寒和副伤寒以外的感染性腹泻病。

国务院卫生行政部门根据传染病暴发、流行情况和危害程度，可以决定增加、减少或者调整乙类、丙类传染病病种并予以公布。

第四条 对乙类传染病中传染性非典型肺炎、炭疽中的肺炭疽和人感染高致病性禽流感，采取本法所称甲类传染病的预防、控制措施。其他乙类传染病和突发原因不明的传染病需要采取本法所称甲类传染病的预防、控制措施的，由国务院卫生行政部门及时报经国务院批准后予以公布、实施。

需要解除依照前款规定采取的甲类传染病预防、控制措施的，由国务院卫生行政部门报经国务院批准后予以公布。

省、自治区、直辖市人民政府对本行政区域内常见、多发的其他地方性传染病，可以根据情况决定按照乙类或者丙类传染病管理并予以公布，报国务院卫生行政部门备案。

第五条 各级人民政府领导传染病防治工作。

县级以上人民政府制定传染病防治规划并组织实施，建立健全传染病防治的疾病预防控制、医疗救治和监督管理体系。

第六条 国务院卫生行政部门主管全国传染病防治及其监督管理工作。县级以上地方人民政府卫生行政部门负责本行政区域内的传染病防治及其监督管理工作。

县级以上人民政府其他部门在各自的职责范围内负责传染病防治工作。

军队的传染病防治工作，依照本法和国家有关规定办理，由中国人民解放军卫生主管部门实施监督管理。

第七条 各级疾病预防控制机构承担传染病监测、预测、流行病学调查、疫情报告以及其他预防、控制工作。

医疗机构承担与医疗救治有关的传染病防治工作和责任区域内的传染病预防工作。城市社区和农村基层医疗机构在疾病预防控制机构的指导下，承担城市社区、农村基层相应的传染病防治工作。

第八条 国家发展现代医学和中医药等传统医学，支持和鼓励开展传染病防治的科学研究，提高传染病防治的科学技术水平。

国家支持和鼓励开展传染病防治的国际合作。

第九条 国家支持和鼓励单位和个人参与传染病防治工作。各级人民政府应当完善有关制度，方便单位和个人参与防治传染病的宣传教育、疫情报告、志愿服务和捐赠活动。

居民委员会、村民委员会应当组织居民、村民参与社区、农村的传染病预防与控制活动。

第十条 国家开展预防传染病的健康教育。新闻媒体应当无偿开展传染病防治和公共卫生教育的公益宣传。

各级各类学校应当对学生进行健康知识和传染病预防知识的教育。

医学院校应当加强预防医学教育和科学研究,对在校学生以及其他与传染病防治相关人员进行预防医学教育和培训,为传染病防治工作提供技术支持。

疾病预防控制机构、医疗机构应当定期对其工作人员进行传染病防治知识、技能的培训。

第十一条 对在传染病防治工作中做出显著成绩和贡献的单位和个人,给予表彰和奖励。

对因参与传染病防治工作致病、致残、死亡的人员,按照有关规定给予补助、抚恤。

第十二条 在中华人民共和国领域内的一切单位和个人,必须接受疾病预防控制机构、医疗机构有关传染病的调查、检验、采集样本、隔离治疗等预防、控制措施,如实提供有关情况。疾病预防控制机构、医疗机构不得泄露涉及个人隐私的有关信息、资料。

卫生行政部门以及其他有关部门、疾病预防控制机构和医疗机构因违法实施行政管理或者预防、控制措施,侵犯单位和个人合法权益的,有关单位和个人可以依法申请行政复议或者提起诉讼。

第二章 传染病预防

第十三条 各级人民政府组织开展群众性卫生活动,进行预防传染病的健康教育,倡导文明健康的生活方式,提高公众对传染病的防治意识和应对能力,加强环境卫生建设,消除鼠害和蚊、蝇等病媒生物的危害。

各级人民政府农业、水利、林业行政部门按照职责分工负责指导和组织消除农田、湖区、河流、牧场、林区的鼠害与血吸虫危害,以及其他传播传染病的动物和病媒生物的危害。

铁路、交通、民用航空行政部门负责组织消除交通工具以及相关场所的鼠害和蚊、蝇等病媒生物的危害。

第十四条 地方各级人民政府应当有计划地建设和改造公共卫生设施,改善饮用水卫生条件,对污水、污物、粪便进行无害化处置。

第十五条 国家实行有计划的预防接种制度。国务院卫生行政部门和省、自治区、直辖市人民政府卫生行政部门,根据传染病预防、控制的需要,制定传染病预防接种规划并组织实施。用于预防接种的疫苗必须符合国家质量标准。

国家对儿童实行预防接种证制度。国家免疫规划项目的预防接种实行免费。医疗机构、疾病预防控制机构与儿童的监护人应当相互配合,保证儿童及时接受预防接种。具体办法由国务院制定。

第十六条 国家和社会应当关心、帮助传染病病人、病原携带者和疑似传染病病人,使其得到及时救治。任何单位和个人不得歧视传染病病人、病原携带者和疑似传染病病人。

传染病病人、病原携带者和疑似传染病病人,在治愈前或者在排除传染病嫌疑前,不得从事法律、行政法规和国务院卫生行政部门规定禁止从事的易使该传染病扩散的工作。

第十七条 国家建立传染病监测制度。

国务院卫生行政部门制定国家传染病监测规划和方案。省、自治区、直辖市人民政府卫生行政部门根据国家传染病监测规划和方案,制定本行政区域的传染病监测计划和工作方案。

各级疾病预防控制机构对传染病的发生、流行以及影响其发生、流行的因素,进行监测;对国外发生、国内尚未发生的传染病或者国内新发生的传染病,进行监测。

第十八条 各级疾病预防控制机构在传染病预防控制中履行下列职责:

(一)实施传染病预防控制规划、计划和方案;

(二)收集、分析和报告传染病监测信息,预测传染病的发生、流行趋势;

(三)开展对传染病疫情和突发公共卫生事件的流行病学调查、现场处理及其效果评价;

(四)开展传染病实验室检测、诊断、病原学鉴定;

（五）实施免疫规划,负责预防性生物制品的使用管理;
（六）开展健康教育、咨询,普及传染病防治知识;
（七）指导、培训下级疾病预防控制机构及其工作人员开展传染病监测工作;
（八）开展传染病防治应用性研究和卫生评价,提供技术咨询。

国家、省级疾病预防控制机构负责对传染病发生、流行以及分布进行监测,对重大传染病流行趋势进行预测,提出预防控制对策,参与并指导对暴发的疫情进行调查处理,开展传染病病原学鉴定,建立检测质量控制体系,开展应用性研究和卫生评价。

设区的市和县级疾病预防控制机构负责传染病预防控制规划、方案的落实,组织实施免疫、消毒、控制病媒生物的危害,普及传染病防治知识,负责本地区疫情和突发公共卫生事件监测、报告,开展流行病学调查和常见病原微生物检测。

第十九条　国家建立传染病预警制度。

国务院卫生行政部门和省、自治区、直辖市人民政府根据传染病发生、流行趋势的预测,及时发出传染病预警,根据情况予以公布。

第二十条　县级以上地方人民政府应当制定传染病预防、控制预案,报上一级人民政府备案。

传染病预防、控制预案应当包括以下主要内容:
（一）传染病预防控制指挥部的组成和相关部门的职责;
（二）传染病的监测、信息收集、分析、报告、通报制度;
（三）疾病预防控制机构、医疗机构在发生传染病疫情时的任务与职责;
（四）传染病暴发、流行情况的分级以及相应的应急工作方案;
（五）传染病预防、疫点疫区现场控制,应急设施、设备、救治药品和医疗器械以及其他物资和技术的储备与调用。

地方人民政府和疾病预防控制机构接到国务院卫生行政部门或者省、自治区、直辖市人民政府发出的传染病预警后,应当按照传染病预防、控制预案,采取相应的预防、控制措施。

第二十一条　医疗机构必须严格执行国务院卫生行政部门规定的管理制度、操作规范,防止传染病的医源性感染和医院感染。

医疗机构应当确定专门的部门或者人员,承担传染病疫情报告、本单位的传染病预防、控制以及责任区域内的传染病预防工作;承担医疗活动中与医院感染有关的危险因素监测、安全防护、消毒、隔离和医疗废物处置工作。

疾病预防控制机构应当指定专门人员负责对医疗机构内传染病预防工作进行指导、考核,开展流行病学调查。

第二十二条　疾病预防控制机构、医疗机构的实验室和从事病原微生物实验的单位,应当符合国家规定的条件和技术标准,建立严格的监督管理制度,对传染病病原体样本按照规定的措施实行严格监督管理,严防传染病病原体的实验室感染和病原微生物的扩散。

第二十三条　采供血机构、生物制品生产单位必须严格执行国家有关规定,保证血液、血液制品的质量。禁止非法采集血液或者组织他人出卖血液。

疾病预防控制机构、医疗机构使用血液和血液制品,必须遵守国家有关规定,防止因输入血液、使用血液制品引起经血液传播疾病的发生。

第二十四条　各级人民政府应当加强艾滋病的防治工作,采取预防、控制措施,防止艾滋病的传播。具体办法由国务院制定。

第二十五条　县级以上人民政府农业、林业行政部门以及其他有关部门,依据各自的职责负责与人畜共患传染病有关的动物传染病的防治管理工作。

与人畜共患传染病有关的野生动物、家畜家禽,经检疫合格后,方可出售、运输。

第二十六条　国家建立传染病菌种、毒种库。

对传染病菌种、毒种和传染病检测样本的采集、保藏、携带、运输和使用实行分类管理,建立健全严格的管理制度。

对可能导致甲类传染病传播的以及国务院卫生行政部门规定的菌种、毒种和传染病检测样本,确需采集、保藏、携带、运输和使用的,须经省级以上人民政府卫生行政部门批准。具体办法由国务院制定。

第二十七条 对被传染病病原体污染的污水、污物、场所和物品,有关单位和个人必须在疾病预防控制机构的指导下或者按照其提出的卫生要求,进行严格消毒处理;拒绝消毒处理的,由当地卫生行政部门或者疾病预防控制机构进行强制消毒处理。

第二十八条 在国家确认的自然疫源地计划兴建水利、交通、旅游、能源等大型建设项目的,应当事先由省级以上疾病预防控制机构对施工环境进行卫生调查。建设单位应当根据疾病预防控制机构的意见,采取必要的传染病预防、控制措施。施工期间,建设单位应当设专人负责工地上的卫生防疫工作。工程竣工后,疾病预防控制机构应当对可能发生的传染病进行监测。

第二十九条 用于传染病防治的消毒产品、饮用水供水单位供应的饮用水和涉及饮用水卫生安全的产品,应当符合国家卫生标准和卫生规范。

饮用水供水单位从事生产或者供应活动,应当依法取得卫生许可证。

生产用于传染病防治的消毒产品的单位和生产用于传染病防治的消毒产品,应当经省级以上人民政府卫生行政部门审批。具体办法由国务院制定。

第三章 疫情报告、通报和公布

第三十条 疾病预防控制机构、医疗机构和采供血机构及其执行职务的人员发现本法规定的传染病疫情或者发现其他传染病暴发、流行以及突发原因不明的传染病时,应当遵循疫情报告属地管理原则,按照国务院规定的或者国务院卫生行政部门规定的内容、程序、方式和时限报告。

军队医疗机构向社会公众提供医疗服务,发现前款规定的传染病疫情时,应当按照国务院卫生行政部门的规定报告。

第三十一条 任何单位和个人发现传染病病人或者疑似传染病病人时,应当及时向附近的疾病预防控制机构或者医疗机构报告。

第三十二条 港口、机场、铁路疾病预防控制机构以及国境卫生检疫机关发现甲类传染病病人、病原携带者、疑似传染病病人时,应当按照国家有关规定立即向国境口岸所在地的疾病预防控制机构或者所在地县级以上地方人民政府卫生行政部门报告并互相通报。

第三十三条 疾病预防控制机构应当主动收集、分析、调查、核实传染病疫情信息。接到甲类、乙类传染病疫情报告或者发现传染病暴发、流行时,应当立即报告当地卫生行政部门,由当地卫生行政部门立即报告当地人民政府,同时报告上级卫生行政部门和国务院卫生行政部门。

疾病预防控制机构应当设立或者指定专门的部门、人员负责传染病疫情信息管理工作,及时对疫情报告进行核实、分析。

第三十四条 县级以上地方人民政府卫生行政部门应当及时向本行政区域内的疾病预防控制机构和医疗机构通报传染病疫情以及监测、预警的相关信息。接到通报的疾病预防控制机构和医疗机构应当及时告知本单位的有关人员。

第三十五条 国务院卫生行政部门应当及时向国务院其他有关部门和各省、自治区、直辖市人民政府卫生行政部门通报全国传染病疫情以及监测、预警的相关信息。

毗邻的以及相关的地方人民政府卫生行政部门,应当及时互相通报本行政区域的传染病疫情以及监测、预警的相关信息。

县级以上人民政府有关部门发现传染病疫情时,应当及时向同级人民政府卫生行政部门通报。

中国人民解放军卫生主管部门发现传染病疫情时,应当向国务院卫生行政部门通报。

第三十六条 动物防疫机构和疾病预防控制机构,应当及时互相通报动物间和人间发生的人畜共患传染病疫情以及相关信息。

第三十七条 依照本法的规定负有传染病疫情报告职责的人民政府有关部门、疾病预防控制机构、医疗机构、采供血机构及其工作人员,不得隐瞒、谎报、缓报传染病疫情。

第三十八条 国家建立传染病疫情信息公布制度。

国务院卫生行政部门定期公布全国传染病疫情信息。省、自治区、直辖市人民政府卫生行政部门定期公布本行政区域的传染病疫情信息。

传染病暴发、流行时，国务院卫生行政部门负责向社会公布传染病疫情信息，并可以授权省、自治区、直辖市人民政府卫生行政部门向社会公布本行政区域的传染病疫情信息。

公布传染病疫情信息应当及时、准确。

第四章 疫情控制

第三十九条 医疗机构发现甲类传染病时，应当及时采取下列措施：

（一）对病人、病原携带者，予以隔离治疗，隔离期限根据医学检查结果确定；

（二）对疑似病人，确诊前在指定场所单独隔离治疗；

（三）对医疗机构内的病人、病原携带者、疑似病人的密切接触者，在指定场所进行医学观察和采取其他必要的预防措施。

拒绝隔离治疗或者隔离期未满擅自脱离隔离治疗的，可以由公安机关协助医疗机构采取强制隔离治疗措施。

医疗机构发现乙类或者丙类传染病病人，应当根据病情采取必要的治疗和控制传播措施。

医疗机构对本单位内被传染病病原体污染的场所、物品以及医疗废物，必须依照法律、法规的规定实施消毒和无害化处置。

第四十条 疾病预防控制机构发现传染病疫情或者接到传染病疫情报告时，应当及时采取下列措施：

（一）对传染病疫情进行流行病学调查，根据调查情况提出划定疫点、疫区的建议，对被污染的场所进行卫生处理，对密切接触者，在指定场所进行医学观察和采取其他必要的预防措施，并向卫生行政部门提出疫情控制方案；

（二）传染病暴发、流行时，对疫点、疫区进行卫生处理，向卫生行政部门提出疫情控制方案，并按照卫生行政部门的要求采取措施；

（三）指导下级疾病预防控制机构实施传染病预防、控制措施，组织、指导有关单位对传染病疫情的处理。

第四十一条 对已经发生甲类传染病病例的场所或者该场所内的特定区域的人员，所在地的县级以上地方人民政府可以实施隔离措施，并同时向上一级人民政府报告；接到报告的上级人民政府应当即时作出是否批准的决定。上级人民政府作出不予批准决定的，实施隔离措施的人民政府应当立即解除隔离措施。

在隔离期间，实施隔离措施的人民政府应当对被隔离人员提供生活保障；被隔离人员有工作单位的，所在单位不得停止支付其隔离期间的工作报酬。

隔离措施的解除，由原决定机关决定并宣布。

第四十二条 传染病暴发、流行时，县级以上地方人民政府应当立即组织力量，按照预防、控制预案进行防治，切断传染病的传播途径，必要时，报经上一级人民政府决定，可以采取下列紧急措施并予以公告：

（一）限制或者停止集市、影剧院演出或者其他人群聚集的活动；

（二）停工、停业、停课；

（三）封闭或者封存被传染病病原体污染的公共饮用水源、食品以及相关物品；

（四）控制或者扑杀染疫野生动物、家畜家禽；

（五）封闭可能造成传染病扩散的场所。

上级人民政府接到下级人民政府关于采取前款所列紧急措施的报告时，应当即时作出决定。

紧急措施的解除，由原决定机关决定并宣布。

第四十三条 甲类、乙类传染病暴发、流行时，县级以上地方人民政府报经上一级人民政府决定，可以宣布本行政区域部分或者全部为疫区；国务院可以决定并宣布跨省、自治区、直辖市的疫区。县级以上地方人民政府可以在疫区内采取本法第四十二条规定的紧急措施，并可以对出入疫区的人员、物资和交通工具实施卫生检疫。

省、自治区、直辖市人民政府可以决定对本行政区域内的甲类传染病疫区实施封锁；但是，封锁大、中城市的疫区或者封锁跨省、自治区、直辖市的疫区，以及封锁疫区导致中断干线交通或者封锁国境的，由国务院决定。

疫区封锁的解除，由原决定机关决定并宣布。

第四十四条 发生甲类传染病时，为了防止该传染病通过交通工具及其乘运的人员、物资传播，可以实施交通卫生检疫。具体办法由国务院制定。

第四十五条 传染病暴发、流行时，根据传染病疫情控制的需要，国务院有权在全国范围或者跨省、自治区、直辖市范围内，县级以上地方人民政府有权在本行政区域内紧急调集人员或者调用储备物资，临时征用房屋、交通工具以及相关设施、设备。

紧急调集人员的，应当按照规定给予合理报酬。临时征用房屋、交通工具以及相关设施、设备的，应当依法给予补偿；能返还的，应当及时返还。

第四十六条 患甲类传染病、炭疽死亡的，应当将尸体立即进行卫生处理，就近火化。患其他传染病死亡的，必要时，应当将尸体进行卫生处理后火化或者按照规定深埋。

为了查找传染病病因，医疗机构在必要时可以按照国务院卫生行政部门的规定，对传染病病人尸体或者疑似传染病病人尸体进行解剖查验，并应当告知死者家属。

第四十七条 疫区中被传染病病原体污染或者可能被传染病病原体污染的物品，经消毒可以使用的，应当在当地疾病预防控制机构的指导下，进行消毒处理后，方可使用、出售和运输。

第四十八条 发生传染病疫情时，疾病预防控制机构和省级以上人民政府卫生行政部门指派的其他与传染病有关的专业技术机构，可以进入传染病疫点、疫区进行调查、采集样本、技术分析和检验。

第四十九条 传染病暴发、流行时，药品和医疗器械生产、供应单位应当及时生产、供应防治传染病的药品和医疗器械。铁路、交通、民用航空经营单位必须优先运送处理传染病疫情的人员以及防治传染病的药品和医疗器械。县级以上人民政府有关部门应当做好组织协调工作。

第五章 医疗救治

第五十条 县级以上人民政府应当加强和完善传染病医疗救治服务网络的建设，指定具备传染病救治条件和能力的医疗机构承担传染病救治任务，或者根据传染病救治需要设置传染病医院。

第五十一条 医疗机构的基本标准、建筑设计和服务流程，应当符合预防传染病医院感染的要求。

医疗机构应当按照规定对使用的医疗器械进行消毒；对按照规定一次使用的医疗器具，应当在使用后予以销毁。

医疗机构应当按照国务院卫生行政部门规定的传染病诊断标准和治疗要求，采取相应措施，提高传染病医疗救治能力。

第五十二条 医疗机构应当对传染病病人或者疑似传染病病人提供医疗救护、现场救援和接诊治疗，书写病历记录以及其他有关资料，并妥善保管。

医疗机构应当实行传染病预检、分诊制度；对传染病病人、疑似传染病病人，应当引导至相对隔离的分诊点进行初诊。医疗机构不具备相应救治能力的，应当将患者及其病历记录复印件一并转至具备相应救治能力的医疗机构。具体办法由国务院卫生行政部门规定。

第六章 监督管理

第五十三条 县级以上人民政府卫生行政部门对传染病防治工作履行下列监督检查职责：

（一）对下级人民政府卫生行政部门履行本法规定的传染病防治职责进行监督检查；

（二）对疾病预防控制机构、医疗机构的传染病防治工作进行监督检查；

（三）对采供血机构的采供血活动进行监督检查；

（四）对用于传染病防治的消毒产品及其生产单位进行监督检查，并对饮用水供水单位从事生产或者供应活动以及涉及饮用水卫生安全的产品进行监督检查；

（五）对传染病菌种、毒种和传染病检测样本的采集、保藏、携带、运输、使用进行监督检查；

（六）对公共场所和有关单位的卫生条件和传染病预防、控制措施进行监督检查。

省级以上人民政府卫生行政部门负责组织对传染病防治重大事项的处理。

第五十四条 县级以上人民政府卫生行政部门在履行监督检查职责时，有权进入被检查单位和传染病疫情发生现场调查取证，查阅或者复制有关的资料和采集样本。被检查单位应当予以配合，不得拒绝、阻挠。

第五十五条 县级以上地方人民政府卫生行政部门在履行监督检查职责时，发现被传染病病原体污染的公共饮用水源、食品以及相关物品，如不及时采取控制措施可能导致传染病传播、流行的，可以采取封闭公共饮用水源、封存食品以及相关物品或者暂停销售的临时控制措施，并予以检验或者进行消毒。经检验，属于被污染的食品，应当予以销毁；对未被污染的食品或者经消毒后可以使用的物品，应当解除控制措施。

第五十六条 卫生行政部门工作人员依法执行职务时，应当不少于两人，并出示执法证件，填写卫生执法文书。

卫生执法文书经核对无误后，应当由卫生执法人员和当事人签名。当事人拒绝签名的，卫生执法人员应当注明情况。

第五十七条 卫生行政部门应当依法建立健全内部监督制度，对其工作人员依据法定职权和程序履行职责的情况进行监督。

上级卫生行政部门发现下级卫生行政部门不及时处理职责范围内的事项或者不履行职责的，应当责令纠正或者直接予以处理。

第五十八条 卫生行政部门及其工作人员履行职责，应当自觉接受社会和公民的监督。单位和个人有权向上级人民政府及其卫生行政部门举报违反本法的行为。接到举报的有关人民政府或者其卫生行政部门，应当及时调查处理。

第七章　保障措施

第五十九条 国家将传染病防治工作纳入国民经济和社会发展计划，县级以上地方人民政府将传染病防治工作纳入本行政区域的国民经济和社会发展计划。

第六十条 县级以上地方人民政府按照本级政府职责负责本行政区域内传染病预防、控制、监督工作的日常经费。

国务院卫生行政部门会同国务院有关部门，根据传染病流行趋势，确定全国传染病预防、控制、救治、监测、预测、预警、监督检查等项目。中央财政对困难地区实施重大传染病防治项目给予补助。

省、自治区、直辖市人民政府根据本行政区域内传染病流行趋势，在国务院卫生行政部门确定的项目范围内，确定传染病预防、控制、监督等项目，并保障项目的实施经费。

第六十一条 国家加强基层传染病防治体系建设，扶持贫困地区和少数民族地区的传染病防治工作。

地方各级人民政府应当保障城市社区、农村基层传染病预防工作的经费。

第六十二条 国家对患有特定传染病的困难人群实行医疗救助，减免医疗费用。具体办法由国务院卫生行政部门会同国务院财政部门等部门制定。

第六十三条 县级以上人民政府负责储备防治传染病的药品、医疗器械和其他物资，以备调用。

第六十四条 对从事传染病预防、医疗、科研、教学、现场处理疫情的人员，以及在生产、工作中接触传染病病原体的其他人员，有关单位应当按照国家规定，采取有效的卫生防护措施和医疗保健措施，并给予适当的津贴。

第八章　法律责任

第六十五条 地方各级人民政府未依照本法的规定履行报告职责，或者隐瞒、谎报、缓报传染病疫情，或者在传染病暴发、流行时,未及时组织救治、采取控制措施的,由上级人民政府责令改正,通报批评;造成传染病传播、流行或者其他严重后果的,对负有责任的主管人员,依法给予行政处分;构成犯罪的,依法追究刑事责任。

第六十六条 县级以上人民政府卫生行政部门违反本法规定,有下列情形之一的,由本级人民政府、上级人民政府卫生行政部门责令改正,通报批评;造成传染病传播、流行或者其他严重后果的,对负有责任的主管人员和其他直接责任人员,依法给予行政处分;构成犯罪的,依法追究刑事责任:

(一)未依法履行传染病疫情通报、报告或者公布职责,或者隐瞒、谎报、缓报传染病疫情的;

(二)发生或者可能发生传染病传播时未及时采取预防、控制措施的;

(三)未依法履行监督检查职责,或者发现违法行为不及时查处的;

(四)未及时调查、处理单位和个人对下级卫生行政部门不履行传染病防治职责的举报的;

(五)违反本法的其他失职、渎职行为。

第六十七条 县级以上人民政府有关部门未依照本法的规定履行传染病防治和保障职责的,由本级人民政府或者上级人民政府有关部门责令改正,通报批评;造成传染病传播、流行或者其他严重后果的,对负有责任的主管人员和其他直接责任人员,依法给予行政处分;构成犯罪的,依法追究刑事责任。

第六十八条 疾病预防控制机构违反本法规定,有下列情形之一的,由县级以上人民政府卫生行政部门责令限期改正,通报批评,给予警告;对负有责任的主管人员和其他直接责任人员,依法给予降级、撤职、开除的处分,并可以依法吊销有关责任人员的执业证书;构成犯罪的,依法追究刑事责任:

(一)未依法履行传染病监测职责的;

(二)未依法履行传染病疫情报告、通报职责,或者隐瞒、谎报、缓报传染病疫情的;

(三)未主动收集传染病疫情信息,或者对传染病疫情信息和疫情报告未及时进行分析、调查、核实的;

(四)发现传染病疫情时,未依据职责及时采取本法规定的措施的;

(五)故意泄露传染病病人、病原携带者、疑似传染病病人、密切接触者涉及个人隐私的有关信息、资料的。

第六十九条 医疗机构违反本法规定,有下列情形之一的,由县级以上人民政府卫生行政部门责令改正,通报批评,给予警告;造成传染病传播、流行或者其他严重后果的,对负有责任的主管人员和其他直接责任人员,依法给予降级、撤职、开除的处分,并可以依法吊销有关责任人员的执业证书;构成犯罪的,依法追究刑事责任:

(一)未按照规定承担本单位的传染病预防、控制工作、医院感染控制任务和责任区域内的传染病预防工作的;

(二)未按照规定报告传染病疫情,或者隐瞒、谎报、缓报传染病疫情的;

(三)发现传染病疫情时,未按照规定对传染病病人、疑似传染病病人提供医疗救护、现场救援、接诊、转诊的,或者拒绝接受转诊的;

(四)未按照规定对本单位内被传染病病原体污染的场所、物品以及医疗废物实施消毒或者无害化处置的;

(五)未按照规定对医疗器械进行消毒,或者对按照规定一次使用的医疗器具未予销毁,再次使用的;

(六)在医疗救治过程中未按照规定保管医学记录资料的;

(七)故意泄露传染病病人、病原携带者、疑似传染病病人、密切接触者涉及个人隐私的有关信息、资料的。

第七十条 采供血机构未按照规定报告传染病疫情,或者隐瞒、谎报、缓报传染病疫情,或者未执行国家有关规定,导致因输入血液引起经血液传播疾病发生的,由县级以上人民政府卫生行政部门责令改正,通报批评,给予警告;造成传染病传播、流行或者其他严重后果的,对负有责任的主管人员和其他直接责任人员,依法给予降级、撤职、开除的处分,并可以依法吊销采供血机构的执业许可证;构成犯罪的,依法追究刑事责任。

非法采集血液或者组织他人出卖血液的,由县级以上人民政府卫生行政部门予以取缔,没收违法所得,可以并处十万元以下的罚款;构成犯罪的,依法追究刑事责任。

第七十一条 国境卫生检疫机关、动物防疫机构未依法履行传染病疫情通报职责的,由有关部门在各自职责范围内责令改正,通报批评;造成传染病传播、流行或者其他严重后果的,对负有责任的主管人员和其他直接责任人员,依法给予降级、撤职、开除的处分;构成犯罪的,依法追究刑事责任。

第七十二条 铁路、交通、民用航空经营单位未依照本法的规定优先运送处理传染病疫情的人员以及防治传染病的药品和医疗器械的,由有关部门责令限期改正,给予警告;造成严重后果的,对负有责任的主管人员和其他直接责任人员,依法给予降级、撤职、开除的处分。

第七十三条 违反本法规定,有下列情形之一,导致或者可能导致传染病传播、流行的,由县级以上人民政府卫生行政部门责令限期改正,没收违法所得,可以并处五万元以下的罚款;已取得许可证的,原发证部门可以依法暂扣或者吊销许可证;构成犯罪的,依法追究刑事责任:

(一)饮用水供水单位供应的饮用水不符合国家卫生标准和卫生规范的;
(二)涉及饮用水卫生安全的产品不符合国家卫生标准和卫生规范的;
(三)用于传染病防治的消毒产品不符合国家卫生标准和卫生规范的;
(四)出售、运输疫区中被传染病病原体污染或者可能被传染病病原体污染的物品,未进行消毒处理的;
(五)生物制品生产单位生产的血液制品不符合国家质量标准的。

第七十四条 违反本法规定,有下列情形之一的,由县级以上地方人民政府卫生行政部门责令改正,通报批评,给予警告,已取得许可证的,可以依法暂扣或者吊销许可证;造成传染病传播、流行以及其他严重后果的,对负有责任的主管人员和其他直接责任人员,依法给予降级、撤职、开除的处分,并可以依法吊销有关责任人员的执业证书;构成犯罪的,依法追究刑事责任:

(一)疾病预防控制机构、医疗机构和从事病原微生物实验的单位,不符合国家规定的条件和技术标准,对传染病病原体样本未按照规定进行严格管理,造成实验室感染和病原微生物扩散的;
(二)违反国家有关规定,采集、保藏、携带、运输和使用传染病菌种、毒种和传染病检测样本的;
(三)疾病预防控制机构、医疗机构未执行国家有关规定,导致因输入血液、使用血液制品引起经血液传播疾病发生的。

第七十五条 未经检疫出售、运输与人畜共患传染病有关的野生动物、家畜家禽的,由县级以上地方人民政府畜牧兽医行政部门责令停止违法行为,并依法给予行政处罚。

第七十六条 在国家确认的自然疫源地兴建水利、交通、旅游、能源等大型建设项目,未经卫生调查进行施工的,或者未按照疾病预防控制机构的意见采取必要的传染病预防、控制措施的,由县级以上人民政府卫生行政部门责令限期改正,给予警告,处五千元以上三万元以下的罚款;逾期不改正的,处三万元以上十万元以下的罚款,并可以提请有关人民政府依据职责权限,责令停建、关闭。

第七十七条 单位和个人违反本法规定,导致传染病传播、流行,给他人人身、财产造成损害的,应当依法承担民事责任。

第九章 附 则

第七十八条 本法中下列用语的含义:

(一)传染病病人、疑似传染病病人:指根据国务院卫生行政部门发布的《中华人民共和国传染病防治法规定管理的传染病诊断标准》,符合传染病病人和疑似传染病病人诊断标准的人。
(二)病原携带者:指感染病原体无临床症状但能排出病原体的人。
(三)流行病学调查:指对人群中疾病或者健康状况的分布及其决定因素进行调查研究,提出疾病预防控制措施及保健对策。
(四)疫点:指病原体从传染源向周围播散的范围较小或单个疫源地。
(五)疫区:指传染病在人群中暴发、流行,其病原体向周围播散时所能波及的地区。
(六)人畜共患传染病:指人与脊椎动物共同罹患的传染病,如鼠疫、狂犬病、血吸虫病等。

（七）自然疫源地：指某些可引起人类传染病的病原体在自然界的野生动物中长期存在和循环的地区。

（八）病媒生物：指能够将病原体从人或者其他动物传播给人的生物，如蚊、蝇、蚤类等。

（九）医源性感染：指在医学服务中，因病原体传播引起的感染。

（十）医院感染：指住院病人在医院内获得的感染，包括在住院期间发生的感染和在医院内获得出院后发生的感染，但不包括入院前已开始或者入院时已处于潜伏期的感染。医院工作人员在医院内获得的感染也属医院感染。

（十一）实验室感染：指从事实验室工作时，因接触病原体所致的感染。

（十二）菌种、毒种：指可能引起本法规定的传染病发生的细菌菌种、病毒毒种。

（十三）消毒：指用化学、物理、生物的方法杀灭或者消除环境中的病原微生物。

（十四）疾病预防控制机构：指从事疾病预防控制活动的疾病预防控制中心以及与上述机构业务活动相同的单位。

（十五）医疗机构：指按照《医疗机构管理条例》取得医疗机构执业许可证，从事疾病诊断、治疗活动的机构。

第七十九条 传染病防治中有关食品、药品、血液、水、医疗废物和病原微生物的管理以及动物防疫和国境卫生检疫，本法未规定的，分别适用其他有关法律、行政法规的规定。

第八十条 本法自2004年12月1日起施行。

中华人民共和国民法典（节选）

（2020年5月28日第十三届全国人民代表大会第三次会议通过，自2021年1月1日起施行）

第七编 侵权责任

第六章 医疗损害责任

第一千二百一十八条 患者在诊疗活动中受到损害，医疗机构或者其医务人员有过错的，由医疗机构承担赔偿责任。

第一千二百一十九条 医务人员在诊疗活动中应当向患者说明病情和医疗措施。需要实施手术、特殊检查、特殊治疗的，医务人员应当及时向患者具体说明医疗风险、替代医疗方案等情况，并取得其明确同意；不能或者不宜向患者说明的，应当向患者的近亲属说明，并取得其明确同意。

医务人员未尽到前款义务，造成患者损害的，医疗机构应当承担赔偿责任。

第一千二百二十条 因抢救生命垂危的患者等紧急情况，不能取得患者或者其近亲属意见的，经医疗机构负责人或者授权的负责人批准，可以立即实施相应的医疗措施。

第一千二百二十一条 医务人员在诊疗活动中未尽到与当时的医疗水平相应的诊疗义务，造成患者损害的，医疗机构应当承担赔偿责任。

第一千二百二十二条 患者在诊疗活动中受到损害，有下列情形之一的，推定医疗机构有过错：

（一）违反法律、行政法规、规章以及其他有关诊疗规范的规定；

（二）隐匿或者拒绝提供与纠纷有关的病历资料；

（三）遗失、伪造、篡改或者违法销毁病历资料。

第一千二百二十三条 因药品、消毒产品、医疗器械的缺陷，或者输入不合格的血液造成患者损害的，患者可以向药品上市许可持有人、生产者、血液提供机构请求赔偿，也可以向医疗机构请求赔偿。患者向医疗机构请求赔偿的，医疗机构赔偿后，有权向负有责任的药品上市许可持有人、生产者、血液提供机构追偿。

第一千二百二十四条 患者在诊疗活动中受到损害，有下列情形之一的，医疗机构不承担赔偿责任：

（一）患者或者其近亲属不配合医疗机构进行符合诊疗规范的诊疗；
（二）医务人员在抢救生命垂危的患者等紧急情况下已经尽到合理诊疗义务；
（三）限于当时的医疗水平难以诊疗。

前款第一项情形中，医疗机构或者其医务人员也有过错的，应当承担相应的赔偿责任。

第一千二百二十五条 医疗机构及其医务人员应当按照规定填写并妥善保管住院志、医嘱单、检验报告、手术及麻醉记录、病理资料、护理记录等病历资料。

患者要求查阅、复制前款规定的病历资料的，医疗机构应当及时提供。

第一千二百二十六条 医疗机构及其医务人员应当对患者的隐私和个人信息保密。泄露患者的隐私和个人信息，或者未经患者同意公开其病历资料的，应当承担侵权责任。

第一千二百二十七条 医疗机构及其医务人员不得违反诊疗规范实施不必要的检查。

第一千二百二十八条 医疗机构及其医务人员的合法权益受法律保护。

干扰医疗秩序，妨碍医务人员工作、生活，侵害医务人员合法权益的，应当依法承担法律责任。

医疗纠纷预防和处理条例

（2018年6月20日国务院第13次常务会议通过，自2018年10月1日起施行）

第一章 总 则

第一条 为了预防和妥善处理医疗纠纷，保护医患双方的合法权益，维护医疗秩序，保障医疗安全，制定本条例。

第二条 本条例所称医疗纠纷，是指医患双方因诊疗活动引发的争议。

第三条 国家建立医疗质量安全管理体系，深化医药卫生体制改革，规范诊疗活动，改善医疗服务，提高医疗质量，预防、减少医疗纠纷。

在诊疗活动中，医患双方应当互相尊重，维护自身权益应当遵守有关法律、法规的规定。

第四条 处理医疗纠纷，应当遵循公平、公正、及时的原则，实事求是，依法处理。

第五条 县级以上人民政府应当加强对医疗纠纷预防和处理工作的领导、协调，将其纳入社会治安综合治理体系，建立部门分工协作机制，督促部门依法履行职责。

第六条 卫生主管部门负责指导、监督医疗机构做好医疗纠纷的预防和处理工作，引导医患双方依法解决医疗纠纷。

司法行政部门负责指导医疗纠纷人民调解工作。

公安机关依法维护医疗机构治安秩序，查处、打击侵害患者和医务人员合法权益以及扰乱医疗秩序等违法犯罪行为。

财政、民政、保险监督管理等部门和机构按照各自职责做好医疗纠纷预防和处理的有关工作。

第七条 国家建立完善医疗风险分担机制，发挥保险机制在医疗纠纷处理中的第三方赔付和医疗风险社会化分担的作用，鼓励医疗机构参加医疗责任保险，鼓励患者参加医疗意外保险。

第八条 新闻媒体应当加强医疗卫生法律、法规和医疗卫生常识的宣传，引导公众理性对待医疗风险；报道医疗纠纷，应当遵守有关法律、法规的规定，恪守职业道德，做到真实、客观、公正。

第二章 医疗纠纷预防

第九条 医疗机构及其医务人员在诊疗活动中应当以患者为中心，加强人文关怀，严格遵守医疗卫生法律、法规、规章和诊疗相关规范、常规，恪守职业道德。

医疗机构应当对其医务人员进行医疗卫生法律、法规、规章和诊疗相关规范、常规的培训，并加强职业道德教育。

第十条 医疗机构应当制定并实施医疗质量安全管理制度，设置医疗服务质量监控部门或者配备专（兼）职人员，加强对诊断、治疗、护理、药事、检查等工作的规范化管理，优化服务流程，提高服务水平。

医疗机构应当加强医疗风险管理，完善医疗风险的识别、评估和防控措施，定期检查措施落实情况，及时消除隐患。

第十一条 医疗机构应当按照国务院卫生主管部门制定的医疗技术临床应用管理规定，开展与其技术能力相适应的医疗技术服务，保障临床应用安全，降低医疗风险；采用医疗新技术的，应当开展技术评估和伦理审查，确保安全有效、符合伦理。

第十二条 医疗机构应当依照有关法律、法规的规定，严格执行药品、医疗器械、消毒药剂、血液等的进货查验、保管等制度。禁止使用无合格证明文件、过期等不合格的药品、医疗器械、消毒药剂、血液等。

第十三条 医务人员在诊疗活动中应当向患者说明病情和医疗措施。需要实施手术，或者开展临床试验等存在一定危险性、可能产生不良后果的特殊检查、特殊治疗的，医务人员应当及时向患者说明医疗风险、替代医疗方案等情况，并取得其书面同意；在患者处于昏迷等无法自主作出决定的状态或者病情不宜向患者说明等情形下，应当向患者的近亲属说明，并取得其书面同意。

紧急情况下不能取得患者或者其近亲属意见的，经医疗机构负责人或者授权的负责人批准，可以立即实施相应的医疗措施。

第十四条 开展手术、特殊检查、特殊治疗等具有较高医疗风险的诊疗活动，医疗机构应当提前预备应对方案，主动防范突发风险。

第十五条 医疗机构及其医务人员应当按照国务院卫生主管部门的规定，填写并妥善保管病历资料。因紧急抢救未能及时填写病历的，医务人员应当在抢救结束后6小时内据实补记，并加以注明。

任何单位和个人不得篡改、伪造、隐匿、毁灭或者抢夺病历资料。

第十六条 患者有权查阅、复制其门诊病历、住院志、体温单、医嘱单、化验单（检验报告）、医学影像检查资料、特殊检查同意书、手术同意书、手术及麻醉记录、病理资料、护理记录、医疗费用以及国务院卫生主管部门规定的其他属于病历的全部资料。

患者要求复制病历资料的，医疗机构应当提供复制服务，并在复制的病历资料上加盖证明印记。复制病历资料时，应当有患者或者其近亲属在场。医疗机构应患者的要求为其复制病历资料，可以收取工本费，收费标准应当公开。

患者死亡的，其近亲属可以依照本条例的规定，查阅、复制病历资料。

第十七条 医疗机构应当建立健全医患沟通机制，对患者在诊疗过程中提出的咨询、意见和建议，应当耐心解释、说明，并按照规定进行处理；对患者就诊疗行为提出的疑问，应当及时予以核实、自查，并指定有关人员与患者或者其近亲属沟通，如实说明情况。

第十八条 医疗机构应当建立健全投诉接待制度，设置统一的投诉管理部门或者配备专（兼）职人员，在医疗机构显著位置公布医疗纠纷解决途径、程序和联系方式等，方便患者投诉或者咨询。

第十九条 卫生主管部门应当督促医疗机构落实医疗质量安全管理制度，组织开展医疗质量安全评估，分析医疗质量安全信息，针对发现的风险制定防范措施。

第二十条 患者应当遵守医疗秩序和医疗机构有关就诊、治疗、检查的规定，如实提供与病情有关的信息，配合医务人员开展诊疗活动。

第二十一条 各级人民政府应当加强健康促进与教育工作，普及健康科学知识，提高公众对疾病治疗等医学科学知识的认知水平。

第三章 医疗纠纷处理

第二十二条 发生医疗纠纷，医患双方可以通过下列途径解决：

（一）双方自愿协商；
（二）申请人民调解；

（三）申请行政调解；
（四）向人民法院提起诉讼；
（五）法律、法规规定的其他途径。

第二十三条 发生医疗纠纷，医疗机构应当告知患者或者其近亲属下列事项：
（一）解决医疗纠纷的合法途径；
（二）有关病历资料、现场实物封存和启封的规定；
（三）有关病历资料查阅、复制的规定。

患者死亡的，还应当告知其近亲属有关尸检的规定。

第二十四条 发生医疗纠纷需要封存、启封病历资料的，应当在医患双方在场的情况下进行。封存的病历资料可以是原件，也可以是复制件，由医疗机构保管。病历尚未完成需要封存的，对已完成病历先行封存；病历按照规定完成后，再对后续完成部分进行封存。医疗机构应当对封存的病历开列封存清单，由医患双方签字或者盖章，各执一份。

病历资料封存后医疗纠纷已经解决，或者患者在病历资料封存满3年未再提出解决医疗纠纷要求的，医疗机构可以自行启封。

第二十五条 疑似输液、输血、注射、用药等引起不良后果的，医患双方应当共同对现场实物进行封存、启封，封存的现场实物由医疗机构保管。需要检验的，应当由双方共同委托依法具有检验资格的检验机构进行检验；双方无法共同委托的，由医疗机构所在地县级人民政府卫生主管部门指定。

疑似输血引起不良后果，需要对血液进行封存保留的，医疗机构应当通知提供该血液的血站派员到场。

现场实物封存后医疗纠纷已经解决，或者患者在现场实物封存满3年未再提出解决医疗纠纷要求的，医疗机构可以自行启封。

第二十六条 患者死亡，医患双方对死因有异议的，应当在患者死亡后48小时内进行尸检；具备尸体冻存条件的，可以延长至7日。尸检应当经死者近亲属同意并签字，拒绝签字的，视为死者近亲属不同意进行尸检。不同意或者拖延尸检，超过规定时间，影响对死因判定的，由不同意或者拖延的一方承担责任。

尸检应当由按照国家有关规定取得相应资格的机构和专业技术人员进行。

医患双方可以委派代表观察尸检过程。

第二十七条 患者在医疗机构内死亡的，尸体应当立即移放太平间或者指定的场所，死者尸体存放时间一般不得超过14日。逾期不处理的尸体，由医疗机构在向所在地县级人民政府卫生主管部门和公安机关报告后，按照规定处理。

第二十八条 发生重大医疗纠纷的，医疗机构应当按照规定向所在地县级以上地方人民政府卫生主管部门报告。卫生主管部门接到报告后，应当及时了解掌握情况，引导医患双方通过合法途径解决纠纷。

第二十九条 医患双方应当依法维护医疗秩序。任何单位和个人不得实施危害患者和医务人员人身安全、扰乱医疗秩序的行为。

医疗纠纷中发生涉嫌违反治安管理行为或者犯罪行为的，医疗机构应当立即向所在地公安机关报案。公安机关应当及时采取措施，依法处置，维护医疗秩序。

第三十条 医患双方选择协商解决医疗纠纷的，应当在专门场所协商，不得影响正常医疗秩序。医患双方人数较多的，应当推举代表进行协商，每方代表人数不超过5人。

协商解决医疗纠纷应当坚持自愿、合法、平等的原则，尊重当事人的权利，尊重客观事实。医患双方应当文明、理性表达意见和要求，不得有违法行为。

协商确定赔付金额应当以事实为依据，防止畸高或者畸低。对分歧较大或者索赔数额较高的医疗纠纷，鼓励医患双方通过人民调解的途径解决。

医患双方经协商达成一致的，应当签署书面和解协议书。

第三十一条 申请医疗纠纷人民调解的，由医患双方共同向医疗纠纷人民调解委员会提出申请；一方申请调解的，医疗纠纷人民调解委员会在征得另一方同意后进行调解。

申请人可以以书面或者口头形式申请调解。书面申请的，申请书应当载明申请人的基本情况、申请调解的争议事项和理由等；口头申请的，医疗纠纷人民调解员应当当场记录申请人的基本情况、申请调解的争议事项和理由等，并经申请人签字确认。

医疗纠纷人民调解委员会获悉医疗机构内发生重大医疗纠纷，可以主动开展工作，引导医患双方申请调解。

当事人已经向人民法院提起诉讼并且已被受理，或者已经申请卫生主管部门调解并且已被受理的，医疗纠纷人民调解委员会不予受理；已经受理的，终止调解。

第三十二条 设立医疗纠纷人民调解委员会，应当遵守《中华人民共和国人民调解法》的规定，并符合本地区实际需要。医疗纠纷人民调解委员会应当自设立之日起30个工作日内向所在地县级以上地方人民政府司法行政部门备案。

医疗纠纷人民调解委员会应当根据具体情况，聘任一定数量的具有医学、法学等专业知识且热心调解工作的人员担任专（兼）职医疗纠纷人民调解员。

医疗纠纷人民调解委员会调解医疗纠纷，不得收取费用。医疗纠纷人民调解工作所需经费按照国务院财政、司法行政部门的有关规定执行。

第三十三条 医疗纠纷人民调解委员会调解医疗纠纷时，可以根据需要咨询专家，并可以从本条例第三十五条规定的专家库中选取专家。

第三十四条 医疗纠纷人民调解委员会调解医疗纠纷，需要进行医疗损害鉴定以明确责任的，由医患双方共同委托医学会或者司法鉴定机构进行鉴定，也可以经医患双方同意，由医疗纠纷人民调解委员会委托鉴定。

医学会或者司法鉴定机构接受委托从事医疗损害鉴定，应当由鉴定事项所涉专业的临床医学、法医学等专业人员进行鉴定；医学会或者司法鉴定机构没有相关专业人员的，应当从本条例第三十五条规定的专家库中抽取相关专业专家进行鉴定。

医学会或者司法鉴定机构开展医疗损害鉴定，应当执行规定的标准和程序，尊重科学，恪守职业道德，对出具的医疗损害鉴定意见负责，不得出具虚假鉴定意见。医疗损害鉴定的具体管理办法由国务院卫生、司法行政部门共同制定。

鉴定费预先向医患双方收取，最终按照责任比例承担。

第三十五条 医疗损害鉴定专家库由设区的市级以上人民政府卫生、司法行政部门共同设立。专家库应当包含医学、法学、法医学等领域的专家。聘请专家进入专家库，不受行政区域的限制。

第三十六条 医学会、司法鉴定机构作出的医疗损害鉴定意见应当载明并详细论述下列内容：

（一）是否存在医疗损害以及损害程度；

（二）是否存在医疗过错；

（三）医疗过错与医疗损害是否存在因果关系；

（四）医疗过错在医疗损害中的责任程度。

第三十七条 咨询专家、鉴定人员有下列情形之一的，应当回避，当事人也可以以口头或者书面形式申请其回避：

（一）是医疗纠纷当事人或者当事人的近亲属；

（二）与医疗纠纷有利害关系；

（三）与医疗纠纷当事人有其他关系，可能影响医疗纠纷公正处理。

第三十八条 医疗纠纷人民调解委员会应当自受理之日起30个工作日内完成调解。需要鉴定的，鉴定时间不计入调解期限。因特殊情况需要延长调解期限的，医疗纠纷人民调解委员会和医患双方可以约定延长调解期限。超过调解期限未达成调解协议的，视为调解不成。

第三十九条 医患双方经人民调解达成一致的，医疗纠纷人民调解委员会应当制作调解协议书。调解协议书经医患双方签字或者盖章，人民调解员签字并加盖医疗纠纷人民调解委员会印章后生效。

达成调解协议的，医疗纠纷人民调解委员会应当告知医患双方可以依法向人民法院申请司法确认。

第四十条 医患双方申请医疗纠纷行政调解的，应当参照本条例第三十一条第一款、第二款的规定向医疗纠纷发生地县级人民政府卫生主管部门提出申请。

卫生主管部门应当自收到申请之日起5个工作日内作出是否受理的决定。当事人已经向人民法院提起诉讼并且已被受理，或者已经申请医疗纠纷人民调解委员会调解并且已被受理的，卫生主管部门不予受理；已经受理的，终止调解。

卫生主管部门应当自受理之日起30个工作日内完成调解。需要鉴定的，鉴定时间不计入调解期限。超过调解期限未达成调解协议的，视为调解不成。

第四十一条　卫生主管部门调解医疗纠纷需要进行专家咨询的，可以从本条例第三十五条规定的专家库中抽取专家；医患双方认为需要进行医疗损害鉴定以明确责任的，参照本条例第三十四条的规定进行鉴定。

医患双方经卫生主管部门调解达成一致的，应当签署调解协议书。

第四十二条　医疗纠纷人民调解委员会及其人民调解员、卫生主管部门及其工作人员应当对医患双方的个人隐私等事项予以保密。

未经医患双方同意，医疗纠纷人民调解委员会、卫生主管部门不得公开进行调解，也不得公开调解协议的内容。

第四十三条　发生医疗纠纷，当事人协商、调解不成的，可以依法向人民法院提起诉讼。当事人也可以直接向人民法院提起诉讼。

第四十四条　发生医疗纠纷，需要赔偿的，赔付金额依照法律的规定确定。

第四章　法律责任

第四十五条　医疗机构篡改、伪造、隐匿、毁灭病历资料的，对直接负责的主管人员和其他直接责任人员，由县级以上人民政府卫生主管部门给予或者责令给予降低岗位等级或者撤职的处分，对有关医务人员责令暂停6个月以上1年以下执业活动；造成严重后果的，对直接负责的主管人员和其他直接责任人员给予或者责令给予开除的处分，对有关医务人员由原发证部门吊销执业证书；构成犯罪的，依法追究刑事责任。

第四十六条　医疗机构将未通过技术评估和伦理审查的医疗新技术应用于临床的，由县级以上人民政府卫生主管部门没收违法所得，并处5万元以上10万元以下罚款，对直接负责的主管人员和其他直接责任人员给予或者责令给予降低岗位等级或者撤职的处分，对有关医务人员责令暂停6个月以上1年以下执业活动；情节严重的，对直接负责的主管人员和其他直接责任人员给予或者责令给予开除的处分，对有关医务人员由原发证部门吊销执业证书；构成犯罪的，依法追究刑事责任。

第四十七条　医疗机构及其医务人员有下列情形之一的，由县级以上人民政府卫生主管部门责令改正，给予警告，并处1万元以上5万元以下罚款；情节严重的，对直接负责的主管人员和其他直接责任人员给予或者责令给予降低岗位等级或者撤职的处分，对有关医务人员可以责令暂停1个月以上6个月以下执业活动；构成犯罪的，依法追究刑事责任：

（一）未按规定制定和实施医疗质量安全管理制度；

（二）未按规定告知患者病情、医疗措施、医疗风险、替代医疗方案等；

（三）开展具有较高医疗风险的诊疗活动，未提前预备应对方案防范突发风险；

（四）未按规定填写、保管病历资料，或者未按规定补记抢救病历；

（五）拒绝为患者提供查阅、复制病历资料服务；

（六）未建立投诉接待制度、设置统一投诉管理部门或者配备专（兼）职人员；

（七）未按规定封存、保管、启封病历资料和现场实物；

（八）未按规定向卫生主管部门报告重大医疗纠纷；

（九）其他未履行本条例规定义务的情形。

第四十八条　医学会、司法鉴定机构出具虚假医疗损害鉴定意见的，由县级以上人民政府卫生、司法行政部门依据职责没收违法所得，并处5万元以上10万元以下罚款，对该医学会、司法鉴定机构和有关鉴定人员责令暂停3个月以上1年以下医疗损害鉴定业务，对直接负责的主管人员和其他直接责任人员给予或者责令给予降低岗位等级或者撤职的处分；情节严重的，该医学会、司法鉴定机构和有关鉴定人员5年内不得从事医疗损害鉴定业务或者撤销登记，对直接负责的主管人员和其他直接责任人员给予或者责令给予开除的处分；构成犯罪的，依法追究刑事责任。

第四十九条 尸检机构出具虚假尸检报告的，由县级以上人民政府卫生、司法行政部门依据职责没收违法所得，并处5万元以上10万元以下罚款，对该尸检机构和有关尸检专业技术人员责令暂停3个月以上1年以下尸检业务，对直接负责的主管人员和其他直接责任人员给予或者责令给予降低岗位等级或者撤职的处分；情节严重的，撤销该尸检机构和有关尸检专业技术人员的尸检资格，对直接负责的主管人员和其他直接责任人员给予或者责令给予开除的处分；构成犯罪的，依法追究刑事责任。

第五十条 医疗纠纷人民调解员有下列行为之一的，由医疗纠纷人民调解委员会给予批评教育、责令改正；情节严重的，依法予以解聘：

（一）偏袒一方当事人；

（二）侮辱当事人；

（三）索取、收受财物或者牟取其他不正当利益；

（四）泄露医患双方个人隐私等事项。

第五十一条 新闻媒体编造、散布虚假医疗纠纷信息的，由有关主管部门依法给予处罚；给公民、法人或者其他组织的合法权益造成损害的，依法承担消除影响、恢复名誉、赔偿损失、赔礼道歉等民事责任。

第五十二条 县级以上人民政府卫生主管部门和其他有关部门及其工作人员在医疗纠纷预防和处理工作中，不履行职责或者滥用职权、玩忽职守、徇私舞弊的，由上级人民政府卫生等有关部门或者监察机关责令改正；依法对直接负责的主管人员和其他直接责任人员给予处分；构成犯罪的，依法追究刑事责任。

第五十三条 医患双方在医疗纠纷处理中，造成人身、财产或者其他损害的，依法承担民事责任；构成违反治安管理行为的，由公安机关依法给予治安管理处罚；构成犯罪的，依法追究刑事责任。

第五章 附 则

第五十四条 军队医疗机构的医疗纠纷预防和处理办法，由中央军委机关有关部门会同国务院卫生主管部门依据本条例制定。

第五十五条 对诊疗活动中医疗事故的行政调查处理，依照《医疗事故处理条例》的相关规定执行。

第五十六条 本条例自2018年10月1日起施行。

附录二

常用专业词汇、词组英汉对照简表

A

accreditation of medical malpractice 医疗事故鉴定
accreditation of medical damage 医疗损害鉴定
active euthanasia 主动安乐死
alternative dispute resolution 解决纠纷的替代办法
artificial insemination 人工授精

B

best interests of the patient 患者的最大利益
blood donation law 献血法
burden of proof 举证责任

C

clinical medical quality 临床医疗质量
control of infection 传染病控制

D

damages compensation 损害赔偿
doctor's advice 医嘱
doctor-patient relationship 医患关系
drug administration law 药品管理法

duty of care　谨慎义务

E

electronic medical records　电子病例
emergency first visit responsibility system　急诊首诊负责制
ensuring patient's understanding　确保患者理解
euthanasia　安乐死
expert judgment　专家鉴定
expert opinion　鉴定意见

F

food hygiene law　食品卫生法
food hygiene standard　食品卫生标准
frontier health quarantine inspection　国境卫生检疫

H

health administrative action　卫生行政诉讼
health administrative compensation　卫生行政赔偿
health administrative penalty　卫生行政处罚
health administrative reconsideration　卫生行政复议
health civil action　卫生民事诉讼
health civil liability　卫生民事责任
health criminal action　卫生刑事诉讼
health legal liability　卫生法律责任
health legal relationship　卫生法律关系
health legality　卫生法制
health policy　卫生政策
health regulation　卫生规章
health standard　卫生标准
health supervision　卫生监督
hospital management　医院管理
hospital management regulation　医院工作条例
human rights　人权
humanitarianism　人道主义

I

infectious disease control law　传染病防治法
informed consent　知情同意
international health law　国际卫生法
international health treaty　国际卫生条约

J

jurisprudence of medicine　医学法学

L

law of food hygiene　食品卫生法
law on practicing physician　执业医师法
legal obligation　法定义务
legal duty　法律责任
legal relationship　法律关系

M

maternal and infant health care law　母婴保健法
medical accident　医疗意外
medical damage　医疗损害
medical defect　医疗过失、医疗缺陷
medical dispute　医疗纠纷
medical error　医疗过失、医疗差错
medical history　病历、病史
medical informed consent　医疗知情同意
medical jurisprudence　医事法学
medical malpractice　医疗事故
medical negligence　医疗过失
medical record　病案
medical rules and systems　医疗规章制度
mental compensation　精神赔偿
mental impairment　精神损害

N

negligence　疏忽、过失
nursing error　护理差错

O

occupational disease　职业病
offences　违法行为

P

patient's consent　患者的同意
patient's rights　患者的权利
population and family planning　人口与计划生育
presumption of negligence　过失推定
primary health care　初级卫生保健

R

red cross society law　红十字会法
refusal of treatment　拒绝治疗
relation between medical treatment and nursing　医护关系
respect for autonomy　尊重病人的自主权
right of access to medical records　（患者）查阅病历的权利
right to liberty and security　自由和安全的权利
right to life　生命权
right to respect for private and family life　隐私和家庭生活的受尊重权

S

sanitary inspection　卫生监督
sanitary standard　卫生标准
science of health law　卫生法学
shift the burden of proof　举证责任转换
system of hospital management and work　医院管理工作制度

T

technical regulation　技术法规
the medical humanities　医学人文学
therapeutic principles　治疗原则
transplant　移植
trespass to the person　人身侵害